叢書・ウニベルシタス　529

イングランド18世紀の社会

ロイ・ポーター
目羅公和 訳

法政大学出版局

Roy Porter
ENGLISH SOCIETY IN THE
EIGHTEENTH CENTURY
(*Revised Edition*)

Japanese translation rights arranged
with Penguin Books Ltd., London
through Tuttle-Mori Agency Inc., Tokyo.

ジャック・プラムに捧ぐ

目次

日本語版への序

十八世紀のイギリスは、その政治史がサー・ルイス・ネイミアやサー・ジョン・プラムを初めとする一連の高名な歴史家たちによって専門的に研究されてきた割には、その社会史がないがしろにされてきた——そして、ないがしろにされていないときには誤解されてきた——私はその思いを強くし、片寄りのない全体像の中で十八世紀のイギリスを理解したいと望んで、この本を書いた。そのためには、想像力を逞しくして産業革命以前の往時の社会組織が、そして個々人の生活の営みが、今とはどれほど異なっていたかを認識することが必須の要件であったが、それとともに、このジョージ王朝の世紀を郷愁の色眼鏡で見ないようにすることも不可欠な要件であった。この時代は、繊細優美な時代という面があったにしろ、その反面で残虐と暴力、粗野で無骨な振舞い、私たちには野蛮と思える態度、の時代という面も大いにあったのである。

イギリスの社会構造と社会活動を分析するだけでなく、社会と政治の相互作用を探究することも——家族や職場や村、男と女、親と子など、あらゆる社会関係がそれなりの政治問題を体現していたことを例証することも——この本を書くに当たり私が狙いとした主要目的の一つであった。

その本が今こうして日本語に訳され出版されることになり、大変嬉しく思う。翻訳者である目羅さんには原著を緻密丹念に読んで頂き幾つか私の思いちがいや誤植を見つけて頂いた。深く感謝している。この日本語版は、そうした間違いを訂正した初の改訂版ということになる。

この社会史は私にとって、多くの点で、その後の仕事の跳躍台になった。一九八〇年代の私は医学史に専念し、特に患者と医者の関係の社会史や精神病学の文化史を見てきた。現在は総合的医学史を研究課題の一つにしている。しかしながら、この間に私は医学に限定されない歴史を書く試みもしてきた。『ロンドン　ひとつの社会史』（ロンドン、ヘイミッシュ・ハミルトン社刊、一九九四年）では、私のホームタウンであるこの町を社会史の透視画法で見ることを狙いとし、この首都を扱う歴史書のほとんどで華々しく登場してきた王侯や宮殿に焦点を当てるよりは、市井の人々に、雇用形態や金儲け方法に、住宅や交通輸送に、教育や宗教に、遊興娯楽の社会空間としての首都の発展に、一層の注意を払った。将来は医学史研究の執筆と広範な社会史的展望に立つ著作を両立させたいと望んでいる。

一九九六年一月
ロイ・ポーター

監修の辞

歴史家はこと自分が生きる時代の諸問題に対しては手続き方法をほとんど意識しないまま反応するものであり、彼の研究は焦点が時代の変化にともなって変化していくものである。十九世紀にはヨーロッパおよびアメリカのすべての国々が国民性の起源に捉われ、現在のみならず未来をも意義あるものとする輝かしい過去を捏造することを必要としていた。ランケ、マコーリー、ミシュレ、バンクロフト、その他十九世紀の偉大な歴史家たちはそのことに専心していたのである。イギリスでは国民性と憲法で保証された諸権利の発展とが、自由権や自由とりわけ民主主義とが、厳然たる関係を有すると思えたため、増加する一方の職業的歴史家たちはその手腕と関心を憲法史、法律史、政治史に注入したのであり、また十九世紀末に大学にこうした科目が初めて設置されたときそれらが支配的教授細目となったわけだが、思えばそれは意外なことではなかった。

第一次世界大戦と世界大恐慌そして引き続く経済的惨状は、外交史および経済史の研究に対し大きな刺激を与え、前者は概して保守派を、後者は一九二〇年代および一九三〇年代の急進的歴史家を、虜にした。第二次世界大戦後になると、外交史への関心がまず薄れた。あるいは、国際関係論および戦略研究に変貌した、と言うほうがよいだろうか。経済史のほうは専門分野として泥沼に陥り、混迷の度を深めた――データの数量化に長けた人々や計量経済学者が参入し、社会学者が、特にアメリカの社会学者が、経済史の領域でそれまで全盛を誇っていたマルクス主義的解釈に反駁するイデオロギーを確立しようと望んで参入してきた。

しかし、西洋の工業社会が抱える諸問題は第二次世界大戦以降はるかに複雑化してきた。特にこの三十年間に顕著に見られる法外な経済成長は独自の社会的緊張を生みだし、さらに重要なことに、高度工業化社会の本質そのものが、その発展とは別に、新たな軋轢を生みだしてきている。西洋のみならず、東洋においても、過去一万年にわたり続いてきたさまざまな制度が、ここにきて突然危機に瀕しているように思えてきた。この二十年間に歴史家たちの中にさまざまな問題への関心が急激に芽ばえてきた。人口の統計的研究、家族の本質、女性や子どもや奴隷や奉公人たちの置かれた立場、余暇の使い方、印刷術の影響、芸術の拡張、社会が作りだす自己イメージの重要性、経済的にではなく社会的に見た階級の解釈など、枚挙にいとまがない。学者たちの目前に新しい社会史の全体像が広がり、昔の歴史家であれば好事家の関心を惹くにすぎないと考えたであろうと思える主題に学者たちが注意を向けるようになってきたのである。

もとより社会史以外の歴史研究が、残骸同然のものもあるにせよ、すべて廃れてしまったというわけではないが、歴史家の想像力が、良きにつけ悪しきにつけ、今や社会史に陶酔していることは、ほとんど疑いの余地がない。例えば、この十年間に書かれた死に関する著作は夥しい量にのぼり、幼年時代あるいは結婚に関する研究の量もそれに引けを取らないのである。

今でこそ爆発的膨脹を示してはいるが、遡ればG・M・トレヴェリアンを経てマコーリーやサー・ウォルター・スコットにまで至る長い歴史を有する面をもつ社会史には、ややもすると人々がいかに生き生活していたかを描くだけで、その生活や信条や活動がなぜそういうものであったのかを分析しようともしない、記述的歴史に陥る傾向がずっとあった。また、優秀な学者も含めて社会史家一般が過去に用いた歴史資料は、日記、書簡、個人的回想録、民俗学者や好事家などから集めた資料など、印象主義的なものであった。当然ながら、こうした史料の多くは識字階級にかかわるものであり、それはつい最近まで国民のごく僅かな部分でしかないものであった。

こうした史料に生彩を与える目的で、マルクス主義なり資本主義なりの社会学理論が援用され、また、死、誕生、子どもの教育、女性の置かれた立場などを論ずる際には、しばしば現代の心理分析が注入されてきた。それによって莫迦げた結論が、特に幼年時代史において、導きだされることもありはしたが、全体として見れば、社会史はいよいよ知的重要度を増したのである。

経済史の場合と同じように、社会史の基本的疑問に統計的基盤を与えるため過去の史料を数量化しようとする強力な動きもずっとあった――核家族拡大家族を問わずその平均的規模と特質、男女の結婚年齢、死亡率と死亡年齢などが数量化され、読み書き能力を数量化する試みさえなされてきた。膨大なデータが集められ、巨費を投じたコンピューター処理が行われたが、その結果は依然として極度に不確実なものでしかない。十九世紀以前には記録簿への記入が不規則であったし、その信頼度の検定は容易ではなかった。それに、一つ知られざる要素で大変重要なものがある――誕生も結婚も死も一切記録に残されなかった人間が全人口のうちどれくらいいたであろうか、という疑問である。実際のところ、得られた結果のほとんどは容易に論難できるものであり、相当に疑ってかからなければならないものなのである。さはさりながら、家族とその規模について、結婚について、私生児の出産について、死亡年齢について、総合的所見はすべて昔に較べれば確実の度を増しており、それゆえに、私たちが今この国の暮らしぶりをより深く理解する助けとなっているのである。

統計数字はこの図柄に陰影と奥行きを与えるであろうが色彩を与えることまではできないのであって、社会史は依然として広範な記録文書に依存せざるをえない。かつては何よりも書簡とか日記とか想像的文学に依拠したものであり、この類いは今でも最大の価値を有するものではあるが、最近では過去の人為的遺物——家屋および庭園の研究、新聞や手形や業務用名刺、乗り物や道具や娯楽や玩具、もっと言えば、人々の生活ぶりなり、その未来への希望ないし過去へのしがらみなりに、光を当てる可能性のあるあらゆるもの——に一層の注意が向けられるようになってきた。社会史は、その幅と奥行きを拡げ、多様な場面を取り込むことによって、以前よりもはるかに複雑かつ知的興奮に富む学問となってきたのである。

この十年にわたりイングランドの社会史に関する論文の類いは量を増し、核爆発的な伸びを示してきており、今や綜合を試みる機は十分すぎるほどに熟している。

J・H・プラム

謝辞

この種の仕事は、概して、他人の研究および解釈の蒸留、そして、彼らとの対話、に必然的にならざるをえないものである。そこで、感謝の意を表すべく、彼らの業績のすべてをここに記そうと思うのだが、それはとても記しきれるものではない（その幾分かは「参考書目」欄に挙げておきはしたが）。私としては彼らの仕事を利用しながら無益な使い方だけはしなかったことを望むばかりである。次に挙げる学者および友人たちは執筆の諸段階で本書に（人によっては一度ならず）目を通してくれた人々である。ジョン・ブルワー、ロバート・ブラウン、W・F・バイナム、デイヴィッド・キャナダイン、エステル・コーエン、リンダ・コリー、マーク・ゴールディー、ジョアンナ・インズ、クリス・ローレンス、スー・リム、ギリアン・モリス、マイケル・ニーヴ、ジャクリーン・レインフレイ、キース・スネル、デイヴィッド・スーデン、ジョン・スタイルズ、シルヴァーナ・トマセリ、そして、クリストファー・ライト。この方々の助力から得るところ大であったが、その結果に対する全責任が私にあることは言うまでもない。ジャック・プラムは、本書を構案する際、あらゆる面で私を励ましてくれた。十八世紀のイギリス、いわゆる「プラムの世紀」、の権威である彼の、本書が二番煎じに終わらないことを願ってやまない。本書はケンブリッジ大学チャーチル・カレッジの平穏な環境の中で書きはじめられ、その後はウェルカム医学史研究所が与えてくれる調査研究時間と便宜に浴して書きつがれた。快くタイピスト役を引き受けてくれたヴァーナ・コールとフリーダ・ハウザーに、参考文献捜しに協力してくれたティム・ハリスとクリス・ハズバンドに、校正刷りに目を通してくれたミセス・ジーン・ランシマンに、そして、索引作りを担当してくれたニック・コリンズに、深甚なる謝意を表したい。

一九八一年二月
ロイ・ポーター

改訂版への序

八年前に仕上げた本を改訂するよう求められるというのは大きな喜びであり、また、それ以上に、怖気づくものである。誤りを訂正しなければならない。必然的に、これを言っておけばよかった、あれは言わないでおけばよかった、という気になる。修正したり微妙な言い回しを加えたりしたくなる。さまざまな分野の新たな研究成果を組み入れたくもなる。こうなると、セーターのほつれを引っ張っているうちにいつの間にか使い古しの毛糸の山しか残らなくなってしまう不運な人の運命を辿ることになってしまう。時折、改訂作業の最中に、いっそ最初からやり直してしまうほうが、あるいは席を譲って誰か他の人にやってもらうほうが、ずっと楽なのではないかと思うこともあった。

とりわけ、この五年間というもの、「新右翼」の学者から、このシリーズ全体に対し、そして間違いなく本書に活力を与えている社会史の物の見方そのものに対し、活発な攻撃がなされてきた。特に、J・C・D・クラークの著作は十八世紀の社会史にまったく異なる題材を、そして別の優先事項を、提示してきた。私は数々の点で根本的にクラークとは意見を異にする。とりわけ、家族構成、家庭経済、男性優位の支配構造、性的特質、富および資産の配分、犯罪、仕事そして労使関係、上流文化と民衆文化の相互関係、都会と地方など、私には枢要と思える数多くの題材を論じる余地が、彼のイングランド社会像にはほとんどないのである。

しかし、彼を批判する人々の中には、彼のような十八世紀の読み方は単にひねくれた懐古趣味であるか物の見方が偏っているにすぎないのだからさっさと退ければよいとする者もいるが、私はそうは思わない。なるほど彼は十八世紀にごく普通のイングランド人の暮らしぶりがさまざまな面で劇的に変化したことに関心を示さず、逆にそのことに嫌悪感さえ抱いている点で、近視眼的ではあるが、それでも、ジョージ王朝イングランドが肩書や土地や教会に支配された「旧体制」であったと論じ、その体制が一八〇〇年までに大きく崩れることはなかったと主張したのは、正しかったと思っている。

私は、こうした解説をする修正論者の挑戦に遭って、イングランドの国とそれを支配した人間たちの全き力強さを強調する彼らに賞賛を送りながらも、その一方で、彼らとは逆に、大きな社会的、経済的、知的、文化的な変化に注意を引きたいと願う。しかし、八年前の初版で私が光を当てようとしたのは、まさにその権力者の弾力的復元力と下からの社会的動揺との混淆なのであった。それゆえ、私は本書の根本的な再構成ないし再解釈に着手するのは止めて、細部の変更と、その後発表された重要な研究にかかわる箇所を書き改め、随所で力点の置き所を変え、議論の不十分だった点を充実させるにとどめることにした。とりわけ、「参考書目」欄で、この八年間に発表された新しい重要な研究および解釈に注意を引くよう努めた。

最後に、初版をお読みくださり親切にも感想や批評をお寄せくださった方々――これまでにお目にかかる機会もなかった多くの方々――に篤く御礼申し上げたい。本を書くという作業は憂鬱かつ孤独なものになりがちであり、そうした執筆中の著者にとって、たとい時には著者に怒りを感じたり失望を味わうことになる読者であっても、現に読んでくれる人がいるのだと感じることほど励みになるものはない。およそ二十五年前、私の最初にして最高の師であるジャック・プラムが、自分の過去を知りたいと願う人々の望みを叶えるような歴史を書くことが学者たるものの責務である、と教えてくれた。私は、いささかなりとも、この至高の忠言に応えることができていれば、と願ってやまない。この歴史家の務めの火を私の中に点してくださった恩師に深甚なる謝意を表すべく本書を捧げる次第である。

一九八九年一月
ロイ・ポーター

換算表

一インチ＝二・五四センチメートル
一ヤード＝〇・九一四メートル
一マイル＝一・六〇九キロメートル

一重量ポンド＝〇・四五四キログラム

一ガロン＝四・五四六リットル

一エーカー＝〇・四〇五ヘクタール

十二ペンス＝一シリング
二十シリング＝一ポンド
二十一シリング＝一ギニー

この三十年にわたるインフレ率を考えれば、十八世紀の通貨単位が現代ではどの位の実質価値をもつものか提示しようとしてもほとんど意味がない。しかしながら、十八世紀の金額におそらく六十ないし八十の係数を掛ければ一九九〇年の概算相当額になるであろう。ジョージ王朝時代、男性の最低賃金は日給約一シリングであったが、年間完全雇用――たいていはそうではなかった――の男でも、そのような額では家族を養ってはいけなかったであろう。家族を養うためには、およそ三十から四十ポンドの年収が必要であった。やりくり上手な職人の世帯なら週一ポンドあれば飢えず借金せずの生活を望みえたであろうし、小市民階級なら普通五十から一〇〇ポンドの年収を得ていたものである。ジェントルマンが体面を保って生活をしてゆくには少なくとも約三〇〇ポンド必要であった。

支出についてみると、ほぼ十八世紀を通じて一かたまりの食パンの値段が約四ペンス、ビール一瓶が一ペニー、ロンドンの居酒屋で一回の食事がおよそ一シリング六ペンスで賄えた。新築一戸建煉瓦造りの家屋（一、二階各二部屋）の価格が約一五〇ポンドであった。

はじめに

十八世紀イングランド社会の解釈は大きく変貌してきた。ヴィクトリア朝人は、多くがそれを合理主義的、冷笑的、物質主義的であると見て、その「魂がこもっていない」ところに嫌悪の念をもよおした。保守派の文学史家は、賢明な伝統主義、優美と機知、あるいは〔ヘンリー・フィールディングの小説『トム・ジョウンズ』の登場人物である地方地主〕ウェスターンの騒々しさの時代と見て、それを賛美した。今日の「新保守派」の歴史家も、ヨーロッパ大陸のアンシャン・レジーム〔旧体制〕に一脈相通じる安定した教会風秩序と見て、それを同じように賛美する。この時代を右のように特徴づけた結果、ジョージ王朝下のイングランドは黄金時代として描かれ、過去と現在を隔てる大分水嶺が強調されることになった。フランス革命ないし第一回選挙法改正法案という分水界のこちら側にあるのが現代、つまり、一般大衆と民主主義と進歩と出世の機会と疎外と……の我々の世界であり、向こう側にあるのが我々が失った世界、完全に失った世界、ということになった。この後者の世界をもっともうまく描きだしているのが、一世紀以上も前のジョージ・エリオットの小説『アダム・ビード』であるが、その時点でさえ、一八〇〇年代初期はもはや取り返しえない時代として回想されているのである。「長閑(のどか)の時は去った」と、この小説家は回顧した、

——糸車がなくなり、荷馬が、荷馬に引かれる荷車が、そして、晴れた昼下がり玄関先に来て物を売り歩く行

商人が、いなくなった。蒸気機関の偉大なる働きが人類に長閑にしていられる時間を生みだすことになる、と利口な哲学者たちがたぶん言うだろう。信じてはいけない。もろもろの熱心な思惑が乱入してくる真空を生みだすだけなのだ。怠惰でさえ今や熱心である、熱心に娯楽を求めている。遊覧列車、美術館、定期刊行物、胸踊る小説を求め、科学を理論化してみたり顕微鏡をちょっと覗いてみたがりさえする。昔の長閑というものは、〔これを仮に擬人化して彼と呼ぶなら〕これとはまったく異なる人物であった。彼は新聞なら社説のないものを一紙しか読まず、我々が競馬用語でポスト・タイム〔集合図の時間〕と呼ぶあの周期的大事件など知らないでいた。ものを思う太り気味の食欲旺盛な紳士――仮説病にかかることなく、事象の原因を知りえない無力に安んじ、事象そのものを愛でる、物静かな洞察家であった。主として田舎の快適な屋敷に住み、果樹を植えた生け垣沿いを漫然と歩き、朝の陽差しを浴びる杏の匂いをかぎ、あるいは夏の梨の実が落ちる昼間は果樹園の大枝の木影に隠れて涼むのを好んだ。日曜日以外の礼拝を知らず、日曜日の説教にしても聖書の一節にはじまって祝禱に終わるまで眠っていられるものなら苦にせず――お祈りが一番短いがゆえに午後の礼拝を一番好み、そう口にだして言うことを恥じなかった。なぜなら体つきに似合った大らかな、呑気で陽気な良心をもち、大量のビールやポートワインを飲んで乱れず、疑念にも呵責にも大望にも平然としていられたからである。人生は、彼にとって義務ではなく名誉な閑職であった。彼はポケットにギニー金貨をじゃらつかせ、正餐を食べ、責任を負う必要のない人間の安眠を貪るのであった。なぜなら、彼は日曜日の午後教会に通わずとも特権を保持していられたからだ。素晴らしきかな、昔の長閑の翁よ。彼に辛く当たるなかれ、われわれ現代人の規準で彼を判断するなかれ。彼は決してエクセター・ホールに行くことなく、人気説教師の話を聴くことなく、『トラクツ・フォー・ザ・タイムズ』も『衣装哲学』も読みはしなかった。

主流の社会史家たちが過去のこのような魔術的再現には長いこと共感を寄せないでいたのには、それなりの相当な理由があった。彼らはジョージ王朝の生活の多面的「現代性」を正当に強調してきたのである。著名なジョージ王朝人は、結局のところ、愛すべき奇矯な父子主義者ではなかったし、地方地主の皆が皆まず逞しい犬を、次に見目よい田舎娘を、この順番で愛した地方地主ウェスターンであったわけでもなかった。多くは利潤に飢えた資本主義者なのであった。賃労働者は、誰もが慇懃丁重であったわけではなく、現代の労働組合員と同じように既得権を手放すまいと強情であった。

ジョージ王朝の世紀を人類の堕落以前の「大昔」に転化してしまいたくなる衝動に抵抗することは健全なことである。だが、相違を否定することで十八世紀を同化してしまう誤謬を犯してもならないだろう。どちらかといえば、十八世紀は現代のイングランドが形成される重要な節目となった時代であった。その社会は資本主義、物質主義、市場志向であり、その気質は世俗的、実利的であり、さまざまな経済的勢力に敏感であった。だが、その政治制度および富と権力の配分は、厚顔無恥なほどに不平等、階層的、世襲的、特権的であった。経済活動は（人間の顔をもたないこともしばしばあったが）人間規模で行われていた。変化は一般に人びとが適応できるペースで起こった。習慣は相変わらず大いなる権威を享受していた。共同体の忠誠心に基盤をおく根深い郷土愛は「顔見知りの社会」を形成していた。こうしたことが可能であったのは、人々がせせこましい生き方をしていなかったからである。なぜなら、我々の尺度からすれば、イングランドが——一七〇〇年においても、また、多少はその度合いが減少したが、一八〇〇年においても——過疎も同然だったからである。空間、天然資源、生活の資を求める競争は、やがてヴィクトリア朝の景気変動最盛期にそうなるほどには、激烈でもなければ、非人間的な経済の鉄の掟に支配される猛烈なものでもなかった。それをすっかり変えることになったのは、急激な人口増加と騒然たる産業の変貌なのである。しかし、これらは十八世紀の最後の三分の一の期間に認められはするものの、頂点に達するのは十九世紀になってからのことであった。

以下の各章ではテーマと時間の流れを織り合わせていく。第1章では、金持ちと貧乏人、若者と老人、男と女、都会と田舎、北と南、イングランドとそれ以外の英語国民居住地、イングランドと大陸ヨーロッパ、など両極の経験を取りあげて、ジョージ王朝社会の特異性と多様性に光を当て、その特色を述べる。諸地域は、この世紀に、主として市場関係の広がりによって、統合され相互に依存するようになったが、しかしイングランドは独自性をもつ地方共同体の寄せ集めであることに変わりなかった――これは、私がこれから大胆に進めていくあらゆる一般化の、その大胆さを暗黙のうちに和らげるにちがいない事実である。第2章および第3章では、階層間の不平等と摩擦のみならず全体構造の基礎的粘着力をも強調しながら、社会階級とその相互関係を再検討する。有産階級の統制力は、地所、身分、官職任命権、官職、政治上および法律上の国家権威など、権力の諸形態を事実上独占していたことによって強化されたのである。第4章では、家庭生活と経済生活の接合、家庭と仕事場の接合、家庭や仕事場や共同体が個々人をその社会的立場に統合してゆく中で演じた役割、教育と宗教の条件付け効果など、特定生活習慣の再生産によって、社会の安定が世代を経るにつれいかに強化されていったかを強調する。

第5章および第6章では、変化に向けて作用したさまざまな力とその社会経済的衝撃を探究する。貴族の肩書と富と権力を有する者たちは、良家の出ということで伝統的に感じていたであろう良心の呵責を克服し、次第に率先して富を追求し新しい消費文化を生むようになった。利益の追求と便宜主義が新たに尊敬を集めることになり、それが次には社会に適合し社会を統合する一定の結果をもたらし、すでに裕福な層とこれから裕福にならんと志す層の間で合意を形成する役にたったのである。だが、新たな富は（新たな貧困とともに）社会の溶剤ともなった。成功した資本家たちと彼らによって無産労働者にされた者たちとの間の溝、貴族文化と平民文化との間の溝、は広がっていった。こうした相関連して進行する文化の合意化と文化の細分化については、さらに第7章で探究していく。そこでは、自由、進歩、洗練などの理想と一致する個人主義的生活様式を正当化しようとする上流教養階級の試みを検討する。「文明」は、下層階級に対し、アメにもなればムチにもなりえた。そこで、第8章では、産業化を、向かうところ敵なしの発展を遂げてきた市場関係と商業文化の結末として検討してみる。

新興資産家たちと彼らが発達させた新産業都市によって開拓された急激な産業化は、旧習に挑戦状をつきつけることになった。伝統的労働慣行を脅かし、それとともに、伝統的家族労働単位に基づく生活と労働の融合を脅かした。それは、「道徳経済」を政治経済と取り替え、「上品」「伝統」「敬服」といった伝統的価値を限界効用で置き換えようとする、脅威ともなった。それゆえ、結びの章で、私は一つの問いを発する。それは、資本主義を受け入れることによって、ジョージ王朝社会の子孫たちは、自信過剰な産業資本家や自棄的無産労働者や政治不信を生むことを手助けするなり認めるなりすることで、自分自身の墓穴を掘っていたのかどうか、という問である。そして私は、フランス革命に煽られたこれらの新しい力が主に開示するものは、当時の体制の柔軟性と粘着力である、と結論する。

ジョージ王朝の世紀は、さまざまな面で、「近代性」をめぐって揺れ動いた。とりわけ自己の「寸法・重量」を測定評価しようと試みた。この素朴な自己分析が、歴史の数量化への期待をかきたてる因になる。だが、ジョージ王朝の政治算術家たちが「数字で絵を画」こうとする試みのほとんどは、当てにならないものなのである（彼らの挙げる数字が彼ら編集者の考える仮説をさらけだすだけであることが、ときどきある）。社会の動向に関する高度に洗練された輪郭が、十八世紀の生のデータを基に、今まさに描かれつつある――特にその先端をゆくのがケンブリッジの人口史および社会構造研究グループの仕事で、彼らは小教区の記録文書を使って識字率、人口の統計的変化、家族形態を跡づけようとしている。こうした「数字のしらみつぶし」は大変貴重な作業である。だが、この研究は、その基盤にあるどうにもならない欠陥を、全面的に回避することができないのである。小教区の教会書記たちは、イングランド国教会信徒の洗礼、結婚、埋葬を教区簿冊に記録するよう要請されていた。ところが、新生児のうち何割が洗礼を受け記録されたか、男女の結びつきのうち何割が結婚として記録されたか、死者のうち何割が埋葬されたものとして記録されたか、あるいは、全人口のうち何割が国教徒であったのか、職務に忠実な教会書記はどのくらいいたのか、などの疑問について私たちはただ推測するしかない（そして、推測ものによって根拠がまちまちなのである）。いずれにしろ、こうした割合が場所ごとに、時代ごとに、多様であったことは疑問の余地がない。貿易輸出入の公式報告書はあるが、密輸業者は帳簿をつけていなかった。刑事訴追件数を数えることはできるが、法律無視の件数を数えることはできない。さらに、コンピューター時代の数量化崇拝は、「平均値」という神話を創りだしその霧で有意義な輪郭線を蔽い隠してしまう、という危険を冒す。例えば、「平均給与」という約数を信用すればまちがいの元になるだろう。平均人間などというものがいなかったばかりでなく、記録された現金給料だけが収入ないし生計のすべてであった人などほとんどいなかったからである。ジョージ王朝には、私たちが「闇経済」と呼ぶものに相当するものが莫大にあった。地域ごとの、あるいは、十年きざみで年代ごとの、給料の差額を査定することさえ、私たちが似たもの同士を比較しているのだと自信をもてるときにのみ意味をなす（そして、普通は自信をもてはしないのである）。私が本書でだす数字は、たいてい図表のためであって、信頼できる指数としてではない。

同じような理由で、私は社会構造といった問題を論じるとき専門用語を使わないよう努めてきた。イングランドの社会には異種あり、流動ありで、そこここに差異、相違がちりばめられていた。いかなる社会科学用語も単一ではその複雑な全体像を捉えきれはしないのである。

私は十八世紀の作家たちからたくさんの引用をしてきた。これら過去からの声を私の論点の「証拠」として提示するためではない。同時代の観察者である彼らには彼らなりの目的があったし、いずれにしろ、まちがっていることもしばしばあった。しかしながら、人々が何を経験し、何を信じ、何を言ったかは、彼らが何を食べたかと同じくらい重要なのである。そのうえ、外国人旅行者の述べた感想は（これもまたイングランド心酔者がはびこっていたため偏っていることが多いのだが）少なくともイングランドの何が特殊であると大陸の人間の目に映ったかを示唆する。

本書は、本質的に、イングランドについて書いたものである。イギリス諸島および大英帝国の社会史としたほうがもっとよかったのであろうが、それではまったく私の手に余ることになったであろう。

貨幣価値はジョージ王朝の単位のままにしておいたが、換算表を付しておいた。扱った期間はほぼ名誉革命（一六八八年）からアミアンの和約（一八〇二年）にわたる。そして、いささか騎士気どりで、その期間に「ジョージ王朝」および「ハノーヴァー朝」という通称を当てた。引用によっては句読点を現代風に変えたものもあるが、スペリングは元のままにしておいた。

最後に、性別および性別表記について一言述べておく。男性の歴史家は、ややもすると、成人男性だけが存在したかのような、あるいは少なくとも歴史を作ったかのような、書き方をしてしまうものである。私はそういうことを避けようと努めてきた。しかしながら、両性に言及するときは慣例に従って「he〔彼〕」および「his〔彼の〕」と表記してきた。最近使われる「he/she」「s/he」「his or her」などの回りくどい書き方や新造語が使い心地よいとはいえないからである。「Englishmen〔イングランド人〕」とか「the common man〔一般人〕」といった言い回しを使うのも、それらが当時の言葉づかいを髣髴とさせるため軽々しく放棄するわけにはいかないからである。

1　光と闇

イングランドは豊穣の海であるが、あちらこちらに砂礁がたくさんあるから、かの地に船で旅する人は事前に対策を講じておくとよいだろう。

〔カザノヴァ〕

イングランドは「あらゆる点でヨーロッパの他地域とは異なる」とカザノヴァは考え、外国人は皆、イングランドは多くの面でユニークである、と口を揃えて論評した。フランス語で「差異バンザイ」というのが、たいていのイングランド人が好んだ乾杯の音頭であった。彼らの快活で偏屈な熱狂的愛国心には、今日の我々でも戸惑いを感じてしまう。一七二〇年代のスイス人訪問者セザール・ド・ソシュールは「イギリス国民ほど自分に都合のよい偏見を抱いている国民が外にいるとは思わない」と断じた。「彼らは外国人一般を軽蔑の目で見、なにごとも自分の国が一番うまくいっていると考えている。」国民の総体が愛国心でのぼせ上がっていた。ジョージ三世は「余はイングランド人たることを誇りとする」と吹聴することになった。外国人たち――とりわけ「フランスの犬ころたち」――は通りを歩けば乱暴に肘で押しのけられた。フジェール・ド・モンブロンは「彼らは神を崇拝することを学ぶより先にフランス人を憎むことを学ぶ」と書いた。国籍を離脱した世界人エドワード・ギボンでさえ「私の誕生を自由な文明国に、科学と哲学の時代に、名誉ある階級の家柄に配し相応しい天賦の才能を下し賜うた自然の恵み深さ」に感謝した。

自信は成功から生みだされた。ブリタニアの野心家的自負心を高めたものは、スペイン継承戦争（一七〇二―一三年）、七年戦争（一七五六―六三年）、そして一七九三年以降は（ヴァーノン海軍提督が警告したように、たとい「我が艦隊は不正で騙し取られ、暴力で傷つけられ、残虐で維持され」ていようとも）革命戦争とナポレオン戦争における栄光ある、そして金儲けになる、勝利であった。サセックス州の商店主トマス・ターナーは、数々の戦勝に恵まれたあの驚異の年一七五九年に、「世界の隅々で勝利と出会う軍隊をもつアルビオン〔イギリス〕ほど、万事につけ適材を適所に配する全能の神を誰よりも崇拝すべき理由をもつ国民は、いまだかつてなかった」と断じた。

成功は、正直で怒りっぽい島国根性のジョン・ブル〔イギリス人〕を、嘲笑の的となるドジな人間から、威張り屋に変えた。勝利は、批評家たちが歴代の内閣をどんなに罵倒しようとも、陽気な水兵たちを国民的英雄にした。イングランドの少年たちは――サミュエル・ジョンソンは例外であったが――船乗りになりたがった。一七八二年、自作農の息子ウィリアム・コベットは初めて海を、そしてスピットヘッドに停泊中のイギリス海峡小艦隊を、見た。「それを見たとたんに私は水兵になりたくなった」（彼は入隊したが、手違いで結局軍楽隊に配属されてしまった）。イギリスの大いなる愛国の歌――「ゴッド・セイヴ・ザ・キング」「ルール・ブリタニア」「ハート・オブ・オーク」「ザ・ロースト・ビーフ・オブ・オールド・イングランド」――は、すべて、この世紀に書かれ、元気いっぱい公然と歌われた。「ゴッド・セイブ・ザ・キング」の合唱が劇場でジョージ三世を迎えた――それは、ハノーヴァー人への愛からでたものというよりは、こみあげる愛国心からでたものであった。偉大な諷刺画家で、「Britophil〔イギリスを愛する人〕」と自署したウィリアム・ホガースは、この風潮を捉えて定型的国民を描き、人々を楽しませた――それが両刃の剣になることもあるかもしれないが。ビールのジョッキを左右に振り、ローストビーフにかぶりつく、ぶっきらぼうなイギリス人たち、好色なイエズス会士や気取った足どりの廷臣たちにしいたげられて飢え、裸足でタマネギをかじるフランスの農民たちの「畏怖と羨望」などのホガースの絵を人々は愛した。外国へ行くイギリス人は大陸の国々を同じような偏見の目で見た。至る所、貧困と迷信、虚飾と専横、ばかり目についた。一七一八年に北フランスを旅したレイディー・メアリー・ワートリー・モンタギューは、「悲惨なものほど恐ろしいものはないと思います、そして、フランスの田舎の村という村には悲惨な光景しかありません」と正直な気持を吐露した。

イギリス人は勇敢なダビデを気取った。闘う相手はブルボン王朝の、あるいはハプスブルク家の、ゴリアテであった。十七世紀のほぼ全般にわたって、イギリスの島はヨーロッパの勢力地図の上で欄外にあった。太陽王〔ルイ十四世〕の影に隠れて、チャールズ二世は臣下、ジェイムズ二世は手先にすぎなかった。ジョージ王朝治下にあってさえ、イングランドの天然資源と人的資源は、ブルボン王朝のフランスやハプスブルク家のオーストリアやロマノフ王朝のロシアのそれらと較べれば、相変わらず取るに足らないものであった。一七〇〇年にはイギリス人一に対しフランス人三以上、一八〇〇年でもこの比率は一対二・五以上であった。イタリアの人口もイギリスの二倍、スペインの人口もイギリスの人口を超えていた。

しかし、(軍人独裁君主の奴隷ではなく) 自由人であり非戦闘員であり勤勉な民族であることを誇りとする国民でありながら、必要とあらば腕をまくり鋤を剣に作りかえて戦うことも辞さない国民にとって、数よりも大事なのは心意気であった。イングランドの平和時の常備軍は大陸の規準からすれば取るに足らないものであった。一七九四年の交戦時、イングランドの兵員は四万五千、これに対しプロシアの兵員は十九万であった。独裁政治を危惧する奥地の反対勢力は常備軍の全廃を望み、例えばエドワード・ギボンが指揮官となった民兵組織に兵役を委任した。水兵とはちがって陸軍兵士は人気がなく、軍隊の徴兵はその場しのぎで行われた。戦時中、英国海軍は商船から船と水夫を徴用し、入港中の人間を強制徴募した。イギリスの戦艦は長い間ずっとフランスあるいはスペインの戦艦に構造が劣り、中には航海中に分解してしまうものもあり、港町グレイブズエンドに掛けて「お墓に向かう航海（グレイブズエンド）」に乗りだすことにもなった。だが、こうした、ややもすれば不用意な装備ながらも、この一世紀、ブリタニアはひるむことなく荒波を征し、意気軒昂に世界に領土を拡げていったのである。

イングランド人は自分の悪徳を美徳と言いくるめ一向に抑えようとしなかった。残忍な荒くれ者と思われるのを好んだ。「戦闘らしきものは何であれイングランド人の口に合う」とフランス人アンリ・ミッソンは述べた――それは貴族でさえ承認しうるものであった。「私は暴徒の群れが大好きだ。先頭に立ったこともある」とニューカースル公爵は明言した。決闘は上流人士の間で今もなおありふれたことであった。一七一二年、ハミルトン公爵とモウハン卿が対決し、二人とも死んだ。一七八九年、ヨーク公爵がレノックス大佐と対決した。一七九八年、ほかならぬ首相ウィリアム・ピットとホイッグ党のリーダーであるジョージ・ティアニーが撃ち合った。暴力は風土病であった。一七七〇年、生徒の反乱があった後で、ウィンチェスター校では騒擾（そうじょう）法（一七一五年発布）が読みあげられなければならなかった。ラグビー校では、若い紳士たち（生徒）が校長の書斎に火薬をしかけた。だが、戦闘は男らしいものと評価され、好戦的であること（別名「自由を愛すること」）は隷属することより好まれたのである。「常備軍に支配されるよりは暴徒の群れに支配されるほうが」ましである、とチャールズ・ジェイムズ・フォックスは断じた。

イングランド人は――外国人の見るところ――鯨飲し、馬食し、痛罵するのであった（「老練な女たち」

の間では悪態をつくことは依然として立派な芸なのであった)。第九代ペンブルック伯爵ヘンリー・ハーバートは「冒瀆的な言葉を吐きながらテニスをするのでアイルランド大司教は彼との対戦をやめざるをえなくなった」。ドクター・ジョンソンは「いかなる罵りにも我慢できなかった」が、彼は少数派であった。彼の時代には上流婦人でさえ常習的に毒舌を吐いたからである。ロンドンに着く旅人はここでは誰もが「こん畜生」と呼ばれると早合点するかもしれない、とドイツ人牧師カール・モリッツは皮肉を言った。お国言葉は未だ毒々しく、上品とはほど遠かった。結婚早々家捜しをしていたニューカースルの実業家ヘンリー・カーは、彼の妻が「北部の言い方をすれば、自分の気持いい巣穴で屁をしたがってさ」と友人に言った。そして、悪徳の最たる例として挙げれば、どんなやさ男にもセックスの相手をする恋人がいた。「男の貞節はどこへ行ったのか」と嘆いたのはジョン・ウェスリーだが、彼自身性欲と無縁であったわけではない。

それ以前またそれ以後の規準に照らしても大変鷹揚であった——悪態にも多様性にも寛容であった——社会ではほとんどの人が無頓着であった。旅行者はストラトフォードで「シェイクスピアの椅子」を部分的に切り取り(ドイツ人哲学者リヒテンベルクは細長い一片を一シリングで買った)ストーンヘンジの石を鑿(のみ)で削り取った。寺院の壁は落書きだらけとなった。無力な者は〔捕えても違反にならない〕狩の獲物となった。第五代バークリー伯爵はグロスターの商人の十七歳になる娘を誘惑した——しかし、その後この女と七人の子どもをもうけ結局は結婚した。そして、こうしたやった者勝ち的行動はその喜び、勇気、「根性」ゆえに賞賛された。この伯爵は、また、田舎で追い剝ぎに襲われるとためらうことなく彼を撃ち殺した。庶民院では、首相サー・ロバート・ウォルポールが、根は正直な郷士であることを示そうと、ノーフォーク産のリンゴを丸かじりしたと評判であった。彼は「聖人だなんて、スパルタ風だなんて、改革者だなんて、とんでもない」と思われるのを誇りにしていた。
そして、このイングランド人の特異性――喧嘩好きあるいは気病み――は、美徳では通らなくなると、この島の不安定な気候のせいにされた。他の珍重された特徴的性格である奇癖と頑固さは、明らかにその気候のせいであった。あの普段は無愛想な紳士ジョン・ビングは「我々は不安定な、不確実な、自由奔放な、我慢強い人間であり、そのままずっと、宇宙の奇跡また安定であり続けるだろう」と熱狂的に語った。詩人サウジーは、スペイン人旅行者を装って、一八〇七年にこう述べた。

イングランド人は、戦争をしているのが好きであるが、娯楽に金を払うのは好きではない。平和にしていると、新聞が読むに値しないと不平を言いはじめ、まるで本当にもう一度やりはじめたいかのようにフランス人を罵る。この地上に、イングランド人ほど真に王室を敬愛する国民はないのだが、彼らはまた実に明けっぴろげに傲慢に王室を茶化しもする。出版の自由を吹聴するが、不愉快なものを刊行するような著者とかそれを販売する本屋がいれば、我が国なら確実かつ組織的にその出版を差し止めるところを、確実かつ組織的に罰するのである。不寛容には声を大にして抗議するくせに、異教徒とみなす者に対しては彼らの家を焼き打ちにする。自由を愛しはするが、隣人と連れ立って出征してゆくのは、共和国の市民たる道を選びまた黒人を奴隷にする権利を主張するがゆえである。フランス人を嫌うくせに彼らのファッションを猿まねし、彼らの新造語を茶化しながらも取り入れ、彼らの発明品を嘲笑しながらも採用し、彼らの政治行動を声を大にして非難しながらも模倣する。大衆課税、電信、所得税などはすべてフランスから来たものである。そして一般大衆は、バカげたことにかけては目上の人間に遅れをとるまいとして、やむをえずパンとジャガイモで満足しているわけではないと言いたげに、オールド・イングランドのローストビーフを熱烈に自慢する。パンチがイングランド人愛飲の酒というのももっともなことである——それは相反する諸物の真に象徴的な混合物なのである。

イングランド人は十八世紀にはこのように自分自身に惚れ込んでいた。しかし、彼らには本当に誇るに足るものが一つでもあっただろうか。一七〇〇年のイングランドは未だ集落と村からなる二流の田舎国家であった。ロンドンを一歩出ればボローニャやリエージュやルーアンにさえ匹敵する町もなかったのである。人口の八十パーセント近くが田舎に住み、ほとんど九十パーセントが農業または地方産物の加工業に雇われていた。後代の規準に照らしてみれば、イングランドは空き地も同然であった。一七〇〇年のやっと五百万人という人口は現在のサリー州、ケント州、エセックス州の人口とほぼ同じである。何百万エーカーという土地が荒地、荒野、沼地、沢地であった。道路の状態はたぶんローマ人駐屯時代より劣悪であったろう。

クリーヴランドは泥だらけ
予備の靴一足持って行け

と歌の文句にもあったほどである。

一七〇〇年には農産物の収穫が依然として経済の心臓部であった。パンは十分あるだろうか。誰がそれを買えるだろうか。人々の生活はこうした疑問にかかっていたのであり、そして、天候だけがその答えを握っていた。晴れか雨かによって、国は平穏になるか暴動が起きるかし、商売は景気づくか破産するかし、利子率と投資水準は上下した。産業は依然として土壌に依存していた。木材、皮革、ホップ、亜麻、アカネ、サフラン、ナイフの取っ手用の角材、糊用の骨（つの）――これらは欠くことのできない原材料であった。そして、産業はほとんどが家内工業であった。糸紡ぎ、レース編み、靴下編み、皮なめし、鍛冶、桶・樽作りなどは、大きな町でよりも村で栄えた。家庭生活と仕事は自然の様相に歩調を合わせていた。耕作、収穫、摘果、漁獲、煙突掃除――こうした仕事はすべて季節的なものであった。社会生活は――祝祭日、断食日、縁日、収穫祭、強いられる冬期失業などを含めて――労役辛苦、裕福、怠惰という田舎のリズムに合わせて営まれたのであった。

土地から儲ける者はほとんどなく、多くの者はやせた土壌からかろうじて質素な生計を立てるばかりであった。晴れても降っても戸外で働くため、その皺寄せが当然ながらあった。大部分の労働者は限りない疲労のため年齢不相応に早く老いた。統計学の開拓者グレゴリー・キングは、十七世紀末近くに、イングランドの家族の約半数は必要最低限の生活の資を得られないでいる、と推計した。

だが、すでに一つ重大な転換点は乗り越えられていた。なるほどイングランドの農業がその資源を十分に使いこなしていなかったことは疑いを容れない。グレゴリー・キングは一六八八年の全土地の四分の一は不毛であると思ったし、それから約一世紀後に北部を旅しながらアーサー・ヤングは「多くの有益な穀物を産出しうるにちがいない広大な土地がまったく荒れるがままにまかされているのは誠に見るに忍びない」と述べることもできた。しかし――誰の目にも明らかだったように――地方の経済は、大陸のほとんどどの地域よりも、ずっと資本化され、事業化され、生産性も高かった。エルベ川の東では農奴が相変わらず法律で土地に隷属させられていたし、フランス、スペイン、イタリアでは、借金を負った小作農が細分化された小作地で飢えていたのである。なるほど、飢餓は依然としてスチュアート朝イングランドの各地で死者をだしていたし、十八世紀を通じて（アイルランドを含む）ヨーロッパの各地で生存の危機が衝撃となってはいた。一六九六年から一六九七年の間にフィンランドでは飢餓のため人口の三分の一が死に、一七六九年にはフランスで百万近い人々が飢え死にした。旧体制ヨーロッパではほとんどの地域で農業経済が人口過剰と生産過小の悪循環という罠にはまっていた。慢性の借金状態、疲弊した土壌、貧弱な穀物生産、不経済な小作地の細分化、人口の圧力のため、大量の悲惨と定期的惨劇が生みだされた。しかし、イングランド人はすでにこの死刑宣告からの免罪符を入手していた。ジョージ王朝治下のイングランドではもはや大量の餓死者がでることはなくなっていた。おもわしくない収穫のため地域的に食糧不足となることはあっても、大飢饉になることはなかった。事実、この世紀の前半に穀物輸出高は次第に増加していた。食糧不足は短期的で、地域的で、特定穀物に限られており、その影響も穀物貿易の資本化と流通市場の改善によって緩和されていた。イングランドで穀物暴動を起こした人々も、穀物が無いことに抗議したのではなく、高いこと、流通が悪いこと、ボロ儲けをする者がいること、あるいは、小麦のパンの代わりにライ麦のパンを食べるのを強いられること、に抗議したのであった。

一七〇〇年までにイングランドはこの一点で「生物学的旧体制」、すなわち中世以来ヨーロッパに暗い影を落としてきた弾力性のない土地および食糧の供給に対する冷酷な人口の重圧、を免れていた。農業生産力は、転換農業、新しい輪作、飼料穀物、沼沢地排水などの普及により、向上していた。だが、微生物は相変わらずイングランド人の体に暴威を揮っていた。医学は未だ病気および死に対する戦いに勝利しつつあるわけではなかった。二十世紀のイングランドでは死は老齢者に訪れるが、一七〇〇年にはほとんどその逆が真であった。幼児期あるいは十代で死ぬ者のほうが、七十歳代や八十歳代で死ぬ者より、はるかに多かったのである。おそらく新生児の五分の一は生まれて一年以内に死んだであろう。たぶん三人に一人は——胃腸障害や熱病で——五歳にならないうちに死んだであろう。一七四〇年代には、ロンドンのいくつかの教区で、四人に三人の子どもが六歳にならないうちに死んだ。子どもの死は諦めざるをえないものであった。ロンドンの大醸造業者ヘンリー・スレイルの妻ヘスター・スレイルは、「学校での多数の娘たちの死を大変冷静に見守った」。子どもの死亡率のひどさにもかかわらず、イングランドの人口は若者が大変多いという側面をもっていた——一七〇〇年には国民の半数以上が二十一歳未満であった——だが、それは絶えず危険に晒されている人口であった。平均寿命は約三十七歳であった。

死神の鎌は貧しい人間を刈り入れた。生活保護を受ける家庭の子どもは、特に大流行病と「ジンの大流行」の時代であった一七二〇年代および一七三〇年代に、羽虫のように死んだ。しかし、ジェントリー階級が免除されたわけではない。エドワード・ギボンの兄弟姉妹六人はすべて幼児期に死んだし（この歴史家はかろうじて生き残ったが病弱な若者であった——「私は食べ物より薬のほうをよけいに呑み込んだ」）、アン女王の子どもたちは誰一人成年に達することがなかった。何万人という女性が産褥で死んだ。ペストは幸いにもこの世紀がはじまる前にイングランドを去っていた（医者のお蔭ではない。おそらくネズミにこの病気への免疫ができたのであろう）、そして医学はジョージ王朝時代が終わる前に種痘のワクチン接種によって天然痘を無害化した。しかし、熱病——発疹チフス、赤痢、麻疹（はしか）、インフルエンザ、いわゆる「死の機甲師団」——の流行は繰り返し襲い、医者にはどうすることもできなかった。死は常在し突然襲うのであった。「先週の木曜日から一週間のうちに大変憂鬱な出来事が発生した」と『ノーサンプトン・マーキュリー』は一七七一年に報じた。

二人の農夫が近隣の家へ仔牛の病気を見に行った。非常に寒い日であった。二人が仔牛に触れているうちに仔牛は発狂し二人の上に涎（よだれ）を垂らした。これに驚いた二人は、友人たちの勧めで、体を洗いに海へ行った。しかし、次の火曜日、二人は荷車に載せられ死体となって戻ってきた。近在の人々は恐怖におののいたのである。

死は神の摂理の神秘であった。しかしながら、これに劣らず恐ろしいのが特定の職業ないし集団に特有の災い、厳格な社会がそれらの不可避的宿命とみなしていた災い、であった。職業病がはびこっていたのである。珪肺病で陶器職人が死に、煙突掃除夫は癌にかかり、塗料職人は鉛中毒で死んだ。農場労働者はリューマチで脚が不自由になり、貧乏人は佝僂(くる)病や壊血病にかかり、痛風や水腫のため大酒呑みの地方地主は手足が不自由になり、その娘は蜂のようにくびれた優美な線をだそうと腰を締めつけるあまりしばしば不健康という代償を払うことになった。化粧品の毒によって上流社会の人々の顔は醜く損われた――レイディー・コヴェントリーは鉛を顕色剤にした化粧品の毒で死んだともっぱらの評判であった。

国の富というケーキを切り分けたのは権力者たちであった。一六八八年ころ、グレゴリー・キングは、一家族(例えば夫婦と子ども三人)が借金をせず貧民救済物資なり義捐金なりを受けずに生きていくためには一年に最低四十ポンド位は必要である、と考えた。彼は貴族の家庭なら純益で二千八百ポンド位はあったと信じていた(過小評価である。おそらくその二倍はあったろう)。しかし、労働人口の大部分は生活保護水準以下の暮らしぶりであった。例えば、三十六万四千人の「賃労働者および奉公人」の家族収入は年十五ポンドしかなく、四十万人の「小屋住み農および生活保護受給者」は年六ポンド十シリング、五万人の船乗りは二十ポンド、三万五千人の兵士は十四ポンド、で生活していた。彼らを合計すれば国の全家族数の半分以上になったのである。彼の計算によれば、人口の上位一・二パーセントが国民所得の十四・一パーセントを所有し、下位六十七・一パーセントはその二十九・九パーセントしか所有していなかったことになる。[*]

＊　一九八〇年には上位一パーセントがイングランドの全私有財産の二五パーセントを所有した。

キングが提唱した一覧表は絶対的に正しいというわけではない。彼が使った資料は限られたものであったし彼にも偏見があったからである。しかし、彼が描く全体像は有効である。労働者階級を構成する家族は生活してゆくに十分な収入を得られないがゆえに貧困に捕われてしまう典型である、とキングは考えた。彼に皮肉を弄する積りはなかったにせよ、この国の労働力であるこれらの人々を彼が「国の富を減らす人たち」と呼んだのは皮肉なことであった。「富める者が貧しい者を虐げているとして、そうした圧制に対しいかなる救済策がキリスト教国に見いだせるというのか。」ジョン・ウェスリーのこの問いに対する適切な答えはどこからもこなかった。

貧しい人々は剝奪と依存の生活を余儀なくされた。食餌といえば味気のないパン、それも腹一杯食べることはできず、掘っ建て小屋や地下室で寒さにふるえ、時には家畜と同じ屋根の下に住むこともあった（少なくとも家畜は暖を与えてくれた）。貧民救済法監督官の卑劣な暴圧に耐え、しばしば残虐な主人の下でわずかな収入のために過酷な労働に従事し、先行きの見込みも年老いて生活が楽になるわけではなく救貧院が待つばかりであった。熟練職人が稼ぐ収入に及ばない者は誰も栄養不足であった。この生物学的事実には社会的原因があった――それは権力者が、法律の援助を得て、国の富を切り分け合ったその結果なのであった。実際、有産と無産の差別政策がこの世紀に一層明白になった。課税を見れば分かる。政府は歳入の増大を図るべく「社会的に逆行する」政策を選択し、（土地所有者が支払う）地租ではなく間接税収を増し、万人に打撃を与える（塩やビールなどの）消耗品に課税したのである。こうして、普通の人々のいよいよ多くの金が財務府に吸い上げられることになり、戦争に、また国債に投資した金持ちへの利息分として、使われることになった。

貧乏人はジョージ王朝の政治にとって、特に地方政治にとって、悩みの種であった。だが、いつの世にも貧富の差があることを、また実際あるべきであることを、ほとんど誰も――ほとんどの改革論者や急進主義者でさえ――疑わなかった。それは夫婦間あるいは主従間の関係と同じように自然に思える依存関係なのであった。

神よ、地方地主とその一族に祝福を
そして我らを相応しい地位に留め給え

という祈りは地方地主たちだけのものではなかった。「人類は不平等と従属の状態にあるほうが幸福である」と小市民サミュエル・ジョンソンは確信していた。大執事ウィリアム・ペイリーなどの教区主任司祭たちは、「貧困による窮乏のうちのいくつかは……苦しみではなく喜びである」と言って、実は貧乏人こそ幸運な人なのであると貧乏人を納得させるという、ヘラクレス的離れ業(わざ)を試みさえした。広く認められているように、骨身を削る労働と赤貧の恐怖を急速な出世によって除去した者が、ごく少数ながらいた。ジョン・テイラーは年季明け職人から身を興し、ボタン製造業者となり、ロイズ銀行を創設し、二十万ポンドの財産を残した。しかし、人口の大部分にとって、労働と剥奪と不安定と苦痛は常に日常生活の現実であった。

もう一つの基本的事実は社会階級制であった。貴賤という自然の秩序があることを――アリストクラット〔特権階級の人〕と「ショッポクラット〔商店で働く人〕」、ノビリティー〔貴族階級〕と「モビリティー〔社会階層流動階級〕」〔「ノブズ〔貴人〕」と「モブズ〔大衆〕」〕、〔ロードと呼ばれる〕華族、〔エスクワイヤーと呼ばれる〕ジェントルマン階層、その下の〔ただのミスターやミセスと呼ばれる〕小貴族、そしてただの田吾作に至るまであるべきことを——疑問視する者はほとんどなかった。その結果、劇場では、上流階級はストール〔一階前方の席〕に座り、庶民はギャラリー〔天井桟敷〕で騒ぎ、軽薄才子はピット〔平土間〕で野次ることになった。同様に、都会では、上流階級はスクウェア〔広場〕やロウ〔通り〕といった町名に居住し、中流階級はコート〔中庭〕に住み、貧民はアレー〔路地〕やウォレン〔密集地〕に固まることになった。大邸宅の中では、主人一家が陽当りの良い二階に住み、召使いや小間使いたちは屋根裏の小部屋や陰気な地下室で寒さにふるえていた。差異を認めることが社会への鍵となった。そして、それはアクセントや慣用語法、ドレス〔衣服〕、アドレス〔物腰〕、アドレッシーズ〔挨拶の言葉〕などによって際限なく繰り返された。ウォルポールやお偉方を暗黙裡にならず者に戯画化した『乞食オペラ』などの「あべこべの世界」的諷刺は、あるいはジョージ王を（ヨークシャー州の贋金造りである）「キング・デイヴィッド」、「キャプテン・ラッド」、「キング・モブ」などと呼んで挑撥した急進主義は、肩書の空虚さを曝露するとともに皮肉にも肩書を永続化させたのであった。

支配階級は、古代の血統によって厳格に区別された世襲的階級、ではなかった。ハプスブルク家とはちがい、イングランドの貴族は名門の出であることを崇拝の対象にしてはいなかった。しかし、高位者であることは生物学的結果を伴うことになった。富める者は、そうでない者よりも、健康であり、長生きした。性的に成熟するのが早かった。食事が良かったため背も高くなり、貧しい者を文字どおり見下すことになった。生活を律する時計も異なっていた。賃労働者は太陽とともに起き、食べ、寝た（光熱費が高かったのである)。金持ちは、ロウソクの光の中で、なにごとも文化的な時間に行った。そして、社会の隈なく、差異を認めることは優位者に敬意を表示することを必要とした。目上の者に対し、片足を後ろへ引いておじぎをし、帽子をぬぎ、起立し、女性なら膝を曲げておじぎし額に手を当てる、という儀礼に示されているように。

だが、苦しみは、生まれの貴賤なく、遅かれ早かれ万人の定めであった。身体の苦痛という偉大なる平等主義者はいつも出番を待ち構えていた。病気になったとき、麻酔などといったものはなく、アルコールが最良の鎮痛剤であった。人々は哲学的に、そして宗教的に、病気に対処しなければならなかった(もっとも、イングランド人はまた自殺でも悪名高かった)。一七七六年、教区主任司祭ウッドフォードは地元の獣医ジョン・リーブズに歯を抜いてもらったが、「いやはやひどいもので、彼は……別の歯を一本折ってしまい、そのため一日中痛くてたまらず、顔が異常に腫れてしまった……。それでも、抜いてくれた老人に二シリング六ペンス与えた。彼は歯を抜くには年をとりすぎていると思う。目がよく見えないのだ」。

苦痛には不快と危険がともなった。不運な旅人は宿に泊まれば見ず知らずの他人と、そして蚤と、一緒のベッドに寝ることになり、街道を往けば絞首刑に処せられた死体や追い剝ぎに出くわすことになった。「案の定、昨夜強盗にあった」と一七七四年にノース卿は首相らしからぬ諦めの調子で書いた。「損害はたいしたことはなかったが、御者がすみやかに馬を止めなかったため二人組の追い剝ぎのうちの一人が発砲した——ガナーズベリー・レインのはずれでのことだった。」ハイド・パークで発砲されたホレース・ウォルポールは、「昼間でも、旅をするときは戦争に行くつもりにならざるをえない」と皮肉たっぷりに述べた。だが、旅をする人々の数はいよいよ増えていった。

生活は粗暴であった。ほとんどすべての若者が家で、学校で、職場で、笞で打たれた——そして児童労働は至るところで見られた。闘鶏のような血を見るスポーツが男らしい技と勇気を試すものとして歓迎された。重罪犯人は衆人環視の中で笞打たれ、晒し台にかけられ、絞首刑にされ、謀反人は内臓をえぐり取られ四つ裂きにされた。ジャコバイト〔一六八八年に亡命した英国王ジェイムズ二世の支持者〕の首は一七七七年までテンプル・バーの上に串刺しにされていた。牛馬は容赦なくこき使われた。イングランドは悪名高い「馬の地獄」であり、動物に対する虐待は産業化とともに、そしてスピードへの渇望とともに、悪化した。

人々は乙にとりすまして身体的苦痛を与えたり耐えたりしていたわけではない。イングランド西部では棍棒で殴ることが相変わらず娯楽として好まれていたし、村のスポーツは時に死人をだすこともあった（サッカーで観客が乱闘騒ぎを演じるのも目新しいことではないのである）。船乗りは数えきれぬ笞打ちに耐えたことを得意気に吹聴した。騒乱は煮えたぎり、沸騰することもしばしばであった。一七六九年、ベンジャミン・フランクリンは呆然となってこう書いた。

一年と経たぬ間に私は数々の暴動を見た。地方の穀物をめぐる暴動、選挙をめぐる暴動、貧民収容施設をめぐる暴動、炭鉱夫の暴動、織工の暴動、石炭運搬夫の暴動、木挽きの暴動、ジョン・ウィルクス〔急進政治家〕一派の暴動、政府の椅子駕籠かき人足たちの暴動。密輸業者の暴動では税関の役人および税吏が殺され、軍の武装艦および兵隊に向かって発砲される始末であった。

生命の値段は安く、人々は丈夫でなければならなかった。一七六四年、二人の酔っぱらった煉瓦積み職人がグレイズ・イン・レインで煉瓦投げ遊びに興じていた。高く投げた煉瓦が右のこめかみに当たって一人が死んだ。同じ年、トゥーリー・ストリートの門番が半クラウンを賭けて三パイントのジンを飲み、賭けに勝ち、その場で死んだ。一七八九年まで、夫を殺害（小反逆罪）した女が杭に縛られ生きたまま火刑に処されるということが時々あった。もっとも、親切な処刑人が炎の回らぬうちに首を絞めてやったかも知れないが。ノリッジで七歳の女の子がペチコートを盗んだため絞首刑に処されたとき、誰も抗議しなかった。重罪犯人は死刑を宣告され絞首台に立つと、逃亡を図ることより恰好よく「永遠の地に旅立つ」ことのほうに、一層の関心を示すように思えることがしばしばであった。群集が処刑される者に勇敢な最期を望むとき誰がそれを拒否しただろうか。もっと言えば、大衆が法律を勝手に扱ってしまうことがしばしばあった。一七三五年、ブリストルのジェイムズ・ニュースは妻を殺害した件で絞首刑を宣告されると服毒自殺してしまい、群集は彼の絞首刑ではなく埋葬を見ることになってがっかりした。まんまと娯楽を奪われてしまった彼らは怒り狂い、自殺したこの男の死体を掘りだし、『ジェントルマンズ・マガジン』を引用するなら、「彼の内臓を街道に持ちだして引き摺り回し、両眼を抉りだし、ほとんどすべての骨を折ってしまった」のであった。

ジェントルマンたちがその記事を読んで愉しんだことは疑いない。処刑は大衆だけの娯楽ではなかったからである。ジョージ・セルウィンという死体愛好症の放蕩詩人は他人の首吊りを大いに楽しんだことで悪名高かった。ロンドンの処刑場タイバーンの絞首台「タイバーン・ツリー」の回りには、マザー・プロクターズ・ピューズ〔学生監婆さんの指定席〕と呼ばれる木製の常設特別観覧席が造られ、その所有者はたくさんの客を抱えていた。一七六〇年にフェラーズ伯爵が首を吊られたとき、マザー・プロクターは五百ポンドの金を集めた。イングランド人が、死の果てまでも、貴族を愛することかくの如しであった。人々はまた有罪宣告を受けた売春婦が上半身を裸にされて笞で打たれるのを見に集まってもきた。ローマカトリック教徒と魔女も同様に群衆の恐怖と報復の標的であった。一七〇〇年、セント・オールバンズに集まった群衆は魔女と噂のたった女を死に到らしめた。他所者(よそもの)もしばしば過酷な残虐行為の標的となった。一七五一年のある新聞の記事によると、

> 先週の土曜日、襤褸(ぼろ)を着た乞食がグロスター州パックル・チャーチの居酒屋にやってきて、その店で呑んでいた数人の地元の人々に施しを求めたところ、客一同は冗談めかして「乞食は皆首吊りにする習慣だからお前の首も吊ってやる」と言うと、乞食がそれはご勘弁をと言うのも構わず摑まえ、乞食の懇願にもかかわらず、ロープを取りだして乞食の首に回し、ベーコン・ラック〔ベーコンを掛けておくところ〕に連れて行き、ベーコンと叫んでみろと命じ、そこに乞食を長時間吊るしておいたので、乞食は死んだようになり、舌が口からダラリと垂れてしまったので、一同は乞食を下に降ろし、バカなまねをし過ぎたことに気づき、後の面倒を心配し惧(おそ)れるあまり、乞食を近くの野原に運び、死んだものと思って干し草の山の下に隠した。乞食が意識を取り戻し、苦悶の呻きを上げたところ、一人の女がこれを聞きつけ、干し草の山に近づくと、哀れな男は手振りでどうしてこうなってしまったかを告げ、被害を受けた居酒屋を指さし、まもなく死んでしまった。

ハノーヴァー家が相続したこの〔イギリス〕国民は仕事に励む、辛い生活に耐える、率直な物言いをする国民であり、未だ左程洗練の域に達していない国民であった。ノーサンバーランド公爵夫人は一七六〇年五月六日の日記にこう書いた。「帰宅した。大糞(おおぐそ)を出した。死ぬほど疲れた。舞踏会へ行った。死ぬほど疲れた。不味(まず)い夕飯(めし)。ミス・タウンゼンド泥酔。」ほとんどの家には風呂がなかった。綿が安価になる前は、衣服は洗濯が難しかった。子どもたちは冬の間中着替えをしないこともままあった。害虫は決して譬

喩的なだけの存在ではなかった。勅許ネズミ捕獲人や勅許ノミ捕獲人は結構な稼ぎを得ていた。一七七〇年代、アンドリュー・クックは「王室御用達害虫駆除人」の看板を掲げていた。食堂の食器棚には、男たちが食後の会話を中断しないで済むように、寝室用便器が置かれていた。遡る一六六〇年代、ピープスは、平然と暖炉に排便し（召使いが糞便を片付けた）、ある時にはレイディー・サンドウィッチが食堂で「ポットの上で何やらしている」ところを目撃もした。食糧の衛生状態は人体の衛生状態とさして変わりなかった。どこにでも動物がいたということは、通りという通りが糞であふれていたということを意味した。現代がこの世界から受け継がなかった最たるものは、悪臭であった。目は鼻ほど不快な思いをしなかっただろうと考えても、気安めにはなるまい。なにしろ、ロウソクや燈心草ロウソクや月光の明かりしかなかった世界では物があまりよく見えなかっただけなのだから。

人々はこうした不便や汚なさに対する忍耐力を身につけており、その埋め合わせとして快楽や情欲を積極的に追求した。感情はすぐ表面化した。イングランド人はためらうことなく声援を送り、野次を飛ばし――チェスターフィールド卿があれほど酷評したにもかかわらず――大声で笑い、また泣いた。社交の集いでは大いにふざけ散らし、歌い、叫んだ。大騒ぎして戯れ、愛し合い、物音を立てた。荒っぽいスポーツに参加し、競馬賭博を好み、馬を乗り回した。「上唇を硬直させて〔決然として困難に立ち向かう様子〕」という慣習が国民的なものになったのはもっと後のことであった（もっとも多くの人々は、特に非国教徒たちは、既に真面目の大切さを評価してはいたのだが）。

アルコールは刺激と緊張緩和と忘却をもたらした。『ジェントルマンズ・マガジン』は酔っぱらいの呼び方を、上品な「アドーニスの精をすする」から下品な「服を剥いで裸にしてくれ」まで、九十九通り列挙した。勇み肌という評判を得るためには少なくともボトルを三本は空けられる男でなければならなかった。

シェリダン、小ピット、そしてギリシア語学者ポーソンは皆六本は空けると言われていたし、サー・ウィリアム・ブラックストーンはグラス一杯のポートワインを愉快な仲間にして『イングランド法律注解』を書いた――もっとも、オックスフォード大学の学監たちはギボンが命名した「退屈な酒宴にどっぷり漬かってしまっていた」ことで悪名高いところであったし、ケンブリッジ大学の第三代歴史学教授は酒に酔って転んだのがもとで死んでしまったのだが。

人々は競って酒を呑んだ。「私は、テーブルを囲んで主人役で仲間と飲む時は、皆が帰るまで居残ろうといつも願っていた」とロンドン社交会の粋人ウィリアム・ヒッキーは率直に述べた。アディソンやボリンブルックからチャールズ・ジェイムズ・フォックスやエルドン卿まで、著名なジェントルマンたちは「王侯のように〔ひどく〕酔う」という直喩の適切さを実証した。だが、痛飲は貴顕人士の特権ではなかった。サミュエル・ジョンソンの記憶では、彼が若いころ「リッチフィールドのまともな人々は皆毎晩酔っぱらい、それで人物評価を落とすということがなかった」。小売商人トマス・ターナーの日記を見れば、一七五〇年代にはサセックス近郊の小売商人たちも劣らず泥酔していたことが分かる。ある日、どんちゃん騒ぎの末激しい頭痛に襲われたターナーは悔恨を込めて、「我々は、俗な言い方をすれば、馬のように飲み続け、歌い続け、やがて多くの者がひどく酔っぱらってしまい、そのうち踊りはじめ、鬘やら帽子やら被り物をむしり取り、この狂乱を続け、およそキリスト教徒の名を標榜する者とも思えぬ狂人めいた振舞いに及んだのであった」と記した。とりわけ、ジンが大流行したころのロンドンの貧民の酔いっぷりは命とりであった。ジンを売る店という店は「一ペニーで酔い心地、二ペンスならぐでんぐでん、寝藁のお代はとりません」と宣伝した。

暴食は、肉体の慰めとして、飲酒と名誉を分け合った。農耕社会では、豊かな食事は成功の証であり、客があれば気前よくもてなすことが当然とされ賛えられた。イングランド人は暴飲暴食し、食卓に料理を山と盛り腹一杯食べるのを誇りにしていた。〔皇太子ジョージの〕摂政時代〔一八一一―二〇年〕に伊達男やロマン派が節食を当世風とし、その流行が長く続くことになったが、それまでは男も女も太っていることを喜びとし痛風になることに甘んじていた。ドクター・ジョンソンは「私は食欲を大事にしています。食欲を大事にしないような人間は何も大事にしない輩だと思うからです」と言ってはばからなかった。トマス・ウィルソンは主教ヒルダースリーのことを「彼は意外にも腹のことばかり気にかけるという享楽的人生を送った」と裁断した。ドクター・ジョンソンが愛好した説教作家サミュエル・オグデンは「鵞鳥は愚かな鳥である。一人で食べるには多すぎ、二人で食べるには足りない」とこぼした。しかしながら、ケンブリッジ大学の賢い学監たちは鳥類が薬になると明らかに思っていた。トマス・グレイは、トリニティー・ホールの研究員リドリントン博士が浮腫で死にかけながら「自家処方で鶏を丸ごと一羽煮て食し弱いビールを五クォート飲み」、そして恢復した、と記した。しかし、ロースト・ビーフこそ、イングランド人が正餐に食し、ホガースが版画で（ホガースはステーキを平らげた直後に他界した）、フィールディングが「ザ・ロースト・ビーフ・オブ・オールド・イングランド」の歌で、そしてビーフステーキ崇高協会が、不滅化したものであった。食欲を几帳面に日記に書き残した教区主任司祭ウッドフォードは、死ぬその日、走り書きで次のように記載した。「今朝は体力衰弱、服を着るのもままならず、手助けされてどうにか一階に降りる。本日の正餐、ロースト・ビーフその他。」人々は、宿命として、生きていく上で諸々の苦しみに耐えねばならなかった。しかし、気むずかしい学監から腰の曲がった生け垣職人や溝掘り人夫に至るまで、毎日大食堂で会食するときなり毎年恒例の収穫の祝祭のときなりに、人々は苦しみを忘れることを望みえたのである。

社会関係の地勢は有無を言わせぬものであり、確立されたものであった。一部には、それが――ラズレットの言い回しを使えば――「顔見知りの社会」だったからである。王の臣民は社会階層に組み入れられたわけだが、その方法は主に選択によるのではなく、また「顔のない」官僚制や公文書的資格によるのでもなく（洗礼、結婚、埋葬で教区簿冊に記録されたのを除けば、庶民の名が公式記録に載ることはなかった）、どちらかといえば他者との個人的関係、特に父、親方、夫、教区牧師、後援者といった権威者との関係によるものであった。人々は独力でやりくりしていかなければならなかった。揺り籠から墓場までの面倒見を保障する包括的福祉国家、総合的社会奉仕制度などというものは、なかった。いかにうまくやっていくかは敬意と謙遜の、後援と愛顧の、庇護と服従の、好機を捉えることとそれを最大限に利用することの、駆け引きにおける手腕にかかっていた。J・H・プラムの言葉を借りれば、ジョージ王朝の社会では、「庇護を得られない貧民と弱者と病人は破滅し、富者と強者は繁栄した」のである。

この前官僚主義的社会の粗野加減、苦痛、しかしまたおそらくは人間的慈悲が、一七四八年の『ジェントルマンズ・マガジン』に載った悲惨な記事にすべて明らかにされている。

サリー州ベディントンでの洗礼式で泥酔していた乳母が幼児の服を脱がせると、揺り籠に入れずに大きなストーブの後に置くという事件が起きた。そのため幼児は数分にして焼死。下級判事の取り調べを受けた女は、私がバカでした愚かでした幼児を薪（たきぎ）と間違えてしまったのです、と述べた。女は放免となった。

女性人口のほうが男性人口より僅かながら多かった。だが、男性に較べると、女性が何を感じ、何を考え、何をしたかについては、ほとんど分かっていない。ほとんどの記録を残したのは男であった――この事実は女がいかに寡黙を強いられていたかをあまりにも雄弁に語るものである。何百万という女は軽工業、作業場、宿屋、食堂、野良仕事、家事奉公などで苦労して生活費を稼いだのであった。上流中産階層やジェントリー階層を別にすれば、女は子を産み家庭を切り盛りするばかりでなく金を稼ぐことをも当然視されていた。だが、仕事の世界で名を上げるなり財を成すなりした女はほとんどなく、女が経験したことの記録もほとんど残ってはいない。今に至るまで、女性史家の関心は焦点を「ブルーストッキング〔青色の手編み靴下＝青鞜派の女性たち〕」に当て、それを編んだお針子には当ててこなかった。

大規模な公的生活は（ほとんどすべてのクラブ自体がそうであったように）男だけのものであった。女の議員、探険家、法律家、下級判事、工場起業家という女性説教師というものはおらず、選挙権を有する女もほとんどいなかった。ドクター・ジョンソンにとって、女性説教師というものは「後脚で立って歩く犬のよう」な考えられないものであった。知識人として受容されたいと望む女は集中攻撃を受けねばならなかった。キャサリン・マコーリーは、本気で歴史家および政治記者になろうと望んだため、嘲笑された（彼女はまた年齢が自分の半分しかない若い男と結婚するという忌まわしい行為を演じてもいた）。世論（概して男の意見であるが従順な女がそれを反響した）が女を妻、母、主婦、補助的労働者、家事奉公人、独身の叔（伯）母など、被抑圧的役割に縛りつけていた。そこから逃げだす者はほとんどなかった。こうした画一化が一種の不透明性を作りだした。女は男の影になることとなったのである。

女はどのようなものであったか、何を考えていたか――あるいは、考えるのが当然とされていたか――について、私たちが有する証拠の多くはその出所が男であり、説教集や礼儀教則集であり、日記をつけていた男性であり、男性作家であり、男性画家であり、男性医師なのである。私たちはジョンソンの妻「テティー」やボズウェルの妻マーガレットについて、その夫を通して以外、ほとんど何も知らない。自分のことについて書いた女性たち——例えばレイディー・メアリー・ワートリー・モンタギュー、あるいはミセス・デレイニーやミセス・チャポンやミセス・ヴェシーその他によって運営されたサロン「ペチコートを着ける女たちの会」に集まった「青鞜たち」——は妊娠の苦しみ、不愉快な求婚者たち、上流社会の味気ない退屈さなど、身の上を嘆きはした。しかし、根底では、多くの女たちは女の立場および男女の関係について男の見方を広く共有してもいたのである。「青鞜たち」も、高潔なたしなみの心から、男に劣らず、女性の貞節と服従を当然のことと思っていた。メアリー・ウルストンクラフトは、夫でもない男性の子を妊娠したとき、かつての友人であった女性作家ミセス・インチボールドや女優ミセス・シドンズから冷たい仕打ちを受けた(彼女たちは本当に衝撃を受けたのだろうか、それとも自分たちの評判を気にしていたのだろうか)。「女が知恵をもつとえてして悪い結果をもたらす」とエリザベス・モンタギューが冷たく裁断したのは一七五〇年のことであった。「抜き身の剣のように、持ち主を傷つけ、相手の攻撃を惹起する。口惜しいことだけれど、知恵に秀でた女は一般に貞節に欠けていた。」青鞜の友ミセス・チャポンは、夫の「従順を求める神聖な権利」を擁護する一方で、「女は理性あり責任ある人間として、男と同じように、自由な行為者であるという一般的真理」を矛盾するにもかかわらず主張することができた。しかしながら、時に女は自分の立場を甘受することもあった。自己検閲が習性となったのである。例えばレイディー・メアリー・ワートリー・モンタギューは娘に「身につけた学問を、背骨の湾曲や不自由な脚を隠すときと同じ細心の注意で、悟られないようにする」よう忠告した。男が頭の弱い女を好んだのは明らかである。「もしあなた方に多少とも学問がある場合、絶対秘密にしておきなさい。特に男どもに知られてはなりません」と医師グレゴリーは若い女性たちに忠告した。サミュエル・リチャードソンの有力な小説〔『パミラ』〕の中で、召使いであるパミラが上流階級の男と結婚できることになったのは美徳(ありていに言えば、彼女が処女であったこと）のお蔭であった。

男の世界の中で女性がその主人の声をむやみにまねたのも意外ではない。もし女性がその体制におとなしく従いその体制を有効に動かせば自分たちに割り当てられた領域の中で相当な権力を揮うことができることを、ほとんどの女性は発見したのである。少数ながら女の宿命を拒絶した女性たちもいた。例えばギリシア語学者メアリー・アステルは独身の女性学者が宗教と学問を研究し続けられる大学のごとき隠遁所（「女子修道院」）があればよいのにと夢想した。しかし、女性に平等の社会的権利を与えよと求める組織的「フェミニスト」運動などというものはなかった――この十八世紀には初期の諷刺劇作家ミセス・メアリー・マンリーから末期のメアリー・ウルストンクラフトに至るまで、ただ勇敢な個人、不適応者、犠牲者、反逆者がいるばかりであった。

男と女は生まれつき能力に差があるのだから別々の社会的役割を果たすべきである、これが男女間の関係を支配し、さまざまな態度や制度を下から支え、究極的には法律に支援されていた、基本前提なのであった。解剖学的人体組織が運命を決定し、男が上位にあるべき運命とされたのである。男は理性、仕事、行動力に優れるように作られており（と男は主張した）、女の得意とするところは従順、謙虚、素直、美徳、母性、家事であるとされた（しかしながら、現実はそれほど単純ではなかった。男は女の「口やかましさ」に恐怖し、「嬶（かかあ）天下」に唯々諾々とする夫はもの笑いの種にされた）。公務の要職、（医者や法律家などの）知的専門職、大学、そして教会は女には閉ざされていた（もっとも、セアラ・チャーチルやデヴォンシャー公爵夫人など多くの女性は、身分や育ちの良さや個性の力や性的魅力によって、巨大な陰の力を行使していた）。

女性は常に男性に――娘は父に、結婚したら夫の「力強い支配」に――依存すべきである、これが一般に受け入れられた見方であった。この世紀の初頭、上流社会では、父親が娘の結婚を取り決めるのが未だ一般的であった。娘はせいぜい父親の選んだ相手を拒否するくらいのことしかできなかったものである。コモン・ロー〔イギリスの判例法〕では、妻には子どもに対する親権も夫婦財産権もなかった（もっとも、土地を妻用に委託管理することはありえたが）。この理由をサー・ウィリアム・ブラックストーンは、「結婚において夫と妻は一体であり、その一体たる人格は夫なのである」と器用に説明し、「妻の存在そのもの、ないし法的存在、は結婚期間中一時保留される」ともっともらしく説いた。十八世紀初期のある本はそれを、「イングランドでは女性は結婚と同時に動産ともども全面的にオトコノシハイカ即ち夫が自由に処分できるところとなる」のであり、女性の「必要な衣服そのものも、法により、彼女の財産ではない」と表現した。ある判事は、夫は親指の太さを上回らない木の笞でなら妻を撲る権利を有する、と裁定を下した。既婚女性は夫の同意ある場合のみ遺言を作成することができ、夫は彼女の死後それを破棄しえた。男は本来の自分たりえたが、女は男の期待する女性像に順応せざるをえなかった。例えば、サミュエル・リチャードソンの小説『パミラ』で、ミスター・Bは妻に求めるものとして約四十の規則を並べた。

女はただ下等なだけの、頼り甲斐のない人間である、というのが多くの男の判断であった。ハリファックス卿は「男女間には才能に差がある」と裁断した。チェスターフィールド卿にとって「女は大きくなっただけの子ども」であり「分別ある男ならまともに相手にしない」ものであった。それゆえ上流社会では男女は――例えばフランスにおける以上に――差別された。フランスの女性は自由思想家が集うサロンの主人役を務めたが、イングランドの貴婦人はその持てる力を発揮せぬよう、お茶を飲みながらの噂話や刺繡など装飾品作りで暇をつぶすよう、奨励されていた。話といえば、女性のそれは事実つまらぬ噂話であると思われていた。上流の婦人は食事が終われば退室し、あとに残った夫たちを、英雄よろしく諸国民の命運を決したり酒をなみなみと注いで愛人に乾杯したり酔いつぶれたりさせておくものであった。「女性の愚かさはその個性的魅力を大いに増進する」とジェイン・オースティンは辛辣に述べた。善良な婦人は家族と美徳の従順な守護天使としてはまり役とされた。それをジェイムズ・トムソンは歯の浮く褒め方で詩にした。

行き届いた家庭は男のこよなき歓び。
夫を立てる知恵をもち、慎ましくし、
穏やかな、屈託のない物腰で
美徳を高め、至福をもたらし、
人の世の苦しみを和ませる。
これぞ女性の威厳かつ誉れなり。

上流社会にあっては、女性は結婚前の貞節と結婚後の評判がきわめて大切である、とジェントルマンたちに思われていた。こういう性的純潔の鑑とはとても太刀打ちできないと男たちは鷹揚に認めていた。しかし、それは、ドクター・ジョンソンが解説したように、「自分には守れもしない完璧さを女に求めるのなら、女を讃えることだ」という手管だったのである。黄色い目の怪物という男の嫉妬は別として、この二重規準は実際上の不安を示すものであった。夫は自分の巣に郭公の雛〔他人の子〕など見たいわけもなく、自分が父親であると確信できる息子でなければ財産を遺贈する気にもならないものであった。ドクター・ジョンソンは回りくどい言い方をせず、ずばり要点を突いて「女性の貞節は重要であった、全財産がそこにかかっていたからである」と言った。対照的に、「夫婦の間では、夫の不貞など取るに足らぬものである……賢い妻は夫の不貞に思い悩んだりしない……夫が妻に私生児を押しつけたりすることはないからである」。（女中や婦人帽子屋や妾の運命など、このキリスト教徒は一顧だにしなかった。）妻の姦淫は法律上十分な離婚の根拠となったが、その逆が成り立つわけではなかった（もっとも離婚は、個別法を必要としたため、きわめて稀であった）。

しかしながら、現実には、上流婦人は――特にロンドンでは――ここに示唆された理想的姿ほど従順ではなく、秘密の恋の戯れと征服のゲームを男と結託して愉しんでいた。そのうえ、人格の力、魅力、相続した富、あるいは家名によって女性相続人ないし女性家長は巨大な交渉力を、また一族の運命に影響を及ぼす機会を、手に入れもしたのである。

裕福な社会では、男と女は、年少にあってさえ、別々に教育を施された。女の子は（男の子に較べれば）学校にやられることも少なく、召使いや叔（伯）母に託され、かくして「無知と虚栄心を育む」ことになった。レイディー・メアリー・ワートリー・モンタギューは乳母のことで、「彼女は、私が幼いころから、労を惜しまず私の頭に迷信の物語やら妄念やらを注ぎ込んできたのですから、私が今になって魔女とかお化けとか改宗したメソディスト派の人々を恐がらないからといって、決して彼女の落度ではありませんと言って不満を述べた。若い女性はいずれ結婚するべく育てられたのだが、それにはそれなりの理由があった。もし娘が男性を罠にかけて夫にし損なうと、「オールドミス」になるかもしれず、そうなれば一家の重荷となり、貴婦人の付添いとか家庭教師といった欲求不満の身分にならざるをえなくなり、独立もままならず、家族と召使いの中間地帯で呻吟することになるからである。

ジョージ王朝の初期、ジェントルマンが婚姻市場で娘の夫にふさわしい男性を捜し回るとき、彼が最初に考えることは安全性、家柄、肩書、そして土地であった。婚姻とは、愛と幸せだけにかかわる狭い事柄ではなく、名誉と血統と財産を確保するための、家族政策にかかわる広い事柄を含むものであった――そして、家族は父系制であった。サー・ウィリアム・テンプルは、「我々の結婚は、通常の売買と同様、愛とか尊敬とは無関係に、ただ利益とか利得だけを考慮して決められる」と述べたとき、特にひどい皮肉を弄していたわけではなかった。世の父親は、娘の夫として、有力な縁戚に恵まれた土地持ちの肩書ある男を捕えるために、気前よく持参金を餌としてちらつかせねばならなかったのである。貴族を釣り上げようとすれば最高二万五千ポンドは必要だったであろう。新聞は馬の売買にも似た抜け目のない取引広告で賑わった。

結婚

一七三五年三月二十五日、カーマーゼンシャー〔ウェールズ南部の旧州〕の郷士ジョン・パリーと同州在住の郷士ウォルター・ロイドの令嬢、持参金八千ポンド。セント・アサフ教会の主教とミス・オレル、持参金三万ポンド。ヨークのロジャー・ウェインド師およそ二十六歳、リンカーン州の某貴婦人およそ八十歳と結婚、新郎は現金八千ポンドおよび夫人存命中のみ年金三百ポンドと四頭立て馬車を取得。

上流社会では、結婚というものは思慮分別をもってするものであるとされていた。そこに激しい感情を――官能はなおのこと――持ち込むことは良くないとされていた。衝動的恋愛など、石だらけの土壌〔冷酷な現実〕の中で枯れてしまうだろう。熟慮を重ねた上で身を固めるなら夫婦の間に尊敬と敬意の念が深く根を下ろすことになるかもしれないが、しかし、頭の固い家族にとって最も重要なのはおそらく上手に家名を高め土地を増やすことであっただろう。適齢期の娘（そして息子）は政略の駒にすぎなかったのである（もっとも駒には駒なりの力がありはしたが）。市場の駆け引きで安く値切られるため、神聖な結婚が皮肉な目で見られたのも不思議ではない。ジャレットが書いたように、「版画の世界で人気があるのは、労働者なら結婚の絆がほどけて暴力沙汰となり、貴族なら結婚が堕落の果てに悪徳に陥る、その姿であった」。娘たちは見も知らぬ他所者の犠牲になるのを忌み嫌った。「私の境遇にある人たちは奴隷のように売られてゆく。私には一体いくらの値札が付けられるのかしら」と嘆いたメアリー・ワートリー・モンタギューは、父親が選んだ結婚相手を嫌って、駆け落ちした（彼女の場合、小難を逃れて大難に……という結果になったが）。だが、女性の場合、結婚すれば多くの苦痛があった反面、独身のままでいれば何の楽しみもなかった――そして、いずれにしろ、警句に言うように、寡婦となる楽しみのためにも結婚を我慢する価値はあった。また、男とちがって、好んで独身を通す女はほとんどいなかった。妻になれば少なくとも切り盛りする家があり金銭的にも安定したのである。

ひとたび結婚すれば、上流社会の女性には四つの枢要な役割があった。第一の義務は夫に従うことであった。第二に跡取りを生まねばならなかった。女たちが書いた手紙は、妊娠を繰り返したことからくる疲労、病弱、そして年齢不相応の老化など、苦悩の年代記となっている。レイディー・ブリストルは、一六九五年十九歳で結婚し、一六九六年に長男を産み、一六九七年に長女、一六九九年一月に次男、同年十二月に三男、一七〇一年に四男を産んだ。同年に三つ子を流産し、一七〇三年に男女の双子を産み、一七〇四年に男の子を死産した。一七〇六年から一七一〇年の間にさらに三人の息子と二人の娘を、一七一二年と一七一三年にそれぞれ息子を、一七一五年と一七一六年にそれぞれ娘を産んだ。最後の妊娠は三十九歳のときで、それまでに二十人の子どもを産んだのだが、そのうち成人に達するまで生きたのは僅かであった。レイディー・ブリストルの多産は例外的ではあるが、多くの女性がはてしなく繰り返される出産を刑罰のように恐れていた。レイディー・キャロライン・フォックスは、妊娠初期の徴候を見るや、夫に宛てた手紙に「私はひどく驚いています。もし私が心配している通りということになれば、あなたを腹立たしく思うことになりましょう」、なぜなら「前回の出産で失った体力をまだ回復していない私にとって大変辛いことになりましょうから」と書いた。多くの女性が、赤ん坊の乳離れを遅らせることによって、膣外射精によって、あるいは病気とでも偽って夫をベッドに近づけないという単純な手を使って、産褥の床につく期間をあけようと努めた。新聞には特許堕胎薬の広告が掲載されていたが、女性が機械的避妊具を用いたらしい形跡はほとんどない（フランスの女性は海綿や膣洗浄器を使っていたのだが）。（カザノヴァが「イングランド人の外套」と呼びボズウェルが「鎧」と呼んだ）コンドームはロンドンで売られていたが、これを使うのは売春婦と遊ぶ男たちで、それも避妊具としてよりは性病感染予防のために使われたのであった。

十八世紀初めの貴婦人は、出産さえ終えれば、子どもに対する義務を概ね解除された。裕福な家庭では看護人、乳母、子守女を、やがては女性家庭教師、男性家庭教師、歌の先生、踊りの先生を、雇ったからである。上流の婦人は伝統的に日々の子育てとは無縁であった。大人たるものは児戯の類いに興味をもつべきでないとされていたためである。親子の関係は形式的であるのが当然とされていた——現代の私たちから見れば疎遠に見えるだろう。幸福な家庭にあってさえ目立つのは愛情よりも尊敬のほうであった。子どもの死亡率が高かったから、自分の子に愛着を持ちすぎないようにすることが感情の防御装置として役立ったのかもしれない。

結婚した貴婦人の第三の義務は家政の切り盛りであった。食べ物や飲み物や生活を快適にする物の供給、家事奉公人（特に侍女や台所付きの料理人と女中）の監督、金銭の収支管理、接客の準備、などがここに含まれる。第四の義務は貴婦人然としていること、優雅な女性外交官たること、であった。貴婦人の上品なたしなみとしては着付け、気持ちよい会話（ただし、政治とか宗教など男性の領域に立ち入らないこと）、歌唱力あるいは優雅な楽器の演奏（小型ハープシコードなら申し分ない）、装飾や家具調度また芸ごと――裁縫、レース編み、絵画――の趣味の涵養などがあった。

知的専門職や地主階級では、妻および母の役割がこの百年の間に新たな展開をしはじめた。究極的な男女間の力の不均衡が一掃されたというのではない。一八〇〇年になっても女性は相変わらず法律上不利な立場にあったし公職にも就けなかった。しかし、結婚に対する態度はさまざまな面で変わりつつあり、それが子どもの選択を左右する親の権限を抑制するとともに、家庭内における母としての妻の役割に一層積極的な要素を与えることになったのである。道徳家や説教師たちは昔からいつも打算的結婚というものを慨嘆していた。それが、徐々に、結婚相手を自分で選ぼう、相手を慈しむ情愛も、異性を求める愛情でさえも、あったほうがいい、という高邁な主張を受け入れる人々が増えはじめたのである。そして、次第に、将来結婚することになる二人が婚前にロマンチックな感情を探究することが許されるようになっていった（ただし上流社会の場合性交は不可）。夫選びにおける娘の発言権が増大した（親は娘に拒否権を認めはしたが、その一方ではもちろん財布の権力を行使し続けた）。舞踏会やホームパーティーやバースなど保養地への行楽のシーズンというものが、選ぶに足る求婚者との出会いの機会を未婚女性に一層多く提供するために、発明された。このように親の権限を削減する代償として生まれたのがハードウィック結婚法（一七五三年）、すなわち二十一歳未満の結婚は親の同意を必要とし教会での結婚予告の公表を義務づける法律、であった。この法律の狙いは、愛し合う二人が駆け落ちし、同情するなり報酬目当てなりの教区牧師によって執行される即席ながら法的には有効な結婚の儀を取り結んでしまうという抜け穴を塞ぐところにあった（もっともロマンチックな駆け落ち組には馬を駆って結婚の楽園スコットランドまで行くという手段が残されてはいたが）。恋愛結婚は尊敬に値するものとなった。「好きでもない相手と結婚するくらいならどんなことでもましであり我慢できる……愛のない結婚の悲惨に比肩しうるものはない」とは十九世紀初めのジェイン・オースティンの勧告であった。

人柄のあたたかさが、そしてやさしささえもが、上流階級の結婚の公的側面を特徴づけるものとなった。「夫婦はいつも一緒に居て、交遊相手を同じくする……どこを訪問するにも一緒に行く。パリで妻とどこにでも一緒に行くのはバカげているであろうが、イングランドではそうしないほうがもっとバカげていることになるだろう」とラ・ロシュフコー公爵は一七八〇年代のイギリスの上流社会について書いた（彼は大袈裟な言い方をしたが、しかし本質的な変化を正しく言い当てた）。配偶者たちのお互いの接し方がうちとけはじめたのである。両親あるいは祖父母が互いに「サー」とか「マダム」と呼び合っていたのに対し、新しい世代の夫婦は愛情を込めた親密な言葉を用いて呼びかけるようになった。子どもたちも今や両親を「ママ」「パパ」と呼ぶことが許された。

とりわけ、家庭内における女の立場が変化した。生活が一層優雅になり、洗練された感情が養われるにつれて、家庭の必需品係とか洗濯委員とか酢漬けや砂糖煮や湿布剤の賄い方としての女性の役割が、諺になるほど荒っぽい性格の、鍵束をじゃらつかせる、女中頭の肩に移っていった。（いずれにしても、石鹼や洗濯用の糊というような物は家で作るより買うほうが一般的になったのである。）上流の婦人は自由になって一層「女性的」な優美さを涵養することになった。化粧、茶席の会話、買物、こづかい銭を遣うこと、訪問と接客、慈善活動、吸入薬、香水、繊細な感情、すべて、あの小説という最近発明された自己愛的産物に奨励されたものであり、それを反映したものであった。はやりの学問が、ニュートン力学を含めて、特に女性用に書かれた本で、口に合い消化し易いよう平易にこなされて提供され、『貴婦人の日記』などの女性誌が登場し、短篇小説、最新のファッション、歴史や地理の記事などを掲載した。家政管理に時間をかけすぎると貴婦人は「ご立派な主婦という評判が立つかもしれないが、立派な趣味の女性という評判は得られない」であろう、と一七四〇年代にある雑誌は曖昧な警告を発したりもした。

貴婦人は子どもにも時間をかけはじめていた。この世紀の半ばころから、自分の赤ん坊に授乳し、よちよち歩きだした幼児を躾ることに関心をもつことが、育ちの良い女性たちの趣味に叶うことになった。ヴィクトリア朝の女性家長の折り目正しさによりは、目の前に新しいペットを発見する素晴らしい歓びのほうに関心を、というわけである——もっとも〔ジョージ三世の〕王妃シャーロットはヴィクトリア女王の予兆であることが判明したのだが。多くの貴婦人が自分の子を乳母に委せるのを止め、母乳で育てる実験に取り組んだ。新生児を布でくるむという習慣がなくなった。乳児を抱きしめ、あやし、服を着せたいという、母親が新たに発見した欲望に呼応してのことでもあった。母親は自分の子どもを召使いの手から取り上げはじめた。(ウィリアム・ダレルが書いたように)「農民特有の粗野は〔疫病のような〕病気で、簡単に感染してしまう」から、それを惧れたのであった。この世紀初めに「女性の美徳は家庭に向いている」と言って育児の種を播いたのはジョウゼフ・アディソンだった。青鞜派の一人ミセス・チャポンは、「女の……主要な美徳は私的で家庭的なものにちがいない」と言って、その種に水をやった。こうして母として子どもの世話をすることと家庭的であることが流行するようになった。その様子はジェイン・オースティンの小説に忠実に反映されているとおりである。

家庭の中の天使という役割は、他に才能と感情の吐け口をもたない多くの女性に充足感を抱かせることになった。増大した母性愛は、また、子どもたちに貴重な注意と温情を向けさせることにもなっただろう（それが幼児死亡率を抑止する一要素となり、貴族の家族規模が増大したことの説明にもなる）。しかし、究極的に見れば、この家庭崇拝は、女にとって、男の世界の中で生きてゆくための人形の家を作りだしたにすぎず、家以外の社会全般に対する男の支配力を再肯定したにすぎない。そして貴婦人は飾り物で浮気で繊細で無力な人形のようになっていった。「貴婦人たちは人生の初めの多くの年数を」とメアリー・ウルストンクラフトは述べた、

なまかじりの稽古事に費やし、一方で、体力と精神力は美などというどうしようもないバカげた考えのために、結婚によって身を立てたい――女が出世できる唯一の方法――という欲望のために、犠牲にされてしまう。そして、この欲望のせいで彼女たちは動物になり下がり、結婚すれば子どもたちと同じように振舞い、服装や化粧に心を奪われ、動物に渾名をつけて喜んでいる。こういうおつむの弱い人たちは、たしかに、イスラムの後宮に誂え向きでしかない。彼女たちに、賢明に家庭を治めたり自分が産んだ赤ん坊の世話をきちんとすることなど、期待できるものだろうか。

社会階層を下ると、下層の女には単なる家事、「別箇の領域」、に引き籠るというような選択肢はなかった。労働者の間では、結婚とはいつも――愛情と並んで――相互に有益な家庭共同体を作るための抜け目のない取引のことであった。ほとんどの者にとって、結婚だけが生産者なり所有者なりとしての独立を確立するものであった。結婚によって、女は夫の力、保護、地位、収益力を手に入れ、男は妻の家庭管理力と労働力（そして、彼女が持参するかもしれない不時への蓄え）を得た。男女ともに、農家の作業場で、

織物などの家内工業で、子どもの労働力を必要とした。しかしながら、いくらか財産を有する独立した女性（例えば寡婦）は教会での挙式を時に避けることがあった。結婚すれば彼女の財産が、法律上、配偶者のものになってしまったからである。それよりは、後向きに箒を飛び越えるといった象徴的行為によって認可される「コモン・ロー」的共同体儀式のほうを選んだであろう。

働く女たちが自分の人生や伴侶についてどう思っていたかについては、ほとんど分かっていない。ひとたび結婚してしまえば、女はいともたやすく苦役労働者と奴隷の身分につき落されたかもしれない。妻を売りに出すという風習が確立しており、「婚姻の軛（くびき）」から逃れようとする男性労働者が――折にふれ妻の同意を得て――それを実行に移すことが時々あった。妻は二、三ギニーで売られるか、あるいは雄牛一頭と取引されることもあったろう。こういう売り出しは、大金持ち以外の男にとって、唯一実際的な――ただし法的には無効な――離婚方法なのであった。だが、家庭や子どもや作業場や家庭菜園を管理することによって、働く女は、特に夫が季節労働者なり兵士なり水兵として家を留守にしている女は、事実、しばしば家庭を支配したにちがいない。しかしながら、おおっぴらに亭主を尻に敷く女に対しては、男も口やかましい女という烙印を捺して仕返しをした。

女はいつも男とともに働き、野良仕事や工場で重労働をこなした（例えば、石炭を入れた籠を背負って坑道を登った）。女の子も「男の」仕事の見習いをするのが普通であった（例えば、女性の理髪師兼外科医もいたのである）。そして、ほとんどの女が家事奉公人として、あるいは小自作農地ないし家内工業で夫に付き添って、補助的立場で働いたのであるが、なかには自分の所有する羊の世話をしたり、婦人帽の店、肉料理専門食堂、居酒屋、売春宿、あるいは精神病院さえも、経営する独立した女たちもいた。こうした小規模な商売を営む女の多くは、父親から店を相続した娘であるか、（例えば、有名なバーミンガムの活字鋳造業者ジョン・バスカーヴィルの未亡人のように）夫の死後一家の商売を続ける寡婦であった。こうした状況は、女が男より長生きする傾向にあり、実業家が一般に年下の女を妻にしがちであったため、ごく普通に生じた。時には、例外的であるが、ハナ・スネルのように変装して軍隊にもぐり込む女とか、知的専門職に就く女もいた（ミセス・リディア・ウォリスは鑑定人になった）。

工場の出現によって、女性の労働にいくつか新たな機会が開かれることになったが、その一方で閉ざされるものもでてきた。とりわけ、家庭内での糸紡ぎは急激な縮小をみた。十八世紀末期の織物工場は（未だ数は少なかったが）、農場とか家事奉公とか家内工業といった顔見知りの世界の外で、集中女性労働への切なる需要を生みだした。工場労働は熟練工を機械の奴隷に変え、労働時間は大変過酷であったが、給料が家事奉公より良く（ただし、女の給料は男より少なかった）、住み込みで働くのではないことで独身の女はちょっとした独立心を抱くことになった。工場で働く女子の結婚年齢が下がりはじめた。彼女たちは家事奉公人より自由であり、最高収入をあげる時期が早くなり、そして、彼女たちの現金貯蓄が夫となる男性を魅了したのであった。

工場労働は、可能なところでは、若い女性労働者に開かれた選択の幅を、おそらく拡げたであろう。しかし、こうした選択の幅は、農業の分野では縮小したことが数字に表われている。畑では、女は、伝統的に、大体男と同じような仕事をこなしていた。しかし、次第に、女の仕事は周辺的なものとなり、特に中央および南部イングランドの大穀倉地帯では、草取りといった給料の安い仕事になっていった。これは、一部には草刈り鎌のような重い道具が普及したためもあるが、主な理由は男性労働者が余剰となりはじめたためであった。農業では人口が仕事の口を上回ったため、男が仕事を奪い女たちを家に留めたのである。農場主たちも、男たちのために救貧税を払うよりは、彼らを雇うほうを好んだ。同様の圧力が商工業にも及び、女性が年季奉公をすることが稀になっていった。労働市場から締め出された女たちは、一番安全な職業選択として、早期結婚に目を向けた。十八世紀は、あらゆる階級において、男は仕事女は家庭というパターンを強化した世紀であった。

当時の批評家たちが指摘したように、女は「選り好みの許されない選択」に直面した。男が産婆とか髪結など伝統的に女の職業とされていた分野に参入したため女に開かれていた機会の多くが縮小し、魔女は狩り立てられた。既婚と未婚とを問わず、家事奉公人と女工とを問わず、母と「オールドミス」とを問わず——いずれの場合も、彼女たちに期待される「宗教……分別、良識……温好な気性」への献身とミセス・チャポンが呼んだものとともに——高潔な女は動きのとれない、落ちるしかない、祭壇に祀り上げられたのであった。このように期待されれば行き着く先は依存と欲求不満と浪費の縮図版の人生しかない——ファニー・バーニーあるいはジェイン・オースティンほどの優秀な文才があればそれを偉大な芸術に転化しえるのであろうが。もちろん、一つの選択肢は落ちることであった。男の世界の中で、女はいつも自分を売ることで生活の資を稼ぐことができた。ほとんどの売春婦は惨めな生活を送った。もっとも、十八世紀以外の規準からすれば、一流の売春婦、高級娼婦、そして高等淫売——キティー・フィッシャーとかキティー・ケネディーといった女たち——は尊敬され、社会的にもてはやされることさえもあった。居酒屋の店主の娘ラヴィニア・フェントンは女優として舞台に立ち、「性的快楽の相手を務める代価として四百ポンド、終身年金として二百ポンド」の条件でボウルトン公爵の愛人となり、彼の息子を三人産み、公爵夫人が死ぬと後添えになった。権力よりは悪名を手に入れるほうが、たしかに女には易しいことであった。

しかし、命じられたことを従順かつ立派に果たした大多数の女は、茨に囲まれた二流の生活を強いられた。エリザベス・ハムの自伝はそのような寂しい人生の稀な記録である。一七八三年にドーセット州の自由農の家に生まれたエリザベスは、そこそこの生活程度ながら親の愛情には恵まれない家庭で、いとこに育てられ、おざなりの教育で僅かな知識を身につけただけで、邪険な親のため結婚もできず家庭教師をして生きていかざるをえなかった。召使いたちと家族との板挟みの中で、彼女の仕事は屈辱的で空しく、そしてひどく孤独なものであった。宗教だけが彼女には慰みであった（もっとも、〔三位一体を排する〕ユニテリアン派の信者であったため彼女は職を失うことになるのだが）。「職業婦人」の人生はこのように痛ましいものであった。だが、母性と感受性と家庭を崇拝することもまた檻となりえた。どの扉を開けても、その先に出口のない壁が立ちはだかるのであった。

メアリー・ウルストンクラフトの生と死はこうした窮地への悲劇的最終楽章となっている。彼女は、男にあてがわれた女の役割という領域から憤然と席を蹴って出ていこうとした数少ない女の一人であり、その主張を一七九二年の『女の権利』に著した。それは、トム・ペインの『人間の権利』がマン〔男〕で「人間」を代表しているのを突いて、その補足をしながらも巧妙に挑戦するものであった。彼女は、女が自由に職業を開拓することを欲し、性の二重規準に終止符を打つべく自由恋愛を宣言し、結婚を「合法的売春」であると告発した。彼女は女を独立した完全体として、理性と感情とか職業と母性など、伝統的にアダムとイヴの間に区分されていた特質を統合する存在として、心に描いていたのである。

しかし、現実はそう生易しいものではなかった。彼女の考えでさえ、その時代の影響から抜けでることができなかったのである。彼女の自伝的小説『メアリー』と『マライア』は流行の病的感受性に屈するものであったし、彼女が考える女性像の実現も家庭的母親たることを喜びとしていたし、彼女の女性観も女を生まれついての犠牲者と理想化していた。そして、彼女はこうした矛盾を実演して生きたのだが、矛盾を解決することはなかった。ロンドンでの高潔かつ知的な急進主義が、フランス革命の時代のパリで一人のアメリカ人との情熱的な性関係にとって代わられ、後には彼が彼の自由を強く主張したとき自殺未遂となった。

結婚および一夫一婦制について彼女の心はいつも大きく揺れ動いていた。哲学者ウィリアム・ゴドウィンと密通し、(二人とも婚姻を合法的売春と呼んで非難していたにもかかわらず)妊娠した時点で結婚したが、その結果は悲劇的にも産褥死となった。ホレース・ウォルポールは彼女を「ハイエナ」と呼んだが、彼女はそんな中傷にも負けず大いなる勇気を示した。しかし、老年に至らずして死んだ彼女の人生は、彼女がさまざまな矛盾を超克し損ない続けただけに、彼女の小説の三文小説的運命を反響するものとなった。彼女は女の性と社会から逃避することができなかったのである。

グレート・ブリテン〔イングランドとスコットランドとウェールズを総称する呼称〕は少なからず重要な十八世紀の発明であった。合同法(一七〇七年)によりスコットランド議会は合意の上で廃止され、イングランドとスコットランドの両政府がウェストミンスターに一体化され、ユニオン・ジャック〔連合国旗〕が制定されたのである。ジョージ王朝の議会政治では、カレドニア〔スコットランドの古代ローマ名〕が腐敗の先頭を切ることになった。十八世紀は、アイルランドが一八〇一年に連合王国に併合されてアイルランド自治議会が短命に終わるとともに幕を閉じた。しかしながら、グレート・ブリテンという名称は、実質的には、グレーター・イングランド〔拡大イングランド〕の婉曲的別称にすぎなかった。十八世紀の君主が一人としてウェールズもスコットランドもアイルランドも訪れなかったからである(ジョージ一世とジョージ二世は頻繁にドイツの故郷ハノーヴァーに里帰りしたのだが)。

いくつかの地域（例えば、ダブリンやスコットランド中部地方の渓谷）はイングランド化されたが、ケルトの周辺地域は、共に実質は密輸業者の巣であった沖合いのガーンジー島やマン島などのように、独自性を保持していた。同化されないでいられたのは、一部には、次第にイングランドの経済的必要品の主要生産者として役立つようにされていったからである。スコットランドの経済とアイルランドの経済は、方法は対照的ながら、ウェストミンスター〔英国議会〕によって抜本的に作り変えられた。ジョン・ブル〔英国〕の別島となったイングランド化したアイルランドは、ほとんど居ることのないプロテスタントの不在地主階級によって痛めつけられ絞り取られた点で、ブリテンの最も植民地的地域であった。地主の収入は、大部分がカトリックの土着小作農の犠牲の上に、十八世紀中に三倍になり、一七五〇年までには七十五万ポンドが地代で毎年アイルランドから出ていくようになっていた。主教バークリーはロンドンがアイルランドの首都だと思った。もっともダブリン自体が多分にイングランド的でありはしたが。平和時にあってイギリス軍の最大集結部隊はアイルランドに配備されなければならなかった。カトリック教徒は、大多数派であったが、公民権剝奪を含めて、法的資格剝奪という被害を受けた。そのうえ、アイルランドの産業はイングランドの製造業者の犠牲となり、一六九八年からアイルランドの羊毛と織物の輸出が、イングランド向けを除いて、禁止された。十八世紀半ばまでには、アルスターは、生存の危機を募らせていた南部の田園地帯に対し、すでに産業的に優勢になっていた。飢饉が襲い、特に一七二六―九年と一七三九―四一年に激甚となり、後者の場合四十万人が死んだ。それでも、ジャガイモと、小作地の細分化に助けられて、人口はイングランドを上回る勢いで不吉な伸びをみせた。一七〇〇年を一とすると一八〇〇年には二を超える人口を養っていかなければならなくなっていた。

スコットランドは次第に二つに分裂していった。一方には、〔亡命王ジェイムズ二世の支持者〕ジャコバイトに同調するゲール語を話す高地地方の諸氏族がいて、〔ジェイムズ二世の孫である〕若王位僭称者〔チャールズ・エドワード・スチュアート〕が一七四五年に反乱を起こした際カロデンの戦いで流血の頂点に達して〔イングランド軍に〕敗北した後、彼らは追放の憂き目にあった（高地地方のスコットランド人四万人が間もなくアメリカに移民してゆくことになった）。他方には、資本主義を奉じる地主、商人、法律家、聖職者、教授（アダム・スミスもいた）などからなるエディンバラ——グラスゴー枢軸があり、彼らはスコットランドの経済と文化と宗教さえもの将来がイングランドと運命を共にすることにかかっていると信じていた。現実的に見れば、彼らのほうが正しかった。合同後の自由貿易の下、スコットランドの家畜売買、リンネル、鉱業、そして金属貿易は繁栄した。農業と工業は近代化された。だが、その犠牲は大きかった。意欲的なスコットランド人は発音をイングランド風にし（アイルランド人のトマス・シェリダンが彼らに朗読の訓練を施した）、名前を偽装し（ロンドンのクラブ「オールマック」の創立者はジョン・マコールと命名された）、そして本街道を南へ下った。ハノーヴァー朝のイングランドで人々が最も腹を立てた移住者は「ミック」〔アイルランド人〕ではなく「マック」〔スコットランド人〕であった——彼らが教育者として、技術者として、外科医として、女と浮き名を流す伝記作家として、一流の成功者となったからである。

ウェールズは資本さえない後進地域のままであった。一七〇〇年の人口が四十万人足らず——デヴォン州とさして変わらない——のこの地域は、いくつか活気のない市が立つ町（最大のレクサムでかろうじて四千の住民、カーディフは千人をちょっと超える程度）が点在するだけで、あとは採鉱と製錬と採石の村があるだけの、農牧畜経済地帯であった。この地方は放っておかれた。国教会の主教の中には、管轄地がウェールズであるにもかかわらず、足を踏み入れない者もいた。この地を支配したのは地位の低い地主階級で、彼らが改良に熱心になったのはグラモーガンなど少数地域だけであった。ロンドンに本拠を置くキリスト教知識普及協会が、ウェールズ語訳聖書を印刷して、一七三〇年代から巡回学校運動を推進してはいたが、旅行者がウェールズの山岳地帯に押し寄せるようになったのは一七七〇年代になってからのことであった。そして、工業の発展はイングランドの企業に依存していた。スウォンジーとニースそして大企業を中心としていた南ウェールズの銅、鉄、石炭産業は、一八〇〇年まではブリストルとウェスト・ミッドランドの資本を提供されていたのである。

明らかに、イギリスの海外領土にもまた、「有益なる怠慢」（商人が好き放題に略奪する自由）に助けられて、独自の生き方があった。北アメリカの十三州植民地は、厄介な王や貴族、高位聖職者や貧困者がいないだけでなく、無限の土地、強奪されるがままのインディアン、黒人奴隷、年季奉公人などに恵まれた、イングランドのアルカディア風公開社会版であった。あるいは、土地や財産を奪われたスコットランド人やアイルランド人が何波にもわたって洪水のように押し寄せてきたことを考えれば、「イングランド」と言うよりは「ブリテン」と言ったほうがよいだろう。北アメリカ植民地は急速に拡大し、一七〇〇年の人口三十四万人が一七六〇年までに百二十万人に増加した。対照的に、カリブ海植民地と、十八世紀後半の英領インドでは、故国の階級制が大袈裟な様相を呈していた。ネイボブ〔インド帰りのイギリス人大金持につけられた呼び名〕――東インド会社の職員――たちは、捕虜にした土着民の目の前で略奪を思いのままに実演してみせた。ウィリアム・ヒッキーという、ロンドンではうだつの上がらない若い男が、カルカッタでは東インド会社の事務員として六十三人の部下を使っていた。ネイボブは、うまくやれば、二十万ポンドの金を持ち帰ることも望みえた（もっとも熱帯病に倒れる者がその三分の二に達したのだが）。

エドマンド・バークが一七八三年にウォレン・ヘイスティングズのインドにおける失政を告発したとき、

「イングランドは〔インドに〕教会も、病院も、宮殿も、学校も建てず、イングランドは橋も造らず、交通路も作らず、航路を切り開くこともせず、貯水池を掘りもしなかった」というのが彼の不満であった。しかし、インド社会がいつまでも文明化への渇望から免れていたわけではない。十九世紀初めまでには、それは白人の伝道団、福音教会員、功利主義者の手に陥る巡り合わせとなってきていた。バイロンの友人であるエドワード・トレローニは、「ヨーロッパ人は土着民に対し尊大に威張りちらす。いかなる乱暴狼藉をはたらいても罰せられることがない」と述べた。

帝国の支配は広まった。奴隷は西インド経済の貴重な活力源であった。この地には砂糖王が君臨し、一七九〇年までには七千万ポンドが投資されていた。アシエント〔アメリカに対する黒人奴隷供給の独占権〕を得たイギリスの奴隷商人たちはこの世紀の間に百五十万のアフリカ人をカリブ海地域に輸送した。「我らの富がこれだけ大きく増えたのもすべて主に植民地農園での黒人の働きのお蔭である」と一七二九年にジョシュア・ジーは書いた。西アフリカの金が手に入って、イングランドはギニー金貨をもてることになった。一七八七年に西アフリカのシエラ・レオーネが試験的に自由黒人の居住地とされ、一七八八年からニュー・サウス・ウェールズ〔オーストラリア南東部〕が護送されてきた白人犯罪人の居住地とされた。イングランドの社会の未来は帝国によって方向を捩じ曲げられ逆行できなくなりつつあった。

イングランド自体の組織はどうなっていたのであろうか。イングランドは無数の排他主義的で島国根性的で熱狂的愛国主義的な共同体の縫い合わせであった。至るところに隠れた地方経済があり、人々の秘密の財布があった。沼沢地方の居住地や採鉱野営地は、部族の立入禁止区域のように、旅行者には近寄りがたく思え、旅人や「外国人」は一般に不審の目で見られた。だが、大陸の規準からすれば、それは正に統一された王国であった。寄せ集めの空想にすぎないハプスブルク帝国は言うに及ばず、フランスとも、ポーランドとも、スペインともちがって、単一民族が土地を所有し、単一の法典が国の隅々に行きわたり、単一言語が話され書かれていた（コーンウォル地方のケルト語は一七八〇年ころ消滅した）。同じ英語を話すといっても、〔イングランド南西部の〕トルアロウと〔スコットランド南東部の〕ベリックのように遠く隔たった土地の出身者が話し合えば、互いのイントネーション〔抑揚〕やイディオム〔慣用語法〕にきっと戸惑いを感じたことであろうが、しかし同時代のフランス人はバスク語とドイツ語ほどに差異ある諸語ばかりでなく多数のフランス語方言をも話していたのである。イングランドの貴族はそうではなかったが、他の多くの国の貴族は自由農民の土着の言葉を話すことさえ恥としていた。ロシアの伯爵はフランス語を話し、デンマークの領主はドイツ語を話していた。しかし、ジョージ王朝のイングランドには、そのような言語の障壁はなかったのである。

もちろん、一七〇〇年のイングランドは交通輸送が緩慢でしばしば難渋もする社会であった。ニューカースルからロンドンまでの陸路輸送は（「天意に叶えば」とは広告の文句であったが）九日を要した。チェスターからは六日であった。木の幹を引き摺ってサセックスから目的地チャタムの造船所まで運ぼうとすれば三年かかるだろう、とデフォーは思った（それだけかかれば木は途中で乾燥した）。牛の引く荷車が普通であった。シーリア・ファインズは、横鞍に乗ってグレート・ノース・ロードを往く途中で、牛に死なれた。郵便代は高かった。昔からあるこうした障害が折り重なって島国根性と、地理的な文化の差異を、増強した。北部人は——風説によれば——ジャガイモとオートケーキをむさぼり食い、自分の着る服は自分で作った。南部人はこうしたことを何ひとつしなかった。カトリック教徒による国教忌避は南ランカシャーのような古くからの孤立地域で片意地に守られていた。重量単位、度量単位、価格、賃金率、一マイルの長さ、そして一日のうちの時間帯さえもが、地域によって異なっていた。

だが、右のような相違にもかかわらず、イングランドは一七〇〇年においてさえ高度に統合されていた。フランスの諸侯会議の類いの地方会議などなかった。新聞が普及する以前でさえ、田舎の人々は――一部には駅馬車で伝えられる手書きの「消息」を通じて――セント・ジェイムズ〔王宮〕やウェストミンスター〔国会〕の政治に驚くほど通暁していた。すでに、人々はただ単に仕事や病気療養のためだけでなく物見遊山の旅もしていたし、活発な季節労働市場が労働者の大移動を確実にし、例えば都会の人間が集団で田舎に収穫作業に行くようにもなっていた。小さな村で粗野な先祖が眠り、時間が止まり、何代にもわたって田吾作たちが祖先と同じ畝を耕しているという、郷愁を誘うイングランドの変わらぬ村の姿は――少なくとも占有権所有者階級以外では――神話となっていた。変革は急激であった。「移動する者」のほうが「留まる者」より多かった。一六七六年から一六八八年の間に、ノッティンガム州クレイワースの住民の四十パーセントもが教区を変えた。十八世紀末期には、ベドフォード州郊外カーディントンの人口の七十パーセントは他所で生まれた人たちであった。少年も、数は劣るが少女も、日常的に商工業者や農場主の徒弟に出されるか、近隣の村落に働きに出された。ほとんどの移住は地方で起きていたものであり、より大きな町へと漸動して行くものであった。しかし、勇敢な者たちは山を越えて遠くロンドンへ、海へ、軍隊へ、あるいは、はるか植民地にまでも行った（もっとも家族ぐるみで移民する数は十七世紀ないし十九世紀より少なかった）。独身の雇われ農業労働者や多くの年季明け職人は毎年転職しようと考え、牧畜地域では羊の出産後に、穀倉地帯では収穫後に、開かれる地域職業斡旋市（「秋祭」）で身売りするのであった。（例えば収穫時の）季節的移住労働は経済にとって不可欠であり、居住法もその障害にはならなかった。一七六〇年代以降になると、運河を掘る人夫の大軍が蟻のように登場してきた。そして、仕事、金、興奮、あるいは雑踏にまぎれ逃亡する場を提供するロンドンは若者にとって非常に魅力的な蜜の壺になった。イングランドの街道には、追い剝ぎ対策として金を外套の裏地に縫い込み、仕事を求めて重い足取りで歩く男たち、時には家族連れ、の姿があった。「賃金の低い場所を離れもっと金を稼げる他の場所に移動してゆく製造業従事者〔職人〕たちを毎日見かける」と一七五二年にある作家は述べた。

とりわけ、道路と輸送機関が改善されるにつれて、移動と集中が加速していった。〔皇太子ジョージの〕摂政時代にイングランドを訪れたスイス系アメリカ人ルイス・シモンドは、真実を正しく言い当ててこう書いた。

この国では誰も地方人ではない。生まれ故郷を離れたことがない人、生活習慣がまったく地方的な人、そんな人にどこかで出会うようなことはない――貧困者ならいざしらず、そうでもないのに一生のうち一度もロンドンを訪れたことのない人などおらず、余裕のある人ならほとんどが年に一度はロンドンを訪れる。百ないし二百マイル離れた所から町へ行くことぐらいは、あらかじめ良く考えた末にするようなことではなく、突然思い立ってすることである。フランスでは地方の人々はそのような遠征をする前に遺言を作成したものであった。

イングランドは、とりわけその経済が驚くほど連動していたために緊密に結合した国であったし、その中心地ロンドンは消費の底なし穴であった。ロンドンは（たといステップニーでチョウザメがまだ捕れたにしろ）イングランドの一大都市圏であった。政治、法律、宮廷、流行、そして芸術と科学（ロンドン王立学士院の創設は一六六〇年であった）の中枢であり、奢侈産業の工場、金融の中心地（イングランド銀行は一六九四年に創設されていた）、最大の海外貿易港であった。この首都は人々を見ちがえるほどに洗練した。ドクター・ジョンソンは「人はロンドンに飽きるとき、人生に飽きている」と信じていた。対照的に、素朴なウィリアム・コベットにとって、それは「大きな瘤（こぶ）」、無駄の縮図にすぎないものであった。だが、その規模と富によってロンドンがイングランドを支配していることには、誰にも異論はなかった。一七七〇年、ロンドンの住民は七十万人に近づきつつあった——これは全イングランド人の約八分の一、あるいはこの王国の都市住民のほぼ半数に達する数であった。それに次ぐ大都市は——比較すればおもちゃの町でしかないが——人口約三万人のノリッジであった。あとはブリストル、エクセター、（たぶん）ヨーク、ニューカースル、コウルチェスター、そしてヤーマスだけが一万人を越えていた。他の八百ある市場町のほとんどは人口千人ないし二千人にすぎなかった。

ロンドンは、主にその経済的触手によって、王国中に影響を及ぼした。食料品は全国各地から運び込まれてきた。「ロンドン一帯はこの島国の商売の活力を一手に吸い取っている」とデフォーは言った。穀物はオックスフォード州から平底荷舟でテムズ河を下ってきた。野菜はケント州の市場向け農園から上がってきた。チーズと塩はチェシャー州から、魚はデヴォン州やサセックス州の沿岸から、鳥肉はサフォーク州から、イワナの壺詰めはウィンダミア湖から送られてきたし、牛と羊は生きたままウェールズ、スコットランド、イースト・ミッドランドから連れてこられテムズ河畔の沼沢地で肥育された。十八世紀初めには、毎年約八万頭の牛と六十一万頭の羊がスミスフィールド食肉市場に届いた。そして、食料品以外でも、特に石炭が、ニューカースルから沿岸航行船で運ばれてきた（タインサイドの石炭の七十パーセントはロンドン向けであった）。ロンドンの飽くことを知らぬ需要は国中の市場向け農業の自由競争と積極性に拍車をかけるとともに、長距離信用や為替手形といった、また穀物行商人、呼び売り商人、卸売食肉商人、牧畜業者および家畜商人、家畜肥育業者などの仲買人兵站組織といった、商習慣を促進した。ロンドンの食料品調達は円滑に運んだ。パリの住民とはちがい、ロンドンの住民は地方が自分たちを飢えさせることになるだろうと心配することはなかった。

ロンドンは他の面でも王国に幅をきかせた。それは他の全都市の指針となった。チューダー朝およびスチュアート朝時代、地方都市は切迫した状態になったことがあった。時には経済的に衰退したことがあり（それ自体、主として首都との競争のためであった）、また時には政治的自治権を不正を働く政府高官や宮廷に奪われるという経験をしていたからである。一部には宗教改革のせいもあって、市民生活は活気を失っていた。一七〇〇年になっても、バーミンガムには一軒の本屋もなく、舞踏会場もなかった。旅行者が見に行ったのは田舎にある貴族の広大な邸宅であって、地方都市ではなかった。

しかし、十七世紀末期から、「都市の再生」が起きた。人口が増え、外港（特に西海岸のブリストル、リヴァプール、ホワイトヘイヴンなど）が繁栄した。そして、とりわけ、地方都市は上流社会、消費、輸送機関、芸術の中心として発達をみた。自治都市の住民は、文化的独自性を追求しながらも、「地方色」を吹聴したりはしなかった（これとは対照的に、ヴィクトリア朝の人々は草の根〔農業地域民〕の正直さと素朴な価値観を自慢した）。それよりも、彼らは首都を模倣したのである。ロンドンの町が基調となった。地方の流行を作りだす者たちはロンドンの遊園、遊歩道、舞踏会場、劇場、演奏会場をまねして作り、商工業者たちはジェイムズ・クウィン、キティー・クライヴ、ミセス・シドンズといった俳優を観に、またベンジャミン・マーティンなどの科学講演を聴きに、群れ集まった。彼らはロンドンの新聞、特許薬、仕立て服を買った。バースなどの保養地はシーズンになるとロンドンからの客を引きつけた。ウィリアム・ウィルバーフォースはブライトンを「海辺のピカデリー」と呼んで蔑んだ。

だが、イングランドは諸地域の寄せ木細工であり、地域の明暗を根絶できないでいた。それは、一部には、ロンドンの食料消費と、もっと一般的には、市場要因との、雑多な需要が各地域に特定物品を専門に生産するよう奨励したからであった。地域的差異はまた緯度、高度、土壌、気候といった環境の多様性への反応によって生まれたものでもあった。地方経済は国家経済という軌道の周転円を成していた（一部には、例えば密猟、貨幣の偽造、密輸などが生みだす闇流通網など、禁制のものがあったからである）。

人によっては、ロンドンの狂乱の群れと遠い昔から単調に続く田舎の生活とは大いに異なるものであった。この差を、アレグザンダー・ポウプはマーサ・ブラウントがロンドンを去る情景を書いた牧歌で次のように生き生きと描いた。

彼女がオペラ、公園、舞踏会、劇を後にして
行った先は平凡な仕事、小川のせせらぎ、
古風な館、退屈な伯母、しわがれカラス、
朝の散歩、一日三時間のお祈りの世界。
読書と中国産の紅茶で暇をつぶし、
物思いに耽り、一人淋しく紅茶を飲み、
また冷めた珈琲を飲みながら匙をもて遊び、
歩みの遅い時計を見つめ、正十二時に昼食をとる。
暖炉に揺れる炎を見て気をまぎらし、
小歌を口ずさみ、主人に四方山話（よもやま）をし、
夜も七時過ぎには屋根裏部屋に上がり、

祈りを捧げる。それが天国への道だから。

だが、都会と田舎はまったくの正反対というわけではなく、どちらかといえば、相補的な関係にあった。ほとんどの町――ハーフォード、ストラトフォード・アポン・エイヴォン、ギルフォードといった人口千人から二千人のところ――は地方の奥地に必需品を供給する市場であり、例えば穀物や家畜や食糧の取引、馬取引、道具の製造・修理などの中心地、また弁護士、不動産鑑定人、医師など知的専門職に就くジェントルマンたちの住むところ、であった。町は、居酒屋から劇場まで、田舎の人々に娯楽を提供した。小さい町の製造業は田舎の生産品に依存していた。醸造業者、革なめし業者、製靴業者、大工、石工、織物業者たちがその主力を成す職人であった。そのうえ、フランスの宮廷人が田舎生活に染まるのを恐怖した気持が諺にもなっているのとは対照的に、イングランドの宮廷人は自分のことを田舎趣味と結婚した都会人と考えるのを好んだ。都ノ鄙（ヒナ）ビと鄙ノ雅（ミヤ）ビは人々が大切にした理想であった。ベストセラー誌『ジェントルマンズ・マガジン』を創刊したエドワード・ケイヴは明敏にも彼のペルソナを「都会の森の神」と名付けた。都市民は庭の手入れを楽しみ、豚を飼った（醸造業者は用済みの麦芽を与えて豚を肥育した）。イングランドには、都会が田舎をとことん絞り取るという大陸の農民の非難も、農民が都市民を人質にして身代金を要求しているという飢えた都会人の非難も、さほどなかったのである。

そして、都会と田舎が不和状態になかったとすれば、十八世紀初期の経済を厳密に工業部門と農業部門に分割するのも誤解を招くもとになるであろう。イングランドの経済はまさに両者がぴったり調和したからこそうまく機能したのである。熟練労働者とその家族は、小自作農地ないし菜園と、糸紡ぎ、手袋作り、麦わら編み、レース編み、あるいは枠組み刺繡を組み合わせての兼業によって、つつましいながらも安楽を得ることができた。コーンウォルの鉱夫は秋になると鶴嘴を捨てて鯯釣りに行った。前工業化経済では常習的に季節的および気候的不完全就業が阻害要因になるものであるが、夏と冬の別をなくすことによって、戸外の仕事と室内の仕事を統合することによって、この不完全就業問題が克服されることになった。職人は副業をもつことで、また家庭で食糧を栽培するなり採集するなりすることで、周期的な価格および需要の変動を乗り切ることができた。大規模農業はどうかといえば、こちらは農場管理技術の高度化、分業、経費の削減などによって、次第に産業化の方向で運営されるようになっていった。

だが、いくつか地域的明暗があって、これが大変重要であった。一つは、南東部と北西部を分ける境界線だった。大雑把にセバーン河口からハンバー川まで走る帯状地帯の南東にはミドルセックス、サリー、バッキンガム、ハーフォード、ノーサンプトン、オックスフォードといった、最も耕作に適した土地であるだけに繁栄した州があった。この一帯の諸州はまた伝統的に最も人口が稠密であった。一七〇〇年のノーサンプトン、ベドフォード、ウィルトシャー、バッキンガム、そしてサフォークの諸州はどこも、レイク・ディストリクト〔湖水地方〕の各州やスコットランドとの境界地域の各州は言うに及ばず、ランカシャー、チェシャー、ダービー、レスター、ノッティンガムの諸州より人口密度が濃かったのである。賃金は南部のほうが高かった。一七〇〇年ころ、ロンドンで年に二十五ポンド稼ぐ労働者の賃金は、イングランド西部で同じ仕事をして十五ポンド十シリング、北部でなら十一ポンド五シリングであったろう。さらに言えば、ほとんどの主要な居住地は南東部にあった。ロンドンは別格として、ティヴァートン、コウルチェスター、イプスウィッチ、ベリー・セント・エドマンズ、ケンブリッジなどの都市は一七〇〇年にはシェフィールド、ブラッドフォード、プレストン、ウルバーハンプトン、ダービーなどより大きかった。ところが、後者のどこもが十八世紀が終わらないうちに前者の諸都市を凌ぐことになる。

以上のことから分かるように、一七〇〇年前後には、ブリストル、ロンドン、ノリッジに内接する三角地帯は繁栄する穀倉地帯を含むばかりでなく、重度に産業化されてもいたのであった。軍の請負いで生産を伸ばした製鉄は、相変わらずウィールド〔南イングランドの森林地帯〕やフォレスト・オブ・ディーン〔王室御料森〕を中心にしていた。海軍工廠――王国で最も労働者が集まるところ――はテムズ川、メドウェイ川〔イングランド南東部の川〕、ソウレント〔イングランド南部の本土とワイト島との間の水道〕の辺りに集まっていた。織物生産の中心地は、ウェスト・ライディングが急成長してきてはいたが、デヴォン州、〔主にノリッジ周辺の〕ノーフォーク州、エセックス州とサフォーク州の境界地域、そして〔イングランド南西部の〕コッツウォルド丘陵であった。馬車作り、時計作り、絹紡績、服の仕立てなど奢侈品の業界はロンドンに集中していた。幕が開きはじめた十八世紀は産業、都市、人口、富の比類なき再編成を今まさに目撃しようとしていたのである。

一七〇〇年前後の第二の基本的境界線は沿岸地域と内陸地域の間、もっと正確にいえば、航行に適した土地とそうでない土地との間、にあった。運河なり鉄道なりができる以前、そして道路が未だ整備されていなかったころ、沿岸航海と河川航行は――スチュアート朝時代に随分改善された――他を圧して最も安く最も安全でしばしば最も速い貨物運搬手段であり続けた。それゆえ港は（植民地、アイルランド、ヨーロッパ大陸向け）長距離輸送貿易の中心地や、海軍、漁業、捕鯨艦隊などの錨地としてばかりでなく、国内交通の交差点としても、大変重要であった。王国の（ロンドンを含む）一級都市はすべて海港であるか、河川経由で容易に海に出られる場所にあるか、どちらかであった。ブリストル、エクセター、ロウストフト、グレート・ヤーマス、ボストン、キングズ・リン、ニューカースル、ホイットビーなどが傑出したのも、すべて右の事情による。初めは依然として北海に面した港が支配的であった。ヨーロッパに向かうのに便利であったし、穀物貿易船が上り下りするトレント川、フェンランドの諸河川、そしてテムズ川の両側に広がっていたし、南部および東部の中心地に水運で運ばれるニューカースル経由の石炭沿岸輸送にとって必須であった。バーミンガム周辺のウェスト・ミッドランドなど、水運の便が悪い地域は運河の時代が到来するまで発展を阻害されていた。

第三の著しい相異は「低地」と「高地」間のもので、その差異は開けているか森であるか、耕作地か牧畜地か、中核を有する村落であるか散在する集落であるか、人口稠密か過疎であるか、という点にあった。イングランドの繁栄した土地は伝統的に低地で、大居住地は幅広い川谷の交差路地域であった。穀倉地帯はミッドランドや中央南部イングランドの低地の谷あいにあった。シーリア・ファインズ、ダニエル・デフォーその他一七〇〇年前後にスコットランドの高地を旅した人々は、その地を相変わらず荒地と見、不愉快な所と思った。「森」の地域といえば無法の代名詞であった。アーサー・ヤングはオックスフォード州ウィッチウッド・フォレストの住人について、「この近辺には密猟者、鹿盗っ人、泥棒、あらゆる種類のこそ泥がうようよしており、ほとんどすべての犯罪がはびこっているため、穏やかな人柄の良い人々は皆犯罪人に恐れおののいている」と評論した。

しかしながら、こうした事情はすべて流動化していた。建築資材としての、また燃料としての、材木が逼迫するにつれて森林地帯は経済的に魅力あるところとして浮上してきた。梳毛織物、キャラコ、木綿が広まるとともに、ウェスト・ライディングのペナイン山脈傾斜地の急流が重要な資産であると分かってきた。デフォーはハリファックス周辺の繊維製造地域について熱い思いをこう述べた。

どこの家を通り過ぎても我々は細い溝に水が流れているのを発見した。家が道路より高ければ、水はその家から流れてきて、道を横切って別の家に流れていく。家が道路より低い場合は、水は上のほうのどこか離れた家から流れてきて我々の歩く道を横切る。かなり大きな家ならどこにも工場ないし作業場があり、水なしには仕事ができないものだから、小さな流れは溝とか管で分けられ、導かれ、進路を変えられ、分割され、どこの家にも、もしこう呼んでよければ、川が流れ込み作業場を通ってゆくようになっている。

ペナイン山脈や〔ダービー州北部の〕ピーク連峰の山麓の丘、またスタフォード州やシュロップシャー州の低木の生い茂った波うつ牧草地は、多彩な混合経済を発達させていた。家畜に草を喰ませる放牧のため、家内産業をするだけの自由な労働時間があった。荒地や荒野に居住する不完全就業の家族が金属細工業、車輪製造業、釘製造業、木靴製造業、織物業などの新しい経済的機会に順応した。この世紀が進むにつれて、高地地域は製造業および採掘業の成長の結節点となっていった。

最後になったが、地理的に見て階級差別はどこまであったのであろうか。明らかに、首都ロンドンの人々は地方の人々とは対照的に「粋」な傾向があり、都会人は田舎の「無骨者」より垢抜けた傾向があった。劇作家は、最後の手段として、いつでも都会風と田舎風を並置することができた（もっとも都会者も田舎者と同じように諷刺の標的にされたのだが）。しかし、両者の差異は強調されすぎることもありえる。イギリス人の城はその家であった。フランスの貴族とは異なり、英国貴族は自分の地所、建物、造園を、そして田舎の奥地に文明の聖所を作り出して、楽しんだ。だが、この田舎の大物は田舎にいながら人目を引きすぎることに葛藤し、多くは雲隠れ行動にでて近隣の平民から身を隠すのであった。館は次第に道から離れたところ、俗人の目にふれないよう数マイルも奥まったところに建てられるようになった（少数ながらプライバシー確保のため村全体を移してしまった貴族もいた)。造林地、城壁、城門には交通遮断線を設け、旅行のときは(馬に乗るよりは)馬車に乗り(歩くよりは)セダンチェア〔二人でかつぐ椅子かご輿(こし)〕に座るのであった。同様の趣旨で、一七一一年以降ロンドン市長は就任パレードのとき馬ではなく馬車に乗ることになったのである。

十八世紀初めの地方都市は未だ小規模だったため空間を工夫して使うには到らなかった。ほとんどの人々は仕事の場に住んでいた。家事奉公人、徒弟、年季明け職人は雇主の家に住み込みであり、軒下に住むこともよくあった(もっとも十八世紀半ばから住み込みははやらなくなったが)。階級を分離する郊外というものは未だ発達していなかった(バーミンガムの「貴族用」郊外であるエッジバストンがコルソープ家によって造成されはじめたのはこの世紀末のことであった)。ロンドンは唯一の例外であったが、それはまさにその規模によるものであった。そして、ロンドンは一途に成長し続けた。一七二〇年代にデフォーは「グレート・ラッセル・ストリートは」トッテナム・コートと「握手する立派な道である」ことを知って大いに感激をしたものだが——六十年後にホレース・ウォルポールが「近いうちにロンドンからブレントフォードに通じる道ができるだろう」と断じたのを知ったらデフォーはさぞや仰天したことであろう。

両岸に埠頭が列をなし行きかう船舶で賑わうテムズ川は、ロンドンの大動脈であった。その北岸と南岸はまったく対照的であった。一七〇〇年前後、めぼしいものといえば熊いじめ、売春宿、豚、霧ぐらいしかなかったテムズ川の南には、悪臭を放つ産業——蒸留酒製造所、縄製造工場、革なめし所、屠殺場、造船所——しかなかった。ヴォクソールなどの小粋な遊園とか、キャンバーウェルや、ビール醸造業者ヘンリー・スレイルが住むことになるストレタムなどの、高級な郊外住宅地ができるのは、後のことであった。

ウェスト・エンドとイースト・エンドの境界線も同様に際立っていた。テムズ川寄り、シティー・オブ・ロンドンの商取引の中心地の東にまで伸びて、煤けた掘っ建て小屋、船積み、犯罪、夥しい一般大衆が、シティーの会計事務所群のすぐ近くに迫っていた。シティーの西側には、優雅が黄金の網を広げつつあった。ブルームズベリー・スクウェアが造られたのは一六八〇年。その後グロブナー・ストリート（一六九五年）、レッド・ライオン・スクウェア（一六九八年）、ゴールデン・スクウェア（一六九九年）、クウィーン・スクウェア（一七〇四年）、ハノーヴァー・スクウェア（一七一三年）、キャヴェンディッシュ・スクウェア（一七一七年）、ポートマン・スクウェア（一七六四年）、ベドフォード・スクウェア（一七六九年）、ポートランド・プレイス（一七七八年）、ラッセル・スクウェア（一八〇五年）が陸続と作られた――すべて、国王あるいは政府によってではなく、〔貴族の〕肩書をもつ投資家や投機的建築業者によって開発されたものであった。この優雅な、落ち着いた、純粋な住宅区域の開発は着実に進み、摂政時代、ピカデリーからリージェント・ストリートを経由してマリルボンおよびリージェント・パークにまで蛇行して伸びる、ジョン・ナッシュの石目塗り漆喰を施した帯状区域が作られるに至って頂点に達した。それでもなお貧民街は目と鼻の先にあった。ピカデリーから石を投げれば届く距離に泥棒たちの台所たるセブン・ダイアルズがあった。ブルームズベリーに住む官界の重要人物たちは、スミスフィールドの食肉市場に向かうウェールズの家畜商人たちを、彼らの優雅な、広い、木立の生い茂った街路から追い出すのに悪戦苦闘した。ロンドンではこうした明暗はくっきりしていた。「イースト・エンドは」とプロシア人フォン・アルヒェンホルツは一七八〇年に書き留めた、

特にテムズ川の岸沿いは、古い家が立ち並び、通りは狭く、暗く、舗装も悪く、住人は船乗り、造船に雇われ

ている労働者、ユダヤ人の大部分である。こことウェスト・エンドとは驚くほど対照的である。ウェスト・エンドの家並みはほとんどが新しく優雅であり、広場は見事であり、通りは直線に伸びて広々している――もしロンドン中の街並みがこうであれば、世界広しといえどロンドンと肩を並べるところはないであろうに。

(ロンドンの人口を養う食料を賄いえる商人も、交差点の泥を掃き清める小僧も、他所にはいないだろう、とこのプロシア人は思ったかもしれない。) さらに言えば、ロンドンの当代の明暗は単に住宅地域と工場地域との間のことだけではなかった。シティーそのものが分離と離脱を経験していたからである。実業界の巨頭たちがシティー内の敷地からトウィッケナム、リッチモンド、ケンジントン、プリムローズ・ヒルなどの新興ベッドタウンに居を移し、豪壮な大邸宅を建て、偽似土地所有偽似ジェントリーと化した。シティーの中でも、作業場と事務所との差、金融と工芸職との差、はこの間ずっと広がる一方であった。

十八世紀がはじまるとき、イングランドの社会は高度に分化していた。宗教、職業、性別の役割、法律上の地位などの事柄では、対照は著しく、変異は夥しく、不平等は多大であった。だが、不満を抱く者たちや虐げられた人々でさえ、万物の序列の中における彼らの位置にしばしば情熱的忠誠心を感じていた。ある程度の地理的、社会的移動性はあったものの、親譲りの社会的身分が、汲々として守る縄張り意識を強化することになった。社会構造は入り組んでいた。その複雑さは確固たる経済的分業と習慣および前例という道徳的不活性との反映であった。多様性と地方色、揺るぎない権利と習慣は、イングランドの支配者たちがその支配を合理化し強制しようとする数々の試みを挫折させることになるとともに、被支配民の間に国をあげての有効な抵抗運動が形成されるのを未然に防ぎもしたのである。そして、社会がいかに複雑で相互依存的であったにしろ、一つはっきりしていることがあった。支配する者とされる者、富める者と貧しい者、持てる者と持たざる者、の間の溝が人生に立ちはだかっていたのである。

2　社会秩序

十八世紀のイングランドの男は家柄、財産、職業、社会的地位との関連で自分の社会的身分を認識した。女はほとんどが夫にどれだけ名誉があるかによって定義された。富、階級、官職、地位によって賦与される権力はコモン・ローの下での、また人間集団内での、人々の基本的平等についてさまざまな緊張を生みだした。

イングランドの社会はピラミッド型で、ごく少数が頂点に、多数が底辺にいた。十七世紀の終わりころ、グレゴリー・キングは国民が次のように分かれていると推計した（パーセンテージには家族と召使いが含まれる）。

一・二％——地主
二十四・三％——農場主および自由土地保有者
三・四％——聖職者を含む知的専門職業人
三・七％——商人および小売店主
四・四％——職人および手工業者
二十六・八％——賃労働者および屋外奉公人

二十九・四%――小屋住み農および生活保護受給者
六・八%――軍人

こうした数字が不備であることは明らかである。キングが記したよりはるかに多くの商人、小売店主、職人、手工業者がいたし、家事奉公人――人口のかなりの部分を占める――が独立部門としてでてきていない。そうではあるが、分析表は全体として示唆に富む。

頂点と底辺との間の富の差は膨大であった。貧困な労働者の年収は約十ポンドであったが、大貴族の年収は一万ポンドを超えていた。ナイト爵でさえ、年収八百ポンド前後の裕福な者は、彼の雇っている脱穀人や草刈り人の生涯賃金に当たる額を一年で使うことができた。これだけ富に極端な開きができると、時には、金持ちと貧乏人が同じ人間であることをややもすれば否定する態度をとる人もでてきた。例えば、バッキンガム公爵夫人はメソディスト一派を忌み嫌ったその理由を、「あなたが地を這うあさましい平民どもと同じ罪深い心の持ち主であると聞いてぞっといたします。まことに腹立たしく、不快で、高い地位と育ちの良さにそぐわないことです」と説明した。だが、収入と地位の序列を鎖に譬えて言えば、隣接する輪と輪の開きは微小であり、そのためにこの秩序は全体として強力なものとなったのである。十九世紀初めにイングランドの社会の勾配を調べたデイヴィッド・ロビンソンは、賞賛に値する点を見出した。

イングランド以外のほとんどの社会では、無知な労働者層と乱費家の貧乏貴族との間にはほとんど何もない……。しかし、我々の場合、農夫と貴族の間の空間には次々と輪が連なり、なんとも見事に繋がり合い、前者と後者を結びつけ、全体を完璧にまとめ上げ、強靱にし、美しいものにしている。

イングランドの社会階梯は実に精密に格付けされていた。お仕着せを着る召使いであるか私服の召使いであるか、台所付き女中であるか女主人付き女中であるか、上座に坐るか下座に坐るか、海軍なら下甲板か後甲板か、ミセスと呼ばれるかマダムと呼ばれるか、これらの差は微妙なものであったが、それぞれの段階では地位による差別を生む大問題であった。同じことが准男爵と伯爵、侯爵と公爵、の間の序列にもいえた。ルーソン゠ゴール家が男爵（一七三〇年）から伯爵（一七四六年）を経て遂には公爵（一八三三年）にまで登りつめていく過程でその差に細かく気づいたことは疑いない。

同じことは知的専門職にもいえた。内科医は外科医を見下したが、外科医は薬剤師より一段上にいた（薬剤師は薬剤師で薬屋に対し横柄に振舞った）。こうした微細な差別のすべてが、そしてそれらを取り巻く度はずれた俗物根性が、一つの社会秩序を形成し、そのはなはだしい不平等が、一足跳びに上から下まで見渡されることなく、緩やかな勾配の中で美化されたのであった。

ヨーロッパ大陸のいくつかの地域とはちがって、法とか血統という鉄のカーテンが農奴と自由人、商工業者と農業従事者、平民と貴族を恒久的に分けるということはなかった。社会的流動性は相当程度あり、服従についての伝統的考え方を侵食していた。「従順というものが悲しいかなこの時代に守られなくなっている。原因はいろいろあるが、その最たるものは金持ちが大いに増えたことである……。私が住む路地の入口にいる靴磨きが私の靴を磨かずともやっていけるご時勢だ」とドクター・ジョンソンは嘆いた。ジェントルマンとみなされる要件は法的に固定したものでなく、自由に変えられる、交渉次第のものであった。なにしろ、昔から伝統的に、イングランドの上流階級は先祖が金持ちであったというにすぎないのである。デフォーが調子よく韻を踏んで、

イングランド人なら築財に励まん
誰でも成れるよジェントルマン

と歌ったとき、彼が露骨に描いてみせたのはこの間の事情であった。人々は大胆にも「ジェントルマン商人」「ジェントルマン服屋」「街道のジェントルマン〔追い剝ぎ、また浮浪者のこと〕」を自称した——そして、もちろん、「ジェントルマン」ジョン・ジャクソンという非凡な懸賞稼ぎのボクサーもいた。「イングランドの商工業者とは新種のジェントルマンなり」というのがドクター・ジョンソンの意見であった。富める者は、気前よく振舞い気取って見せれば、一般にジェントルマンの基準に合格したものであり、ギー・ミエージュは「ジェントルマンの肩書はイングランドでは上等な衣服、上品な態度、豊かな教育、富、学問などで並の人間と差をつける人々一般に与えられる肩書である」と考えた。

イングランドの社会では、理論的にも実践的にも、階級を隔てる垣根を跳び越えることができたのである。上の階級に移れる可能性があったため、社会は固定することもなく、硬直した社会であれば危険なものとなる構造的緊張が生まれることもなかった。例えばスペインとは違って、イングランドは多数の相互排他的身分から成り立つ観を呈してはいなかった。例えば、ヨーロッパ大陸の独身を誓ったカトリック聖職者は社会から離れた身分であったが、イングランドの聖職者はそういうことはなかった（イングランド国教会に反対する新教の聖職者はしばしば複数の職業を兼務していた）。同様に、イングランドの聖職者は、フランス人シェーイェスのように、庶民院議員たちを第三身分、排除されることによって「無用の人物」となりながらも「重要な人物」と成る可能性をもつ第三身分、ともっともらしく同定することはできなかった。

とはいえ、体制側が大胆な立身出世主義者を両手を広げて歓迎したと言ってしまうのも、同じように間違いであろう。最近の研究で明らかになったように、土地所有階級の最高位に食い込むことは非常に困難なのであった。そして、一般大衆にとっては、「貧しい者はゆっくり出世するがよい」というドクター・ジョンソンの言葉が当てはまった。一つ上の地位集団の入口に向かって上昇するのは易しいことだった。だが、敷居をまたぐのは難しく、特別の査証を必要とした。商工業者は、どんなに裕福でも、下級判事になろうとすれば、その前にまず地所を買わなければならなかった。同様に、一般の水兵は大尉にまで昇進することはできたが、指揮官にはなれなかった(日雇い労働者の息子で海軍に入隊した有能な水兵ジェイムズ・クックは卓抜な例外であった)。おそらく黒人は百人中九十九人が奴隷、召使い、あるいは水兵になるのを免れなかったろう(もっとも、イングランドには、トム・モリヌーやビル・リッチモンドといったプロボクサーや、売春婦のひもになったスービーズという黒人も例外的にいることはいたが)。

だが、平凡な石炭が時には輝かしい火と化すこともあった。「無名の士から金持ちに浮上する人間が毎日のように出てくる」とデフォーは書いた。少数ながら、例えば国営宝籤に当たった者やスペインの大商船隊を略奪した軍艦の乗組員など、一躍金持ちになる人々がいた(報償金は均等割りではなかったが、水兵でも有能な者は二百ポンドくらい貰えたろう)。成功して出世した人たちも大勢いた。ロンドンの大醸造業者になったラフ・スレイルは農場労働者の息子であった。印刷業者ジョン・バスカーヴィルは初めは制服を着た召使いであったし、出版業者ロバート・ドズリーもそうであった。ウィリアム・ワーズワースは自作農の息子であり、二人の兄弟のうちの一人はケンブリッジ大学トリニティー・カレッジの学寮長、もう一人は船長になった。大主教ポターの父は服地屋、主教トマスの父は荷馬車引きであった。数学者チャールズ・ハットンの父は炭鉱夫だった。卓越した造園技師にして「辣腕家」の異名をもつランスロット・ブラウンは小売商人の息子だった。二十四歳までに彼はストウで造園技師長に出世していた。その息子は海軍提督になった。イングランド人は天命を夢想した。ネルソンは「私は、心の眼で、私を名声の高みに差し招く輝ける球体が宙に浮いているのをいつも見ていた」と書いた――そしてネルソンの愛人レイディー・ハミルトンは、チェシャー州の名もなき家に生まれ、ロンドンに出て画家のモデルとなった放埒な女であった。

しかし、こうした極貧状態から大金持ちになる話はごく稀で、たいていは偉大な才能とともに運命のめぐり合わせにも恵まれてのことであった。スレイルには資金援助をしてくれる金持ちで子どものない叔父がいたし、クックはホイットビーの沿岸貿易船所有者に年季奉公する幸運に恵まれた。目を見張る出世には強力な後楯、幸運な結婚、偶然の遺産相続といった魔法の杖がしばしば必要であった。ウィルトシャー州の脱穀詩人と呼ばれた農夫スティーヴン・ダックは良家の人士に発見され、その後援により宮廷にまで登りつめた（そこで親衛兵に任命されたが、やがて鱒の川で溺れて死んだ）。財を成した人は多数いたが、金の力で上流社会に這入り込むのは容易なことではなかった。貴族の身分を獲得するより、貴族と結婚するほうが易しかった。貴族という頂点に登りつめる坂は時間がかかり、険しく、そして高くついたものだが、マクルズフィールド、ハードウィック、キャムデン、サーロウ、エルドンといった少数の法律家には大法官経由という近道があった。クライヴなどの国民的英雄は報償として貴族に叙せられた。しかし成金は、どんな大金持ちであろうと、簡単に貴族になれるものではなかった。金で爵位を買えはしなかった――ジョージ王朝イングランドでは爵位というものは売りに出されるものではなかったのである。また金持ち自身が貴族の娘との結婚を期待できるわけでもなかった。* もっとも、次の世代には、娘に持参金をたっぷりつければ、貧乏貴族の若い息子を網に捕らえて自分の娘と結婚させることも可能になる。それがジェントルマンの息子と商人の娘との縁組み、土地持ちが金持ちを抱き込む、「当世風結婚」であった。貴族の身分を欲しがる富豪は待機戦術をとらざるをえなかった。まず、なだらかに起伏する数エーカーの土地を買わねばならず――しかも、できあいの、まとまった、評判の高い地所がやたらに転がっているわけではなかった――次に、地方の名家となって政治家との手づるを作らねばならず、最後に、高い地位にある人々を根気よく友人にしてゆかなければならなかった。それでもなお障害はつきまとった。信じがたいほどの資産を持つ政商ユダヤ人サンプソン・ギデオンは国教会に改宗したが、准男爵になれたのは息子の代になってからであった。

＊ ジョン・パーマーは「我らの小さな惑星で大変難しいことを二つ成し遂げた。郵便馬車を発明し、公爵の娘と結婚したのである」、とド・クインシーは書いた。

さらに、社会流動の導管は幾分か塞がろうとしていた。なるほど、多くの外国人が記したように、貴族の次男以下が商業界入りした点でイングランドは例外的であった（長子相続制により、長男だけが肩書を、そして普通は地所も、相続したのである）。それによって面目を失うということはなかった。タウンゼンド卿の弟ホレイショーは〔ロンドンの商業・金融の中心地〕シティーの商人であったし、オックスフォード伯爵の弟は〔シリア北西部の商工業地〕アレッポで代理人をしていた。それでも、名誉ある金儲け法となると、大規模な海外貿易とか金融を主に、限られたものであった（国内の卸売とか小売は体面にかかわるものだったのである）。ともあれ、第七子とか第十子が会計事務所に勤めるという伝統は衰退傾向にあり、貴族の長男以外の子弟は政治家の後援によって軍人、牧師、外交官など体面を保てる職に就くようになっていた。成り上がり者が政治の表舞台、政府の高官、上流社会に割り込むことは以前より難しくなっていた。

人々は社会の梯子(はしご)を認めて受け入れ、それを登ろうとした。目上の者の礼儀作法を学び、猿まねした(「生粋の」クエーカー教徒など、これに抵抗する者はごく少数であった)。自力で成功した醸造業者ラフ・スレイルは息子ヘンリーをイートン校とオックスフォード大学へ行かせた――これが、予測のつくように、醸造業経営の将来にとって不幸な結末を招くことになった。これと同じことが、彼の競争相手サミュエル・ホイットブレッドが息子をイートン校とケンブリッジ大学に行かせ、教育の仕上げとしてヨーロッパ大陸巡遊旅行に行かせたときにも起きた。この息子は政治家になり、破産しかけ、それが因で自殺したのである。しかし、万人が上昇下降の階段を知り日々の社会的摩擦を経験していたとしても、社会構造を一つの全体としてどう正確に描くかについては一致した意見はほとんどなかった。ダニエル・デフォーは、富と消費に基づいて、七層の区分を提唱した。

一　贅沢に暮らす貴人
二　豊かに暮らすお大尽
三　いい暮らしをする中流
四　仕事はきついが不足なく暮らす商工業者
五　良くも悪くもない暮らしの田舎の人々、農夫など
六　苦しい暮らしの貧民
七　本当に切り詰めた欠乏生活をする悲惨な人々

さらに綿密な調査をしようと望む歴史家たちは、ジョージ王朝イングランドが「階級」社会であったのかどうかを議論してきた（それは、俗物的ではあっても、「世襲的階級」社会——血筋、家系、生まれによって人々を同一身分に固定する社会——では決してなかった）。この時代の人々は、もちろん、「上流階級」、「中流階級」、「労働者」について考えた。だが——デフォーの分類表が示すように——彼らは自分たちの社会を、マルクスを先取りするように、本質的に資本の所有および使用との関連で定義される三つのはっきり異なる階級（地主、中産階級、労働者階級）間の闘争に向かう社会と見ていたわけではなかった。それよりは富、職業、地域、宗教、家族、政治的忠誠心そして縁故関係など、さまざまな利害の観点から集団をまとめるなり分けるなりして分析する傾向があったのである。

実際、社会不安や政治的動乱が生じたとき、異なる信仰と信仰との間に、政府と（りんご酒製造業者など）特定の社会経済的勢力との間に、あるいは対立する商売間に、少なくとも資本と労働との間にと同じくらいしばしば、境界線が引かれたものである。利害集団——例えば「与党」と「野党」——は「階級」間の対立以上に対立し合った。マルクス主義の図式は、いずれにしろ、小自作農、自作農、自営の商人や職人が依然として全労働人口の大半を占めていた国家にはほとんど当てはまりはしなかった。この世紀の初め、徒弟はいずれ自分も一本立ちの職人なり商人に成れるものと出世を望みえた。社会的立場とは、ライフサイクルの中で一個人が今どこにいるかということなのであった。多くの仕事は相変わらず家族経営か（女性の階級的立場はいったいどういうことになるのだろうか）、またはチームを組む独立労働者たちに下請けされていた。こうした特色をもつ社会が容易に三階級モデルに適合するものではない。「貴族」「中産階級」「労働者階級」とか、上流階級、中流階級、下層階級という呼称の網目では通りすぎてしまう魚が多すぎ、またそうした呼称に注意を集中しすぎれば個人の健康、幸運（特に長子に生まれるという幸運)、努力、あるいは成功といったものが一家族内においてさえ作りえた富および身分の大きな差異を曖昧にしてしまう危険を必ず冒すのである。例えばヘイルズ家では男の子の一人は准男爵になり、二人目のスティーヴンは聖職に就き(高名な科学者になりはしたが)テディントンの牧師補のまま一生を終え、三人目は贋造の罪に問われてニューゲイト監獄で死んだ。一七〇〇年にシュロップシャー州ミドル教区の全住民を調査したリチャード・ゴフによれば、そこは流動性が顕著なところで、努力や機敏さや結婚とか健康といった運次第で急激に繁栄もすれば貧困にもなる変動の大きい社会であった。高貴な家柄はどこも常に貧しい親戚を遠ざけていた。

自分が社会の中でどういう地位にあるのかを確認する手段として、社会階級が最も重要なものというわけではなかった。少なからず人々は、自分の世間的立場を愛郷心とか職業とか家柄など具体的観点から見ていた。「私は初めは握手して友を迎えたが」と書籍商ジェイムズ・ラッキントンは仕事をはじめて間もないころを追想して書いた、

一年後には通りの向こうに手で合図して良質の黒ビールを一本持って来させるようになった。それから二、三年後には友人たちを夕食に招き、正式のコース料理で仔牛のフィレ肉のローストを供し、ハムを出し、プディングで宴を締め括ったものである。しばらくは一杯の水割りブランデーが贅沢品であったが、やがて干しブドウ酒を飲むようになり、利益の三分の二が余裕となると良質ポートワインの赤が食卓にのぼるようになり、間もなくシェリー酒を飲めるようにもなった。

イングランドのエリート層は入り込む余地のない特権的地主層であった。もちろん、ヨーロッパのどこ

の社会でも中世から第一次世界大戦に至るまで上に立つのはそのような貴族であったが、ジョージ王朝イングランドの貴族の称号を有する土地所有者はやや例外的であった。その理由の一部は、土地所有貴族の絶対的優位が新たに再建されたものだったからである。公爵位や伯爵位は、チューダー朝を安泰化しようとするヘンリー七世とヘンリー八世によって大幅に削減されていた。チューダー朝時代に新たに叙せられた爵位の数も自然消滅する数に及ばなかった。ところが、初期スチュアート朝は寵臣たちを昇進させて貴族を水増ししたのである。しかし、その多くは貧乏なアイルランド人やスコットランド人など、地元に権力基盤をもたない山師たちであった。たいていは贅沢な生活をしたため請求書の額が収入を上回り、その結果ストーン謂うところの「貴族政体の危機」を迎え、貴族は、政治的にも経済的にも、王位と自信をつけたジェントリー階層に挟まれて窮地に陥ったのである。

有力貴族たちは、集団としては、王制復興後の政治的かけひきの場でおそらく上手に立ち回りはしなかったであろう。滑り易い出世の階段を登って次々と高い位に就いたのはクラレンドン、ダンビー、サンダーランド、オックスフォードなど、どちらかといえば個々の立身出世主義貴族であった。ソマーズ、ゴドルフィン、ウォートン、モンタギューといった非凡ともいえる政治家たちがこの世紀の変わり目に作った帝国も、本質的には個人的なものであった。にもかかわらず、資産的利害の一致によってジェイムズ二世を拒絶したことがやがてより強い団結力を生むことになり、資本主義的高度農業および高度金融の推進が大土地所有者に利益を生みはじめていたのである。選挙を意のままに操る力を強化したことと新しい狩猟法が制定されたことが、すでに政治が少数独裁的になっていることを示していた。このように、十八世紀初めには、潮流は有力貴族たちに都合のよいものに変わりつつあった。彼らは、これから二世紀にわたって、ヨーロッパで最も自信に溢れ権力を有し逆境に陥っても立ち直る力をもつ貴族になるのであった。

イングランドの貴族は数が少なく安定しているという大きな利点をもっていた。イングランドの第二身分は、ヨーロッパの基準に照らせば、取るに足らないものであった。それは主に――他所と違って――長男だけが称号を相続したからである。一六八八年には貴族院議員は在俗者百六十人と聖職者二十六人だけであった（他の国ではその数は数万人にのぼり、スペインでは約五十万人が貴族であると主張していた）。おそらく、さらに八十から百の、貴族ではないが一万エーカーないしそれ以上の土地を有する、大きな影響力をもつ家があっただろう――例えばノーフォーク州ホウカムの農業改革者トマス・クークなどである（彼は後にレスター伯爵になることに同意した）。華族の員数が著しく安定していたのは一七八〇年代まで、ピットが気前よく貴族を乱造するようになるまでのことであった。それでも小人物を性急に貴族化するということはなかった。フランスの貴族社会と異なり、あるいはスコットランドの貴族社会とも異なり、イングランドの貴族社会は、船に譬えて言えば、乗組員だけで、船客を乗せることはほとんどなく、見事なほどに団体としての統一を保っていたのである。

イングランドの貴族は特権をもつ競争相手に対して役人根性的嫉妬心に捉われる必要がなかった――先祖代々の貴族対勅令による新参貴族、「剣〔軍人〕」対「服〔文官〕」、地主対行政官、宮廷人対地方人、金持ち対零落貧乏人、これらの間に不和を生むつまらない喧嘩の数々は、フランスの貴族階級の活力を削ぐ因になったが、イングランドではほとんど見られなかった。みすぼらしいイングランド人貴族というものはほとんど一人もいなかった。高位者たちの世界とはストウ、ボウウッド、チャツワースといった名門の家から輝き出る、魔法で守られた家族たちのことであった。誰もが顔見知りであり、結婚の絆の縦糸横糸が密に織り混ぜられていた。ギルフォード家では五世代連続して長男が相当の財産を相続する女性と結婚したし、ノース卿の父などは実のところそういう女性三人（ハリファックス卿の娘ルーシー、ルイシャム子爵の末亡人エリザベス、ロッキンガム伯爵の末亡人キャサリン）と結婚したのであった。十七世紀末期から、グラフトン屋敷を相続した五人のうち四人までが同様の女性相続人と結婚した。ノッティンガム伯爵は七人いる娘のうち六人を貴族に嫁がせた。このようにして一流の屋敷、巨満の富、政界との縁故が一繋ぎの真珠のように糸を通され括られたのである。だが、平民の百万長者の娘と時折結婚することも同じように好都合たりえた。ベドフォード家の財産は、一六九五年に取り決められた若きタヴィストック侯爵とロンドンの商人の娘エリザベス・ハウランドとの結婚によって固められたものであった。第二代パーマストン子爵はシティーの裕福な商人の娘と結婚した。対照的に、貴族は娘を商人に嫁がせたいとはまったく思わなかった。屋敷が手の汚れた平民のものになるのを怖れたからである。

家系を存続していくことが有力貴族として成功していく基本方針であった。貴族の肩書を有する個々の人間は家系の運命を決するリレー競争で次の走者にバトンを手渡す一走者であった。家屋敷が分散しないよう男性長子が守る法体系にあって最も重要なものは相続であった。長男が土地を一括相続した。これに対し、次男以下は相対的に僅かな慰め金程度の金と知的専門職への足掛かりを得るだけであった。例えばデヴォンシャー公爵は次男と三男にそれぞれ千ポンド与えて政界入りの資金とさせ、ラフ・スニードというスタフォード州の有力なジェントルマンは次男以下六人の息子にそれぞれ千ポンドを与えたが、そのうち二人は教会入り、二人は陸軍、一人は海軍の軍人になり、末子は東インド会社に入った。

高位者の活力の主な源泉は家系ではなく、パーキンの描写を借りて言えば、「資産と後援に基づく開放的貴族階級」たるところにあった。「それが他と違うところはその地位を気楽に開放した点である」とトークヴィールは、革命後のフランスという視点から振り返って述べた。だが、こうした開放性を強調すると誤解を呼ぶ危険がある。というのも、ローレンス・ストーンとジーン・ストーンが最近力説したように、新たに土地所有貴族の地位に参入するには巨大な富と如才ない術策を要したからである。実際、土地所有階級の強大な権力は、とび抜けた富と影響力をもつ者たちがその緊密な少数独裁政治を自己再生産したところに由来するのであり、そこは加入が非常に難しい会員制クラブなのであった。スペックが言うように、「イングランドの貴族階級はどちらかといえば歴史上のいかなる時代よりも十八世紀において最も閉鎖性の濃い社会であった」。

彼らは人生のあらゆる面で幅をきかせた。経済の動向が彼らに好都合であった。土地を所有していることも農業も十八世紀を通じてずっと儲かる仕事であったというわけではないことは認められているとおりであるが、土地価格と地代は世紀初めに上昇傾向にあったし一七六〇年代から著しく上昇したのである。彼らが市場に売りに出した農産物や原料から得る利益も同様であった。全体として、一六九〇年から一七九〇年の間に、次第に売り手市場になっていった中で、土地価格はおよそ二倍になった。最も重要なのは、土地管理経済学が土地所有者に地所を地理的に統合整理し自家用農場の労働経費を削減するよう奨励したことであった。一七一〇年ころから一七五〇年の間の穀物低価格の時代に痛手を受けたのは彼らよりも小土地所有者、経費削減策に投入するなり苦しい時代をがんばり通すなりするための資本をもたず、その限られた地所ゆえに技術および作物の多様化を成しえなかった人たちであった。一七六〇年ころから価格が上昇すると大貴族に先導された土地囲い込みの波が押し寄せ、大土地所有者と彼が土地を貸す進取的農場経営者との間の提携が固定化を促進することになった。この提携関係によって地所管理、牧畜業、作物の輪作が大幅に改善されることになった。一七七六年から一八一六年の間にホウカムのトマス・クークは地所の賃貸料収入を倍増した。

貴族階級は土地を所有していることでさまざまな利益を得たが、それだけが彼らに財政的繁栄をもたらしたわけではない（一事業に全財産を投入したりする貴族などいなかった）。名門の家はたいていがいわば「水陸両棲」であり、何世代にわたって都市（特にロンドン界隈）にも地所をもっていた。ジョージ王朝の数度の建築ブームでは、貴族が首都の上流階級用地を広げたため、土地の価格および賃貸料が跳ね上がった。例えばベドフォード家はブルームズベリーに所有する土地を開発し、このロンドンの地所から一七〇〇年に二千ポンド、一七三二年に三千七百ポンド、一七七一年に八千ポンドを回収した。グロヴナー家のロンドンの地所は一七七二年に二千ポンド、一七七九年までに七千ポンド、一八〇二年までに一万二千ポンドを生じた。

大貴族はまた国債、イングランド銀行、大貿易会社などに熱狂的に投資し、コベットの言う「出資貴族」にもなった。例えばサンダーランド伯爵は一七二二年に七万五千ポンドの債権および株券を有していた。また、彼らは少なからず産業化によってしこたま儲けた。最大の土地所有者たちは、アーガイル公爵、ハミルトン公爵、デヴォンシャー公爵、ガワー伯爵、フィッツウィリアム伯爵、ミドルトン、モスティン、エジャートン、ダラヴァル、ラウザーなどの華族、ダーラムの主教などを含めて、予想されるとおり、もっとも豊かな鉱山を押さえていた。フォウリー卿は二万千ポンド相当の地所と五十万ポンドの公債に加えて年収七千ポンド相当の鉱山を有していた。大きな地所からは建築用石材、スレート、砂、煉瓦用粘土、木材が採れた。貴族は港湾を開発し、有料道路信託といったような輸送機関の改良を振興した。ブリッジウォーター公爵はマンチェスターに所有するワースリー産石炭の販売を拡大したいと熱望し、それが運河時代到来のもとになった。貴族の中には産業投機に直接かかわる者もいた。チャンドス公爵ジェイムズ・ブリジズは炭鉱事業、バースの巨大建築事業、アングルシー沖真珠採取、ニューヨークでの鉱山試掘などを手掛け（そのほとんどは失敗した）、コヴェント・ガーデン劇場に出資し、ヨーク建築会社の有力人物であり、個人用実験所を設置した。イングランドの貴顕階級は熱狂的に金儲けして恥じなかった（たいていのヨーロッパ大陸諸国では、貴族が商売に携われば法定身分と名誉が危うくなったものである）。

大貴族の成功の秘訣は国家の利益および地位に伴う特権をくわえて離さなかったことにあった。上流貴族はウォルポール以降内閣を独占し、官職、官職任命権、歳入を私物化した。一七二〇年までに上流貴族の四分の一が政府ないし宮廷の要職に就いた。宮廷の重要な地位（例えば「国王の寝室に出入りを許されるジェントルマン」など）、年金、閑職などは貴族の称号を有する家柄にとって高く評価されるものであった。首相ウォルポールの息子ホレースはそれだけで年収千二百ポンドの価値ある財務府出納官の職を与えられ、他にも封建的付随条件収入管理官および王室収入会計検査官という二つの閑職を与えられた。ジョージ・ロウズは、小ピットの下で、複数の閑職を有し、そこから年収一万千六百二ポンドを得ていた。陸軍軍人アーウィン卿は連隊長のままバルバドス総督に任命され、それによって「借金を完済するに大変好都合となるであろう」、と彼の妻は率直に書いた。この世紀の中葉、国務大臣の職に就けば純益で約六千から九千ポンドの年収を得られた。さらに、たいていの官職の在任者は請負業者から手数料を取ったり甘い汁を吸ったり天文学的な額の公金を扱うことを許されていたため、それで彼らは、長い間、内密裡に〔チェスでいう〕同価値の駒の取り合いをしたものであった。そして、彼らはたらい回しにした単調な仕事を薄給の副官に下請けさせた。

マールバラ、カダガン、アマースト、サー・ロバート・ウォルポール、バブ・ドディントン、ヘンリー・フォックス、ジェイムズ・ブリジズその他は大蔵省主計長官の職に就いて財を成した。ブリジズは一七〇五年から一七一三年までの在任期間に六十万ポンドの純益をあげた。頂点に立つ者は時に無作法にも公金に手を出す始末であった。大法官マクルズフィールドは運悪く捕まり、十万ポンド横領の件で告発された。

彼は三万ポンドの罰金を科されたが、それを六週間以内に完納した。しかしながら、こうした不正利得のすべてが厳密な意味で個人的なものだったわけではない。家族、友人、隣人も得をしたのであり、赤の他人までもが喧しくおこぼれを要求したのである。首相ノース卿はまだ若い異母弟ブラウンロウ・ノースに数々の聖職を惜しげなく与えたが、その処遇の説明として、ブラウンロウが適齢になるまで待っていたら自分がもう首相ではなくなってしまっているだろうからだ、と言った。こうしてブラウンロウは、二十九歳でカンタベリー寺院の参事会長、三十歳でリッチフィールドの主教、三十三歳でウスターの主教、四十歳でウィンチェスターの主教になった。慈善は家庭にはじまるということを経験によって教えられたこの早咲きの主教は、自分の番になると、長男を聖クロス病院長、次男をウィンチェスターの主教座聖堂名誉参事会員、孫を（七歳にして）ウィンチェスター教区の登記係戸籍吏にし、自宅に六千ポンド注ぎ込んだ。

要するに、多数の要素が結びついた結果、上流貴族は莫大な富を確保することになったのである。一七〇〇年ころの彼らの富は平均して年収およそ五千から八千ポンドであっただろう。中にはやがて二万ポンドを超える年収を享受することになる者たちもいた。一七一五年、十三州にまたがる土地を有するニューカースル公爵は三万二千ポンドの総収益をあげた。

しかしながら、この上げ潮に乗った富はほとんど同じ勢いで引いていった。ニューカースル公爵はホイッグ党の政治活動に散財した。サー・ロバート・ウォルポールの一七一四年から一七一八年の間の私的出費は合計九万ポンドであった。ウォルポールはノーフォーク州のハウトン・ホールに招いた客たちと年に約千五百ポンドのワインを飲んだが、その金額は近隣のジェントルマンの年収に相当するものであった。家の照明だけでウォルポールはロウソク代にして一晩十五ポンドかかった。一七七一年のベドフォード・ハウスには四十二人の召使いがいて、その人件費は年八百五十九ポンドを要した。政治活動費と選挙費用は数千ポンドにのぼり、数万ポンドが賭博でやりとりされた。結婚に際し取り決める支払い――持参金、嫁資、寡婦財産――は財産を大きく流出させるものとなった。そして巨大な資産が建築に投じられた。レスター伯爵はホウカム・ホールを建てるのに九万ポンドを要した。ネヴィル家ではオードリー・エンドの改築に十万ポンドかかった。一七四七年から一七六三年にかけてのウォバーンの再建には八万四千ポンド支払われた。ロッキンガム侯爵はウェントワース・ウッドハウスに八万三千ポンド費やした（維持費が別に年五千ポンドかかった）。バクルー公爵は八軒ある田舎の邸宅に倦きたときのためにロンドンに家を二軒もっていた。デヴォンシャー公爵はハードウィック・ホール、チャツワース、ボウルトン・アビー、リスモア・カースル、コンプトン・プレイスの外に、ロンドンにバーリントン・ハウスとデヴォンシャー・ハウスを所有していた。上流の放蕩貴族とその跡取りたちの借金は天文学的数字に嵩んだ――そして、彼らが地所を危険に曝すこともなくこういうことを為しえたのは抵当その他の合法的方策によるものであった。

彼らの華麗な生活様式の壮大さには目を見張るものがあった。大立者たちはヨーロッパ中の――世界中の――絵画、彫刻、家具、宝石を買い漁った。芸術家や詩人のパトロンとなり、古美術品や科学用器材や書物を部屋に溢れるほど蒐集した。第二代パーマストン子爵は昔の巨匠たちの絵画三百点八千ポンドの売り値にとびついた。彼らは、ウィリアム・ケントとか「辣腕家」ブラウンとかハンフリー・レプトンといった造園家の助けを得て、自然を作り直し、時には居住地が風景をそこなうということになれば居住地全体を平らにならしてしまうこともあった。カースル・ハワードの造園に際し、ヴァンブラはヒルダースケルフ村を水没させた。トマス・クークはホウカム村を移した――もっとも、後にこの決定を悔いたようではあるが。政治的自由の闘士コバム子爵はストウ村を破壊し、そこの住人たちをダドフォードに移住させた。

「自分の土地に一人きりで佇むというのは憂鬱なものである」と彼は述べた。「あたりを見回して、見えるのは我が家ばかりで他に一軒の家もない。私は巨人、お伽話にある巨人の城の巨人であり、隣人という隣人を食べつくしてしまったのだ。」

チャンドス公爵はキャノンズの屋敷に九十三人の家事奉公人を抱え、ペプーシュを楽長にした二十七人編成の個人用オーケストラを有していた。上流貴族は熱帯植物を導入し、家畜や純血種の品種改良をした。たいていが血統書つき猟犬の犬舎に投資していたが、それは狩猟仲間への縁故を求めるためであった。彼らは流行と趣味嗜好の独裁者であった（ヘンリー・フィールディングが「無名の士」を冷笑的に「約千二百人を除くグレート・ブリテンのすべての人々」と定義したことの説明になる）。このように正真正銘これ見よがしに札びらをきったのは一部には個人的愉しみのためであり、一部には世間の評判（大盤振舞いの宴会は社交界のゴシップの的になったものである）を顧慮してのことであったが、おそらく何よりも政界での地歩を固めるためであったろう。

なぜなら、大地主は政治力を強固に掌握することによって優位を保っていたからである。マンデヴィルが「支配権は所有権に従う」と書いたとおりであった。有力者階級は、その広い所有地に対抗しうる者がいなかったがゆえに、誰に脅かされることもなく長い間政治的優位にぬくぬくと浴し、国を彼らのために作られた一種の委託物として扱っていたように思える。一方では、管理と官職任命権と略奪システムによって支配された時代の政治価格が高騰したため高官の価格が郷士風情にはとても手の届かぬ高いものとなってしまった（そして、いずれにしても、ジョージ一世とジョージ二世はホイッグ党の「ヴェニス流」寡頭政治の協力に過度に依存していたのである）。他方では、俗受けする急進的政治は口ほどでないことが判明した。誰も有力者が把握している権力に現実的に立ち向かいはしなかった。

有力貴族たちは、権力の座に居て、友人や家族や子分たちの忠誠心に報いるために、また不満分子を買収するために、国家の官職を小出しに与えた。宮廷、教会、官庁、領事職、行政府、そしてそれ以上に軍隊に傾斜して、選ぶに値する官職はニューカースル公爵のような党を支配する大立物たちの官職任命用リストの中で際立つものとなった。一七六二年、ジョン・ボスカウェン・サヴェッジは二歳にして第九十一歩兵連隊の旗手に任命された。「恩顧というものは、封建時代の主従関係ほど正式でもなく不可避的なものでもなく、資本家の現金払いという契約関係よりは個人的で包括的な、社会の絆であった」とパーキンは書いている。国を勝手自在に使った高位者たちは政治的資産剝奪術の開拓者であった。

特にイングランド国教会の要職はまたもや上流貴族とその寵臣たちによって食いものにされた。スチュアート朝時代、高貴な家柄の男にとって聖職に就くことは名誉なことではなかった。これが変わったのである。「我が国の高位者たちは、ついに教会に戻る道を見い出した」とウィリアム・ウォーバートンは一七五二年に述べた。「不思議といえば彼らがそんなに手間取ったことだけである……教会は昔から貴族の次男以下の揺り籠であり玉座であった。」初期スチュアート朝治下では、主教はその二十五パーセントまでが平民の出であったが、ジョージ三世の治世までに、この比率は約四パーセントにまで落ちていた。この変化が生じた理由の一部には、聖職以外の自由業の中でもこれはと言える良い仕事となると競争が激しく、教会は生真面目な者には安全な砦ということがあった（チェスターフィールド卿は教会が「善良で冴えない上品な」若者にうってつけの場所であると考えた）。しかし、教会への回帰が促進された理由の一部には、高位聖職者の俸給および十分の一税が一層魅力的になりつつあったという事情もあった。カンタベリー大主教の年収はざっと見積って七千ポンド、ダーラムの主教は六千ポンド、ウィンチェスターの主教は五千ポンドであった。大聖堂内陣の聖職者席に列する者は楽に生活しうる年収三百五十ポンドを得ていた。そして、エドマンド・パイルが身をもって体験したその感想によれば、「主教座聖堂名誉参事会員の生活はのんべんだらりと時間をつぶすのに実に楽な方法である。祈り、歩き、人を訪ね――勉強したくなければしないですむ」。生まれの良い聖職者はたいてい二つ――あるいは三つ――聖職を兼務していた。主教リチャード・ワトソンの財布に入る年二千二百ポンドの身入りはシュロップシャー州の二つの教会、レスター州の二つの教会、スランダフの二つの教会、ハンティンドン州の三つの教会、スランダフの主教職に〔教会法により教会の財産、十分の一税を〕移した五つの教会、イーリの大執事に〔同様に〕移した二つの教会、の十分の一税からくるものであった。とりわけ、聖職者の主教座への昇格は貴族院において当てにできる安定した内閣支持票を供するべく企図されていた。高位聖職者の中には、ベンジャミン・ホウドリーのように、たゆむことなく政府寄りの論陣を張ることでその報償として昇格した者もいた。そうでない者たちは縁故、家柄、またひたすら拝み倒すことによって、出世した。

大立物が国家に寄生し、国家がそれを容認するという、決定的に重要な方法がもう一つあった。法律である。大陸諸国の政治制度と比較すれば、イギリス貴族の法律上の特権（例えば同等貴族による裁判を受ける権利）自体は取るに足らぬものであり、また、イギリスの貴族といえども納税を免除されていたわけではなかった。しかし、法律とその運用は倦まず結託して高位者の地所を保持し、長子相続制を認可し、また王制復興後には譲渡抵当権設定、厳格継承的財産設定、限嗣不動産権設定といった貴重な証書を生みだした。地所を抵当に入れることで、土地所有者は、何エーカーもの土地を手離す必要もなしに、土地改良や子孫の結婚や借金返済のための資金を集めることができた。限嗣不動産権設定によって地所占有者は土地を売らずに済み、その相続人は事実上生涯借地人となって子々孫々に利をもたらすことになった。最近の研究によると、こうした方策の結果として――かつて考えられていたような――地所が大集塊化するということは、なかったようである。家族の生物学的また心理学的運勢が、そうなるには、あまりに変動が大きかった。跡を継ぐ男子を残さずして死んだ高位者が多すぎ、年端もゆかず死んだ息子が多すぎ、親の言うことを聞かぬため相続権を剥奪された息子が多すぎた。裁判になれば必ず反訴者の賠償請求に応じざるをえなかった――要するに、拡散に向かう遠心力が絶えず騒々しく働いていたのである。それでも、こうした法律上の制度が地所の安定化に役立ったことは確実であり、寡婦給与財産（妻に与えられる年収）とか嫁資（娘に支払われる一括払いのまとまった金額）とか次男以下の男子が結婚する場合などに払う現金など――どれも土地の年間収益をごっそり流出させてしまうものばかりである――財産への権利要求が高まった時代に、それは不可欠なことであった。その最終結果としてジョージ王朝の地主は以前より稼ぎも多く出費も多く借金を重ねることも多かったわけだが、地所を換金したり拡散したりする必要はほとんどなかったのである。

大地主に対する法律上の特典は他にも多々あった。狩猟法はその古典的な例である。一六七一年の法令によって鳥獣狩猟権は、自分の土地で狩をする場合でも、年百ポンド以上の収益がある地所の所有者に限定された。そのため、相当な借地農場経営者も自由土地保有者も資格を与えられなかった。この狩猟法は地主階級の中でも高位者に特権を与え他の構成員には与えなかったという点で際立つものであった。

しかし、これは意外なことではない。大立物はそれぞれの領地内で自分の思いどおりに振舞えたからである。かの内乱（一六四二―六年）、王制復興（一六六〇年）、そして名誉革命（一六八八年）の結果として最も深刻なものの一つは、大立物が地域社会でいわば〔古代ペルシア帝国の〕地方総督にも比すべき強大な権限を握り、国王にも、教会にも、フランスの長官職に当たる権力をもつ者にも、ほとんど干渉されない存在になったことであった。大立物は、州総督職から大学の名誉総長に至るまで、現職であろうが名誉職であろうが、地方の高官職を独占した――そして、そのすべてに権力と官職任命権が付随していた。選挙運動では陰で糸を操り、威信、利権、投票用紙作りなどの違反行為、そして必要があれば政治ゴロを駆使して、選挙戦を分断した。率先して慈善事業を行い、運河計画事業の理事を務めた。彼らが本拠地で発揮する消費者として雇用主として恩恵の源泉としての力は――激しい憤りを買うこともあったが――彼と並ぶ上流貴族以外の者にはほとんど文句のつけようがなかったのである。一七六九年にノッティンガム州のある投書家は「私はロッキンガム卿にこの州には公爵四人、卿と肩書のつく貴族二人、養兎場三つが適当かと申し上げた。これで実のところ州の面積の半分は取り込んでしまうと思う」と書いた。(しかしながら、すべての州がこうなっていたわけではない。ケント州には貴族はほとんどいなかった。)議院立法の相当部分は、囲い込みや運河や土地猟園化や貿易規制など、大立物発案による地方の私的法案なのであった。実際、トレヴェリアンの考えるところ、国会そのものが一種の全国統合版〔地方〕四季裁判所の観を呈していた。名門の家は権力の発生源、統治権の権化なのであった。

貴族は地方で長老の役割を果たし良い印象を与えたという。それがなるほどと頷けるのは、彼らが自分の土地で田舎の生活をこよなく楽しんだからである。「田舎の屋敷に住みそこを美しく飾り立てるという、イングランド人が愉しみですることをフランス人に無理にもやらせようとするなら、彼らを都から追放の刑に処するしかない」とアーサー・ヤングは述べた。「ジェントルマンの家々が多数田舎に点在する様はいかにもイングランドに特有の光景であって、フランスには見当たらないものである」とルイス・シモンドは述べた。大立者は懸命になって狩をした――「彼らはすっかり狩に熱中している。狩に出発だ、という号令をかけるのが好きなのだ」とラ・ロシュフコーは書いた。彼らは農業改良を奨励し、人に貸している土地を耕しもした。アーサー・ヤングは、フランスの田舎を奥深く旅する間に、一つ著しい差異を指摘した。

イングランドの貴族のところでなら、私は三、四人の農夫に面会を求められたであろうし、その貴族の家族とともに、一流の貴婦人たちに囲まれて、正餐にあずかったことでありましょう。私は、本国の名門の家々で少なくとも百回はこういう経験をしていますが、そう言っても別に誇張しているわけではありません。ところが、今のフランスのありようでは、たとい〔北の〕カレーから〔南の〕バイヨンヌまで旅して回っても、そういう機会に出会うことはないでしょう。

ヤングがイングランドについて言っていることは、そのとおりであった。ハーヴィー卿が書き残したところでは、ウォルポールはノーフォーク州のハウトンに友人たちを招いては「議会の休会期間に狩をし、騒々しく、陽気に、飲んで酔い、破目をはずして楽しんだ」のであり、典型的なウォルポール流正餐の詳細といえば、

私たち気心の知れた仲間三十数人が正餐の席に着き、牛肉、鹿肉、鵞鳥、七面鳥などをたらふく食い、クラレット酒、アルコール分の強いビール、パンチ酒などを飲んでたいてい泥酔したものであった。聖職貴族院議員もいれば在俗貴族院議員もいたし、庶民院議員、牧師、自由土地保有者となると数えきれないくらいであった。

その南では、ノーフォーク公爵が一七六四年に配下の労働者三百五十人を集めて夕食を振舞っていた。ト

レヴェリアンが「フランスの貴族が自分のところの農民とクリケットをして遊ぶことができたなら、彼らの館が焼き打ちに遭うことはなかっただろう」と述べたのは、イングランドの貴族のこうした兄弟のような交わりを念頭に置いていたからであった。

しかし、「父親代わりの温情主義」はどれだけ現実のものであっただろうか。なるほど悦に入った大立物は自分のことを――バークの言葉を借りれば――「日光を遮る木陰を地域におとす樫の大木」とみなすのを好んだが、長老主義というううわべの飾りは大地主が土地を猟園化し、囲い込み、狩猟法を濫用し、小作人や村人の慣習的権利を踏みにじったあの暴虐さによって、しばしば泥を塗られたのである。同時代の人々は決してこの虚飾に騙されてはいなかった。地方における暴力行為、次第に増す密猟、噛みつかんばかりの匿名の脅迫状、これらはみな略奪をほしいままにする地主に対抗して村の人々が散発的に防衛のため戦わなければならなかったゲリラ戦であったことを証明している。上流階級の崇拝者であったドクター・ジョンソンにしてからが「もしレースのコートを着ている人間〔貴族〕が一人残らず絶滅しても、誰が残念に思うだろうか」と疑問を投げかけたのであった。

大立物は自ら作りだしたジレンマに進退きわまっていた。土地収益を最大にしたいとせめぐ利欲心と、誰にも邪魔されず密かに威厳に浴していたいとせめぐ自負心――どちらをとっても地域社会に対する彼らの優位な立場を切り崩すことになるだろう。豊かになればなるほどますます彼らはさまざまな趣味――パラディオ式建築、フランスのファッション、イタリアの音楽、美術鑑定――を涵養していったが、そのために本来もっとも頼りにしてきた素朴な郷士や自由土地保有者たちから遠ざかる危険があった。貴族は俗界に対していよいよ横柄になり、たいていの者が民衆の祝祭行事とか徹夜祭とか教会の行事にかこつけて飲み騒ぐ村祭とか縁日などを愚にもつかぬ面倒な厄介事として止めさせたいものだと思っていた。さりながら、人気というものはいわば人工呼吸による回復策なのであった。私兵を持たず武力に訴えることができない以上、結局彼らは人気を得ようと努めざるをえず、威しすかして治めざるをえなかった。権威を支えうる唯一の手段は同意、言うことを聞けば利益を与えるという欺瞞的相互関係、互譲、でしかなかった。政界のボスとして、また国会議員に立候補する者として、高位者は票欲しさにまず地方税納税者にすがり借地人をおだて、それでだめなら恫喝して自分に投票させるのであった。というのも、ジョウサイア・タッカーが評したように、「民衆の支援ないし推賞がなければ、彼らは議会の内でも外でも重要な立場に立てはしない」からである。あの兄弟付き合いゲームは、どんなに不愉快であっても、まやかしであっても、やらなければならないものであった。コーク伯爵によれば、選挙になると、

州内で四十シリングの年収がある人ならどんなに汚れた身なりをしていようと我々は玄関のドアを開けて家の中へ入れる。我が家で最上の床という床は踏み歩く農場主たちの靴底の鋲釘で台なしになる。どの部屋も豚小舎同然、居間は中国産壁紙がパンチ酒とタバコで実に嫌な臭いがしみつき、中に入れば卒倒するだろう。

ホレース・ウォルポールは一七六一年にキングズ・リンから国会議員選挙に立候補したときの長談議を次のように面白がった。

考えてもみたまえ、未だかつて群衆に加わったこともない私がだね、なんと群衆の前にへり下ってだよ、町役場で彼らに向かって演説し、馬に乗り二千人の先頭に立ってちっぽけなリンの町を行進し、二百人は超える町民と食事しながら乾杯やら万歳やら歌やらタバコやら付き合い、あげくの果ては田舎踊りの大舞踏会と六ペン

ス賭けてのトランプ博打ときたものさ。私はね、これを機嫌よく辛棒しましたよ。それどころか、何時間も座ったまま会話をしましたね、大っ嫌いな会話をですよ。それから若い娘たちがハープシコードを弾くのを聞いてましたし、一人の参事会員が所有するルーベンスの複製画だって見てきましたよ。

自分の聖所では安全であっても、それでもやはり、この貴族も口のうまい商売人の好意を買う必要があり（結局のところ、彼の生活も信用による掛け買いで成り立っていた）、また、うわべはうやうやしくしていてもその背後ではいつも扱いの面倒な家事奉公人たち（「世界で一番の災難」）の好意を買う必要があることを、心の底では知っていた。表向きの上品さは決してそれで安心してよいものではなかったのである。エリザベス・ピュアフォイは一七三八年に「孕んでいるのは乳しぼりの娘ではなく料理番の娘ですの、それに、牧師さんのところの娘さんも孕んでるっていうじゃありませんか、その相手というのが姿を消して行方をくらました同じ男だそうですよ。こういうごたごたを起こさない料理番娘をお世話いただけると大変有難いんですけどねえ」と吐き捨てるように言った。

高位者は、田舎社会で、二極分化する傾向に直面した。それは自ら作りだしたものだった。これに対処すべく、多くの者は慎重に劇的効果を狙って権力を行使した。判事席から明からさまに脅迫したり（また慈悲をかけたり）、見せしめに罰しておいて博愛、贈り物、えこひいきなどの希望をもたせる手加減を加えたり、高い身分にある者の精神的義務を不承不承のようで実はきちんと計算し尽して誇示するのであった。一七五三年にサー・ジョウゼフ・バンクスは機嫌悪く言った、「市の立つ日である今日、遠い昔からの習慣によって、私はやってくる者全員に食事を施し酒を振舞うことになっている。牛肉とビール代で二十ポンド近くかかるだろう」。

そこには狡猾な権威者の魔術があった。しかし、見せかけの背後にある権力は現実のものであった。一八〇〇年までに名士たちは祖父の代より絶対的にも相対的にも富を増し、結びつきを強めていた。一七〇〇年に貴族はイングランドの土地資源の約十五から二十パーセントを所有していた。一八〇〇年までにこの数字はおそらく二十パーセントから三十パーセントの間になり、二十人ほどの上流貴族はそれぞれ十万エーカー以上の土地を有していた。世紀半ばから賃貸料勘定は上がり続け、たいていの場合一七九〇年から一八一五年の間に二倍になった。そして、貴族は労せずして産業化の恩恵にあずかったのである。そして、フランス革命戦争は教会、国家、ブリタニアの戦士としての彼らの男らしさを強調する恰好の機会となった。まことに、貴族であることに都合の良い時代であった。高位者たちの成功物語はイングランド社会のピラミッド型階級制がいかに強靭なものであったかを説明するものである。

大立物の下にはさらに一万五千人の土地を有する家族が延々と続いていた。これらの「ジェントリー〔紳士階級〕」（自分で土壌を耕さずともよい土地所有者層）は、地方の政治権力および公職と——少なくともある者たちにとっては——庶民院の平議員の主力部隊としての国家的人材とを結合した、小貴族であった。その内訳は、上は一七〇〇年のころで年収千五百ポンド以上（一八〇〇年までにはたぶん四千ポンドになっていただろう）の准男爵から、下は年収三百ポンドそこそこで生活苦を感じている郷士にまでわたっていた。しかしながら、イングランドには、「系図上は貴族に属しながらも〔ライ麦の全粒粉で作る〕黒パンを食した」スペインの小貴族のような、風土病的貧乏ジェントリー階級というものはなかった。

しかしながら、この当時は土地を整理統合し資本化した農業経済と厳しい地祖のため大土地所有ジェントルマンがいよいよ肥え太る一方で小地主ジェントルマン、そして浪費家ジェントルマン、が急速に破産してゆき負債者監獄に入れられる者さえでる、そういう時代であった。一八〇〇年までに、年収三百ポンドでは郷士も家族を養っていけなくなっていた。その一方で、ジェントルマンは農業のかたわら商業にも手をそめて利益を得ている場合には特に、楽に生活できた。この世紀初め、ウォリック州のアーチャー家は、土地収入に森林管理と鉄工場の利益を加えて、純益で年三千ポンド近い収入があった。ホイットブレッド家は世紀初めはベドフォード州の小地主郷士であったが、世紀末までに二万二千ポンドの土地収入のほかにロンドンに所有するビール醸造所から年八千ポンドの収入を得ていた。クックソン家、リドル家、カーウェン家など北方の家族にとっては石炭交易がジェントルマン階級入りする道となった。対照的に、他のジェントルマンの家系は――デンビー州〔ウェーズ北部の旧州〕のサー・ワトキン・ウィリアムズ・ウィンの家系のように――政治活動のつけが急激に嵩んで破滅していった。バッキンガム州のヴァーニー家は州の政権の座を貴族グレンヴィル家から奪取しようと試みてうまくいかず悲惨な目に遭った。ギボンは、ハンプシャー州の屋敷での優雅な生活が父親の財布に焼け焦げ穴をあけることになって、ひどく当惑した。そして、トーリー党の多くの小地主郷士たち――特に隠れジャコバイトたち――は、初期ジョージ王朝治下、地方官職を免職され愛顧も失ったため、気むずかしくなってこそこそ隠れたり破産することになったりした。

郷士のほうは多様で、一つの標準的な型があるわけではなかった。〔フィールディングの『トム・ジョウンズ』に登場する〕ウェスターンのように長靴をはき、でっぷり太って、頑固一徹な郷士は、いかにも現実に居そうな人物であった。ホレース・ウォルポールはノーフォーク州の郷士を「ローストビーフの山」と呼び、レイディー・メアリー・ワートリー・モンタギューは「彼らは午前中は猟犬と一緒に過ごし、夜は同類の野蛮な仲間と一緒に過ごし――ありったけの酒をあおる」と書いた。ハナ・モアはこの郷士のイ

メージを裏づけて、

彼は変化ごときに怯えたりしなかった
改良のうちは未だ改変にすぎなかった。

と書いた。だが、こういう時代の変化に鈍感な伝統主義の輩がいた一方には、サー・ロバート・ウォルポールの父である（ノーフォーク州北部の治安判事であり選出庶民院議員であった）ウォルポール大佐のような、機敏な実務肌の人物もいたのである。J・H・プラムが述べたことがあるように、

これら二人のウォルポール、父と子、は一六六〇年から一七六〇年までのイギリスの社会生活および政治生活の幾つか比較的興味深い相貌を見事に例証している。慎重で聡明でありながら本質的に純朴な父、野心を抱きながらもそれを十分に手の届く範囲内の目標——地所の拡張と州の主導権——に適合させる父は、その当時のもっともすぐれたジェントリー階級の典型であった。かたや頭脳明晰な息子、貪欲に権力を求め貪欲に富を求めながらもあらゆることに創造性を発揮した息子は、無限の野心を抱き、卓越した趣味と壮大な富においては目標とした貴族社会を凌駕したのであった。

聖職のほうで郷士に相当するのは教区主任司祭であった（諺にもある下肢の貧弱な牧師補は別である）。独身ゆえに年四百ポンドで楽に暮らしていけたジェイムズ・ウッドフォードのような人たちがこれに該当する。ほとんどの教会主管者は教会所属耕地での農作と十分の一税の収入で十分生活できた。イングラン

ド国教会の聖職者は郷士と一緒に政治運動をし、キツネ狩りをし、耕作し、食卓を囲んだ。両者はほとんど見分けがつかないことがしばしばであった。ボズウェルは博士テイラー師について、「彼の背格好、体格、容貌、物腰はイングランドの陽気な郷士に牧師を足したもののそれであった」と書いた。こういう「郷牧師」の中には普通の郷士同様に謹厳実直でないものもいたであろう。だが、学識ある学者肌の牧師もいたし、好古家もセルボーンのギルバート・ホワイト師のような博物学者も、その他大勢の謹厳実直な慎み深い人たちもいた。この世紀が進むにつれて、徐々に治安判事として受禄聖職者の需要が、在俗の者たちよりも几帳面に職務を遂行すると考えられたため、増していった。

ジェントリー階級の下には、イングランドの土地所有階層が枝分かれして続いていた。ヨーマン自由土地保有農から謄本保有小自作農に至るまで連綿と続く所有占有者たちがおり、そして、一群の借地農場経営者たちもまた目立つようになった。一六八八年、グレゴリー・キングは数にしておよそ十万人の年収五十から百ポンドある自由土地保有農のほうが農場主たちより裕福であると考えたが、その丁度百年後、パトリック・コフーンは正反対であると考えた。この一世紀の間に農場主たちはおそらく実際に自由土地保有農に追いつき追い越したのであろう——もっとも、ヨーマンの多くの者がジェントリー階級に出世したせいもあるが。普通の自由土地保有農は、集団として、発展向上する資本集約型の農業に対抗するための投資資金を持っていなかった。中農所有占有者が消滅することは、もちろん、なかった。実際、〔イングランド北西部の〕レイク・ディストリクトなどいくつかの地域では、がっしりした体格のヨーマンが相変わらず優勢であったし、ひと昔前の歴史観とは逆に、小自作農は囲い込みの裁定の時に権利を確認してもらえるのが通例であった。しかし、(例えば、フランス革命戦争による欠乏時など)異常なにわか景気状況を除けば、つましい所有占有家族の生活は以前より苦しくなった。「私はこれら小規模所有者を大変惨めな連中と考える」とアーサー・ヤングは書いた。「彼らは、暮らしは過酷であり、馬のように休みなく働き……勤勉と倹約の教えを残らず実践するのだが今の運命を和らげることもできない。」小農場の借地小作人もさして変わりばえしなかった。「小規模農場主は極度の労働を余儀なくされている」とジョン・ハウレット師は述べた。

彼は普通の賃労働者より以上によく働き辛い生活をしているのだが、それでも、どんなに働いてもどんなに絶え間なく疲労困憊努力しても、暮らしぶりは少しも良くならず、それどころか小作料をきちんと払うことさえ、また現在の境遇を保つことさえ、めったにできはしない。いつも骨の折れる労役に縛られているため、それが完璧な無知の源となり、いかに不合理かつ有害な旧習旧弊であろうとも頑固に盲目的に守り続ける因となっている。

対照的に、相当の借地農場経営者には繁栄する機会があった。例えば、ロバート・ベイクウェルに仕事を教わったノーサンバーランド州の牧畜業者ジョージ・カリーは一八〇一年までに四千ポンドの年収をあげており、ファウベリー・タワーを買収したほどであった。その直後に彼は、「ファウベリーにいるときはいつも四十三年前ノーサンバーランド州で仕事をはじめたときのことを思いだして感慨無量になる。私があれ以来五十年近く今雇っている召使いの誰よりも懸命に働き石炭を荷車に積んで運ぶことさえしたというのに、その息子が今や御殿に住むことになろうとは」と述懐した。借地農場経営者が成功を収めた理由の一部には、先見の明ある地主が能率的な小作人を重んじ、(五百ないし六百エーカーにものぼる)魅力的なほど広い小作地を貸与し、長期賃貸借契約に応じ、大土地改良工事を承諾する準備があったことが挙げられる。農場主たちは大貴族を尻目に土地改良という高速道路を疾走したのである。

一七九〇年までにイングランドの土壌の約四分の三は借地小作人によって耕されていた。借地農場経営者――ヨーロッパでも他の地域には稀な種族――はイングランド農業の誇りであった、と解説する者は多い。農民の生活は向上し、彼らの増加する富と重要度は、彼らが「ジェントルマン階級入り」し、農場の建て物を建て直し、上等な陶磁器、家具、銀の皿、スプリングの付いた自家用四輪馬車、極上のブドウ酒を貯蔵する地下室などに金を投じるようになるにつれて連発するようになった道徳向上を求める悲憤慷慨に、反映されることになった。「時どき農民の家の居間にピアノを見かけることがあるが、あんなものは燃やしてしまうがいいと私はいつも思う」とアーサー・ヤングは怒りを爆発させた。

時には召使いにお仕着せを着させているのを見かけることがあるし、四輪馬車で娘たちを集会場に行かせるのを見かけることもある。こういう娘は時には月謝の高い寄宿学校で教育をうけ、息子は牧師になるべく大学教育をうけることもしばしばある。しかし、こういうことはすべて〔ジェントルマンと農民という〕異なる階級を隔てるあの境界線からの逸脱を示唆するものである。こういうことは、そして、こういうことに属するあらゆる愚、軽薄、出費、切望はジェントルマンにまかせておけばよい。賢明な農夫ならジェントルマンを羨んだりしないものである。

農民が世間体を気にする気取りを諷刺した一組の脚韻詩がある。

一七二二年
亭主は耕し
女房は乳搾り
娘は種播き
息子は刈り取り
そうすりゃ地代が払えよう

一八二二年
亭主はキツネ狩り
娘はピアノ弾き
女房は絹や繻子の服を着る
息子はギリシア語ラテン語学ぶ
これじゃあみんな破産だね

コベットはその波及効果について警告した。「農民がジェントルマンになるときは、雇われている賃労働者たちは奴隷になる」と。しかしながら、借地農場経営者はジョージ王朝イングランドの数ある成功物語の一つであり、人生の楽しみの分け前にあずかりたいと要求することによってその幸運を表現したのである、というのが実情であった。

土地所有上流社会から一つ下の階級には、イングランドが誇りえる、オランダ共和国を除けばおそらくどこの国民よりも繁栄した人たちがいた。事業主であり、貯蓄と動産を有し、金を持つ自営業者たちのことである。マルクス主義の歴史家たちが伝統的にチューダー朝およびスチュアート朝に位置づける「ブルジョアジー〔中産階級〕の勃興」と、蒸気力による製造業で富が増進した万国博覧会の時代に挟まれて、彼らジョージ王朝イングランドの中流の人々はいわば歴史的辺土に置かれ顧みられないでいた——商業と製造業が都市で急速に成長繁栄した時代であっただけに、奇妙なことである。評価が難しい理由の一つは、この金を持ち稼ぎまくる階級が社会のどの部分を構成していたのかを私たちが正確には知らないでいることである。一七〇〇年ころ、グレゴリー・キングは彼らの数と家族年収を次のように考えた。

学者	千五百人	六十ポンド
商店主	五千人	四十五ポンド
高級官僚	五千人	二百四十ポンド
下級官吏	五千人	百二十ポンド
大貿易商	二千人	四百ポンド
中・小貿易商	八千人	百九十八ポンド
法曹人	一万人	百五十四ポンド
上位聖職者	二千人	七十二ポンド
中・下位聖職者	八千人	五十ポンド

しかし、こうした数字は――総人数、総収入ともに――過小評価と思えるのであり、場合によっては大過小評価と思えるのである（例えば、税務記録によれば、この世紀半ばまでに国内の小売店数は約十五万に達していたのだから、キングの商店主五千人というのは大変奇異に見える）。もちろん、流動資産に富む者のうち財産の点で土地所有者に匹敵しうる者はごく少数しかいなかったが、それにもかかわらず、最近の研究によって明らかになったように、一七〇〇年ころのロンドンの自由市民の二十二パーセントは千ポンドから五千ポンドの間の相当地所を有し、五パーセントは評価額五千ポンドの地所を有していた。

大起業家の時代となりマンチェスターが綿業の中心地になる以前は、中流の人々は人目につかぬ所で金を稼ぎ、政治面でも低姿勢を保っていた（フランスとは違い、「ジャコバン党」革命などというものはなかったのである）。歴史家によっては、著名なところではE・P・トンプソンのように、ジョージ王朝社会を主に「貴族」と「平民」の間の闘争という観点から論じてきたものであり、この種の二極分化する筋書きにあっては、中流の人間は概して陰で立ち回る、身分の高い人々の需要を満たす顧客経済を営む人物として描かれてきたものである。

もちろん、これこそまさに大変多くの人々がしたことであった。何千という親方職人や小工場主たちは主に上流階級を市場にして生活の資を得ていた。宝石商、紳士服仕立屋、壁紙張塗装業者、自家用四輪馬車製作者、男性用鬘製造業者、婦人服仕立屋、婦人帽子屋、下は貴族の館の宴会でヴァイオリンを弾く盲目の音楽家から上はジョシュア・レノルズに至るまでの文化の提供者たち、皆そうであった。所有地は訴訟の因となって法律家に莫大な収穫をもたらし、医者は特にバースなどの温泉町で痛風の貴族を相手にボロ儲けした。ジェントルマンというジェントルマンが片腕としての土地管理人、弁護士、聖職者、測量士、財産や家事を取りしきる家令、抵当証書仲買人、園芸家を必要としていた。直接的にも間接的にも、ジャーナリスト、芸術家、詩人、建築家、デザイナー、家庭教師たちの暮らしは一重に身分の高い人々の掌中にあったのである。

中流の人々はごまをすってへつらう必要のある親分子分関係の中で上級従僕になり下がるのをひどく嫌った。経済的に依存することは、特に上流の人々が業者に際限なく果てしない掛け売りを期待したがゆえに、屈辱的であり神経にさわることであった（業者は法外な値段を請求することで復讐した）。たといすべてのつけが最終的には支払われたとしても、この方式では商人が、国債の私家版のように、身分の上の者に投資することを事実上強制されていたことになる。顧客関係を断ち切ることのできる者は、そうした。「後援者というのは人が水の中で必死にもがいているのを平然と傍観していて、その人が岸に着くと助けようとして邪魔をする奴のことだ」という、ドクター・ジョンソンが『英語辞典』編集の後援者として役に立たないチェスターフィールド卿に対し下したそっけない判定が、多くの者の口に出さない怒りを表現していた。ジョンソンはなんとか自力で泳ぐことのできた数少ない幸運に恵まれた者の一人であった。

しかしながら、この世紀を通して、多くの商人と芸術家は阿諛追従を強いられていた。だが、貴族のまねをすることは、また、もっとも誠実な形の媚びでもあった。上流社会に迎え入れられること以外に、彼らに負けまいとする中産階級は何を熱望しようがあったであろうか。キャナダインが書いたように、「商売で成功したことの究極の証しは商売をやめる能力であった」。アダム・スミスが「商人に共通しているのは田舎のジェントルマンになりたいという強い気持である」と述べたとき、彼はありきたりのことを気取って言っていたのである。

金を持った人間が家柄を良くしようとするとき、良い結婚がしばしばその秘策となりえた。イングランド銀行の頭取にして東インド会社の理事でもあったサー・ジェイムズ・ベイトマンは息子がサンダーランド伯爵の娘と結婚しベイトマン子爵になるのを見た。土地を獲得することも同じ目的を達する方法となりえた。シティーの富豪はロンドン近郊諸州に数エーカーの土地を買い占めるのが伝統であった（デフォーの架空の人物ロビンソン・クルーソーは最終的にベドフォード州に腰を落ち着けた）――もっとも、チジックの庭付き別荘といった、しるしばかりの家屋敷でも次第によしとされるようになりはしたが。リーズ――商人がトーリー党員かつイングランド国教会員であり、下の繊維製造業者とではなく上の田舎ジェントルマン階級と歩調を合わせる傾向があったところ――では、ゴット家、ミルンズ家、デニソン家などの豪商は地所を購入し、肖像画をベンジャミン・ウィルソンやロムニーといった画家に描いてもらうことによって、夢を実現していた。しかし、産業革命による成り上がり起業家もジェントルマン階級入りしたいと願う気持は同じであった。他のことはともあれ、これは商売の理によく叶っていた。靴下メリヤス類製造業者ジェデディア・ストラットは人に取り入る方法のいろはを息子に教えて言った。

お前が貴族とか首相になるなどということはまずないが、ひょっとすると少しは名の売れた商人にならなるかも知れないしそうなればどうしたって人様や世間とお付き合いすることになるだろう、そのときは両方ともをよく知っておくことが絶対必要になってくる、これまで身につけてきたいささかの学問教養にジェントルマンの礼儀作法、物腰、上品な言葉使い、洗練された行儀を加え備えれば絶対にそれが将来――世の中に出て仕事をするようになるとき――商売の役に立つことを知るだろう。

しかし、それはまた虚栄心と対抗心の問題でもあった。製造業者たちは土地に殺到した。ストラット自身も、リーズのマーシャルも、アークライトも、ホロックスも、ピールも地所を買い、それによって社会的地位を手に入れた。土地は少なくとも安全な投資物件であった。ささやかな利益しか生みはしなかったが――しかし、利益を求めて買われたわけではなかった。そして、家屋敷を買えばその装備品も買うことになった。「商人はいつでも一流の貴族と張り合う家、テーブル、家具、家庭用品一式を求める」とソウム・ジェニンズは書いた。物腰の上品さも大切であった。ストラットは息子ビリーにチェスターフィールド卿の著書『息子への手紙』を一部送り、「話し方、読み方、書き方を学ぶこととほとんど同じくらいに必要なことは上品な物腰と上品な礼儀作法を学ぶことである」と忠告した。ドクター・ジョンソンがこの『手紙』は「娼婦の道徳と踊りの先生の礼儀作法」を教えるものであると考えていたことを、ストラットは知っていたであろうか。

あらゆる面で、チェスターフィールドその人が言ったように、「この国の中流階級の人々」は「目上の人々のまねをしようと懸命」であった。たとい土地所有ジェントルマンの仲間入りはできずとも、少なくとも名前の後に臆面もなく「Esq.〔エスクワイアー＝紳士階級に属する郷士〕」という敬称を付けることのできる模擬ジェントルマンにはなりたい、と。ジョウサイア・ウェッジウッドは、高級陶器を作ろうと企てはじめたとき、まず上流市場の制覇を期して「クイーンズウェア〔女王焼陶器〕」といったブランド名を案出したものだが、その狙いの一部には後でもっと大きな中流成金市場の気を引こうとする魂胆があった。

金持ちになった階層はその足跡を隠したがったが、金持ちであることをひけらかしても下品な「ショポクラシー〔商人主義〕」とはされず、上流の舞踏会でも正当に客として迎えられた。この階層が一致団結して排他的政治イデオロギー、政党、政治機構を形成することはなかった、という事実が右の態度を表わしている。利益、関心が多岐にわたる商人社会は戦争や外交政策といった事柄について同一見解をとることが決してなかった。はっきりと中流階級が積極的政治活動にでるということはめったになく、もしあれば突然の雷雨のように激しいものになった（対照的に、彼らの孫の世代はヴィクトリア朝までに政治的叡知の基盤たることを誇らしく語ることができるようになった）。しかし、政治活動がなかったわけではない。シティーの急進派たちは小売商人や商店主たちに政治教育をほどこし自覚を促していた。例えば、ロンドンの市参事会員ウィリアム・ベックフォードは一七六一年にこう説明した。「私が人々の分別ということを言うとき、その意味するところはイングランドの中流の人々……製造業者、ヨーマン、商人、田舎のジェントルマン、日中の暑さに耐える人たち、なのであります」（もっとも、ベックフォードがかなり異なる集団を一まとめにしていること自体、相当に意味のあることではある）。

さまざまな政治的理由から小売商人や親方職人たちは結集して官庁に立ち向かった。頻繁に荒れたこれらの攻撃を惹起したものは普通はごく限定された不満、特に業況の不振であった。彼らは一貫して反スペイン、反宮廷、反消費税の立場を取ったが、時には戦争に賛成し、時には反戦にまわることもあった。商工業者たちの意識は彼ら対我ら、与党対野党、という判断に注がれた。専横な権力や特権に対する彼らの憤懣と懸念は早くは大衆受けするトーリー党の保守主義に、後には一七六〇年代のロンドンと地方とを問わぬ親ウィルクス派の煽動的議論に、表明されることになった。しかし、体制側にとってはわずらわしくうるさいだけのこの連中がいろいろやったことはすべて水泡に帰すことになった。ウィルクスの主張は中流階級に権限を与えようという運動に広範な支持を集めるに到らなかったのである。憲法情報協会のように、腐敗した立法府のかかとにかみつく急進運動は都市民の支持を得たが、その指導者たちは貴族であり、彼らの要求は古い憲法の洗い直しという伝統的憲法修辞の域をでないものであった。イングランド中部や北部の急成長産業共同体の主導的実業家は議会改革運動の指導者にはならなかった。彼らは直接政治に影響を及ぼす力を持たないことに憤慨はしたが、政治を逸脱した大衆騒動を奨励したり、選挙時に地元外出身で立候補する貴族を堕落させた「民主主義」を支持することはなかった。中産階級の政治的急進主義は散発的であり局部的であった。人民の味方一人に対し、私有財産の味方十二人、そして商売に影響ある場合のみ政治に関心を抱く者二十人、という具合であった。中流の人間は生まれついての偏狭なホイッグ党員――また、その点ではトーリー党員――というわけではなかった（もっとも、ほとんどの非国教徒はホイッグ党系であったが）。自由主義中産階級市民という古典的家伝薬、例えば才能ないし「万能」を有する人に開かれた経歴、が現れるのは先のことであった。

政治では、商人階級は自分たちのものではないが戦略上重要なときに自分たちに影響力を与えてくれるシステムを操る道を選んだ。国会では、インド帰りの大金持ちやサザークの醸造業者ヘンリー・スレイルのような実業家たちも、ブリストルのような商人有権者選挙区出身の庶民院議員たちも、中流階級との同盟を発展させようとはしなかった。代わりに彼らは、役人ないし請負業者として官庁関係のサーヴィスに努めることを誓うなり、議員陳情によって官庁に取り入ったりすることで、特定業者の利益を助成した。一七八五年に（間もなく挫折する）全英商工会議所を設立したときでさえ、サミュエル・ガーベット、ジョウサイア・ウェッジウッド、マシュー・ボウルトンといった主要製造業者たちは、街頭や選挙運動の演壇ではなくウェストミンスター〔国会〕のかぎタバコの臭いが充満した控えの間で、自分たちに都合のよい商業政策への賛成論をぶつのであった。

階層が団塊化したヴィクトリア朝の中産階級になじんだ人の目には、ジョージ王朝イングランドの中流の人々はこのようにかなり変幻自在と映る。同じことは彼らの職業的野心にも当てはまり、それは現代の定型概念を拒むものである。後にヴィクトリア朝で顕著になる公務員の規範たる「義務」の類いの職業上の誇りはほとんど意味をもたなかった。医業とか法律業などの自由業では、実地教育、誠実、責任という

「公務」規律を支えることに関係する理想的団体精神を誇示することなどおよそなかった。王立内科医学校とか法学院といった設立許可をうけた知的専門職団体の運営は閉鎖的、少数独裁的、独占的であり、その特権を守るのに汲々としていた。一七四五年の王立内科医学校にはフェロー〔会員〕が四十五人しかおらず、〔上級裁判所で弁論する資格を有する〕開業法廷弁護士は四百人に満たなかった。上の階梯に登れるかどうかは実力を示すことによってではなく通過儀礼によって決まった。法廷弁護士の資格を得るには法学院で正餐を食べることが必要であった。知的専門職は独占されていた——法廷弁護士になるには勅選弁護士に任命されなければならなかった——が、平凡な開業医や開業弁護士のほとんどは理事会からも特権からも排除されていた。例えば、王立内科医学校の認可を受けた医者だけが首都で合法的に「薬剤治療」を施せることが法令で定められていた。外科医は手術だけする認可を受けていた（そして外科医しか手術できなかった）。王立内科医学校の会員に加入するためにはオックスフォード大学、ケンブリッジ大学、あるいはダブリン大学の学位が必要であった（一流の医学校はオランダのライデン大学、エディンバラ大学、グラスゴー大学であったのだが）。一般開業医として大いに重要度を増しつつあった薬剤師は、そして法律事務弁護士は、職人と同じように年季奉公によって実地教育を受けた。たいていの法律事務弁護士はジェントルマンの次男以下の息子たちであったが、その仕事には華やかさはほとんどなかった。ドクター・ジョンソンがその昔「彼は蔭で人の悪口を言うような人ではなかったが、その彼がそのジェントルマンは法律事務弁護士であると信じていた」と言ったように、見下されるところがあった。だが、法律事務弁護士は、訴訟を扱うとともに世事万端に関与し、抵当権を設定し、銀行家としても政治家の手先としても活動し、商取引の潤滑油となっていた。法廷外では非公式の仲裁裁定官、調停者、正直な差押え物件売買人として重宝された。その数は膨らみ、金持ちになる者も多数いた。一八〇〇年までに、ブリストルにもリヴァプールにも七十人以上の法律事務弁護士がいた。シェフィールドの法律事務弁護士ジョウゼフ・バンクスは金貸し業を営み、一七〇五年から一七二七年の間に四万ポンドを土地に投入した。ダービーのエラスムス・ダーウィンのように成功した地方医は純益で年千ポンドを超える診察料を手中にした。

中流階級の職業のほとんどは臨機応変に営まれ、知的専門職団体の規制を受けることがなかった。鑑定人、建築家、地所差配人、競売人、歯科医、技術者、学校教師、公務員――どれも十九世紀に知的専門職としての安定性と社会的地位を求める人々の人気が高まった職業――は未だ団体組織化されておらず、学校教育も試験も資格証明書もなければ、知的専門職倫理規準もなく、労働組合員だけを雇う事業所なども なかった。その社会的地位は屢々にして低かった。一七七八年まで一人の外科医も、一八四一年まで一人の技術者も、ナイト爵〔サーの称号が許される〕に叙せられはしなかった。しかし、金銭的報酬は上昇した。聖職者、高級医師、高級弁護士を除けば、中流階級の職業は流動的かつ私的なままであった。大学を出たから試験に受かったからといって入れてもらえるわけではなく、年季奉公しなければならなかったのである。「ホワイトカラー」が行う行政の多くは、庶民院議員、治安判事、貧民を監督する教区民生委員、慈善活動家など、無給の素人あるいは非常勤によって行われていた。後世の水準と較べれば、ホワイトホール〔官庁街〕のかびくさい事務室で羽ペンを走らせる公務員の数は少なかった（好対照をなすのが憎まれ役の税務官で、こちらは十八世紀末までに約二万人に急増していた）。一七四三年の大蔵省の職員は二十三人、海軍省勤務の吏員は八人であった。（フランスには対照的に数万人の世襲官僚がいた。彼らの家族が官職に投資していたがゆえの世襲であった）。こういう官職への就職は推薦、任命、縁故など本質的に私的事柄であった。だが、ジョン・ブルワーが最近の研究で示したように――ベンサムの定型概念化にもかかわらず――ジョージ王朝政府の少なくとも数部門は実はかなり効率的で、途方もなく増大した金額を扱い世界帝国を運営してゆく行政の諸要求にうまく対応していたのであった。

「サーヴィス」業の社会的地位はたいていが低いままであった。悪循環なのであった。ロンドンの病院の看護婦は薄給であり看護婦教育を受けておらず、酒で足元がおぼつかないという理由で解雇されるのが通例であった。学校の教師はしばしば若い、受禄していない聖職者であり、彼らはその処遇に苛立っていた。両者とも期待に添う働きをしなかった。織物デザイン、看板業、ホップ〔ビールの芳香苦味剤〕栽培農業に失敗したウォルター・ゲイルはサセックス州メイフィールド教区に年十二ポンドで雇われ村の学校の運営を任された。ステイ〔女性の胴着〕作り職人（そして後に革命論者になった）トム・ペインは一時期学校教師をし、消費税収税吏をしていた。年収十ポンドないし十五ポンドの哀れな牧師補のためにはほとんど何もなされなかった。（アン女王の下賜金がわずかな助けとなった。）刑務所の看守のような仕事が社会奉仕業たりえるとは誰も考えず、たとい看守が囚人から勝手に納付金を搾り取るようなまねをしても見て見ぬふりされた。

このように、ホワイトカラーの職業が今ならどこにでもある知的専門職意識を生むことはなかったわけだが、それはまた生まれるはずもなかったのである。こういう職業に携わる者たちは仕事と割り切って、財布に金貨をじゃらつかせていれば満足していた。出世できるかどうかは集団的というよりは個人的な問題であった。昇進するためならどんな手段を用いても構わなかった。医者たちが患者や診察料を奪い合う競争は激しかった（医学倫理の形成は未だ不十分であった）が、その競争に勝てば報酬は莫大であった（外科医の第一人者ウィリアム・ハンターは「金持ちの幸せ」を口にした）。ロンドンの成功した医者、例えばクエーカー教徒のジョン・レトソム、は年一万二千ポンドもの診察料を懐にしえた。法律事務弁護士として世に出たケニヨン卿は控訴院の最上位裁判官である記録長官として在任した十二年間に八万ポンドを得た。大法官エルドンの一八一〇年における謝礼金は二万二千七百三十ポンドにのぼった（その死亡時には土地の外に七十万ポンド相当の遺産があった）。

知的専門職業人の正体が曖昧であったのに較べると、実業家や商人のほうが（ピーター・アールが示したように）しっかりした外見を呈していた。外国では、上は国王の官僚的侍徒から下は聖職者や学校教師に至るまで、ほとんどの中産階級市民が官僚を構成していた。イングランドでは、対照的に、数を増す自信に溢れた中流階級が金儲けに専心していた。至る所にある作業場の親方から出現しはじめた工場所有者まであらゆる形態や規模の製造業者、卸売や小売の商人、投機家、投資家、公証人、皆そうであり、肉屋、パン屋、ロウソク業者も言うまでもない。たいていがそこそこの学校教育しか受けておらず、誰も資格証明書など持ってはいなかったが、取引の調印の仕方なら誰でも知っていた。彼らには、全国的政治力こそなかったが、商売を嗅ぎ分ける能力があり、そして金儲けに口実は要らなかった。ジョン・クリーランドの小説の女性主人公ファニー・ヒルは、「私は一旗上げるため広い世界に乗り出そう、ロンドンに行こう、と直ぐに決心した」と広言した。最上流社会を別にすれば、商売は一般に尊敬に値するものであった。「我が国の商売人は、外国とは違い、国民の中でもっとも卑しい人種ではない。ジェントリー階級ばかりでなく貴族さえ含めても、最も偉大にして最も優れ最も栄えている家柄のいくつかは商売人から出世してきたものなのである」とデフォーは説明した。このデフォーの主張は、ギボン（「我が国の最も尊敬に値する名家は会計事務所とか商店さえをも軽蔑なぞしたことがない」）のような気むずかしい学者からも、また、あのバーミンガムのなんでも屋であった非国教徒ウィリアム・ハットン（「商売人というものは自由な心情の持ち主であり、野蛮な商売人といえば形容矛盾になる」）のような実業家自身からも、広く支持されていた。

中流階級の富は金の山の高台から山麓の小丘の麓にまでわたっていた。一七五〇年には、銀行家として商売をはじめるには二万ポンド、醸造業者になるには二千ポンドから一万ポンド、毛織物服地屋になるには千ポンドから五千ポンドの資本が必要であると言われていたが、肉屋を開店するにはほんの十ポンドから百ポンドもあればよかった。頂点に位置する選り抜きの富豪はロンドンに住んでいた。その多くは〔フランスの新教徒〕ユグノーかスペイン・ポルトガル系のユダヤ人――ジャンセン、ランバート、ダ・コスタ、メディナ、サルバドール、ペレイラといった姓の人たち――であった。サンプソン・ギデオンは一七四四年の国債を三十万ポンド分引き受け、五十万ポンドを超える遺産を残した。一七二四年のロンドン市長サー・ピーター・デルメは十二万二千ポンドの南海商社株と十一万八千ポンドの銀行株を有していた。保険業者、株式仲買人、商業手形割引仲買人、ジョッバー〔ロンドン株式取引所会員の株売買業者〕、請負業者――眠っているうちに富が累積してゆく人たち――がクリストファー・レン設計の建造物が建ち並ぶシティーに殺到した。この世紀初めに五千ポンド以上のイングランド銀行株を有していた人たちの九十パーセント以上がロンドンとその近郊諸州に住んでいた。金融市場という急成長世界以外で一躍大金持ちになるもっとも簡単な方法は海外貿易であった。対西インド貿易商の家に生まれたジョン・ピニーは七万ポンドの元手を三十四万ポンドにした。「数人の商人がドイツやイタリアのたいていの君主よりはるかに裕福なのは確実である」と一七二七年にセザール・ド・ソシュールは書いた。

しかし、豪商たち――アディソンによれば「商業世界の生命、泉、原動力」――はまた首都の外でも繁栄した。インド帰りの大金持ちは田舎のジェントルマンの仲間入りし、彼らの商売の不正行為立入調査を未然に防ぐため国会の議席を買収した。ブリストルにはコルストン家、イェイティーズ家、ヤング家といったタバコ男爵や奴隷売買業者がおり、リヴァプールにはラスボーン家やグラッドストーン家がいた。

リドル家、ブラケット家、リドリー家はニューカースルの石炭産出王であった。キングズ・リンでは商業がウォルポール家の親戚であるターナー家に支配されていた。これら中流上層階級の一団――一七〇〇年にはその数おそらく二千、それが一八〇〇年には三千五百に増えた――は相互結婚し、例えばクエーカー教徒の場合と同様に宗教的遠慮から土地へのなだれ込みが憚られるようなときには特に、共同経営者として資金を共同出資し事業を遺贈した。ロイド家、ガーニー家、ダービー家など倹約な〔クエーカー教〕フレンド派の人々は、上流社会の破滅に至る道すなわち悪徳を禁じられていたため、何世代も続き、その間ずっと富を蓄積していた。そして、至る所、そこそこの資金を有し出資金や投資金に頼って生きる男や女――多くは隠居生活者――が急速に増加し、隆盛していた。

金融業関係者の下には無数の小商人、馬取引商人、建築業者、宿屋〔兼居酒屋〕の経営者、自力で働いて稼ぐことに長けた製造業者など、機会があれば汚職し、市場の変動に順応し、いろいろな仕事に手を出し、値切りまくって商談を進める人々、がいた。競争が激しいニューカースル石炭業界の大立物の一人が言ったように、そこは「各人は自分のために神がみんなのために」という世界であった。ニューカースルでは、競争が昂じて、頂点に立つ商人たちに雇われたゴロツキたちの間で集団暴行事件が生じることもしばしばあった。

市場が拡大し、定期市が競争の場としての潜在力を低下させ、運送力が改善されたため、特に卸売業者には十分な利益が見込まれた。運送業そのものに、近い将来十分な収益が見込まれていた。皇太子ジョージの摂政時代〔一八一一―二〇年〕、ロンドンの馬車運送業者ウィリアム・チャプリンは二千人の従業員を雇い千八百頭の馬を使っていた。同業のピックフォードは一七九〇年代に十艘の運河運搬船と五十台の荷馬車を走らせていた。目端の利く人間には出世する機会がいくらでもあった。バーミンガムの実業家ウィリアム・ハットンは、フランシス・ベイコンを引用して、得意の口調で「誰しも自分の運命は自分の手で切り拓くものである」と言った。経験から導かれた言葉であった。一七二三年に非国教徒の梳毛職人の息子に生まれ、七歳にして年季奉公に入った（彼の児童労働の物語を読むと寒気を覚える）ハットンは、一七四一年に靴下作り工の職を求めてバーミンガムへ来た。その父には「事業とか経済のことはさっぱり分からなかった」が、息子は大志を抱いていた。小さな本屋兼貸し本屋を開き、その利益で製本、製紙、そして次には土地取引を手掛けた。一七六八年までに二千ポンド相当の資産を有していた。一七九一年のバーミンガム暴動では八千ポンド相当以上の財産を破壊された。放縦ながらも精力的なパン屋の息子に生まれたフランシス・プレイスの経歴もこれに引けをとらない。プレイスの初仕事は半ズボン作り職人であった。それが倹約、節制、起業家の才覚によってロンドンで一、二を争う洋服仕立製造業者となり、三千ポンドの年収をあげるに到ったのである。同じような出世物語は枚挙にいとまがない。ウィリアム・ストローンは、エディンバラで印刷屋の徒弟となった後、一七三八年に一旗あげようとロンドンへ来た。そして知識階級と知遇を得、ヒューム、ジョンソン、ギボン、アダム・スミスの著作を出版し、勅選印刷屋となり、九万五千ポンドの資産を遺した。ニューカースルの商人ウィリアム・コウツワースも勤勉な徒弟という教訓を学んだ一人であった。一介のロウソク商の徒弟から身を起こした彼は最盛期には「儲かるならどんな仕事にも手を出し最大年商三万ポンド」の取引をした。

これほどではないにしても、まずまずの成功をおさめた者なら他にもいた。ウェストモーランド州カービー・スティーヴンの住人エイブラハム・デントは主に食料雑貨商を営み、店の年商が千ポンドに達した。しかし——多くの人がそうであったように彼もまた兼業を営み——醸造業者、手形仲買人、小地主、地元で編まれた長靴下をロンドンの政府請負業者に供給する靴下卸販売業者としても稼いだのであった（ウェストモーランド産のハムを肉汁たっぷりな甘みと称してすべり込ませた)。

換言すれば、大いに喧伝された工場所有者の出現とはまったく別個に、先鞭をつけることができた小実業家たちは商業が沸き立つ風潮の中に豊かな報酬を見いだしたのである。一七七四年、独学で靴修繕屋となったメソディスト派信徒ジェイムズ・ラッキントンは、同じ宗派の信徒たちから借りた五ポンドを元手の足しにして、フィンズベリー・サーカスで古本屋を開店した。彼は価格を標準化し、カタログを発行し、在庫の値引き販売を率先して行ったことで、書籍業を近代化した。小売商人の割には珍しく、掛け売りというものをしなかった。一七九一年までに彼が売る本は年十万冊にのぼり、小さな利ざやと巨大な取引高と「少ない利益を勤勉〔という紐〕で束ね節約〔という手〕で摑み取る」という哲学で、「世界一安い本屋」であることによって約五千ポンドの年収をあげていた。彼が悦に入って「少ない利益がどでかいことをやる」と自慢しえたのも無理もない。

イングランドには、このように、巨頭からつつましい親方職人まで、目ざとい実践的起業家がたくさんいた。リチャード・サヴェッジは「職がないので必要に迫られて著作家になった」、とドクター・ジョンソンは冷笑的な調子で書いた。一七四〇年代に、ヨークシャー州ブロートンでは困窮した牧師補が居酒屋を営んだ。中には、特に非国教徒のように、気むずかしく、吝嗇に徹し、ホガースの版画(「勤勉な徒弟」)やデフォーとかフランクリンの書き物(「早寝早起き……」)に詳細に説明されている商人道を実行する者もいた。しかし、たいていは自由気儘に商売し、その日その日を浮いた気分で過ごしていた――デフォーは商店主たちの「これみよがしの食卓」に苛立った。ジュゼッペ・バレッティが記したように、「イングランド人は精一杯働いて金を稼ぐが、一度稼いでしまうと気前よく使ってしまう」のであった。経営を学と見る者はほとんどなく(厳密な計理を実行したジョウサイア・ウェッジウッドはおそらく、通例というよりは、例外であったろう)、そして、迷路のように入り組んだ掛け売り網やら、投機的投資やら、硬貨不足やら、不規則なキャッシュ・フロー〔企業内における現金の出入差引き残高〕やら、所有財や家族への巨額な支出やらで、商人は運命の車輪を支配する力をほとんど持たないのが普通であった。ヘンリー・スレイルなどの大実業家は、利益も損失も成り行きまかせにしていたため、しばしば〔借金するため〕帽子を手にうやうやしく友人たちを訪ね回らなければならなかった。そして、銀行の倒産や信用の崩壊ということもあるため、健全な実業家でさえ破産の浮き目に遭うとか債務者監獄に連行される危険に絶えず晒されていた。

商人階級を奪い立たせたものは金を儲けたいという欲望、そしてそれによって有名になりたいという欲望、であった。「なんという快楽であろう商売というのは」とサセックス州の小売商人トマス・ターナーは叫んだ。「財も家名も友もなしに財と家名と名声を成したジェデディア・ストラットここに眠る」と、この実業家は墓石に刻むよう命じた。彼自身が認めたように、お金こそが原動力なのであった。「私は今日チープサイドや商品取引所のあたりを通った」と彼は一七六七年に書き、期せずしてこう思い起こした。

なぜあれほど大勢の人が集まり、急ぎ騒ぎ、熱心な表情を浮かべていたのかといえば、その理由は唯ひとつ、金儲けなのであり、偉い聖人が正反対の教えを説こうとも、金儲けこそ人間が生きていくうえで一番の仕事であるというのは、そのとおりなのである。

彼らは産業に信を置いていた。「私が築いてきた秩序は基礎が盤石であるからして私の目の黒いうちは悪魔やその手下どもの力で破壊されたりするものではない」と製鉄業者アンブロウズ・クロウリーは言い張った。そして、ストラットとかクロウリーといった大魚の下には小実業家や親方職人など小魚が群れを成し経済の海で非常に重要な役割を演じていた。

重要といえば小売商人も無視できるものではなかった。ナポレオンよりずっと前に、アダム・スミスがイングランドを「あきんどの国」と呼んでいた——この世紀の末までにその総数は十七万人を上回っていたのである。商店と小規模事業は至る所にあった。ペトワースというサセックス州の住民数約千人の町は地元の農業共同体の需要を満たし、エグリモント伯爵家の家屋敷に食糧を供給していた。その人口の約五パーセントは知的専門職——聖職者、医者、法律家——であった。そして二十パーセントは商業関係の中流階級——卸売商、商店主、宿屋〔兼居酒屋〕、小売業、粉屋、麦芽商、ブドウ酒商、革なめし業、肉屋、外科医、床屋、学校教師——であった。こうした商工業者たちの財産目録を見ると、およそ三十パーセントが百ポンドから五百ポンド相当の物品および所有財を遺した。一七七〇年代のバーミンガムの住所氏名録には次の商工業者たちが載っている。

宿屋	二百四十八人
ボタン作り業者	百二十九人
靴作り業者	九十九人
卸売商	七十七人
紳士服仕立屋	七十四人
パン屋	六十四人
玩具作り業者	五十六人

メッキ業者	五十二人
肉屋	四十九人
大工	四十八人
床屋	四十六人
製真鍮業者	四十六人
小売商人	三十九人
留め金作り業者	三十九人
銃砲製造業者	三十六人
宝石商	三十五人
麦芽商	二十六人
服地屋	二十四人
造園業者	二十三人
鉛管工／ガラス工	二十一人
金物屋	二十一人

イングランドの経済を独特なものにする力となったのはこうした小市民群であった。なぜなら、産業革命に先立って、それとはまったく別個に、イングランドには何十万という職人、親方職人、取引業者たちの営利企業を基盤とした経済が活況を呈していたのであり、同じ中流家庭の国内消費が（マクシーン・バーグによって名づけられたことのある）「製造業者の時代」に風を送るふいご役となったからである。「それ

は……過剰な資産が小数の者に集中したのではなく」とパトリック・コフーンは結論した、

共同体の多数の者に普及したということであり、国民の富および国民の幸福についてはそれが大変有益なことになるだろうと思えるのである。この点で英国に優る国はおそらく世界中どこにもないであろうし、それゆえに、これだけ多くの生産労働力供給源を創りだしてきたあの企業精神とあの拡散資本の有効活用はヨーロッパ諸国の追随を許さないものである。

この世紀が進むにつれて、新しい職業が富豪と低い身分の小売商人との間隙に適当な場所を見いだすようになった。グレゴリー・キングが「製造業者」を独立した職業集団として載せる必要があるとは考えなかったことは明らかだが、一方ジョウゼフ・マッシーやパトリック・コフーンなど後の社会統計学者たちは増加するその数値を記録した。コフーンの推計ではその数二万五千であった。ジェフリー・ホームズはジャーナリストの出現について記したことがあった。男性産科医というのは新しい専門医であった。「マニュファクチャラー〔製造業者〕」という言葉自体、「職人」一般を指す伝統的意味を失いはじめ、大規模工場の所有者とか労働者雇用主に狭く限定されるようになった。

専門技術家としての職業を切り拓く人もまた増えた。アーサー・ヤングのような農業の権威、案内書作家、ハンドブック編集者たちは生活の資を筆で稼いだ。測量技師、専門技術者、土木技師、器械製作者、地図製作者、〔工場の〕機械装置組立て工、〔「道路作りの巨人」と言われたトマス・テルフォードなどの〕有料道路建造者たちの数が、経済界が専門的技術の需要を高めるにつれて、増していった。かの功利主義者ジェレミー・ベンサムの弟サミュエル・ベンサムは海軍の軍艦乗組員用〔パン代わり〕ビスケットの製造を大量生産流れ作業にした。大陸の科学技術者が一般に国家公務員か軍人であったのに対し、イングランドでは大部分が専門技術をもつ自営の起業家であった。例えば、イングランドの先駆的地質学者ウィリアム・スミスは独学の土地測量技師、運河技術者、鉱山試掘者であった。また、新たな仕事の口が作家、商業芸術家、工業デザイナー、音楽関係の興業主たちに絶えず登場していた。ニューカースルの製版師であり鳥類画家であり作家であったトマス・ビューイックは明敏な商業芸術家として業務用名刺など地元の需要に乗じて儲けた。

最後に、この世紀の終わりに向けて、〔文士連中が住んだ〕グラブ・ストリートを足場に、どこか自意識過剰な啓蒙主義文化人に似た人々が現れつつあった。ジョウゼフ・プリーストリー、リチャード・プライス、ジェイムズ・バーグ、ウィリアム・ゴドウィン、トマス・ホルクロフト、メアリー・ウルストンクラフト、ウィリアム・ハズリット、アーサー・エイキンなどの作家たちは教育、ジャーナリズム、講演、編集、出版、書評、翻訳などで生活費を稼いでいた。そのほとんどは若く、口調、気質、信念は辛辣であった。彼らの多くは宗教は非国教徒であった。ジョウゼフ・ジョンソンのような過激派出版者とか北西ロンドンの非国教派系の学校を中心に群れ集った彼らは芽吹きはじめたロマン主義、異端の宗教、急進主義哲学と結びついていた。このアヴァン・ギャルド〔前衛〕は（そして他の地域の似たような仲間たち、例えばウォリントンやマンチェスターの非国教徒共同体などは）、一つの政治力とはいっても、間接的にそうであるにすぎなかった。彼らの関心は観念的なものであり、特権と腐敗を暴露することであって、権力と格闘することではなかった。だが、彼らは思索や伝達を専門とする者たち（コールリッジのいう「クレリシー〔知識階級〕」）の新しい幹部団の神経中枢を形成し——菜食主義から、〔アメリカ合衆国東部の〕サスクハナ川の岸辺に理想的万民平等社会を建設しようとするコールリッジ自身の牧歌的理想郷の夢に至るまで――概してボヘミアン〔習俗を無視した自由放縦な生活ぶり〕というよりは生真面目な生活様式を敢えて選んで実験的生活をしていた。

市自治体や教区総会など地方で大きな影響力を行使した者も数多くいることはいたが、国全体として見れば、金持ちたちが享受したのは政治的支配力よりは経済的支配力のほうであった。クラブやフリーメイソン〔相互扶助や友愛を目的とする秘密結社〕の集会所や居酒屋の「懇親会」に集って、彼らは自信、友好、信用、縁故、消費など商売に成功するために不可欠な諸価値を賛えた。クラブで、立憲協会で、討論クラブで、彼らは干渉や課税への反対論とか教区総会や教区での奉仕体験談を声高に叫ぶことで自尊心を獲得した（品格を獲得したのはもっと後のことであった）。それを如実に表わしているのが、ホガースが描いたビア・ストリート〔ビール通り〕をのして歩く商工業者たちであった。「欠乏の怖れもなく能力を常に発揮する動機にこと欠かぬ中流階級の生活にこそ大いなる幸福があるように思える」というジョウゼフ・プリーストリーの明朗な見方に多くの者が「謹聴、謹聴」と賛意を表したことであったろう。

金持ちの下にくるのが職人と職工、賃労働者、そして貧民であった。織工から船頭まで、馬丁から羊飼いまで、農夫からパイ売りまで、交差点掃除夫から炭鉱夫まで、幅のある下層階級には等質なものは何もなかった。女性は伝統的に男性と同じような仕事をし、また洗濯をしたり、牛乳や青野菜を売ったり、室内着を縫ったりし、乳母になったり売春婦になったりもした。とりわけ、糸を紡ぎ、家事を切り盛りし、子どもを育てもした。賃労働者の家庭では季節労働、時間給労働、臨時労働など雑多な仕事を組み合わせ、農業と機織りを結びつけ、ホップを摘み、糸を紡ぎ、魚を獲り、材木の樹皮を剝ぎ、草取りをし、その他もろもろのことをしてどうにか生計を立てていた。そして、彼らの下には浮浪者、生活保護受給者、老人、病人、失業者、社会のはみだし者やならず者――そして彼らの無数の子どもたち――がきた。賃労働者の体力はなけなしの報酬で絞り取られ、有難がられもしなかった。ほとんどの他所の国では彼らの大部分は農奴か小作人であったが、イングランドではおおむね賃金労働者（主人からは相変わらず「奉公人」と呼ばれてはいたが）であった。大群の自営業者――屋根葺き職人、木樵、鋳掛け屋、刃物研ぎ師、その他もろもろ――がまだいたことはいたが、この世紀半ばまでにイングランドの全家庭の四十から五十パーセントは賃金労働をするようになっていた。労働を自己管理せず他人に雇われて働いた者たちを列挙すれば、増加傾向にあった農場労働者、製造業や建築業の日雇い職人、織物製造業の資本家が経営する大規模製造業そして後には工場に雇われた紡績工、〔布の毛羽を立てる〕梳毛工、粗紡工、織工、靴下編み工などがいた。こうした労働者の中には（夫、父、主人に依存する度合いが希薄な者も濃厚な者も含めて）女性や子どもの大部分、農業奉公人、家事奉公人――若い未婚の者が圧到的に多く、単独職業集団としては断然最大で、その数六十万から七十万人の間に達した――がいた。イングランドは伝統的に「奉公人の煉獄」であったし、法曹人ブラックストーンは主人と召使い――被雇用者一般を指す――の関係を私生活の三大関係の一つと呼んだ。また、この集団には、食事は与えられたが給料はほとんど与えられなかった住み込みの徒弟も含まれた。

伝統的な手工芸経済の中では、たいていの職種で賃労働者の地位と稼ぎは年をとり経験を積むにつれて上昇した。子どもは十歳代になると家事奉公に出されるか、どこかの職種に七年間の徒弟修業をさせられた。二十歳代になると年季明けの日雇い職人となり所帯をもったものであり、中にはそのうち小規模ながら親方になる者もいた。だが、資本化が進むにつれて、多くの産業で経営者と賃労働者の間の溝が広がり、埋めることのできないものになっていった。例えば鉱業では、坑道が深くなり掘る費用が嵩みだしたため、自営業者たちは巻き上げ揚水機を有し労働者を雇っている資本家経営者に取って代わられた。そのうえ、この世紀の後半には、人口増によって労働予備軍が生まれ、そのため経済の力関係が雇用者にとって都合よいものになった。業界入りする際の同業組合のさまざまな規制が崩壊し、日雇い労働者の供給が大幅に増え、大部分の労働者は単なる働き手として全労働時間を過ごす、現代のプロレタリアート〔無産労働階級〕に近いものとなった。

この二極分化によって社会不安が生じた。ディーン・タッカーは、高度に資本化したグロスター州の織物業を論じて、労働者の「勤勉、倹約、真面目というものに対する動機が、どうせ俺たちはいつも鎖に繋がれて同じオールを漕ぐ奴隷みたいなもので、しがない日雇い職人さ、という考えによって破壊された」と書いた。徒弟も同じように屢々にしてガリー船の漕ぎ手奴隷とさして変わらない境遇にあった。徒弟の身にある児童の虐待は珍しいことではなく、特にロンドンの請負業者や製造業者に預けられた浮浪児や孤児は弱い立場にあった。一七六四年、マムズベリー近郊出身のあるファーマー〔子どもや貧民を報酬を受けて世話する人〕は徒弟二人を不具にし去勢した件で起訴された。証言によると、既に謝礼金を受け取っていた彼は少年二人を天然痘に罹らせて殺そうとしたのであった。

勤務時間は、特にあらゆる仕事をこなす召使いには、とてつもなく長かった。職種によっては年季明け日雇い職人の組合が一日十時間をなんとか獲得したこともあったが、夜明けから日暮れにまでわたるのが普通であった。家事奉公人には自分の生活というものがほとんど許されていなかった。労働条件は——熔鉱炉などの火炎や亜硫酸ガス、採炭現場の致命的有毒ガス、人手不足や浸水によって操縦不能になる（しかし保険はしっかりかけてある）船によっていよいよ増す海の危険など——屢々にして最悪であった。製材業など肉体労働に従事する労働者は年齢不相応に皺を刻み、恐ろしい職業病に倒れた。煙や埃が肺や気管支の病気をもたらし、鉛採鉱夫は慢性鉛中毒に罹った。職業上の病気や危険を予防する新しい法律は未だ議会に提出されていなかった。港の周辺では、普通の船乗りが無法に連行されて無理矢理水兵に徴募されてしまう危険が常にあった。

給料は一般に安く、女性は同一労働をしても男性賃金の約三分の二しか貰えなかった。不景気、季節的不完全就業、また雪、洪水、干魃などで商取引が停止したときの一時解雇などに対する補償はなにもなかった（一年十二か月ずっと職のある労働者は幸運であった）。男性は雇主から残酷な仕打ちを受け（陸軍や海軍の兵士は殴られるのが日常茶飯事であった）、女性、特に召使い、は主人の性欲の餌食となった。さらに諸々の苦難が山積していた。例えば給料の支払いは現金ではなく「現物支給」で行われたり、長期未払いということもあった（これは一種の貯蓄を強制したことになったが）。資本主義の味方ディーン・タッカーでさえ産業によっては雇主と労働者の関係が「イングランドのような国にはあるまじきことなれど我がアメリカ植民地諸州における農園主と奴隷の関係にずっと近づいた」と認めた。

富裕な階級は貧困労働者を怖れはしたが、彼らの堅実な技能を認め、イングランドが他所のような乞食病や盗賊病に感染していない分だけ幸せであると思う者も多かった。アメリカ人旅行者ルイス・シモンドは「貧乏人は他の国ではいかにも貧乏に見えるがここではさほど貧乏には見えない」とささやかな慰めを提供したが、人道主義者たちには労働者階級の人々の多くがやっと生きていくのもままならない状態にあるのが見てとれた。あの世間を騒がせたジョン・ウェスリーは一七五三年に「私が見た小部屋に居る人たち、屋根裏部屋に居る人たちは、寒さと飢えで餓死しかけていたうえに、衰弱し苦痛に呻吟していた。しかし、部屋を這い回れるほどの人は一人たりとも失職してはいなかった。『彼らは怠け者だから貧乏なのだ』というあの一般的意見は悪辣非道な間違いである」と書いた。

富裕階級が贅沢できたのは働く大衆がそれを双肩で荷っていたからであった。「伊達男の背中にレース編みや縁飾りを見ると私はいつもそれを作った貧乏人の指を思わずにはいられない……彼らの労働がなければ大きな屋敷大きな地所も何の役に立つというのか」と『ノーサンプトン・マーキュリー』の記者は一七三九年に書いた。また、あの資本主義教の高位聖職者アダム・スミスは人の心を和ます言い回しで「文明社会では貧乏人が自分たちばかりでなく途方もなく贅沢な目上の人間たちをも養うのである」と言った。こうした状況の下で、上流階級はホレース・ウォルポールが「我らが至高の旦那衆たる一般大衆」と渾名をつけた者たちの無礼を罵倒したが、不思議なことに彼らは非常に従順であった。「貧乏人が苦しむ様子を見ることは余りない、彼らが悪事を働くのを見るほうが多いくらいだ」とヘンリー・フィールディングは書いた。「彼らは仲間うちで飢え凍え朽ちるが、目上の者相手に乞い盗み奪う。」もっと深く詮索すれば労働者の生活がいかに単調に繰り返す労役の犠牲になっているか明らかになるだろう、と彼は示唆した。たいていの者には仕事以外の生活がほとんどなかった（採鉱夫はしばしば坑道の中で眠った）。ロバート・オーウェンは雑貨小間物商の店員としてしばしば朝の二時まで働いた。侍女や徒弟には貞節が求められ、その私生活は監視下にあった。召使いは本名を失い（愛玩動物のように）「ベティ」とか「ジョン・トマス」と呼ばれることさえありえた。彼らの報酬はほとんどが、現金支給ではなく、住み込み食事付きとか、お下がりの服とか、雨風をしのぐ住居とか、心づけや祝儀など、間接的なものであった。家事万端をこなす女中には豪勢に年三ポンド支給されることもあったかもしれない。

仕事場は体力を徹底的に消耗させる場であった。労働力そのものが豊富にあり安かったため、省力機械を開発する誘因がなかった。だが、そこにはまたそれなりの埋め合わせとなるものもあった——それもしばしば家庭生活以上に。革なめし業とか紳士服仕立業といった昔からある都会の職業では、エリザベス朝の職人法が適用されていたため、中世以来の同業組合が相変わらず強い力をもっていた。その規則と伝統は組合への入会制限と徒弟制度を支持（七年という年季を強制し親方一人当たりの徒弟数を制限）するものであり、内規が既定の給与率と労働期間を施行する権限を行政官に与えていた。年季奉公人として雇われた徒弟はその契約条件として年季奉公が終了し一人前の資格ある職人になった暁には、彼らの技能の財産である、事実上のクローズドショップ〔特定組合員だけを雇う事業所〕で雇ってもらえることになっていた。団体交渉は法定規則によって保障されていた。賃労働者が要求した取り分は法律で定められた取り分にすぎなかったのである。例えばロンドンの同業組合の自由市民たちはスト破りを導入する親方を相手どり補償を求める訴えをしばしばロンドン市長裁判所――一種の産業裁判所――に起こした。

こういう保護された職業では、連帯した熟練職人たちは時とともに神聖視されてきた団結力と友好の儀式を、野卑な労働歌や伝統的ばか騒ぎとともに、享受した。職業にはそれぞれの紋章、正装、隠語、毎年恒例のパレード、破目をはずした宴会騒ぎがあり、またスポーツ競技会を催し、居酒屋で共済友好団体を設立することもあった。町では、罪人の処刑ないし市長の就任パレードが仕事休み、正装、祭り騒ぎのきっかけとなった。たいていの職業では、古くからの慣習が仕事率と付加給付〔金銭以外の給付〕を保護し、職人はこの権利を侵害されると徹底して闘い、しばしば勝利をおさめた。ストライキは、局所的ではあったが、労使関係の骨組みの一部であり――匿名の脅迫状を送りつけるとか、憎い相手の肖像や人形を焼くとか、機械を叩き壊すなど――威嚇手段を伴うこともありえた。一七五三年にジョン・ケイは自分が開発した「飛び杼（ひ）」に抗議する労働者たちによって家を襲撃された。その数年後には〔ランカシャー州中部の都市〕ブラックバーンの紡績工たちがハーグリーヴズの多軸紡績機を破壊した。一七七九年にはノッティンガム州の靴下編み工たちが、最低賃金の獲得に失敗したため、アークライトの靴下編み機を何百と打ち壊した（ここで意義深いのは、労働者たちが主張をかなり認めさせ、また打ち壊し犯の訴追が不首尾に終ったことである）。この世紀が進むにつれて、さまざまな連合体（労働組合）が、ほとんどが秘密組織で「ボックス・クラブ〔狩猟小屋同好会〕」の仮面を付けていたが、増加した。ロンドンでは紳士服仕立職人組合とステイ〔婦人の胴着〕職人組合が最強の連合体であったが、大工、指物師、煉瓦積み職人、石工、船大工、はしけの船頭、紡毛職人その他の職業でも組合は強かった。

労働力の供給が相対的に不足していた十八世紀前半には「道徳経済」内での労働者保護は職人に都合よく十分に機能していた。それが後には容易ならざる事態となった。一七六〇年代からの一般物価水準の上昇に伴い、労働者は次第に賃上げ圧力を加える必要に迫られたのである。例えば、一七七五年には、イズリントンの干し草作り人たちは、それまで一日一シリング四ペンスであった労賃を一シリング六ペンスに上げるよう要求してストライキに入り、要求を勝ちとった。しかし、人口が増加するにつれ労働力が市場に溢れるようになり、しかも工業技術の革新によって熟練工の需要が減少してくると、職人は瀬戸際に立たされることになった。例えば、この世紀末期コッツウォルドの羊毛織物産業では、資本家が梳毛機工場を導入して本来の徒弟修業を終えた熟練労働者に代えようとしていた。労働者は激しく抵抗したが敗北した。新しい機械と徒弟制度規則の弱体化に反対するストライキが頻発するようになった。政府は徒弟制度と労働条件を保護する法律を撤廃することでこれに応じた（法定徒弟制度が廃止されたのは一八一四年であった）。とにかく、エリザベス朝の保護法が綿紡績やキャラコ捺染といった「新しい」職種に適用されたことは一度もなかったのである。一七九九年および一八〇〇年の組合（禁止）法の下で、不法な組合を組織する労働者は、たった一人の下級判事の元に出頭した後、即決で禁固三か月の刑を言い渡されることもありえた。

労働者がいくぶんとも自分の生活を自分の手で守る力を——そして安心を——勝ちえる方法は二つあった。まず、たいていの者が、とりわけ家事奉公人が、目上の者の鼻先で労働の付加給付をうまく利用した。ギボンが呼んだ「欠くべからざる慰みたる召使い」の良さをよく知るジェントルマンは誰も不潔で悪臭を放つボロ服を着た人間に仕えられたいとは思わなかった。侍り仕える者に鬘やボディス〔婦人用胴着〕を、医療を、またいくぶんかの教育をさえ与えるのは、主人側の利益のためであった。召使いの無作法を嘆きながらも、多くの主人はこれら「紳士の紳士」や貴婦人の侍女を腹心の友として、従犯者として、仲介者として、また雇い友だちとしてさえ使いたがった。ウィリアム・ホガースは自分の召使いを肖像画にしたほどである。いくつか奇矯な家では、その著しい例が北ウェールズのエアジグのヨーク家だが、奉公人一同をこよなく大切にし、彼らを主題に韻文を書き、彼らの肖像画を保持し、なにくれとなく彼らを家族の一員として扱った（もっとも給料は相変わらず安かったが）。高級召使いともなると雇い主を選んで仕えた——例えばジョン・マクドナルドはとっかえひっかえ二十七人の主人に仕えたのだった。マクドナルドのような人たちにとって、奉公というのは外国旅行や奔放な性的冒険をする貴重な機会なのであった——そして、最終的にはホテルの一軒も建つだけの蓄えが残るものであった。執事を務めて辞めた人はしばしば宿屋を開業した。かつてジョージ三世の召使いであったチャールズ・フォートナムは大食料品店を創立した。また召使いは脅迫しうる機会によく恵まれ、それをいち早く濫用した。法廷では、特に浮気事件で、主人に不利となる執事の目撃証言が頻繁に飛び出し、時には金で買収して彼らを黙らせなければならないこともあった。彼らは階上では庶民の低劣な生活をひやかし、階下では主人の高級な生活をまねてからかった。

ともあれ、慣習上、召使いには多くの臨時収入があった。料理人は肉を焼いたときにでる脂汁とか消し炭を売り払うことを許され、小売店主から手数料を貰うのを当然と思っていた。侍女は女主人が死ぬとその衣服を相続した。住み込みの奉公人はいいものを食べた（如才なくちょろまかす者もいた）。召使いが賓客から当然のごとく貰っていた（「祝儀」と呼ばれた）心づけは生半可なものでなく（銀貨しか受け取らない者までいた）、そのため「祝儀を受ける習慣」を廃止しようとする運動が庶民院にまで及んだ――それで一七六四年には奉公人の暴動が起きた。階層制度が複雑に入り組んだ奉公人たちの溜り場では、高級召使いがもったいぶって自分の権威を行使した。少なくとも、例外的な女中が――リチャードソンの小説『パミラ』の女主人公パミラのように――その主人と結婚することもあったろう。ボズウェルの知るある法律事務弁護士は料理番の女中が「薄切りの肉を上手に料理するから」というので彼女と結婚した。

召使いの生活には情ないと思える面もあった。いつでも呼ばれたら行けるよう待機していなければならず、私生活は息が詰まるものであり、評判を落せば命とりともなりえた。だが、不作法な召使いへの主人側の不平不満（どこに行けば信頼できる召使いが見つかるというのか）や、召使いの側も転々と職を変えたことは、彼らにも現実に契約交渉する力があった証となる。多くの者が奉公を上流界に入る手段として使ったことは疑いの余地がない。

このように、仕事によっては一定の自由が与えられていた。だが、一般に、下層階級が味わった自由は仕事から解放されるときの自由であった。彼らは働いたからといって自分が高貴になるわけではないことを知っていた。いわゆる「ブルジョワ〔中産階級実業人〕」の倹約蓄財精神をもつ者はほとんどいなかった（それは中産階級にもあまり多くはなかったことでもある）。それも道理で、低賃金と長時間労働ゆえに、大部分の者にとって収入が増えるだろうという希望は相当に儚い夢であったろう。大衆は共通して重労働で金を貯えるよりはブラブラしている方を好み、所持金は使ってしまった（これも道理で、貯蓄がある者は生活保護を受ける資格を失うのであった）。職人は、下請け仕事が出来高払いで払われたので、一般に好きな時間に働くことができた。普通は月曜日を休みにし（聖月曜日――敬虔な者は聖火曜日にも敬意を払って休みにした）、次の日から土曜日までしゃにむに働き、その土曜日に給料を貰うとどんちゃん騒ぎをした。また――ベンジャミン・フランクリンが嘆いたように――イングランド人は仕事をしながら大ジョッキに何杯ものビールを飲んだ。

労働者は、仕事の習慣が不規則だったため、役立たずと罵られるのが常であった。デフォーのお喋りによれば、「彼らはいい給料を貰えば働かないことその日暮らしと同然で、働けば働いたで貰った給料を放蕩三昧なり贅沢品に費やしてしまった」。つまるところ、「我が国民は世界一勤勉に怠ける国民である」と彼は結論した。その見解は五十年後に繰り返された。「四日働いて七日生活できるだけの金を得られるならあとの三日は休みにして放蕩三昧ふしだらな生活を送るだろう。」労働者は雇用者階級を苛立たせた。あてがわれた仕事をする生活に反抗し、ビールを好んで飲んではいらいらを発散するからであった。労働者は「少しでも金が残っているうちは仕事を怠けるため、生活が労働……と完璧な怠惰および泥酔の間を行ったり来たりする」と医師ジョージ・フォーダイスは苦情を述べた。

しかし、救貧制度の対象となる貧民の問題の場合と同様、処罰して問題を解決しようとすれば新たな問題が生まれるだけであった。先見の明あるアダム・スミスが、労働者に働いて貯蓄しようという気を起こさせるためには高賃金経済をと主張した一方で、慎重な人たちは「日雇い労働者の賃金を上げるという案は間違いである。そんなことをすれば彼らの生活がましになるどころか彼らをますます怠け者にするだけである」というドクター・ジョンソンの反論のほうを信じた。だが、賃金を下げれば意欲を減退させ、消費に打撃を与え、教区の貧民救済によけい金を投じることになるのであった。

将来への備えを怠る下層階級で最大の不安は正規賃金に依らない生活をしている人々に関するものであった。季節労働者や臨時労働者、自営の行商人、その他荒地ないし雑木林の開拓地に住み入会地からの収入で「どうにか暮らしを立てる」奥地の野鳥猟師、モグラ捕り、炭焼き人、編み垣作り人たちのことである。十万所帯の小屋住み農は低木材地帯で生きてゆくのが精一杯という生活をし、その収入を——羊泥棒、密猟、盗品故買、貨幣偽造といった——けちな犯罪で補っていると広く信じられていた。村の外に住んでいるため、彼らは行政当局、隣人、教会の取締まりの目をほとんど免れた(イングランド国教会派ないし古非国教会派が下層階級の多くの者の生活を支配下においていたということではない)。炭坑夫が形成する相当数の集団は、孤立した炭坑のあたりに集められていたため、異常な荒くれ者や無法者の集団と見なされていた。こうした共同体の中には——例えば「手に負えない人々」と考えられていたコーンウォルの錫鉱夫たちとかブリストル近くのキングズウッド・フォレストの炭坑夫たちのように——この世紀も後半になると一般大衆に人気のあるメソディスト主義が人々の酔いを醒ます影響力を揮いはじめるところもでてきた。

労働者は、職場で集団になると、独立しているように見せかけることがありえた。特に男は酒場でうさを晴らすため給料を使うことがありえた。蒸留酒はいつも安かった。十九世紀初めのフランシス・プレイスの回想によると、「つい最近まで、首都の労働者の娯楽はすべて直接飲酒に関係していた——娯楽を旨とする合唱クラブ、歌唱クラブ、富籤クラブ、その他諸々のクラブはいつも居酒屋で開催された」。対照的に、庶民の家庭生活は一般に困窮していたにちがいない。この世紀が進むにつれて、知的専門職階級や地主階級は家庭を大切にする気持を新たに養い家庭での娯楽に金を注ぎ込むようになったが、下層階級の疲弊した家庭経済にはそういう優雅な美徳を容れる余地は残っていなかった。事実、たいていの者にとって家庭生活は一層じみなものになっていった。入会権を失い無産労働者化する田舎の労働者が増えるにつれて、火にくべる薪や乳を搾る牝牛や卵を産む雌鳥を有する者が少なくなっていった。自家用にビールを醸造したりパンを焼いたりする者も少なくなり、田舎の人間でさえ店で買ったパンを食べていた。貧乏人の食餌と生活水準を調べることが（民謡や民間伝承の蒐集と同じように）上の階級の人間たちの覗き趣味を満足させる娯楽となった。こういう詮索好きな博愛家は例外なく田舎――特に中南部イングランドの大農作地帯――の労働者の食事がパンとチーズと冷菜といった非常に貧しくわびしいものに切り詰められているのを見た。一年中レント〔四旬節＝復活祭まで日曜日を除き肉を食べない四十日間〕のようなものであった。たいていの者より裕福であったのは――紅茶と砂糖への豪勢な出費に注目せよ――この世紀末近くのオックスフォード州のある田舎労働者で、彼は自分と三人の子どもたち用に毎年次のような金の使い方をした。

一個一シリング二ペンスの食パン週四個半	十三ポンド十二シリング
紅茶と砂糖	二ポンド十シリング
バターとラード	一ポンド十シリング
ビールと牛乳	一ポンド
ベーコンその他の肉	一ポンド十シリング
石鹸、ロウソク、その他	約十五シリング
家賃	三ポンド
外套	二ポンド十シリング

靴とシャツ	三ポンド
その他の衣類	二ポンド
総経費	三十一ポンド八シリング

荷馬車引き兼坑夫としての彼の収入はたかだか週八シリングないし九シリングであった。だから彼の出費は年五ポンド以上収入を上回っていたわけである。教区がこの不足の一部を補っていたが、それでも彼には五ポンドの借金があった。

貧困労働者の運命はどれだけ変化したのであろうか。食糧生産と就職口にほとんど変化がない一方で小作農が幾何級数的に増えてゆくという恐怖が十八世紀末のヨーロッパの地方の大部分を虜にし、それが農奴の反乱、大量の浮浪者、物乞い、ナポリなど都会への飢餓民の大量流入につながっていった。イングランドはこの最悪の事態を免れた。製造業と市場取引の拡大によって新しい仕事の口が開かれたからであった。紡績、毛織物、靴下編みなど、地方に散在するなり不規則に広がった工業村落に集中するなりした仕事に常勤ないし非常勤の口を見つける家庭が大いに増えていった。自分の織機を持てば自立もできるし自尊心をもつこともできるのであった。ブラック・カントリー〔イングランド中部バーミンガム付近一帯の工業地域〕やヨークシャー州南部では金属業が先行していた。相対的にあまり技術を要しない仕事（例えば織工）の口が豊富な所では、男女の結婚は早まる傾向にあり、それだけ生まれる子どもの数も増えた。そういう地域では、十八世紀の最後の三分の一世紀の急激な人口増は旺盛な就職機会への反応なのであった。

その他の、それほど繁栄していない地域では、失業と小教区への依存がおそらく早婚や大家族を沈下させる要因となったであろう。地方の内陸地域から工業地帯にじわじわと向かう着実な人口の移動があった。しかしながら、この都会への移動は農夫が囲い込みによって土地から追い出された直接の結果ではなかった。事実、一七五〇年代からおよそ一七八〇年までミッドランド〔イングランド中部〕では普通であったように、土地を囲い込んで牧草地にすることで短期および長期の就職口が創りだされたのである。工業地域は、どちらかといえば、そこへ行けばなおさら就職できる見込みが立つため人を引きつける場所だったのであり、ミッドランドや北部では製造業の労働力需要が賃金率を上昇させたのである。しかしながら、こうした利得は一七九〇年代にはインフレによる物価の暴騰と課税で相殺されてしまった。それは戦時の輸出貿易崩壊によって壊滅的失業状態が生まれた時代でもあった。工場で働く女性と子どもの需要は高く、賃金水準は魅力的なものであった（もちろん、起業家が女性や子どもを採用したのはその方が男性より安くついたからであるが）。工業技術の進んだ繊維工業が次に補助労働力の需要を創りだした。例えば紡績工場は自分の家で機を織る織工の需要を増大させ、この織工たちの賃金は短期ながら相当高い水準にまで達した（この世紀末には週三ポンドを超えることもあった）。

産業労働者の労働条件は悪化していただろうか。新しい工場には水蒸気がたちこめ、安全装置のない機械がいっぱいあり、そこの秩序を保っているのは規律にやかましい監督者と絶え間ないエンジンの震動であった。だが、工場で働く労働者は全労働力の数分の一にすぎなかった。家庭とか工房での労働はそれ自体屢々にして狭苦しく、埃っぽく、汚い状況の中で、暴虐な主人や夫の監視の下に行われていた。産業化によって障害を起こす職業病が増大したことは疑いなく、炭坑では立て坑を深く掘れば掘るほど炭坑夫の妻が寡婦になる数も増えていった。だが、ダービー州、チェシャー州、ランカシャー州などの地方の谷間に繊維産業界の大立物が建設したクロムフォードやスタイアルといった新しい村は、石造りの家や商店や市民菜園を備えた、啓蒙主義都市計画に基づく庭園都市の雛形であった。産業化地域の都市事情をどのように査定しようと、労働者の流れはすべてその方向に向かっていたのである。

この世紀が先へ進むにつれて将来展望が曖昧の余地なく侵食されていったのは農業労働者であった。十七世紀、そして十八世紀の大部分を通して、農業労働の主体は「農業奉公人」、普通年間契約で農場主の家に住み込み働く若い未婚の労働者であった。しかしながら、そのうちに農場主はこの慣行を縮小していった。「改良した」農地を賃労働者に汚染されるのを望まず、例えば収穫時など必要が生じたときだけ一日単位とか仕事単位で労働力を雇うほうが安くつくことを知ったからである。住み込みが減少したことにより、農場労働者はいよいよ現金賃金に依存するようになり、一方ではまた多くの者が一年の大部分失業状態ということになった。以前は入会地で薪を集め、牛に草を喰ませ、木の実や草の実、また時には兎をとって生活の不足を補っていたものだが、慣行になっていたこの入会地への立入り権も囲い込みによって奪われ自立の度をさらに減少されていった賃労働者の困窮度は悪化していった。リチャード・ウォーナー師は南部諸州を旅して次のような感慨に耽った。「昔は入会地で貧乏人が家族を養い子どもを育てられたものであった。ここで牛や仔馬を放し、鵞鳥の群に餌を与え、豚を飼うことができた。しかし囲い込みによってこうした特権を奪われてしまった。」そのうえ、南部諸州の田園では、(ハンプシャー州の靴下編みなど)相対的に給料の安い副業の口しかないことが多く、近くに大産業都市がないため家族ぐるみ仕事を求めて移住することもなかなか難しいのであった(周辺の教区は、地方税負担を怖れて、彼らを元の居住地に追い返そうとしたものであった)。こうして不完全就業者たちはいよいよ〔救貧院などの〕施設外の救済金に依存するようになった。その数は膨脹し(一八〇〇年までに、人口の二十八パーセントが生活保護を受けていた)、そのための経費は急上昇した(しかし、それでも農場主には一年中賃金を払っているよりは安上がりであった)。一六八〇年には年に五十三万二千ポンド支払われていたものが、一七八〇年までにその額は二百万ポンド近くなり、しかも急速に増大していた。コベットが鮮やかに描きだしたように、南部田園地帯の無産階級労働者は労働意欲を失いつつあった。彼らは豊饒のさ中で困窮していただけでなく、仕事にありついているときでさえ生活するに足る賃金を得ることができなかったのである。デイヴィッド・デイヴィス師は一七九五年に、「私は受け持ち教区の賃労働者の家々を訪れると……そのみじめな逼迫した状態を見て心配せずにはいられなかった……だが目にする悲惨を怠惰や浪費のせいにすることはできなかった」と書いた。アーサー・ヤングは、長いこともっとも熱心に囲い込みを支持してきた人だが、一八〇一年までに田園地方の流民の諦観をこう描写した。

昔囲い込まれた田舎の居酒屋へ行ってみれば貧困と救貧税の起源をそこに見るであろう。誰のために俺たちはしらふでいなければならないのか。誰のために貯金しなければならないのか。(彼らはそういう質問をする。)教区のためか。もし勤勉に働けば小屋を建てる許可を貰えるというのか。もし酔っぱらわなければ土地をもって牛を飼えるというのか。倹約すれば半エーカーの土地を所有してジャガイモを栽培できるというのか。お前らは励ましの一つも申し出やしない。教区役人を寄越して強制授産所へ俺たちを送り込むだけじゃねえか——ビールのおかわりだ。

次の世紀のもっとも扱いにくい労働問題、田園地方の貧困、が間近に迫っていた。

最後になったが、ジョージ王朝イングランドにはほとんど収入なしにひっそり生きていた人々がいた。

乞食、こそ泥、放浪者、しょい籠を背負った浮浪者、博奕打ち、詐欺師など表の世界に出ない人々である。メイヒューよりはるか昔、ドイツ人旅行者リヒテンベルクがこうした貧困で危険な貧民窟の人間たちを次のように描写した。

……家の外、たいていはロンドン周辺の煉瓦焼き窯の近く、で生まれた人たち……読み書きも習わないまま大きくなり、「宗教」とか「信仰」といったことばも、「神に呪われちまえ」という言い回し以外では「神」ということばさえ聞くことがない人々。彼らは煉瓦焼き窯であらゆる仕事をし、貸し馬車の御者の手伝いをするなどして食べ物にありつき、色気づく年頃になると盗みに走り、一般に十八歳から二十六歳の間に絞首刑となる。太く短い人生というのが彼らの合言葉で、それを法廷でためらうことなく広言する。

しかしながら、ロンドンを一歩出ると職業犯罪人はきわめて少なかった。ちょっとした盗みを働く男たちの多く（女のほうが盗みは少なかった）は生活の苦しさをしのぐため泥棒をする賃労働者であった。

しかし、その側には、いつまでも無産労働者の域を出られない〔救貧制度の対象となる〕貧困者が群れ集まっていた。ここで無産労働者というのは自分の労働以外収入の途を持たず、土地に慣習法上の権利を持たず、帰るべき故郷を持たないからであり、貧困者というのは失業している（しばしば老齢、病気、疾患、病弱などのため）か、臨時雇いの仕事しかないか、あるいは――これが非常に多いのだが――賃金では家族を養っていけないからである。特にこの世紀最後の数年間は、物価の高騰に賃金が追いつかなかった。小麦一クォーターの価格は一七八〇年に三十四シリングだったものが一七九〇年には五十八シリングに上がり、一八〇〇年までには百二十八シリングに上がった。資本主義の進展によって貧困は根絶されるであろう、とアダム・スミスとその一党が自信たっぷり予言したが、現実にはその逆が起きていた。罠にはまった貧乏人に向かっては、バークが現実的ではあるが生彩を欠いた冗費節減的忠告を申しでた。「忍耐、労働、禁酒、倹約、信仰こそ彼らに薦められるべきである。それ以外はすべて欺瞞以外のなにものでもない。」

有産階級にとっては、ルンペンプロレタリアート〔社会的地位を失った無産労働者〕に取り囲まれているというのは、間尺に合うものだったのだろうか。それは、ある面では、まったく間尺に合わないものであった。彼らはいくら救貧税を注ぎ込んでも足りない底なしの穴であり、病気と犯罪と無秩序の巣窟であり、消費者としての役割を十分に果たさず、一触即発する不満の温床であった。だからこそマルサスは貧乏人に子沢山にならぬよう勧めたのである。マルクスは、利潤に飢えた自由市場資本主義が拡大してゆくためには、労働力不足を補い賃金水準一般を押し下げるために、豊富な労働予備軍としてこうした人々が必要なのである、と論じた。ある意味で、無産労働者と化した貧民はたしかにそのような予備軍を構成したのであり、生まれたばかりの産業資本主義が労働力不足で窒息死することはなかった。だが、都会の下層民や地方の田舎者が、雇う側の人間には何の役に立ったろう。その労働力を除けば、彼らは無用の長物であり、囲い込みという経済的変化の単なる残りかす、残り屑であり、細分化された近視眼的行政機関が無情な政策を採用し誰も究極の責任を負うことのなかった競争熾烈な社会の脱ぎ捨てられたボロ服なのであった。フレデリック・イーデンが述べたように、「自力でやっていくしかない人々が時に不足をかこつ身に落ちぶれざるをえないのは自由の必然的帰結なのである」。

ジョージ王朝に見られた社会構造の変化は、劇的変貌といったものではなく、漸進的変化であった。重要度を増したグループもいくつかあった――特に資本を活用した商工業者階級と無産労働者化した貧困層が。しかし、大土地所有者を筆頭とする富と地位の争奪リーグ戦の成績表は一八〇〇年とその百年前とではほとんど同じであった。家族、顧客関係、特権、相続、地位、職業、そして地域的、政治的、宗教的縁故などを含む多様な要素から社会的権力が形成される複雑な構造をもつ社会が、一八〇〇年までに、はっきり分かれた各階級軍が産業を戦場に睨み合う社会になるということは決してなかった。土地を所有していることが相変わらず威信にもなり利益にもなる限り、頂点で地位が逆転する見込みはまったくなかった。下のほうでは、労働者の大量集中が依然として超例外的であり救貧法が農村社会を規制管理している限り、安定を脅かす差し迫った要因はまったくなかった。上昇移動の途が限られていたことと、富の総量と社会的権利が縦並びに増大したために、社会秩序は崩壊もしなければ転覆されもしなかったのである。

3　権力と政治と法律

ジョージ王朝イングランドはしばしばエデンのごとき安楽と優雅と平衡の園として描かれてきた。「アウグストゥス帝時代人たちの平穏」という新しい言い回しを作ってその想定上の荘重、荘厳な平静を喚起したのはジョージ・セインツベリーであった（「平静ニシテ動カズ」が結局はロバート・ウォルポールの政治術の秘訣であった）。このように牧歌風に解釈されると私たちはついイングランドをビール好きな郷士たちが猟犬を連れてキツネ狩りをする、父子主義の大貴族が従者をうやうやしくかしづかせている、貴族が樫の大樹となって無骨な田舎者の大衆を庇っている、そういう幸せな階級制社会と見てしまう。それはある歴史家が言うには――「さほど幸運に恵まれぬ階級の人々が未だ人生の定めを大人しく受けいれていた時代」であった。「十八世紀初めのころにはアルカディア〔牧歌的理想郷〕の魅惑らしきものがある」とドロシー・ジョージは書いた。「私たちはこの時代を古き良きイングランド、堅実で安定した田園風イングランド、の最後の時代であったと思う。」特に、サー・ルイス・ネイミアとその追随者たちはジョージ王朝中期の政治を寡頭政治の絶頂、閉鎖的門閥仲間の家族経営事業として公務が処理された時代、として描いてきた。政界の大物たちが主義信条や選挙公約に関して大言壮語したり空念仏を唱えたりするのをやめ、代わりに隠しだてすることなく権力、陰謀、術策の核心に専念するようになったのだから、高等政治はある程度確実に成熟したのである、と彼らは言う。

しかしながら、最近の歴史家たちはそのような牧歌的見方を廃棄するようになってきた。闘争、緊張、葛藤が、民衆の抗議を強調する人も「神権」を奉じるトーリー主義とジャコバイト主義の魅惑力が続いていると強調する人も含めたあらゆる立場の政治史家によって、舞台中央に引き戻されてきている。そして、同じことが社会史家や文化史家たちにも言えるのである。彼らは「理性の時代」という洗練された虚飾を剝ぎ、見栄えよく髪粉をかけた鬘の下に感情的また心理的騒擾が煮えくり返っていたことを明らかにしてきた。この時代は、結局のところ、ひどく厭世的な大聖堂主任司祭スウィフトが主人公レミュエル・ガリヴァーに人間を猿と見せ馬と一緒に住む決心をさせた、そういう世紀であった。酔って絶望の発作に襲われたとき、ジェイムズ・ボズウェルは火のついた枝つき燭台を最愛の妻に投げつけた。阿片中毒者であったインドのクライヴは絶望して自らの命を断った大勢の人間の一人であった（イングランドは世界一自殺の多い所として悪名を馳せた）。ドクター・ジョンソンは正気を失うのではないかと怖れるようになったし、詩人ウィリアム・クーパーは自分の精神的破滅を難破船に譬えてこう分析した。

嵐を静める神の声もなく
慈悲深い光も灯らず
いかなる助けも得られぬまま
皆が孤独に死んでいった
だが私は誰よりも荒い海の下
一番の深淵に沈みゆく

家を一歩出れば、巷には犯罪が渦巻き、流血沙汰も珍しくなかった。密輸業者は物品税収税吏を殺すとに良心の呵責を覚えることがほとんどなかった。そして、群衆の暴力騒ぎから重装備騎兵のマスケット銃一斉射撃に至るまで、暴力は公衆の生活や政治の世界に行き渡り、きわめてイングランド的なものとなっていた。暴力は社会的および政治的目標を達成するための手段として日常的に用いられ、そのため犯罪の世界と政治の世界との間の厳然とした差異が薄れて見えにくくなった。実際、大物政治家たちは屢々にして粗暴なチンピラごろつきを大型にした姿で描かれたのである。例えば、暴力組織の頭目ジョナサン・ワイルドは捕まった雑魚という冷笑的描かれ方をされ、一方、首相ウォルポールなど上流社会の有害人物たちは掛かった鉤針を外された鮫として描かれた。『乞食オペラ』や無数の諷刺の主題となってお馴染みの光景である。ウィルクスの『ミドルセックス・ジャーナル』一七六九年版に載った「異常な広告」は同様の主題を繰り返した。

一方、悪名高い強盗の一団が過去数年にわたりセント・ジェイムズ宮殿や大蔵省の界隈に出没し、大胆不敵にも、国法を公然と無視して、大衆から英貨数百万ポンドを強奪、国王陛下の臣民に多大なる損失を与え、強奪品を持ったまま最近姿をくらました。それゆえ本広告はトゥイード川の南岸に生まれた善良で心やさしい人々にこうした反逆者や強盗を捕まえ、裁判にかけ、そうすることで、有罪判決が下され死刑執行となった暁には、古き良きイングランドの愛国者の名に恥じぬ報いを受けさせ、歴史に名を残して子々孫々に伝えるよう、要請するものである。

追い剝ぎは時に——皮肉をこめて——「街道の紳士」とロマンチックな呼び方をされ、密輸業者は、物品税収税吏が憎まれていただけに、もてはやされた（どうして輸入品に課税しなければならないのか――特にウォルポールから主任司祭ウッドフォードに至るまで特権階級自身が密輸品を買い占め、ウォルポールなどは海軍省の平底荷船を使って密輸入のブドウ酒をテムズ川上流に運んでいるというときに）。

高潔な市民は――ごろつきや殺し屋はもとよりのこと、村のハムデン〔市井の正義漢〕もということだが――当然の権利を得るためには暴力にたじろいだりしなかった。言葉による暴力もいろいろあった。新聞、諷刺漫画、巷の流行歌は猥褻な侮辱を吐き、口汚い魚河岸の悪態をついて標的とする人物を攻撃した。教会の説教壇からは牧師が政治を声高に論じた。そして、乱暴なことを臭わせるだけで十分なことが多かった。ドルーリー・レイン劇場の客が、看板にあるのとは違う劇が上演されているのを知って、劇場を壊してしまえと騒ぎだし、支配人デイヴィッド・ギャリックが卑屈に陳謝したとき、カザノヴァはひどく驚いた。「ひざまずいて謝れ」と客たちが叫び、ギャリックは言われるままひざまずいたのである。それでもドルーリー・レイン劇場は一七四三年、一七五〇年、一七五五年、一七六三年、一七七〇年、そして一七七六年に、暴徒たちによって破壊された。例えばウィルクスの場合など大衆にもてはやされた裁判事件に勝利すると、ロンドンの群衆はそれを祝賀するため通りに面した家々の主人に窓の灯りをつけるよう命じ、言うことを聞かなければ正面玄関を叩き壊すぞと脅したものであった。集団になった人々が勝手に私的制裁を加えることもしばしばあった。機嫌の悪い博徒たちが売春宿に押し入って金品を強奪したこともあれば、晒し台に首と両手を固定された同性愛者が投石された末に死ぬということもあった。時には絞首台に吊るされた罪人の友人や家族がその首縄を切って死体をひったくって行くということもあった。息を吹き返すのではないかと望んでのことであり、また外科医に解剖されるのを防ぐためでもあった（解剖自体一種の暴力であり、ホガースの連作「残酷の四段階」のうちの一段階になった）。群衆は、しばしば女性に先導されて、小麦取引業者が固定価格以上とか市場規制に反して売るのを阻止するため暴力を用いたり、小麦不足のときに他所に大量輸出されるのを妨げるため、時には小火器を振り回して、製粉所や穀倉を襲撃したものであった。パン暴動や食糧暴動はありきたりで、それが少なからず成功した。一七四〇年にはサバの値段をめぐって五日間騒動が起きノリッジは麻痺状態になった。一七六六―七年のサマセット州とウィルトシャー州での流血食糧暴動では倉庫を襲っての略奪があり、鎮圧のため三千名の兵が派遣された。有料道路の料金徴収所は、隠れ新税として憎まれていたため、根こそぎ倒された。グロスター州、ヨークシャー州、ノッティンガム州では激しい有料道路暴動が起きた（ビーストンの暴動では十人が軍隊に殺された）。一七四九年、『ジェントルマンズ・マガジン』は

サマセット州の住民約四百人がアシュトン・ロードの料金徴収所を破壊し（これで三回目である）……次いでダンドリー有料道路を破壊し、そこからさらにベドミンスターに向かった。先導する首謀者二人は馬に乗り……あとの者は徒歩で、錆びた剣、長柄の三つ叉、斧、小銃、棍棒を所持していた。

と報じた。賃上げ要求ストライキや、新工業技術の機械設備を止めるための機械壊しは、日常茶飯事であった。一七八七年、起業家マシュー・ボウルトンは、コーンウォル地方の錫採鉱夫たちに襲われ、飲み代二十ギニーの金を払って解放してもらわなければならなかった。この世紀中に四百を超える労働争議が記録されている。

暴力の熔岩流は政治の世界にも広まった。時には裏に隠れ、時には表沙汰になって。ウェストミンスター〔国会議事堂〕を出ると人気のない政治家はからかわれ、貴族院議員の自家用四輪馬車は投石された

り揺さぶられたりし、窓を叩き割られた——一方、ヘンリー・サッシュヴェレルとかチャールズ・ジェイムズ・フォックスといった人気者は拍手喝采を浴び肩にかつがれた。少数派の人々は恰好の標的であった。メソディスト派は射的の的扱いされた（創始者ジョン・ウェスリーは一つの煉瓦も体に当たらなかったのを神の恩寵の賜と思った）。同性愛者、魔女、売春婦、フランス人も同じであった。ユダヤ人の帰化を合法化する法律が一七五三年に通過するとユダヤ人排斥を叫ぶ群衆が街路にくり出した。法律は即時に破棄された。アイルランド人いじめとスコットランド人いじめは国民的スポーツであった。一七八〇年、ローマカトリック教の恐怖がロンドンでのゴードン暴動に火をつけた。標的とされる人や物は増大して金持ち、マンスフィールド卿、醸造所、ニューゲイト監獄も含まれた。シティーは「キング・モブ（群衆王）」のなすがまま、一週間麻痺状態に陥った。軍隊が市民二百九十人の死者をだして秩序を回復するまでに十万ポンド相当の家屋物品が損害を被った（フランス革命時のパリで生じた損害の十倍である）。二十五人の略奪者が後に処刑された。非国教徒たち、特にユニテリアン派の信者、は偏見により侮辱を受け私財を襲撃された。特にそれが激しかったのが一七九〇年代で、この当時トム・ペインもまたしばしば現体制を支持する群衆に憎しみのあまり肖像人形を焼かれるという目に遭った。それをけしかけたのは治安官たちであった。一七六〇年代にジョン・ウィルクスがイングランド人の特権という美女を一般令状、ビュート卿、ジョージ三世、議会といった竜から救出する聖ジョージよろしく颯爽と登場したとき、群衆が街路につめかけ、行進し、拍手喝采し、見物人に支持をせがみ——例えば、居酒屋の主人に乾杯の音頭をとらせ——反対する者たちを威嚇したのであった。騒然とした一七九〇年代には、暴力が至る所で噴出するのではないかと恐れた聖職者たちが震えあがった。

不安には十分な根拠があった。法律執行機関が万全でなかったことも、その一部である。ほとんどの教区には素人の治安官が一人か二人しかおらず、共同体の不寝番の助力をえても、彼らだけでは小犯罪には対処しえても騒擾は手に負えるものではなかった。不満に直面した市長や治安判事たちは職務遂行におののくこともあった。彼ら自身が時には反政府なり反仲買人を旗印に暴動を起こしている連中に共感することもあったからである。しかし、もし法律の条文を字句どおりに守らなければ、彼ら自身が訴追される危険があった。いずれにしても、彼らには即座に動員できる訓練された部隊というものがなかった。召集すべき国家警察などなかったからである。暴動が発生したとき、行政官は内務大臣に軍隊の派遣を要請することに気乗りしなかった。それは敗北を認めることであり、中央集権化を招くものであった。いずれにしろ彼らは自分たちの自治都市に配備された小隊の兵士たちが鎮圧する以上に破壊をもたらすことを間もなく学んだのである。ブリストル市自治体は一七九一年の労働争議に対処するため内務大臣に軍隊の派遣を求めた。一七九四年に同じような争議が発生したとき、この自治体は自分たちで暴徒に対処するほうがうまくいくとして派遣を求めない決定をした。

騒擾は、しばしば突如として急発生するため、不安のもとであった。顔を黒く塗り夜陰に乗じて塀を破り干し草の山に火を放つ連中を捕えたり罪に問うのは難しいことであった。当局をさらに混乱させたのは、暴徒たちが典型的な筋金入りの犯罪人でも、教宣目的のデモ隊でも、社会の屑でもなかったことである——そういう連中であれば正体もすぐに割れ、処罰しても良心の呵責を感じないですんだのであろうが。堅実な市民でさえ時には直接行動による団体交渉の手段として力に訴え法律を破ることがあったからである。職工、親方職人、ヨーマン、沖仲士、小自作農、退役軍人、椅子駕籠かき人足などが、誰か身分の上の者、例えば居酒屋の主人とかどの党派にも属さないジェントルマンなど、を指導者に立てることがしばしばあった。このように、手に負えない人々というのは一般のイングランド人なのであった。また、暴動は極度の飢餓によって惹起される突発的事件にすぎないというわけでもなかった。民衆騒擾はしばしば政治的行動であり、不正や権力の濫用をやじり倒し伝統的価値を擁護するものであった。一般令状反対！ウィルクスと自由万歳！ 一六八八年〔名誉革命の年〕を忘れるな！ スコットランド人は出て行け！物価を元に戻せ！ といった具合いに。土地管理人や製粉業者や行政官の玄関先に貼りつけられた匿名の冒瀆的手紙は流血も辞さずという脅迫状であったが、それは自由、イギリス憲法、キリスト教の正義などの名における脅迫であった——一七六二年にロッセンデイルであった治安判事ジェイムズ・ベイリー宛ての例を見てみよう。

本状をもって次の通告をする我々ロッセンデイル、ロッチデイル、オールダム、サドルワース、アシュトンの貧民は生命の続く限り結束して闘うことを口約束捺印契約誓約して互いに堅く同意した飢え死にし子どもたちがパンを求めて泣き誰も与えてやれず生活が少しも楽になる気配がないのを見るくらいなら絞首刑になったほうがましだからであるそれなのにお前たちは皆ブロマルの肩をもち他所ではどこの主要市場でも相場が下落しているだがこれだけは言っておくもしお前が神の呪いをうけた食人鬼や人殺しどももまた神の法人の法両方にかけて正直な人間を敵にまわしてまであの良い法律を実施しなければブラッドショーよベイリーよ三人のうちで最大の悪漢ロイドよ心するがよいお前たちにその気があればこのように悪辣な行動を阻止する力があることは分かっているだからもし即刻阻止することなく我々にそれが感じられなければ次の土曜日には我々は我々のリストに載っているお前たち全員を殺し小枝の束をもって行ってお前たちの家に火を放ち壊しお前たちの女房を未亡人お前たちの子どもを父なし子にしてやる俺たちの心臓にはシュル・ド・ヒル〔意味不明〕の血が宿り俺たちは血には血を要求するからだ。

用心するがいい。ミドルトン。

暴徒が自分たちを復讐の天使、悪を懲らしめるロビン・フッドと見なしていたことが、これで分かる。彼らは高度な政治的知識を有し、しばしばそれを聖書の口調で表現した。彼らの忠義は民衆の権利、慣習法、隣人のよしみ、ローストビーフの古き良きイングランドへの忠義であった。民の声はスローガン、謎々、落書き、画像、歌、戯画など共感を誘う魔術によって要求を発した。ウェストミンスターから排除されていた民衆政治の血液は新聞、ちらし、歌謡、ポスター、諷刺漫画などの政治宣伝媒体を通り、居酒屋やコーヒー・ハウスでの議論を経て、街に流れていったのである。

無秩序はジョージ王朝イングランドの痘痕（あばた）であった——外国人の目には民衆に許された過剰なまでの自由が驚きであった。彼らはイングランド人が、上は貴族院議員から下は靴磨きに至るまで、そしてその中間にいる何百万の人々が皆、異常なまでに政治に通じ、自己主張し、公認される政治的国民を一丸となって形成しているのを、知った。この世紀初め、ジョウゼフ・アディソンは、「イングランドには、門派の別を問わず、政治上の自由思想家でない者、独自の考えをもたない者、は一人もいない……我が国民は、以前は聖人の国民と呼ばれたが、今は政治家の国民と呼んでよかろう」と述べた。ヨーロッパ大陸から来た人たちは、庶民が街頭で政治を論じる生活ぶりは祖国には見あたらない、と思った。「卑しい荷馬車引きまでが公務に関心を示し」と一七八〇年代にプロシア人モリッツは評した、

小さな子どもたちまでがこの国民精神に染まり、誰もがいっぱしの男でありいっぱしのイングランド人である……同じ種族の誰にも国王の代理人にもひけをとらない……と感じているのを見ると、ベルリンで兵隊が軍事

演習に励む姿を見る我々が抱くのとはまったく違う思いにとらわれる。

だが、この政治は〔織物に譬えて言えば〕——果てしなく粗末に扱われ、つばを吐きかけられ、引きちぎられ、裂かれ、ずたずたにされ、つぎはぎされても——決してばらばらにされることはなかった。もしこの社会政治的国民が本当に弱く、脆く、崩壊に瀕していたのであれば、一七一五年と一七四五年のジャコバイト派の反乱、あるいはゴードン暴動、あるいは一七九〇年代の急進主義が、あの最終的大火を確実に早めていたであろう。しかし、心情的に同調する隠れジャコバイトは——広範囲に及びはしたが——イングランドでは性急に武器をとって立ち上がるということには到らず、ゴードン暴動もロンドン内にとどまり、一七九〇年代の主要な過激団体であった人民の友（一七九一年）やロンドン通信協会（一七九二年）も——教育、小冊子、請願など——理性による勝利の獲得を当然視していた。こま切れの暴力はあったが、それが全般的暴動に発展することは決してなかった。

なぜか。理由の一つは暴動の精神にあった。暴徒たちの抗議目的は具体的、防衛的、限定的なのが普通であった。パンを旧価格で買いたい、長年の賃金率を復活したい、通行権を認可しろ、といった類いである。彼らの訴えは伝統的秩序に向けたものであり、社会の伝統的指導者がそれを復活するよう願うものであった。大衆は穀物市場そのものを管理したいとか、まして穀物私有権を廃止したいといったことは望まず、行政官が規制法令をきちんと実行することを望んでいたのである。ビュート卿に代わってウィルクス派の一党が要求したのは国民代表者会議ではなく、まして公衆安全委員会でもなく、イングランド人のさまざまな自由なのであった。そして、群衆はひとたび不満を吐きだしてしまうと——料金所を根こそぎ倒し、新兵徴募事務所を破壊してしまうと——四散してしまった。大衆には革命的社会主義の選挙公約などなく、民主主義の公約さえなく、現代性を標榜する声明もなかった。暴動は劇的であり、そして、演劇と同じように、もやもやした気分を吹き飛ばして終わるものであった。暴動は、腐敗した統治体を象徴的に切開し、堕落や収賄体質や追従や暴政を白日の下に晒す、示威的行為なのであった。大衆は不正の図像を創り、正義の画像を創った。女房を寝取られた男の頭に角を生やし、一斤のパンを縮緬の喪章で包み、自由の帽子や正義の天秤を描いた。ビュート伯爵ジョンは悪魔化されてジャック・ブート〔高圧的な態度の人〕となった。騒擾が自己顕示的でありながらも本来的に地域限定的であったことは、抗議に立ち上がった人々の味わった貧困の苦しみが地域の状況の中でのものであった社会状況を考えれば、納得がゆく。そうしたところでは、不正を正すには——多少の暴力を浴びせるのと並んで——法律、慣習、そして行政当局に訴えるのがもっとも確実な希望をもてる方法なのであった。

支配階級は、時には騒擾の一撃をまともに喰らって敗北することもあったが、一般的には体よくいなす応じ方をし、基本的に無傷で切り抜けた。そのようにうまくやり過ごした理由は、一部には社会的力、経済力、政治力を結合したその弾力性にあり、また一部には常に一六四二年〔清教徒革命の年〕の教訓を忘れないでいた政治指導者たちが仲間割れして戦う自殺行為を二度と繰り返さなかったことにあった。

君主と大貴族ががっしり手を組んで厄介な国民をうまく治めた形態は、多くの点でとりたてて異とするに足りぬ、アンシャン・レジーム〔旧体制〕のヨーロッパにはいくらも似たような例があることだった。チューダー朝時代には国王の位が並みいる小君主たちより高くなり、宗教改革の時代には国王は教会の最高首長になった。同時代の社会経済動向が実際に土地を所有する階級の地位を強固にするのを助けてもいた。早い時期に農奴の身分が消滅したため、所有権と利益と権力が絡み合った農業資本主義が助長されることになり、一六八八年に頂点に達したスチュアート朝の政治的騒乱によって、神権による君主制が州共同体の自治を脅すことになったかもしれない危険に歯止めがかかり、私有財産は絶対安全でいられたのであった。

だが、ハノーヴァー朝の国家には特別な強みが二つあった。一つは、国王と大貴族との協調がめったにないほどうまくいっていたことである。もう一つは、拡大してゆく国家機構を国王と大貴族が両者間で私物化し、それが受益者たちに大きな利益を生む一方で私有財産と政治の安定を確保することになったことである。

国王と大貴族の親密な関係は必要上そうなった面がある。十七世紀までに、貴族はもはや自信のもてる私的軍事力——兵隊、家来、指揮技術——を持たなくなっていた。王〔チャールズ一世〕は、貴族の精鋭を従えながら、あの内乱〔一六四二—五二年〕で敗北を喫した。反逆者が戦ってこれほどの成功をおさめた例は他国にはなかった。だが、軍事力低下とつり合うように、スチュアート朝中期の土地所有指導者層は未だ新しい政治支配手段を開発してはいなかった。国王との諍い（例えば王位継承排除危機に際してのチャールズ二世との諍い）があると大貴族は二派に割れ、その結果両派とも許可なしには宮廷に立ち入りできなくなってしまったことがあった。特に宗教問題では、宮廷と大貴族と堅実なジェントリー階級の間に深い亀裂が生じていた。

大貴族は国家権力という鎧で身を護る必要があった。だが、ウィリアムとメアリーの時代でさえ、そして次のアンの時代でさえ、高等政治支配権を求める闘争は騒乱、党争、派閥化を生んだ。新しい世紀にまたがる世代は相反目し敵対していた。ウィリアム三世もアンも独自の意志をもつ王であり女王であった。アン亡きあと誰が王位を継承するかは必ずや論争になるであろう、その見通しが最後の審判の脅威のような様相を呈し、国民を二極分裂させ麻痺状態に陥らせた。アンは自分より長生きして自分の死後跡を継ぐ子をもうけるであろうか。もし否となると、ハノーヴァー朝が王位を継承することになるのであろうか。それとも王朝は転覆されるのだろうか。もしそうなったら、スチュアート朝が戻ってくるのだろうか。宗教では、イングランド国教会はどれだけ排他的、特権的、自律的になるのだろうか。非国教徒やカトリック教徒にはどれだけ信教の自由が与えられるだろうか。世紀の変わり目に、こうした重大な問題に支配階級の忠誠心は割れ、猛烈な内紛と分裂が生じた。セント・ジョン、ハーリー、スタンホープ、ウォルポールといった職業政治家にとって、政治の将来はのるかそるかの賭けであった。ホイッグ党とトーリー党、〔イングランド国教会で教会の権威を軽く見る〕低教会派と〔重く見る〕高教会派、土地資産家と金融資産家、戦争賛成派と反対派、親ハノーヴァー朝派と反ハノーヴァー朝派、が軍鶏のように互いの喉もとを引き裂こうとしていた。党争が生活のあらゆる場における競争を派閥分けし、分極化した。ロンドンでは、コーヒー・ハウスや劇場さえもが党争の渦に巻き込まれた。トーリー派はドルーリー・レイン劇場をひいきにし、ホイッグ派はヘイマーケット劇場に通った。トーリー派が行くコーヒー・ハウスはココアツリー、ホイッグ派が集まるのはキット・カット・クラブであった。一六九六年、一七〇〇年、一七一〇年には治安判事の職権が政治的な理由で劇的に解除された。支配階層内部の政紛——「熾烈な党争」——があの内乱以降これほど激烈であったことはなかった。そのうえ、選挙が二年毎に行なわれたこと（一六九五年から一七一五年の間には前例のない十回もの選挙があった）、宣伝活動が痛烈であったこと、街路に群衆があふれたことは、権力と利権をめぐる支配階級内部の闘争が地方と大衆を巻き込む——そして分断する——ほど広まったことを意味した。この主な理由としては、有権者数が約三十万人に拡大していたこと（およそ成人男子六人に一人の割合）、そして大部分の選挙民の票が奪い合われたこと、にあった。一七〇五年には二十六州、一七一〇年には二十三州、で投票が行われた。

新しい世紀がはじまったとき、イングランドのこれからの政治模様は——とりわけ、王権と政治的国民との間の関係は——まったく未決の状態であった。スチュアート側もハノーヴァー側も共に舞台の袖に待機して出番を窺い、どちらが登場するかについて、たいていの人は両方に賭けていた。誰が王になっても、生まれ、宗教、見識どの点から見ても、あまりイングランド人らしからぬ王となるだろう。そのうえ、君主の性格そのものががらっと変わってしまうこともありえよう。結局のところ、オレンジ公ウィリアムはイングランドの政治家を信頼せず、大陸戦略に従事し、イングランドよりはオランダに顔を向け、スチュアート朝の誰よりもはるかにうまく王権を統治の具として効果的に伸長してきていた。国家と社会の関係はどうなるか皆目分からなかった。もう一世紀スチュアート朝が続いて国制論争が尾を引けば、イングランドの土地所有階級が分極化し貧困化するか王権が骨抜きになるかして、イングランドは第二のフランス、スペイン、あるいはポーランドと化していたかも知れなかったろう。

それでもなお、権力を掌握すればいつになく明るい展望が開ける時代でもあった。利権がそれだけ大きかったからである。なかんずく、一部には商業発展による税収増やら、次第に〔国債による〕借り入れが容易になってきたこともあって、政府の歳入は急増していた。イングランド銀行が新たに創設され（一六九四年）、その設立認可証によってこの銀行は百二十万ポンドを政府に貸し付けする権限を与えられた。一七〇九年にはこの額がさらに二百九十万ポンド追加された。一六九〇年から一七〇〇年の間には政府の総借り入れ額は千百七十万ポンドにのぼった。国庫収入もまた、大陸での戦争の財源とするために課せられた税金——直接税および間接税——の急増によって、増加した。一六九〇年代だけで約四千五百万ポンドの税収があった。この歳入の大部分は、さまざまな経路を通じて、大臣たちとその取り巻きや支持者に流れていった。

もっと言えば、政府機構そのものが雪だるま式に巨大化していた。戦争状態のため陸海軍の軍人をよけいに任命する必要があり、請負い仕事の契約数も免許の発行数も増えた。成長ということは、ブルーワーが強調したように、植民地や間接税務局に新しい仕事の口ができ、大蔵省の事務員職、出納係職、会計検査官職が増大し、商務省が設立されることを意味した。そのすべての働き口には政府の懐から金が出ていくのであった。一七一八年までにロンドン港だけで常勤五百六十一人、非常勤千人の税関吏がいた。どの職場でもチップや心づけによって給料が二倍になりえたし、ほとんどの官職保有者には代理人がいた。中でも、国債にかかわる複雑な信用融資の拡大によって、政府の専門助言者たち、つまり法案をいじったり利率を決めたりする人々——ジョン・エイズルビーとかジェイムズ・クラグズといった男たち——には、公正な方法、不正な方法を問わず、ごまかしや役得の機会がふんだんにあった。

要するに、役得——私復を肥やしたり支持者に報いたりする好機——はいよいよ並みならぬものとなりつつあったのである。だが、その役得にありつきそれを保持する代価もまた並みならぬものであった。激しい競争、頻繁な選挙、選挙人の説得工作——何くれとなく大金が必要であった。おまけに党派争いは冷却する気配を少しも見せなかった。一七一〇年、ホイッグ党政府は高教会派ヘンリー・サッシュヴェレルを〔弾劾〕裁判にかけた。後継トーリー党政府は悪意には悪意で対抗し、便宜的国教会遵奉禁止法（一七一一年）と教派分立法（一七一四年）を発して非国教徒の市民としての自由を制限した。権力獲得に要する政治的経費と闘争は手に余りはじめようとしていた。サッシュヴェレル危機だけでも千回を超える集中砲火的論争を生んだのである。

だが、結局、この世紀初期の年月はその後数世代にわたり増してゆく政治的安定の〔音楽用語で言えば〕モルト・アジタート〔きわめて急速〕な序曲となったのである。さまざまな出来事の成り行きで行政府が政治的国民への統制を厳しくすることができるようになったからである。とりわけ、かつては人民党であったホイッグ党が、ハノーヴァー朝による王位継承にともなって権力を握ると、それまでは傾向があったにすぎない寡頭政治を本格的政治体制に変貌させはじめた。一七一二年のトーリー党による印紙税法で出版活動が既に鈍っていた。一七一五年のホイッグ党による騒擾法は街頭政治の取締まりを目的としたものであった。権力は多様な方法で中央集権化された。一七一〇年に制定された法律により州選出庶民院議員には六百ポンド、自治都市選出の庶民院議員には三百ポンド、の年収がある土地の所有が立候補要件として課された。選挙費用が急騰したため、政治は富裕者層のものに限定されはじめた。一六八九年、ピーピスはハリッジでの選挙で八ポンド五シリング六ペンスを費やしたが、一七二七年までにパーシヴァル子爵は同じ選挙区に九百ポンドを要していた。選挙運動は金持ちの道楽になりつつあり、長い間政治的地位を保ってきた多くの自立ジェントリー階級家族はこの高額な選挙運動費用によって締め出される形となった。一六九八年から一七一三年までベドフォード州選出の庶民院議員であったサー・ウィリアム・フォストウィックは政治活動であっという間に二万六千ポンドの借金を作った。彼は一切合切を売り払い、郷土を立ち去らねばならなかった。

そのうえ、政治にかかる経費が増大するにつれて、金を浪費しなくなったかというとそうはならず、政治に投資した金をうまく導くことがいよいよ大切にされた。七年議会法（一七一六年）が成立して、以前は三年であった庶民院議員の在職期間が七年になり、選挙が七年に唯一度となって、この熱気はいくぶん冷めた。しかし、選挙の回数が減ると今度はその結果として議席の値がいよいよ上がった（一七五四年のオックスフォード州での選挙ではトーリー党はホイッグ党の議席を奪うため四万ポンドもの金を費やした――そして選挙に敗北した）。そして選挙費用が天井知らずになりはじめると、可能な所では、特に選挙母体が大きく自由土地保有の有権者がしばしば好戦的である州選挙区では、競争を避けるのが賢明な策となった。そこで、立候補者が対立候補なしで当選できるようにするため、次第に事前協定が結ばれるようになり、二人選挙区をホイッグ党とトーリー党の間で分割する取り決めが合意をみることがしばしばあった。それと同時に、選挙区の議席を売買する人間が小選挙区をがっしり押さえるようになった。政治的駆け引きが洗練の度を増した。経費と報酬が高額にのぼるため、議席の買収、有権者への贈賄、支持者への就職斡旋、有力利権の開拓、そして少なからずゲリマンダリング〔地域を自党に有利な選挙区にすること〕や汚職や法の網の目をくぐり抜ける方法などの要領が、ハノーヴァー朝の政治家手引書の大部分を占めるようになった。こうした事柄の発達——効率的政治管理技術の出現——が、前の世紀とは対照的に、なぜジョージ王朝の時代には支配層が転落の憂き目に遭わなかったのか、あるいは重大な脅威に晒されることさえなかったのか、その理由を説明する一助となる。時には、寡頭政治支配が成功したため選挙政治活動が大変平隠になることがあった。一七六一年には有権者数五百人未満の自治都市選挙区二百一のうちで実際に投票が行われたのは十八にすぎなかった。一七五四年から一七九〇年までの間、十二の州ではまったく投票がなかった。

寡頭政治的傾向は王制復興以降ずっと気配としてあったし、大貴族は自治都市や市政機関において選挙時の支配力を育成していた。しかし、管理技術を最初に総合的に行使して成功したのはウォルポールであり、彼は政治的国民の舵を取り南海泡沫事件の危機を切り抜けたのであった。ウォルポールとニューカースル公爵は、地方の大貴族は——全部ではないが十分な数が——政治権力と引立てにあずかる必要があり、それゆえ仲間入りを強く欲し、よって賄賂次第でどうにでもなるという想定のもとに、協力して支配体制を確立した。まさしく誰を引立て部内者にしてやれるかは、ハノーヴァー朝が王位を継承するときの模様次第であった。かつてトーリー党がハノーヴァー家を堅く支持するかどうかで優柔不断であったとき、ホイッグ党は——その当時はやたら騒々しい野心的少数派で政治的生き残りに専心していたのだが——国王を横取りし、一七一五年のジャコバイト派の蜂起を利用してトーリー党に対し魔女狩りに着手した。ジョージ一世およびジョージ二世の治下、トーリー党の頑固な保守主義者は、中央地方の別なく、官職から永久追放されることになった——例えば、トーリー党の郷士は治安判事職を解職され、将校は陸軍から除隊された。トーリー党員は引き続き深い草の根の支持を得てはいたが、官職から永久排除された損失は大きな痛手となり、一七二〇年代末から、損な立場から手を引いて冷遇状態を脱しホイッグ派宮廷党に逃げ込むトーリー党員がぽつぽつ出てきた。その結果、親政府の政治家、土地所有者、そして彼らの配下（名目上はホイッグ党員）の裾野の広い強固な合同が成立することになった。その連帯は、とりわけ、権力と報酬のある所に居て個人的にも地元にも利得を促進したいという彼らの願望によって実現したものであった。

ウォルポール内閣の尊大な閣僚たち、御用批評家たち、諜報活動基金を財源に雇われて暗躍する秘密情報部員、内通者、政治宣伝活動員たちは、奥地の無骨な郷士たちや一般世論によって——一六八八年の〔名誉〕革命は中央集権による政治腐敗を追放するための革命であって、それを増強するためのものではなかったと信じる人たちによって——罵倒された。十八世紀を通じ、閣僚や君主に対する人民党員の激しい増悪は続き、ウィルクスのような便宜主義的煽動政治家によっていいように利用された。だが、食料の低価格と豊富な就職口があったせいで、不満を抱く民衆と郷士が連合を組む危険はことごとくそらされた。おそらく今日の株式取引所でもそうであろうが、当時の政治的国民は政治体制を変えようとするよりは、それによって行動するほうにはるかに熱心であった——生き残れるかどうかは成功するかどうかにかかっていたのである。最終的には、寡頭政治的一党独裁は可能であったばかりでなく——臨機応変の才と曲芸ともいうべき技術が必要ではあったが——平穏な航海でもあった。「熾烈な党争に取って代わったのが猟官であった」とプラムが言った通りである。「官職は権力であった。官職任命権は権力であった」、そして官職任命権は「わざわざイチジクの葉を身につける〔隠蔽工作する〕ことなどめったにしなかった」。

ジョージ王朝政府の政治は上流の有力搾取階級一般を操縦することに集中した。これは、一部、選挙管制によって達成された。選挙区によっては（例えばチャタムのような海軍工廠など）、宮廷自体が有権者に圧力をかけることができた。投票者が政府に雇われている人間であり、投票が公衆の面前で行われたからである。そうでない選挙区では、立候補者（と、その背後で、選挙区を支配する有力な後援者）が賄賂や脅迫で有権者を思いのまま操ったり、あるいは選挙権を有する私有地を買い上げたりした。一七六八年、マールバラはオックスフォード市自治体の借金五千六百七十六ポンドの返済援助をした後でその地の議席を獲得した。最終確定法（一六九六年、一七二九年）は、選挙母体の規模を制限しようと狙う市自治体や選挙区買収人の助けとなり、論議のある場合には最新の選挙人名簿に依るべきであるとした（名簿はもっと広範囲なのが慣行だという主張があるにもかかわらず、である）。

駆け引きや不正操作が横行すると、政治に無私無欲な行為などありえないという皮肉な見方が堂々と罷り通るようになり、それで緊張を和らげたエリート層は利権の分配に注意を集中しはじめた。たいていの立候補者は私利を求める渡り者であった。バブ・ドディントンは一七五四年四月のブリッジウォーターでの選挙戦を次のように日記に記した。

四月十一日。ドクター・シャープと私は、午前四時に、イーストベリーを出発してブリッジウォーターに向かった。着いてみると、予想通り、なにもかも不満足な状態であった。

十二日。エグモント卿到着。楽隊やらなにやら、喧しい。

十三日。彼と三人で町を歩く。行く先々、予想していたことばかりである。

十四日、十五日、十六日。悪評不評をかうことだが、金で動く下種な輩たちの言いなりに従って過ごす。

十七日。投票日。選挙管理委員の不正により敗北を喫した。得票はエグモント卿百十九票、ミスター・バルチ百十四票、私百五票。私の有効得票のうち十五票が無効票とされ、エグモンド卿の無効票八票が有効票とされた。

十八日。ブリッジウォーターを去る――二度と来るものか。


特に自治都市選挙区では、典型的な選挙権保有者は、選挙権を行使する機会が減少しているため、彼の一票を最高額で買収する候補者に必ず投票して裏切らなかった。リッチモンド公爵は、かくして、ニュー・ショーラム選挙区を「金次第で誰にでも身をまかす新人娼婦」と呼んだ。しかしながら、すべての議席がどうにでもなったというわけではない――自治都市といってもウェストミンスターなどは、そして多くの州は、選挙母体が数千票を有していた。バースの市自治体には有権者が三十二人しかいなかったが、これが揃いも揃って悪名高い強者であった。しかし、選挙母体が二、三百票以下の自治都市はほとんどがすっかり後援者の意のままになっていた。この世紀半ば、四百五ある自治都市選出議席のうち約二百五十五議席は少数独裁支配下にあった。ウォルポール家はノーフォーク州の自治都市選挙区カースル・ライジングを意のままにした外に、キングズ・リンとヤーマスにも相当の勢力を有していた。ラウザー家はカンブリアで七議席ほどを支配していた。ニューカースル公爵は最大十二議席まで仕切っていた。選挙工作はスコットランドでは赤子の手をひねるに等しい簡単なことだった。選挙母体が小さかったからである。一七八八年のスコッランドでは全州合わせて選挙母体が有権者数二千六百六十二人であった。しかし、有権者が実際に選挙権を行使して選ぶ余地をあらかじめ排除しておくことで、工作はたいてい成功した。シュロップシャー州では一七二二年から一八三一年まで一回も選挙戦がなかったし、ウィルトシャー州では一七一三年から一八一八年までに一回しか投票がなかった。一七八〇年、イングランドの州選出議席で現に投票があったのは二議席にすぎなかった。要するに、ジョージ王朝時代の政府は例外的なほど選挙民を怖れる心配がなくなったのである。実際に選挙で争われる議席数は減少し、争われる議席のうちでも大多数の選挙区ではあらかじめ決められてしまっていたのである。

選挙を操るもう一本の腕は国会そのものの内部にあった。そこでは、宮廷の役職任命権と年金を慎重に分配し、配下の利益と一族の協調を培う、この二つが巧みに利用されて内閣の安定多数派が築かれていった。閑職に就いている者には公務として為すべき仕事はさしてなかったが、地位保全のためには忠誠であることと政治面で活動的であることが期待された。一七四二年、庶民院には選挙応援の見返りで就職させて貰った役人が百三十九人いた。その数が一七八〇年までに百八十八人になった。頂点に立つ政治家たちは政治家たちで門閥を作って集まった。一七六一年、庶民院にはタウンゼンド姓が五人、マナーズ姓が五人、キャヴェンディッシュ姓が四人、ヨーク姓が四人いた。こういう大立物の背後では、ウォルポール内閣のホイッグ党閣僚たちやペラム家が、地方に大きな勢力を有する大地主たちを初めとして、請負業者、公務員、シティーの金融業者、低教会派、非国教徒たちを手なずけて結集していた。

ホイッグ党の「古参軍団」はジョージ三世治政の初期に脱線してしまったが、大貴族による政治を妨げるものは何もなかった。寡頭政治を家に譬えて言えば、その備え付け家具のうち表面のすべすべしたものは揺れで動き回ったが、土台はびくともしなかったのである。一七六〇年代には内閣改造で政治に空白期間が生じ紛糾することもあったが、ノース、小ピット、リヴァプールの体制は事実上の一党独裁国家を無事に一八二〇年代まで導いたのであった。もちろん、閣僚と反対党員、「与党」と「野党」、は専制政治、煽動、情実、政権不在による政治的混乱、あるいは国教会の危機について、激しい舌戦を展開した。しかし、それはすべて究極的に見ればシャドーボクシングにすぎなかった。議会内で権力奪取に攻防を繰り広げる与野党の政治家仲間たちは金の卵を産む鵞鳥を殺そうとは思っていなかったからである。そして、「院外」の政治活動は依然として実効を伴わないでいた。

思慮深い閣僚は一族の協調にほころびができれば繕い、「香膏」を塗ってひび割れを癒し、不満分子をなだめた。閑職をここに、年金あるいは何かの約束をそこに、という具合いに。作家ジョン・ゲイは国営宝籤長官に任じられた。エドワード・ギボンは年収八百ポンドで商務長官に任じられ、演説をすることはなかったが、それ以降ノース卿の内閣に従順に賛成票を投じた。皆に行き渡るだけの十分な役職があるはずはなかったが、上から下まで誰もが些細な役職、役得に心動かされ、それを乞い求めるのであった。こうした状況の中では、ご都合主義者、親分の意を汲んでがなりたてる代理人、政治家におべんちゃらを使うイエスマンであることは、恥にならなかった。こういう振舞いは単に世渡りの知恵であっただけでなく、おそらく家族の義務でもあったろう。政治は報酬目当てであった。そして、傍観席にいる道徳家たちは「腐敗」を息まいて憤慨したが、自分の懐が暖かくなるのを拒む人はほとんどいなかった。なぜなら、国は彼らにとって命綱であり、この綱にしがみつく者に安全と、将来見込まれる恩恵と年金という形の利益とを与えてくれたからである（ドクター・ジョンソン――彼自身がやがてこれを受けることになった――はこれを「国に雇われている者に対し支払われる国家反逆罪の報酬」と定義した）。官職は特に次男以下の子弟に歓迎されるものであった。彼らは、長子相続制により、家族の財産に別れを告げなければならなかったからである。そのうえ、執拗に懇願されて感謝される関係、乞われて与える関係、階級の上から下まで政治的官職任命権が創り出した長い待ち人の列が、与える側の名誉心と文明人の飢えた野心を満足させた。トマス・ニュートンはニューカースル公爵に「私の義務と存じ閣下にお知らせ申し上げます。ヨーク大主教は今死の床に横たわり、当地の衆目一致するところ、余命幾許もなく、明朝まではもちますまい。空席が二つ生じました暁には、閣下の愛顧を長い間懇願してまいりました者に親切と好意をお示し下さいますよう、乞い願い奉ります」と言って取り入った。もちろん、いつまでも落胆を続ける者もいたが、それは個人的なことであり、それで望みが断たれるとか体制が潰れるということはなかった。

＊　ミセス・ベイツの墓碑銘には「高名なスタンホープ家に協力することによって、彼女は夫と子どもたちそれぞれに教会の聖職、また政府の官職、計十二を入手してやる功績をあげた」と記された。

領有支配権と利権をめぐる論争は果てしなく続いたが、それにもかかわらず、政治的国民の思惑を異にする四肢は相和して機能した。有限立憲君主制は重要な統合力であり、クロムウェル流の共和主義が復活するのではないかと怖れる有力有産階級の不安を静めるだけの力があったが、しかし、大貴族の私有財産や独立そのものを脅かすほど強力ではなかった。なるほど、ハノーヴァー朝の歴代の王は国民の心をほのぼのとさせることはほとんどなかった。ジョージ一世とジョージ二世は粗野な亭主関白であり、イングランドよりハノーヴァーに耽溺していた（ジョージ二世が屋外便所で死んだとき人々はさもありなんと思った）。ジョージ三世は、少なくともイングランド人であったから、発狂後はいくらかなりと同情を集め、ファーマー・ジョージ〔農夫ジョージ〕として多少の人気を集めた。彼らの宮廷は野卑で、趣味は俗悪で、家族内の確執は執念深いものであった。それでも、彼らは行動的な決然とした統治者であり、宮廷を政治の中心としておくことに熱心であり、そして——これが彼らの切り札であるが——根っからのプロテスタント〔新教徒〕であった。

プロテスタントで王位を継承していくことが全イングランド人の支持しうる政治信条二つのうちの一つであった（もう一つは、最後の手段として、政治家に頼るくらいなら王に頼る、ということだった）。国王は、行政の長として、相変わらず主要な閣僚および廷臣を任命し、政策面では、特に外交と宗教問題で、直接関与した。ジョージ二世は、たった一度だけにしろ、自ら軍の先陣に立って戦場に出向いた。王の外戚は、特に軍事力方面で、主要な地位に就いた。君主は王室財産を処し、宮廷での官職任命や民間人リストからの登用に当たって絶大な権力を揮った（王室関連で官職に任命される者が千人以上いた）。永遠に見捨てられる危険をいとわない頑強な抵抗者（一七二〇年代のジャコバイト派の郷士たちや一七九〇年代のホイッグ党少数改革派）だけが敢えて王のご機嫌とりをやめた人たちであった。一七六〇年代の経験未熟なジョージ三世はおそらく例外であろうが、ジョージと名のつく王たちは政治家の善意を無視するというスチュアート朝が冒した誤りを冒しはしなかった。彼らの目的はヴェルサイユのごとき立派な宮殿を建てることではなく、しがない隷従者を介して統治することでもなかった。初代および第二代のジョージ王はホイッグ党の支配を受容した。ジョージ三世はビュート、ノース、小ピットにしがみついた。王権は一七〇〇年よりも一八〇〇年のほうが劇的に弱体化していたということはなく、政界操作の範囲が侵食されていたわけでもなかった。

この世紀、大貴族たちは国家の中枢機関に対する掌握力を強化した。一八〇〇年までに、海軍将校の十一パーセントは貴族の称号を有する家柄の出身者となり、さらに二十七パーセントは土地所有層の出身者となった。陸軍が将校を支配階級エリート層の息子や友人から募った度合いはそれ以上であった。とりわけ、イングランド国教会は次第に国家に併合されていき、最高級の聖職禄はおよそ相応しくないと思われる人たちに占領されていった。並の聖職者が高位聖職者に昇進していった理由は貴族がたむろする議会内会見室を習慣的に歩き回ったからであった。ドクター・ジョンソンは「今や学識や敬虔で主教に任命される者は一人もいない。昇進の機会を得ようとするなら議会に利権を有する誰かと縁故を作ることだ」と言って嘆いた。アン女王の時代には、つかの間だが、野心的聖職者なら教会が国家に吸収されてしまうことに抵抗することもありえるだろうと思えた。しかしながら、ホイッグ党は、聖職議会を閉会し子分たちを昇進させることによって、教会と国家の摩擦や教会の独立を蕾のうちに摘み取ってしまった。これがオックスフォード・ムーヴメント〔一八三三年オックスフォード大学で起こった運動。イングランド国教会に高教会の教理を取り入れようとした〕まで続いたのである。

有産階級と彼らを保護し分離する（王権に象徴される）国家という殻が心地よく適合するための青写真が憲法であった。支配階級は（「大昔に」存在したと思われていた）イギリス憲法を「史上もっとも美しく構想された結合体」（ジョージ三世の言い回し）であるとして誇りにしていた。国王と貴族と平民、行政と立法と司法、教会と国家という、由緒ある権力区分を誇りにしていた。「イングランド政体の卓越しているところは、その各部分が相互に抑制し合うという点にある」と一七六五年にブラックストーンは力説した。中でも、庶民院議員は、団体から派遣された代表としてではなく、無所属の独立した代表として描かれた。

これら国制上の術策——ないし虚構——のすべては、自由民たるイングランド人に保証された、専制に対抗するための策である、と支配階級は吹聴した。一六八八年の隠健な革命は自由を危険から救ったのであり、次はこの一六八八年に清算されて生まれた新体制自体を存続させていかなければならない。特異な例——オールド・セアラムやガットンなど投票者を失った腐敗選挙区——でさえ健全な多様性に寄与する財産であり、それを侵害すれば必ずや古来の諸権利が大規模に侵食される危険を伴うのであった。伝統的特権を守る一番手は伝統的大貴族、自由保有地を所有しているがゆえに宮廷の奴隷にはならない大貴族である——と政治家たちは論じた。人民の友であるあの毅然としたチャールズ・ジェイムズ・フォックスは「少なくともこの国では、自由を保持するために、貴族政党が絶対必要であると思わざるをえない」と論じた。

もとより、この鎮静的修辞である憲法上の自由というものは（参政権を与えられている者と同様に与えられていない者も正当な代表を送られていることを立証するために考案された「実質的代議制」という儀礼的虚構ともども）大資産家の主導権を合理化したものであった。この神話の中では、彼らが財産権を守ることが、次には、一人ひとりのイギリス人を専制からも煽動からも安全に守ることになるのであった。

お前たちほど恵まれていない国々の民は、
順に、暴君の前に膝を屈しなければならない

と、自州の総督を任じ誇りとする大物貴族たちは唱和した。あるいは、アーサー・ヤングの明確な表現を借りれば、「我が憲法の原理は財産を代表することにあり、理論上は不完全ながら、実際上は効果をあげて……土地、金銭、商業いずれの財産もその大多数が代表されているのである」となる。言い換えると、土地所有階級は政治権力を奪取していただけではなかった。それどころか、憲法によって彼ら自身の本質

（すなわち、財産）を権利とこじつけていたのである。しかしながら、いつもながら現実主義者であるアダム・スミスはこの欺瞞をまったく受けつけようとしなかった。「国政は……財産の安全を保障するために制定されている限り、その実質は金持ちを貧乏人から防衛するために制定されたものなのである。」もちろん、専制を未然に防ぐと言われている権力の抑制と均衡と分立が自慢であるにもかかわらず、実質的権力の枝はすべて同じ一本の幹から伸びたものであった。国王、閣僚、庶民院議員は混ざり合い、結託していたのであり、行政府が立法府を蔭で操っていたのであった。首席大臣たる国王は議会で多数派を形成しようと思えばできた。州および自治都市における行政管理力からして、閣僚は一人も一七一四年以降一世紀以上にわたり総選挙で負けたことがなく、そして、一部には地位が下の行政官に押さえ込まれることによって、また一部には貴族の息子やら親戚やら庶民院に議席を占める過剰なこの種の議員を経由した貴族院議員たちの圧力で、庶民院議員は権威に従順なままであった。

ジョージ王朝の社会は、このように、常になく一致団結し安定していた支配階級に、政治権力を独占する支配階級に、支配されていた。それでは、どのような影響を、国家機関は社会全体に与えていたであろうか。二十世紀の私たちの目から見ると、国家が〔したことよりも〕しなかったことのほうが非常によく目につくのである。歴代の王とその閣僚たちは、社会正義ないし社会改革を進展させる計画を実行に移そうとはしなかった。総合的かつ長期的産業政策および農業政策を追求しなかったし、教育計画や福祉計画を推進することもなかった。「神の摂理によって世の中が組織されている以上、人がこれを治める必要は毛頭ない」とシェルバーン卿は説明した。しかし、国家の諸施策は、とりわけ収入の再分配によって、社会動向の自律した動きに同意したのである。スチュアート朝の政治は大変安上がりであった。それもそのはず、庶民院議員たちがスチュアート朝の要求した僅かな課税にも徹頭徹尾戦ったからである。これに対し、十八世紀の政治は途方もなく金のかかるものとなった。一七〇〇年の政府歳入は四百三十万ポンドであったが、一八〇〇年までに課税額は三千百六十万ポンドになっていた。言い換えれば、中央政府の歳出は一七一五年には国民総生産の七パーセントであったものが、一七八三年には約十六パーセントになり、一八〇一年には二十七パーセントにもなったのである。しかし、議会はいよいよ簡単に投票によって課税を支持するようになった。その理由の一部は、この政治的国民が今や歳出を支配し、課税の主な受益者となっていたからであった。税金は儲けになる戦争、役人、閑職、年金などに資金を供給し、そしてなかんずく政府貸付金を引き受け、国債を保証し、通貨を安定させ、増加する大群の年金受給者たちを満足させていた。安定して容易に金を借りることができたため、内閣は帝国建設のための征服に着手することもほとんど無限の額の借金をすることもできた〔イギリスはクレジット〔信用〕で幾多の戦争に勝利したのである〕。一六八八年から一六九七年までに歴代政府はローン〔借款〕によって千六百万ポンドを集めたが、一七九三年から一八一五年の間には四億四千万ポンドを集めたのである。税金は次第に国債の利払いに当てられるようになっていった。その国債は一七〇〇年には千四百二十万ポンドであったが、一七六三年には一億三千万ポンドに達し、一八〇〇年には四億五千六百万ポンドに跳ね上がった。一七八四年までに債務返済費だけで年九百万ポンドになり、それが一八〇一年までに二千万ポンドになった〔チャールズ二世の王制復興国家全体は年百万ポンド強でやっていかなければならなかったものだが〕。かくして、議会は今や公債の維持に基本的に関わることになった。資金供給がイングランドの事業計画の核心になってしまったからである。そして、いかなる政府もシティー〔金融街〕の支持なしには生き残れなかった。アダム・スミスは「イングランド銀行が安定するということはイギリス政府が安定するということである……。それは普通の銀行として機能するだけでなく、国を動かす大動力源としても機能しているのである」と説明した。

資産家たちは、かくのごとく、増税をいくらか冷静に見詰めることができた。一部には彼らが納める税金が官職や利権という形で戻ってくるということもあったが、また彼ら自身が分担する税負担が減少してゆくからでもあった。一七〇〇年の主要な直接税は地祖で、一般に税率は二十パーセントであった。査定価額が実勢価値にスライド方式化されはしなかったから、別の収入源をもたない自由土地保有者や小ジェントリー階級を除けば、地租の痛みは実際には時が経つにつれて薄らいでいったのである。

一人当たりの課税額は一七一五年から一八〇三年の間に二倍以上になった。だが、流動資本はそれとして流出し、金融業者や産業経営者の投資収入は無罪放免となった。所得税は長い間きびしいと思われてきていた（それでも遂に一七九七年、戦時の緊急事態に小ピットによって増税されはしたが）。それゆえ、ほとんどの新税は消費に課す間接税であった。こうして、十七世紀末には三十五パーセントであった直接税の比率が、一七九〇年までに十八パーセントに落ちていた。間接税は自家用四輪馬車など贅沢品にかけられたが、庶民にも打撃を与えた。重い物品税がものによっては基礎的日用品にさえかけられていた。一七六九年、ある外国人は

イングランド人は、朝は手を洗う石鹼に、九時には朝食に用いるコーヒー、紅茶、砂糖に、正午には髪粉用の澱粉に、夕食では肉に風味をつける塩に、晩には元気づけの黒ビールに、日中は窓に射し込む光に、そして夜間は床に就く足元を照らすロウソクに、税をかけられている。

と述べた。彼がなぜ煉瓦、石炭、革、ガラスを除外したのか不思議である。ウィリアム・ブレイクは「法

定貨幣で買った合法のパン、そして法の認めた窓明かりによって適法の望遠鏡を通して見た法律上正当な空！　精霊その他課税しえないものすべては非合法であり魔術なのである」と言って激怒した。愛国主義者の固定概念とは逆に、自由な議会主義イングランドの庶民は、旧体制時代のフランスの庶民より、従順に税に服していた。

課税方針は、この国がいかに臆面もなく利権を守る大貴族とその配下たちの世襲財産として機能し、いかに寄生虫たちがむさぼり食うにころあいの死骸として役立っていたかを、示している。財政は至る所便宜主義だらけであった。新たにガーター勲爵士に叙せられた者は四百ポンド一シリング七ペンスの料金を払わなければならなかった。ジョージ一世でさえ、セント・ジェイムズ公園の池から鯉を釣り上げた男に五ギニーをそっと渡さなければならないことを発見したくらいである。政治を汚職と化してしまったこの転換は、普遍的でこそなかったけれど、しっかり根を下ろし、それを恥とも思わないものであった。「もし、今この瞬間、イングランドで見てきたことを要約して述べよと求められるなら」とルイス・シモンドは十九世紀への変わり目に書いた、

この国の政治制度が隅々に至るまで——夥しく——腐敗堕落し、いかにもぞんざいに着けた公共心の仮面の下で個人的野心の素顔が思いもかけぬほど吐き気を催す、そんな様相を呈していると申し上げるでありましょう。

「腐敗」の暴露は、もちろん、屢々にして修辞的誇張であるが、それでも、この政治制度が買収にまみれ、頂点に立つ者と内側にいるもの、そしてその取巻き連中、に利益を与えていた事実を浮き彫りにしている。例えば、ある貴族が入会地を囲い込むとか、流水権がらみで水路を変えるとか、港湾を開発しようとか、

あるいは――もっと難しいことだが――妻を離縁しようとか望んだとき、普通であれば強盗あるいは不正行為と見られかねないものを個別法が正当化してしまったのである。国会は概して私事や地方事を行うだけの働きしかなく、ホレース・ウォルポールはこれを「有料道路と救貧税しか処理されない単なる四季裁判所みたいな所」と断言した。既得権を擁護し特定地方を守りはしたが、それ以上となると、二十世紀の私たちから見て、市民に対する責任は僅少であり、社会政策に関する事柄はほとんどすべて地方政府に委ねられていた。実際、自由放任主義を標榜する圧力団体が興るとともに、国会は長年の重商主義の温情主義を放棄し、賃金率、雇用条件、市場などを規制する法律、資本の自由な活動を阻害する法律、を一つずつ破棄していった。政府がそれほど怠惰なのは幸運なことである、と考える人たちもいた。アーサー・ヤングの言葉を借りれば、「イングランドでは、公金を使って行われること以外は、万事うまく行われている」からである（公金の大部分は最終的に個人の懐に入ってしまったのである）。

ジョージ王朝の国家はこのように人間的で、買収され易い体質で、しばしば情実が幅をきかせる国家であった。だが、これは、多くの面で、互いに顔と顔をつき合わせる社会には相応しいことであった。地方の多様性が大きいという特徴をもつ、顔なじみであることと「引き」が抽象的な専門知識より現実に重要な社会なのであった。いずれにしろ、私たちは庶民院の平議員や巧利主義者たちが「腐敗」を徹底的に非難するのを真に受けてはならない。彼らは彼らなりに利己主義なのである（例えば、巧利主義者たちは官僚を総入れ替えして専門家集団、すなわち彼ら自身、を入れようと欲していたのである）。しかしながら、汚職をすれば、いつまでも根深い非難を受けるという報いがあった。改革に対しては土地所有者たち自身が一致団結して抵抗し、また、昔からの支配権あるいは既得権に対し中央集権政府がこれを侵害すれば申し合わせた抵抗を受けた。こういう次第で、常備軍は傭兵や兵舎がつきものだといって軽蔑され、犯罪と無秩序の恐怖が高まったにもかかわらず、職業警察や法の執行を職務とする有給行政官を置こうとする案は、汚職や専横の悪臭を放つというので、大きな反対にあった。ゴードン暴動の直後でさえ、警察官二百二十五人のロンドン警察を設立しようとする一七八五年の政府提案は頓挫した。一七五三年、庶民院議員トマス・ソーントンは、国勢調査施行法案を葬るべく尽力し、「〔法案が通れば〕最後に残ったイングランド人の自由が全滅してしまう公算大であると信じる」と公言した。さまざまな責任は個人的、地方的、私的なままであった。大佐は自分の連隊の兵員を自分で掻き集めなければならなかった。そこで彼らは新兵徴募将校を雇ったが、この将校連がちょっとした商売人で、新兵一人につき五ポンド貰うこともしばしばであった。大佐は不正に得た金で自分の連隊に服と食事を供給した。海軍指令官は自分の軍艦の上では思いどおりに振舞った（国家ではなく、乗組員が、略奪した金を着服した）。教区役人は浮浪者を一人逮捕するたびに五シリング得た。犯罪人を告訴する者に報償金を払うという制度は、法律違反者を捕える方法としてもっとも安上がりでもっとも横暴の度の低い方法であった（それはまた、おそらく、実に効率的な方法でもあった）。犯罪人を密告する者には「タイバーン切符」が与えられた。これは市民の労役負担を免除するものであり、この切符自体が市場価格を有する財産として譲渡しうるものとなった。一七九〇年代の「ジャコバン」過激派取締まりに際しては、与太者や狂信者など雑多な人々が裏金を貰ってスパイ、密告者、密偵として働いた。

国家機関は統一がとれておらず、屢々にして不手際であった。その理由の一部は――国税庁など大変能率的な部局が大いに拡張したにもかかわらず――初期の内務省のような主要領域に最小限の職員しか配してなかったからであった。一七九二年、内務省と外務省にはそれぞれ十九人の職員しかいなかった。時には、例えばアメリカ独立戦争のときなど、どうしようもないほどの無能ぶりが晒けだされることがあったが、（例えば庶民院から公務員を排除することによって）たたきあげの官僚を政党の支配から切り離せという改革派の要求は、一七八〇年代以前には、ほとんど前進を見なかった。行政を合理的に中央集権の方向で改革しようとするベンサムの巧利主義的目標はヨーロッパ大陸流絶対主義の気味があると考えられた。広く認められているように、高圧的な寡頭政治や、専横な収税吏や強制徴募隊は、世間一般に憎まれていた。ウォルポールとビュートの「専制政治」、そして一七七〇年代のアメリカ危機の不手際な扱いは、憤慨と抗議を呼んだ。しかし、議会改革運動は議会自体の内部からは気紛れで日和見主義的な支援しか得られず、院外の圧力は十分な組織もなく、持続的でもなく、影響力もなく、成功するはずもなかった。旋風を起こしたウィルクスの運動はいくつかの基本的自由（例えば彼自身の議席権）を取り戻そうとしたものであったが、ただし、それを当時の政治体制の中でやろうとした。ダニングは動議の中で特に――正当に――「王権の支配力が増してき、今も増しつつある」ことに言及し、これは縮小されるべきであり、ヨークシャー協会は主に州選出ジェントリー階級の比率を高めるなど議席の再配分によってこの目的を達成したいと望んでいる、と論じた。しかし、王権と張り合って排斥される連合組織、製造業者たちがやがて自分たちがそれであると思うようになる「別政府」、は未だこの政治的国家を追い詰めるところまでいっていなかった。とにかく、本当の挑戦が現実の最強集団、王朝の隠れ家たる貴族院、に届いてはいなかったのである。そのうえ、多くの改革派は政府をもっと強くし、もっと中央集権化し、あるいは官僚組織化したいとは望んでいなかった。一七九〇年代のウィリアム・ゴドウィンなど過激派は、既に政府は食傷するほど過大になっていると考え、それを最小限に漸減してゆくことを目論んでいた。

　にもかかわらず、一七八〇年代までに改革の噂は広まっていた。老世代の政治家たち――ニューカースル、チャタム、ノース――が遂にチャールズ・ジェイムズ・フォックスや小ピットなど若手に代わられていたのも、その理由の一部である。改革のしるしとなるものがいくつか導入された。バーク法によって百三十四の官職が、シェルバーン法によって百四十四の官職が、廃止された。一七八九年にはピットが七百六十五の職務を廃止した。国税庁の役人は権限を奪われ王室経費は管理下に置かれた。一七八〇年には国庫会計検査委員会が設立された。しかし、いくつか閑職がなくなりはしたが、選挙改革はなされず、権力の移動もなかった。官吏と官職任命権の仕掛け、ウェストミンスターでの政党内派閥と秘密結社、地方の自治都市の選挙ゴロは、プラムが呼んだ「堅固無比な力と甚大な慣性力」で十九世紀にまで突き進んでいったのである。そして、その間ずっと、議会はいよいよ代議制らしからぬものになっていった。一八〇一年までに、イングランドの七大都市のうち四つまでに庶民院議員がいなくなっていた。国家機構は社会的権力区分を強化し悪化した。どうしてこれはもっと実際的に問題にされなかったのであろうか。

一部には、国家が弱体で圧制を一貫できなかったことがある。権力と権力が抑制し合った結果、もっとも明確な利権には後援者がつきえたのである。イングランドが多くの者にとって経済的に儲かる場であり、国が企業や繁栄の邪魔だてをしない場である限り、改革を求める金持ちからの圧力はこま切れであり断続的なものであった。少なからず、官職任命権の長い腕はずっと下の社会階級に属する十分な人々にパンと魚を提供し、ささやかな慰めに他の人々も希望の火を灯し続けていた。こうして利益を得ていた詩人エドワード・ヤングはウォルポールの前で次のようなごますりの挨拶をした。

わが胸は、ウォルポールよ、感謝の火に燃える。
溢れ出る王の恵みは、貴下によって流れを変え、
干からびた詩歌の領土を潤し甦らせる。

まさに官職任命権とそれへの依存が広く浸透していたがゆえに期待が生まれ、期待がこの体制に力と永続性を与えることになった。

フランスやプロシアとは異なり、十八世紀のイングランドは大貴族の権力が地方の州から首都に流れ上る、そういう国家であった。名誉革命の決着によって、すでに、地方行政は地主層が好き放題にやってよいことになっており、地位の低い人々もおそらくそのほうがよいと思っていたであろう。小自作農、商人、小屋住み農たちは自家用馬車をもつ人々に対してほとんど敬愛の念を抱いてはいなかったかもしれないが、新りんご酒課税とか民兵徴募増員あるいは穀物収穫助成金への干渉脅迫といった中央の妨害に対しては、自動的に彼らと徒党を組んだ。彼らにはパンのどちら側にバターが塗られているか分かっていたのである。

原子論的地方分権と地域への狂信的忠誠心、この二つが複数行政の秘訣であった。地方の政治機構は複雑で、複雑である根本的理由は唯一、歴史にあった。例えば、サフォーク州のベクルズはそこの沼地を所有する複数の人々に治められていた。ペンブルック州のハヴァーフォードウェストはシティ・オブ・ロンドンと同じ特権を享受し、独自の総督と記録長官を置いていた。ダーラムのパラタイン特権領では、主教がドイツの聖職者王の権力に似た権力を有していた。そのうえ、人口の増大と移住が進むにつれて、法の権威という皮が共同体の成長によって無様に引き伸ばされ引き裂かれつつあった。急成長する町々は、依然として、かつて封建時代の荘園に仕えていた荘園裁判所によって管理されていた。一七五〇年までにハリファックス教区は五万人の住民を有したが、未だ一人の治安判事代理ももたなかった。マンチェスターでは、行政は男爵裁判権の名残りをとどめる荘園領主の法廷によって未だ行われていた。そこここで、上位裁判権の間隙をぬって、私的荘園裁判所やハンドレッド〔住民集会〕裁判所が残存し、条例違反、不法妨害、土地保有紛争を処理していた。

さらに、街路照明ないし治安維持の改善とか、ごみあさりの取締まりなど、さまざまな改革そのものが、中央の指示によってというよりも私的自助に導かれて、地方の主導権のもとに湧き上がってきた。これは恵みでもあり破滅のもとでもあった。地方の立法は一般に地方の必要事に敏感であったが、根本的に地域的な問題とか国家的問題には対処できなかった。結局のところ新しい行政は古い行政のすり切れた繊維の上に布を当ててつぎはぎした突拍子もないものとなったのである。新しい有料道路なり教区連合救貧院をどこに決めるかについての国家的根拠などなかった。こういう事柄が国で決められることは決してなかった（軍事的に重要な道路は別である。ロンドンからホリヘッドへの道路が改修されたのは、それが軍隊のアイルランド往還路だったからである）。

大地主は、そして町の支配的商人は、雇用者、消費者、また援助や庇護の分与者としての牽引力をもつがゆえに、広い方面で力を発揮した。貴族院議員、庶民院議員、そしてその取巻き連など政治的にも強力な者たちはさらなる権威を行使し、地方共同体と国会との間の耳とも口ともなり、保護者、嘆願者、交渉役ともなった。しかし、とりわけ共同体の運命を支配したのは、地域のエリートに牛耳られながらも法律に支援されていた、地方官職であった。

州の官職で序列第一位は総督職であった。これは主として名誉職であり、日常業務はほとんどなかったが、総督になれば治安判事を推薦し任命する権限と民兵の指揮権を有した（民兵は時に社会秩序を強制するために召集された）。大きな威信をもつ総督は官職任命権を有し、裁判所書記官などの任命に当たった（この書記官職は終身在職権があったため特に珍重された）。行政および司法の指令は彼を経由してその州に伝達されるのであった。総督職は政党の管理に肝要な職であり、次第に国政の大立物がしきりに欲しがる職となっていった。例えば、ボウルトン公爵はハンプシャー州、ドーセット州、カーマーゼン州の総督になり、ニューカースル公爵はサセックス州、ノッティンガム州、ミドルセックス州の総督になった。総督の下には州奉行とそれぞれの代理がおり、同じような機能をその下の職務で果たしていた。州奉行は現実に政治的支配力を有し、選挙の投票、場所、日時、実施、管理（どれにも濫用の余地が多分にあった）の原案作成に責任を負っていた。

日々の行政の牽引力となったのは治安判事であった。その権力は地主階級のジェントルマンとしての影響力（一七三二年から治安判事となるには年収百ポンドの地所をもたねばならなかった）と異常なほど広範かつ誰にも監督されない司法権および行政権を併せたものであった。治安判事は、一人で即断即決して、逮捕令状を発行し、泥酔、浮浪、冒瀆といった何十もの軽犯罪の違反者を処罰した。

下級判事は密猟者などの小犯罪人を公共の場で笞打ちの刑に処したり、罰金を科したり、矯正院に入れたりし、純然たる窃盗や暴行などの重罪に対しては犯人を四季裁判所での裁判に委ねた。一七四六年デヴァイジズでのウィルトシャー州四季裁判所が扱った二件に彼らの仕事の典型的な例を見ることができる。

コーシャムの紡績女工ハナ・キャリントン、ジョン・ピース所有のシフトドレス一着五シリング相当窃盗——無罪の申し立て、陪審員有罪の評決、笞刑の上三か月の投獄。デヴァイジズの織工ベンジャミン・ウィンター、ジェイムズ・バックリー所有の雌鶏二羽雄鶏一羽二シリング六ペンス相当窃盗——無罪の申し立て、陪審員有罪の評決、笞刑の上三か月の投獄。

治安判事には容疑者を州の巡回裁判所で判事と陪審員によって行われる裁判に委ねる権限もあった。この裁判所は年二回国中を巡回し、刑事事件の場合には生殺与奪の権限を有する裁判所であった。二人一組の判事は居酒屋、私生児認定訴訟、逃亡した奉公人や徒弟などに対し、略式裁判権を行使することができた。治安判事は、犯罪人を裁判にかける役割の外に、賃金や物価を決めたり、年季奉公を管理したり、治安官を宣誓就任させたり、公道の営繕を命じたり、不法妨害を鎮圧したり、市場を監督したり、州民税を査定したり、定期市や娯楽を許可——または禁止——したりもした。救貧法施行に際しては、治安判事が居住地を設定し、宣誓供述書による証言を聞き、審問を指揮し、移動を命じ、税金の割当てを査定した。

治安判事は無給であり、その職務は煩瑣で果てしなかったが、中には熱心に務める人もいた。バッキンガム州の治安判事ヘンリー・ピュアフォイは、遺言をめぐる紛争、継承的不動産処分、教会委員の任命、公道の障害物、森林破壊、逃亡奉公人などなど、共同体の家事ともいうべき神経をすり減らす雑事に精を出し、忙殺されていた。それでも、たいていは村のソロモン〔紀元前十世紀のイスラエルの王、賢人〕としての役割を楽しんでいた。結局のところ、彼らは法律による拘束力で自分たちの利益を支えていたのである。判事が自分の猟の獲物を密猟する者を罰するのも無理のないことであった。上から監督されることがほとんどないため、彼らの自由裁量権は巨大であった。プラムが特筆したように、「彼らは自分の都合のいいように法律をもて遊び、維持すると思われているものを破って罰を受けないでいた」のである——もっとも、誰かが提訴すればいつでも王座裁判所で訴訟の被告になりえたのだが。

地方での治安判事や、資産所有者による少数独裁的教区総会に該当するものとしては、自治都市における市自治体がある。ジョージ王朝初期イングランドの大都市はほとんど——ヨーク、エクセター、コヴェントリーなどといった所——が団体組織化されていた（もっとも、団体組織化されていない多くの都市は、この世紀の間に、規模の点で大都市を追い抜いていった。バーミンガムはその好例である）。市自治体は資産を所有し、税や地代を徴収し、市有地を管理し、商工業を許可し、慈善事業を行うなど、住民に対し広く統制権を行使した。行政官として、条例を議決を経て発布した。また、市政や官職任命権を操りもした（市参事会員たちが国会議員選挙権のすべてをもつことがしばしばであった）。十八世紀までにほとんどの市自治体は現職参事会員が新参事会員を選出する制度をとり、自己永続化し、その好運に乗ずることに熱心になっていた。だが、所によっては、市長職などの地方官職選挙を公開選挙とし、政党や宗教を基盤に共同体を真っ二つに割ることもあった。

自治都市の中で首長的都市は、もちろん、シティー・オブ・ロンドン〔ロンドン市〕であった。このシティーの政治は二十六人の市参事会員（選挙による終身職）からなる上部会と、昔からのさまざまな同業組合から毎年選挙で選ばれる二百三十四人の自由市民からなる下部会（市議会部会）とで、分担されていた。中央政府に対し、シティーの市政機関は汲々としてその管轄権や特権を守った。独自の司法執行官選出権、市専属民兵指揮権などがそこに含まれる。そして、商業や金融の大義を擁護した。どの内閣もシティーを疎んじたりはしなかった。だが、自由市民急進主義が沸騰していたこともあって、国会と市議会の間に論争はつきものであった。一万二千人にのぼるロンドン市民が市参事会員や市会議員の選挙で投票した。

地方行政の基盤となる行政単位は教区（あるいは、イングランド北部では、町区）であり、その数はおよそ一万であった。共同体の人々の感情と上からの指令とが調和されなければならなかったのは教区の段階でのことだった。教区の管理に当たったのは、毎年治安判事によって任命される役人か、地方税納税者によって選挙された役人であった。教区委員、治安官、公道監督官、民生委員（そして、また、公設家畜柵を番した柵囲い見張り番など身分の卑しい人たち）である。中には、無給ということもあり、意欲がないこともしばしばあって、時間を損する埋め合わせに宴会を開き巨額の「経費」を要求する役人もいた。

セント・マーチン・イン・ザ・フィールズの民生委員たちは自分たちが食べる正餐に四十九ポンド十三シリング九ペンスもの金を使ったことがあった（「教区の役人は誰もが権力を握った一年間は教区に勘定を回す権利があると考えている」とフランシス・グロウスは不平を述べた）。

教区の仕事のほとんどはいかにも教区的で、怨恨の解消や隣人関係の修復など家庭的利害関係を処理するというものでありながらの役目であり、それは田舎の人々の（そして町の人々の）日常茶飯事であった。治安官は、法律違反者の逮捕に加えて、教区の民兵割り当て人数を確保しなければならなかった（投票が行われ、選ばれた者は自分で務めてもよいし、代理を見つけてもよかった）。公道監督官は道路補修のため六日間の無給労働を教区民に要求する権限をもっていた。

地方政治は対照的に分岐する傾向にあった。体制の組織は以前より排他的、少数独裁的、非代議的になりつつあった。いくつかの教区総会は開かれたものではなくなり「閉鎖的」（あるいは、新会員を現会員が選挙で選ぶ形態）になった――ウェスト・エンドなどロンドンの「閉鎖的」地域がその例に挙げられる。閉ざされた組織は必ずしも腐敗していたわけではない。ハノーヴァー・スクエアーのセント・ジョージ教会の閉鎖的教区総会は精力的であり公共心に富んでいた。一方、二千人の投票者を有するベスナル・グリーンの開かれた教区総会は、正真正銘、腐敗堕落の極にあった。自治都市では、市参事会員が自分の後継者を指名するといったように、自己永続化を図るところが増えた。新規参入者数を制限するために、自由市民になるための課徴金が引き上げられた。自治都市内では官職と報酬をめぐって個人的また党派的競争がもっとも激しく燃え上がったが、外部の抗議を受けないように法律で守られていたため、無気力な市政機関はしばしば公務を忘れ、特権に浴し、謝礼金を受け取り、正餐を食し、建築、市場統制、土地や資産の管理、自由市民の認可などの諸権限がもたらす経済的役得を着服していたのである。例えば、レスターの公共心に富む市民たちが病院建設に着手したとき、市政機関はただ傍観するだけであった。だが、市自治体によっては公益事業の展開に推賞すべき活動を示したところもあり、例えばリヴァプール自治都市は商業面で利益になると感知して立派な埠頭を建設したのであった。

市政機関あるいは治安判事の権限を一掃する中央改革を求める大衆運動というものはなかった。有給の行政官（ロンドンには少数だが既に存在した）を任命しようという提案は不届きな汚職であるとして公然と非難された。全体として、ロウチはそれを地方行政の「集団的無力」の時代と呼んだ。だが、地方の必要性はいよいよ複雑かつ切迫したものになりつつあった。人口と生産工場が増大するにつれて、新規の公益事業を供給することが優先事項になった。都市を取巻く周辺の畑地を囲い込んで新しい住宅用地にしなければならなかった（これをしなかった所――例えばノッティンガム――では結果として忌まわしい過密なスラム街が生じた）。都市は清掃と下水設備が、市場は拡張が、道路は拡幅が、崩壊する市壁は撤去が、どうしても必要になった。人間の糞尿と産業の廃棄物および廃液が腐敗し厄介物となり健康を害する要因となった。共同体が大きくなり住民の名前が分からなくなり犯罪者が機動力に富むようになった教区では犯罪がもはや治安官の手に負えなくなり、そして「資本主義的犯罪」――財産の盗難――が増えた。六日間のだらだらした公道補修強制労働では国の商業用幹線道路を良い状態に保っておくことはできなかった。

だが、多くの教区総会や市政機関はしくじり続けるだけであり、国会がそれらに方法の手直しを強制することはなかった。その結果、多くの都市で、利害関係者たちが現当局の間隙をぬって率先して私益事業を設立することになったのだが、彼らは当局に取って代わったわけでも改革したわけでもなく共存することにしたのであった。特定都市用の個別法が国会を通過し、さまざまな委員会あるいは役員会の設立を認可し、上下水道のような施設に資金供給するための地方税を上げる権限を与えた。一七六一年から一七六五年の間にウェストミンスター市は道路の舗装と街路照明のための個別法を確保した。一七六九年、ある法律によって認可されたバーミンガム道路委員会——委員数五十八人、役員になるための資産資格は千ポンド——は、建築を規制するために、英貨で八ペンスまでの地方税を課す権限を有していた。ここでは、他所と同じように、委員会は時が経つにつれて活動範囲を拡げていった。マンチェスター市は一七六五年に清掃・照明法、一七七六年に土地改良法、一七九二年に警察法を手に入れた。一七八五年から一八〇〇年の間に、こうした個別法二百十一が国会を通った。市民の主導によって設立されたものには診療所、病院、その他の慈善施設もあった。バーミンガムのような商業の中心地では、商取引上の紛争が生じた場合に即断即決によって安く速く裁きを下す目的で少額負債裁判所や調停裁判所が設立された。

地方政治の頭痛の種は貧乏人であった。一方で、イングランドには国法として救貧法があった（これは異色であった。ほとんどのカトリック教国では救済は教会による慈善寄金の分配に委されていたのである。アイルランドにも救貧法はなかった。東ヨーロッパでは、貧民救済は拡大家族に委されていた）。他方で、一六六二年に居住および移住法が裁可され、貧民救済の責任が地方行政の最小単位すなわち教区に預けられた。何よりも監督を旨として考えられた一六六二年の救貧法は一人ひとりの貧困者に対する責任を定めていた。地元の人間は誰もが一教区で、そして一教区だけで、「生活保護を受ける権利」を有すると見なされていた。このような権利——典型的なイングランドの財産権——が確立されえるもっとも一般的な方法は（a）私生児の場合には生まれがその教区であること、（b）父親がそこに居住していること、（c）その地の男と結婚すること、（d）その地で一年間契約奉公人として雇われること、（e）その地で徒弟奉公したこと、あるいは（f）その地で家を借りていること、であった。失業、病気、労働不能などのため貧窮する者にはその教区だけで救済を受ける権利があったのである。

この政策には救済を与えるとともにその責任を明確にするという長所があった。そこには、教区の定める居住地の中または近くに住むよう奨励することによって、貧困者の移動を不能にし大群の浮浪乞食の発生を未然に防ぐ目的もあった。法律上は、仕事を捜しに行く場合、証明書を得てから教区指定居住地を離れる必要があったが、景気が上向き加減のときには、およそ教区の重荷になりそうもない健康な男性の場合には特に、この規則は適用されなかった。救済を受けている貧困者は衣服に「P〔pauper ポーパー（貧困者）の頭文字〕」という記章を付けることになっていた。しかし、指定居住地に住む権利があるということは、移住する資格があるということでもあった。役人には、浮浪者や、指定居住地がなく地方税の負担になりそうな者共を、元の教区に追い返す権限があった。

どこかの教区（もちろん屢々にして居住地であった）を要求する権利を各人に与えることには、それなりの長所があった。不幸な人と個人的に知り合いであれば、同情する気持にもなりえたからである。民生委員は懇意の顔ぶれには屢々にして同情したもので、家屋の修繕、葬式、衣服、道具、医薬などの代金とか、苦しい生活を乗り切る費用として、少額ながら一、二シリングが彼らに支払われるのであった。一七八八年にオズウェストリーの民生委員たちはリチャード・フランシスの寡婦メアリーに三年分の家賃を払ってやり週三シリング与えていた。彼女には、また、庭の生け垣代に一シリング、庭で栽培する種芋を買う代金に三シリング、小屋の屋根に葺く藁の代金に一ポンドが与えられた。このフランシス未亡人は、家族も衣服を必要とするため、子どもたちの靴や靴下、また靴の修繕代などに当てるべく、施しを受けてもいた。レイトンストーンでは一七四〇年に一人の思いやり深い民生委員がベック・ミトンという女性に「コルセットを質から出す」金を与えた。救貧法は、控え目ながら実にさまざまな方法で、教区民を支える——そして支配する——万全のシステムとして役立ち、家族の不足を補い生活を律する働きをしていたのである。この世紀の前半には特に、貧民の面倒を見る民生委員たちは温情をもって気前よく家庭収入の不足を補ってやっていたように思える。労働力が相対的に不足気味である限り、地元の労働力を保護することには十分意味があった。

しかし、そこには暗い面もあった。一般に教区は居住地をもたない人々を受け入れる責任を取ろうとせず、ためらうことなく責任を転嫁した。貧乏で病弱な老人は容赦なく追い払われた（あるいは、金をやるから出て行けと言われることさえあった）。未婚で妊娠した女性は野蛮な仕打ちにあった。私生児を戸口に「落とされる」のを望む教区はどこにもなかった。落とされれば、その赤ん坊には居住権が生じてしまうからである。身籠った女性は、時に、他の教区の男と無理矢理結婚させられてしまった。生まれてくる赤ん坊の居住権がその父親の教区になるのが普通だったからである。こういう儀式を執り行うことに困惑を感じたのが教区牧師ウッドフォードであった。「誰もが法律によって結婚を強制されるというのは残酷なことである。」それでも彼は従った。出産のときにさえ教区から出て行くよう責めたてられる女性もいた。「赤ん坊を回す」ために。教区の報告書にはぞっとする残忍な仕打ちが記録されている。

一七二二年、ロビンソンで数日養生中の妊婦、当地での療養を妨げるべく、体力回復後チグウェルに移せしところ、両三日にして錯乱をきたす、七月十七日。

責任を負う破目になるという恐怖感はいくつもの金のかかる告訴や、時にはブラックユーモア調の喜劇をも、生みだした。サセックス州イースト・ホウスリーはトマス・ドーなる人物を別の教区に住まわせるのに八十ポンドも費やした――「だが私の信ずるところ」と倹約家の地方税納税者トマス・ターナーは書いた、「それは大変分別ある措置である」、なぜならドーは片脚であり盲目の妻をもっていたからである。教区民生委員は卑劣ないやがらせを完璧なものにし、利益を得て責任を回避する方策をあみだした。よく使われたのは、貧乏人の子どもを少額の謝礼と引き換えに里子にだすなり親方職人に委託する方法だった。それで子どもが死ぬことがあっても、誰も何も言わなかった。

貧困者問題への取り組みに膨大な精力が費やされた。その背景には地方税の急上昇という切迫した事情があった。一七〇〇年、これに要する費用は六十万ポンドから七十万ポンドであり、それでも、その当時でさえ、恥ずかしい額であると思われていた。一七七六年までに、これが百五十万ポンドに跳ね上がり、やがて上限を突き破って一七八六年に二百万ポンド、一八〇三年には四百二十万ポンドに達した。その一部は病人、弱者、失業者に充てられたが、ごく僅かな賃金で家族を扶養することもできない労働者とか季節労働の口しか見つけられない労働者たちの収入に「上乗せ」する分が増大していった。スピーナムランド裁定（一七九五年）に従って、「上乗せ」は物価上昇と歩調を合わせるスライド制にされた。行政官はこれにあきれながらも対処の方法を求めて模索した。

新たな「解決策」はどれも、貧困者に対するさまざまな態度がひどく相矛盾するものであるだけに、紛糾をよんだ。労働者階級は無能であり、生来怠惰なため働かなければならない分しか働かない——と地方税納税者たちは信じていた。彼らは余分な現金を手にした途端に酒、道楽、犯罪に走り浪費してしまう、と。慈善家フレデリック・モートン・イーデンは横柄な態度で「貧困労働者の悲惨のよってきたる原因は、彼らの収入が僅少である点にあるのではなく（慈善家はその増収を願ってやまないのでありますが）、彼らが倹約して将来に備えるということを怠る点にあるのであります」と言った。このように、当局は彼らの無能ぶりに憤慨していた。鞭で叩いてもニンジンを鼻の先にぶらさげても馬を走らせる効果はないよう

に思えた。「賃金が良いときは」とデフォーは不平を言った、

彼らはその日暮らしさえできればそれ以上働こうとはせず、また仮に働いても放蕩や贅沢に費やしてしまい少しも彼らのためにならない。再び景気が悪くなったら、その途端にどうなるであろう。そのときは、もちろん、彼らは騒がしく不平を言い、あるいはずうずうしく反乱を起こし、そのうち四散、逃亡し、家族を捨てて教区の厄介に任せ、放浪して物乞いと困窮生活に落ちぶれるのである。

こうした意見に鑑み、行政当局は、労働者を長く働かせておくために賃金は漸減されるべきである、と信じた（これは雇用者側に都合のよい考えであった）。「貧困者を勤勉にする唯一の方法は、生活必需品を入手するために休養や睡眠の時間を割いてでも働かなければならない状況下に置くことである」とウィリアム・テンプルは断じた。「下層階級は貧困にしておかないと決して勤勉にならない、こんなことを知らないのは白痴ぐらいなものである」とアーサー・ヤングは同じ主旨の意見を述べた（もっとも、彼は貧困者には勤勉になる動機も必要であることを認めていた。なぜなら、「もっとも簡単かつ安上がりに貧困者を治め生活の資を供給する大原動力は、私有財産にほかならない」からである）。しかし、こうした「低賃金」策に共通する問題は、労働者が欠乏寸前の生活状態に置かれることであった。ちょっとした事故、病気、あるいは景気の下降でもあれば、堅実な家族でも即座に乞食に変じ、教区の厄介者になってしまうであろう。さらに言えば、雇われて貰う賃金の水準が飢餓生活のものであるなら、どうして働くことがあろう、貧困者として教区に養ってもらうほうがましではないか。施設に収容された貧困者のほうが、そうした施設に収容されないでいる労働者の家族よりも、よい食事にありついている、と端の者の目に映ってい

たのである。

こうした問題は扱いにくいものであった。しかし楽天的な企画立案者はいつも自分には解決策があると思っていた。ひとつ、長期計画ではあるが、大いに討議された方策に、気持ちの建て直しがあった。それをハナ・モアは「下層階級の人々に勤勉と敬虔の念をしつける」と表現した。彼らを訓練して仕事の習慣を身につけさせ、倹約家、節約家にするのである。慈善学校、牧師の説教、四十年ないし五十年同じ親方に仕えた賃労働者に何がしかの報賞を与えること――こうしたことが労働は神の恵みであることを教えるであろう、と期待された。しかし、これには時間がかかるだろう。

人々を完全に生活保護から引き離す抜本的即効策は、それを廃止することであった。この穏当な提案、ジョウゼフ・タウンゼンドが、フレデリック・モートン・イーデンが、そしてある程度はトマス・マルサスが広めた提案は、救貧法は貧民の救済とはほど遠く、逆に、受益者から自敬の念、責任感、節倹の心を奪うため、かえって貧困を掻きたてるのである、と論じた。この、転落しても生命を落さないで済むための安全網を取り外してしまえば、人々は自活するようになるであろう（例えば権利としての手当といったものはなくすべきであるが、本当の不運といった場合にはその歯止めとしてなにがしかの施しが必要かもしれない）。「飢えれば、猛獣といえどもおとなしくなり、まして人間なら節度、礼儀、従順、そして思いどおりにならない境遇に従う気持、を学ぶであろう……一般に、貧民を労働に駆りたて追いたてうるのは飢えより外にないのである。ところが、我が国の法律は貧民を飢えさせはしないと言ってきた」と現実主義者タウンゼンドは論じた。しかしながら、この大胆な施策は試されることはなかった。ジョージ王朝の為政者たちは、人道主義と父子主義を自負していたため、二の足を踏んだのである。ともあれ、救貧を慎重に施行することは、有用な管理技術であった。餌を与える飼い主の手に嚙みつく犬はいないわけであり、救貧法は、労働者たちの生活地域では規制力としての、また労働者を雇う必要のないときには雇用者側にほとんど負担とならない形で労働力を固定化するという、重要な機能を果たしたのであった。

施し物はヒモ付きにすべし、とりわけ、救貧受益者は引きかえに自由を喪失すべし、という考えは秘蔵の妙薬であった。そこに都合よく登場する機械仕掛けの神となるのが貧民収容施設〔作業場〕――ジェレミー・ベンサムが「ならず者を磨潰（すりつぶ）して正直者と化し怠け者を磨潰して働き者と化す碾臼（ひきうす）」と呼んだ、あの施設であった。そこで貧困者は生活費を稼ぎ（かくして地方税納税者の負担を軽減し）、技術、躾、敬虔の念を教え込まれたものであった。一石二鳥、三鳥の施設だったのである。十七世紀に開発された大規模な貧民収容施設が初めて試されたのは一六九七年ブリストルにおいてであり、その後二百ほどの他の土地でも同様に試され、ナッチブル法（一七二三年）で是認されることになった。この法は、貧民収容作業場に入ることを拒否する者に対し、施設外で生活補助を受ける権利を制限する裁量権を与えるものであった。貧民収容作業施設の管理を請負ったのは、たいていが儲け第一主義の業者であった。例えばマシュー・マリオットは一七三〇年代のバッキンガム州で三十の擁護施設を経営していた。慈善家ジョナス・ハンウェイは貧民の保護を委託するこの慣行を冷笑的な目で見ていた。「教区の役人は教区の幼児たちが生きようが死のうが一向に構いはしない。」一歳から三歳の幼児はロンドンの貧民収容施設に入ると平均して一か月で死んでしまう、と彼は信じていた。ミドルセックス州セント・ジョージの貧民収容施設での死亡率は百パーセントであった。一七五〇年から五年間のうちにロンドンの諸貧民収容施設に収容された子ども二千三百三十九人のうち、一七五五年に生きていたのは百六十八人にすぎなかった。

冷たく卑劣な手で育まれ
惨めに衰弱していく様を見るのは
神の御心に叶うことであろうか

無垢な子どもたちの殺戮をこのように告発するブレイクに答える者は一人もいなかった。

安上がりに成果をあげて貧乏をなくす方法としては、貧民収容施設は完全な失敗であることが判明した。一つの問題は、そこに収容される者たちが——定義上——国民の中で労働力としてもっとも頼りにならない者たち、年端もいかない子どもや老人、長患いの病人や身体障害者、ならず者、浮浪者、村の精神障害者などを含む、材木でいえば切り屑にあたる人たちであることだった。多くは不況のため失業していた。貧民収容施設は自己資金調達なのだからこの経済動向をなんとかしのげたのではないか、と想定するのはたわごとにすぎない。とにかく、一般の貧民収所施設はすぐ汚職の巣窟と化し、その経営にあたる請負い業者は支給される手当金を着服して自分の商工業活動に注ぎ込んでしまった。貧民収容施設が失敗に終わった原因は個々の教区が小さい点にある、という非難の声が高まったため、特にイースト・アングリアでは、複数の教区が同盟して連合救貧院を設立し、合同作業場を設けることになった。この動きを奨励したのがギルバート法（一七八二年）である。しかし、貧民収容施設は大きくなればそれだけ大きな経営上の損失をだすだけであった。大規模なものは二百ほどが設立されたにすぎない。それらが「成功」した主なものは保管的な方面であった——貧困者を目に見えない所に押し込めたのである。一七八一年にノーフォーク州のある貧民収容施設を訪れた教区牧師ウッドフォードは、こう記した。

私たちは午後三時に食事を摂り、煙草を喫うなどした後、馬に乗ってディアラムの西約二マイルの作業場に向かった。そこは今すでに大変大きな建物であるが、それでも別棟を建てる必要が生じている。現在約三百八十人の貧民がそこにいるが、彼らは健康そうにも快活そうにも見えない。そこで死んでゆく者の数は多数にのぼり、昨年のクリスマスから数えても既に二十七人が死んだ。

一般の教区は為すすべを知らず、場当たり的な措置をとるだけであった。試みに補足的救貧措置を講じたかと思うと、それを放棄して矯正院あるいは実験的作業施設を作ってみ、次には外部の企業家に請負わせ、遂には元の不出来な院外救貧法に戻る、という具合いであった。

貧困に対するこうした対応はすべて——場当たり的なものも計画的なものも含めて——うまくいかなかったわけだが、その理由は、対応が根本的原因に手をつけず対症療法に終わったからである。さらに、問題が国単位のものであるときに、地方単位でしか症状に手をつけなかったからである。経済それ自体が、最大限に働く者が最小限の報酬しか得られないという搾取の構造になっていたため、残滓として貧困者を生みだしていた。そして、経済学者たちはこれを国家の安寧に不可欠な過程であると考えていた。「貧困は……それがなければ国家も共同体も文明の状態に存立しえない、人間社会にどうしても必要不可欠な構成要素である」とパトリック・コフーンは論じた。同時に、競争的個人主義を標榜する自由放任主義が広まるにつれ、この政治的国民は貧困をなくす責任と手を切りつつあり、あるいは、そうでないにしても、せいぜい最後の方策として貧困の責任を貧困者に押しつけ彼らを監禁するという手段に訴えつつあった。この世紀の終わりにマルサスは生活困窮者に向かい非難の矛先は自分に向けるしかないのだと言った。子どもを作りすぎるからだ、と。貧窮という風土病はジョージ王朝の世紀が生んだ残酷な悪夢の一つなのであった。

他所の国では、例えばイスラム教圏の気まぐれな暴君、フランスの御前会議に君臨した国王、また裁判による拷問、ドイツのじわじわ締めつける過酷な官僚主義的教会法、そしてスペインやポルトガルでの審問による異端者の火刑といったものがあったかもしれない。しかしイングランドでは、対照的に、国王も行政府も法律の下にあり、法律はイングランド人個々の生命、自由、財産の守り手として常に公正であった。目隠しされた正義の女神は万物を公平に天秤にかけ重さを測ったのである。裁判は公開で行われ、既知の正当な手続きを踏んで進められた。アングロ - サクソン人に由来する慣習法の下で自由に生まれたイングランド人であるという無類の恩恵に浴してこそ当り前に思える、こうしたいわば楽天的陳腐ともいうべき事象は遍在していた。大法官から暴徒にいたるまで、誰もがそれを口にしていたのである（もっとも、まったく違う目的のためにではあったが）。

国民一般は、そして弱い立場にいる少数者は特に、強大な権力者から身を守る保護を法律に求めた――巾着切り、詐欺師、債務者、追い剥ぎなどから自分たちの生命、五体、財産を安全に守ってくれるよう熱望していたことは言うまでもない。司法手続きは、法令集に明確化され、裁判の前例と昔からの習慣によって確立されたものであり、多くの提訴人に対し被った不正を真に正してやるものであった（その恩恵に浴す機会が一番少なかったのは既婚婦人と子どもたちであった）。貧乏人でさえ民事訴訟を起こした（その目的は屢々にして法廷による裁定ではなく長期的紛争を法廷外の示談で決着つける梃子にするためであった）。ウィルクス派の過激論者たちは法廷の場を華々しく利用して法律の細部を突いては行政当局の揚げ足をとった。暴徒に対する発砲命令を軍隊に下した下級判事でさえ時には告訴されることがあった。

一七六五年には一人の兵士が自分を軍曹から兵卒に降格したというので上官である大佐を民訴裁判所に訴えた——そして七十ポンドの損害賠償金を勝ち取った。商事法は長らく賃金、価格、徒弟期間といったものを規制していた。人身保護法は身柄の保護を保障するものであった。信仰の自由は（不完全なものではあったが）寛容法（一六九〇年）に祀られていた。

ほとんどのヨーロッパ大陸諸国とは対照的に、政府は裁判官が行政部隊の日和見的特務班であってほしいと期待することすらできなかった。中傷誹謗と思われる記事を掲載した『ノース・ブリトン』四十五号の公刊後、ジョン・ウィルクスが政府の一般令状により逮捕された。首席判事プラットはウィルクスが庶民院議員の特権を有していることを理由に彼を釈放させ、このような令状の適法性に疑問を投げかけた。トマス・ハーディーなどの過激派は、一七九〇年代に反政府的煽動の件で裁判にかけられたが、無罪放免となった。かなりの数の泥棒や人殺しを告発した裁判は訴追上の抜け道や手続きミス——例えば起訴状の中で名前の綴りが間違っているなど——で打ち切られなければならなかった。重罪裁判ではイングランド人は同国人によって罪状認否を問われることが保証されていた。ほとんどすべての訴追は非公式の申し立てによるものであった。法廷では被告の家族や友人が被告の人柄を請合う証言をしえたし、陪審員を務めて評決を下すのは被告の同僚たちであった（陪審員の前に出頭することは「お国に一身を捧げること」と呼ばれた）。労働争議では下級判事自身が常に仲裁者の役を演じた。要するに、犯人追跡から公開絞首刑という不気味な見世物に至るまで、法律とその執行は政府の専断事項ないし支配階級の武器であっただけでなく、生活共同体の本質的一部となっていたのである。

それにもかかわらず、法律を根底で立案し施行したのは、権力をもち舌先三寸で他を思いどおりに動かす人たちであった。それをゴールドスミスは単音節語を連ねた簡潔ながら含みのある言い方で「法律は貧乏人を臼で碾き砕き、金持ちは法律を支配する」と表現した。金持ちのための法律と貧乏人のための法律は明らかに違うものであったのである。「エールハウス〔安酒場〕でちびりちびり呑めば罰せられるかもしれないが、タヴァーン〔居酒屋〕で飲めば罰せられはしない。売春宿には官憲が踏み込むことがあっても女郎屋ならそういうことはない。一事が万事で、法律は貧乏人に対する我々の専横を正当化している」と某「ジェントルマン」は一七五三年に記した。法律は庶民を徐々に痛めつけつつあったわけだが、その一つに、それまでは習慣によってのみ規制されていた地域に制定法を適用して権利を侵害するという方法があった。たいていの技能職では、労働者は、材木の端材など、雇用者が供給する資材の切れはしを自分のものにするなり残り物を売り払うなりすることが、習慣的に許されていた。それが、雇用者側の要求によって、新たに横領法と窃盗法が成立することになり、それまで大目に見のがされていた給与外の付加給付が違法となったのである。一七四〇年の法令では、労働者が自分に任されている資材を流用することが犯罪とされた。一七七三年までにこの罪は禁固三か月となった。労働者の住む家宅の捜索権が認められ、労働者には横領の無実を証明することが課せられた。一七二六年から一八〇〇年の間に新たに十一の横領法案が成立し紡毛業、ファスチアン〔短い毛羽を立てた綾織り綿布など〕織り業、梳毛業の業界に適用されることになった（もっとも、その施行は不可能であることが判明したが）。契約違反は場合によって民事犯から刑事犯に転化された。同様に、法的資格をもたない多くの小屋住み農は慣習として共有地や荒地を占有していたのであるが、囲い込みが実施された居住地ではこのような居住者は何の権利も補償も受けることなく、家畜に牧草を喰ませたり落穂拾いをしたりすることや通行権といった問題では、複雑に絡みあう諸々の使用者の権利（用益権）は詰まるところ絶対的所有権、究極的地主の利益、という問題に帰着されてしまいがちであった。習慣的保有もまた攻撃に晒された。このようにして、法律は高度な資本主義経済の中で次第に新しい形の所有と防衛の必要性に歩調を合わせられつつあった。一七五七年には詐欺罪が導入された。信用取引、契約、法定通貨債務、手形その他の商業に不可欠な問題に関する多くの判例法は、遡れば、一七六〇年から一七八八年の間の王座裁判所で下されたマンスフィールド卿の判決に行き着く。〔文書や貨幣の〕偽造や贋造に関する新規法令が通貨や信用取引を保護するために導入された。こうして、一七七一年には、〔軽罪であった〕銅貨の鋳造が重罪に格上げされたのである。贋造で有罪を宣告された者たちの三分の二は現実に処刑された。

階級に対する法律の偏向にさらに歪みを生じさせることになった新しい情勢が他に二つあった。一つは、それまで以上に恐ろしい刑法典が立法化されたことである。死刑に値する犯罪の数は一六八九年には五十であったのだが、それが一八〇〇年までに四倍になった。その多くは、一シリングを超える財貨をすり取るとか、五シリングを超える商品を万引きするといった、小規模の窃盗に対し死を明記していた。新しい極刑罪の中には、夜中に顔を黒く塗って外に出るとか、養魚池を壊すとか、ホップの蔓を切るとか、有料道路料金所を破壊するとか、脅迫状を送るとか、織機の絹糸を破断するなどといった、非道な行為も含まれていた。ウォルタム・ブラック法（一七二四年）だけで一挙に五十もの新たな極刑罪が創出された。狩猟法が継続的に強化されていった。それは、十九世紀初めまでに密猟で捕まった違反者たちが頻繁に流刑に処されたことを意味した。管理人に向かって発砲した密猟者は極刑罪を犯したことになったのである。

もう一つは、所有権を守ることが立法者たちの心の中でいよいよ重大に思えてきたことである。所有権は、単なる品物から、さまざまな権利（投票権や年季奉公期間も所有権であった）あるいは身体といったものに至るまで、十八世紀の社会にとってもちろん中心的なことであった。黒人奴隷は動産として大っぴらに売られた――『ロンドン広告新聞』（一七五六年）を見れば分かる。

売ります。黒人少年。年齢およそ十四歳。健康保証。黒人特有致命病既罹患回復済。二年間家事雑用および給仕係に使用。売価二十五ポンド。主人廃業のため惜譲。

奴隷用の襟飾りと南京錠を商う商売は繁盛した。だが、威信ある軍隊の将校職権もまた売り買いされたのである。『モーニング・ポスト』紙には次のような広告が載った。

エジプトから帰還現マルタ島駐屯中の英オールド・レジメント軍旗手職、統制価格六十ポンドにて売却。本連隊に若干空席職有り買得。

この世紀半ば、軍旗手職の値段は約四百ポンド、中佐職は約三千五百ポンドであった。

ジョン・ロックは「それゆえ、人々が共和国に組み入り統治下に身を置く最たる主要目的は所有権の保持なのである」と明記していた。そして、支配階級が熱心に所有権の保持に努めたのは、「経済犯罪」が増加傾向にあったからである。一七三六年までに、主人から物をくすねた奉公人は絞首刑に服すことになっていた。一七四一年には、羊泥棒が極刑にされた（これは大いに利用される法令となった）。人殺しは名ばかりの処罰を受けるか無罪となることもしばしばあった（偉大な俳優チャールズ・マクリンはかっとなって同僚を殺害してしまったが、殺そうとして殺したのではなく激情にかられての殺人であるというので故殺〔予謀なき殺人〕罪を宣告され、「手に焼印を押されて釈放」という判決で、自由の身で中央刑事裁判所から出てきた）。しかし、重罪が明らかとなり有罪宣告された窃盗犯は一般に絞首刑を宣告された。「お払い箱」になった男女奉公人の大多数は窃盗罪で絞首刑になった。一七四九年から一七七一年の間にロンドンおよびミドルセックス州で死刑となった六百七十八人のうち謀殺罪で処刑されたのは七十二人だけであった。資本主義を特に害する犯罪は見せしめにするべく厳しく懲戒された。貨幣や文書の偽造者、贋造者は容赦なく処罰された。信用取引のシステムを徹頭徹尾危うくするからであった。一七八九年に一人の女が贋造罪によりタイバーンで火刑に処された（だが、法的供給が不足していたため、偽造者――特に銅貨の鋳造者――は経済の回転を助ける役に立っていたのである）。

法律は多くの面で資本の番犬であった。一七二〇年代から、労働組合を規制する数々の法律が作られた。組合が違法とされたのは洋服仕立業者間では一七二一年と一七六七年、毛織物業界では一七二六年、帽子屋間では一七七七年、製紙業者間では一七九七年のことであった。（一七九九年および一八〇〇年の）全般的組合（禁止）法までに、組合による賃上げを禁止する法令がすでに法令集に四十以上も載っていた。とりわけ、狩猟法はいよいよ厳しいものにされた。一六七一年から、年収百ポンドの地所を持たない者は誰も鳥獣を殺すことが（自分の土地であってさえ）許されなくなっていた。しかし、禁猟区が数多く作られ密猟者相手の戦いがはじまったのは一七五〇年ころからであった。おそらく密猟者たちが銃を使いはじめていたからであろう。

一七七〇年の法令によって、夜間の密猟者は禁固六か月の刑に処されることになった。さらに一八〇三年の法令によって、逮捕に武器をもって抵抗する密猟者には死刑が定められ、一八一六年の法令では、武器を所持していない密猟者でも網を持っているところを捕えられれば追放処分にすることが薦められた。十九世紀半ばから、ジェントルマンたちは狩猟協会を設立し、訴追の迅速な処理を図った。一八二七年までに、密猟罪はイングランドで有罪判決を下された全犯罪の七分の一を占めるようになっていた。狩猟法を賞賛するブラックストーンでさえ、この法律はまったく手に余る所有財の保護を示すものである、なぜなら「野生動物の永久所有権という……平民に対する専横を……生む……不合理な考え」に立脚するものであり「狩猟法はどこの荘園にも卑小な狩猟家を生みだす結果を招いた」からである、と信じた。有産階級がより非情になったのかどうかはともあれ、所有権を守る必要性が前よりも痛切に感じられたことは確実である。有形財産が増加するにつれて雇用者や財産所有者がより危険に晒されるようになったからである。ある問屋制家内工業では、雇用者の所有する資材の十二分の一までが労働者の懐に消えていた。共同体が大きくなり、ロンドンのように、流動性が増し匿名社会化してくると、泥棒には群衆の中にまぎれ込むことが一層容易になった。(だが、逆の情勢展開で犯罪者の生活が厳しくなった面もある。例えば、盗品一覧表や追い剝ぎ事件が新聞に載るようになったため探知が容易になった。) 鹿から投票権に至るまで、軍隊の将校の地位から奴隷に至るまで、いかなる種類の財産であれ、法廷でそれを擁護する者が必ずいた。一七七四年のサマセット裁定が大いに吹聴されたにもかかわらず、イングランドでは黒人奴隷所有権でさえこの世紀いっぱい頑なに揺るぐことはなかったのである。

だが、救貧法をもってしても貧困を予防できたわけではなかったように、刑法を恐ろしいものに作りかえてもそれで犯罪防止に効果があったかといえば、それらしい兆候はほとんどない。たいていの重罪犯人は処刑台のことなど考える余裕もなかったか、あるいは歯牙にもかけなかった。ほとんどの者は、犯罪を職業にしていたわけではなく、不景気のせいで生きていく道が閉ざされたときに止むをえず盗みを働いたのであった。不況は犯罪を急増させた。金属業の職人は硬貨の縁を削り、傷痍軍人は、仕事を見つけることができず、いつしか無法の世界に足を踏み入れることになった。子どもたちは年長者に手ほどきを受けてスリを働くようになった。見棄てられた娘たちは街娼になった(売春婦は、専業の「商売女」というよりは、生活が苦しいときに街に立つ女、という傾向があった)。一七四一年、十九歳の娘エリザベス・ハーディーは十三シリング六ペンス相当の物品を盗んだ件で絞首刑を宣告された。夫に棄てられた彼女は見知らぬ町ロンドンで自暴自棄になって盗みに走ったのであった。彼女は土壇場で刑の執行を猶予され、追放処分となった。

当時の刑法大系は満足な効果をあげるものでないことが知られていた。十八世紀末、ロンドンの下級判事パトリック・コフーンは改革を求める人たちが考えるその欠点を次のように要約した。

一　刑法典の不完全性
二　適切な警察組織の欠如
三　国王代理公訴官の不在
四　多くの罰則が不必要に重いこと
五　特赦制度の濫用
六　牢獄船への投獄という制度全体
七　犯罪人を雇い矯正するための適切な感化院の欠如

コフーンやジェレミー・ベンサムなど法律改正論者が主張したように、人を謀殺した者とハンカチを万引した者を同列に死刑に処するような法律では、非道な犯罪を防止する役に立つはずがなかった。下級判事の中には腐敗役人もいた。ロンドン地区では、官職を金で買ったいわゆる「取引判事たち」が手数料や賄賂を取って私腹を肥やしていた。「この町の最大の犯罪人は裁判官である」と信じていたのはホレース・ウォルポールだけではなかった。刑罰は犯罪を防止する役にも罪人を改心させる役にも立たなかったのである。絞首台で執行人に処刑される犠牲者はつかの間の有名人になった。晒し台の上で首と両手を固定された者たち——ダニエル・デフォーもその一人であった——は群衆に、石を投げつけられるのではなく、しばしば名士扱いされたのである。そして、一七八〇年代以前には、監獄が悪漢を改心させるなどと真剣に期待する人間はほとんどいなかった——「監獄は、改心させるよりも悪人を作るのに適した所である」と一七二六年にさる明敏な作家は述懐した。

監獄には監獄の法があった。運営は下請け契約制度で私企業に任されており、監督者や下役たちは、例えば囚人たちに酒を売るとか金を払える者には上質の収容施設を賃貸しするなどして、かなりの儲けを期待していた。ダービー卿はマクルズフィールド監獄を所有し、そこから年十三ポンドの収入を得ていた。牢獄はたいてい小さく、荒廃していた——エールハウスを留置場に使ったほうがましであったろう——そして、州奉行は気まぐれに視察に来るだけだった。牢獄は囚人をただ監禁しておくためだけにあり、内部の規律は屢々にして囚人集団自体によって取り仕切られていた（王座裁判所の監獄には「カレッジ〔団体〕」すなわち囚人たちの支配的派閥があった）。投獄された者たちは人間模様もさまざま、ほとんどが裁判あるいは追放を待つ身で、男女の分け隔てもなかった。ウィリアム・スミスは一七七六年にミドルセックス州の複数の監獄の囚人数人を「人間の社会でもっとも悲惨な最下層階級に属する浮浪者や手に負えない女たち、裸同然で、わずかに身につけている汚ならしいぼろ布にはシラミがたかり、体は病気で腐り、疥癬に蔽われ、壊血病や性病感染による潰瘍に冒されている」と描写した。強要、売春、泥酔は日常茶飯事であった。多くの者が汚物にまみれた中で腐り、死んでいった——拘置所熱で死ぬ者のほうが裁判で死刑となった者より多かったのである。だが、多くの囚人たちは鉄面皮を押し通した。密輸業者は拘置所の中が取引に恰好の場であると思った。ランカスター・カースル監獄では、囚人たちは商売に励むことも、家族を中に入れることも、ペットを飼うことさえもできたのである（もっとも、一七一四年以降ニューゲイト監獄から豚は閉め出されることになったが）。

とにかく、法律と法廷は不可解な機能の仕方をしたのである。何千という債務者が、債権者によって、裁判もなしに王座裁判所の拘置所に抛り込まれた。一七七〇年代には、全入獄者数のほぼ半数が債務者であった。しかし、債務者を監禁しておく経費は債権者の負担であった――そして、債務者を拘置することによって、彼らが借金を返済する機会を潰す危険を債権者は冒したのである。たいていの債務者は拘置されることをほとんど意に介さなかった。監獄に居ても商売を続けられたからである（彼らは日中は王座裁判所から外に出ることを許されていたのである）。監禁されている限り、彼らの財産は法律で無事に守られていた。

さらに言えば、法律が効果を発揮しないままであったのには、法律違反者の逮捕がいいかげんであったという理由もあった。イングランドの治安官は無給、非常勤、教区勤務であったため、街頭犯罪を取り扱うには適していたであろうが、探知作業の役には立たなかった。小さな村で隣人や奉公人が犯すささいな窃盗であれば比較的容易に嗅ぎつけることもできた（しろうとの犯罪人はたいてい証拠の湮滅が下手であった）。しかし、ロンドンや他の大都市となると、息を切らして追いかける夜警の仕事は決して楽ではなかった。十八世紀末の首都には、人口が百万に近づいていたのに、治安官は千人、夜警は二千人しかいなかった（パリには、対照的に、拡大中央管制の下で、七千人の警官と六千人のスイス人護衛兵がいた）。当局は民間主導にかなり依存していたのである。市民は、追い剝ぎを一人引き渡すたびに四十ポンドの報酬を貰えるとあって、「泥棒捕獲」自警団を組織するよう奨励された。暴力団の親玉であり盗品故買人でもあったジョナサン・ワイルドの表向きの顔は、泥棒捕獲人であり盗品回収業者であった。

トマス・ド・ヴェイル、ヘンリー・フィールディング、そして彼の腹ちがいの弟で盲目のジョンなど、もっと効果的な警察力を確立するための方策を講じたロンドンの下級判事は例外であった。ヘンリー・フィールディングは一七四九年に秘密諜報基金でボウ・ストリート・ランナーズという巡査組織を設立した人である。この巡査たちは週給一ギニーの外に、犯罪人の訴追に成功する都度、議会から与えられる報酬の分け前にあずかることになっていた。パトリック・コフーンのテムズ警察は一七九八年に開設された。しかし、議会から下される基金は散発的なものであった。有給の中央警察が行政部の道具になりはしないかという心配があったからである。そこで、市民たちがその間隙を塞ぐべく自警団を組織した。この世紀の後半には、特に都市の雇用者たちの間で、重罪犯訴追協会がたくさん作られた。同じように、一七九二年には、ロンドンのシティーの町はずれホクストンの住民たちが「悪人の攻撃から身体財産を守るための軍人協会」を形成した。死体を盗む輩に対する荒療治として、送葬者たちは墓のまわりに仕掛け銃を設置した。

最後に、法律および刑法大系が十分に機能しなかった理由として、罪と罰、法令の定めと法廷の為事、との間の断裂が挙げられる。下級判事、裁判官、陪審員たちは恐ろしい法律をそのまま執行することをためらい、残忍きわまる刑罰は不埒な悪漢とか、また時折の見せしめ的な場合にのみ適用するほうを好んだ。裁判所は、重窃盗罪——絞首罪——を軽窃盗罪に軽減するために、盗品の価値を実際より低く評価することを見て見ぬふりした。親方職人は、奉公人とか貧しい親戚に寛大な判決が下されるよう法廷で嘆願し、しばしば成功したものであった。死刑を頻発すると法律を尊重する気持ちが損なわれるからであった。慈悲や恩赦を芝居がかりに使って正義に脚光を浴びせるといったことも行われた。こうして、ジョージ王朝イングランドでは極刑法が確実に増え、犯罪がおそらく増加したのであろうが、しかし絞首刑はスチュアート朝時代をピークに着実に減少するという、パラドックス〔逆説〕が生まれることになったのである。十八世紀末には、ロンドンとミドルセックス州で年におよそ二十人が絞首刑に処されていたが、十七世紀初めにはその数はおよそ百四十人なのであった。極刑法は二百もあったが、イングランドとウェールズを合わせても一年間に絞首刑に処されるのはおよそ二百人にすぎなかった。同じように、労働者に対する新しい法令の多くは結局ほとんど使われずじまいであった。雇用者側が話し合いで解決するほうが簡単に片がつくと考えたからである。そして、刑の執行猶予も普通のことであった。十八世紀末のロンドンでは、死刑を宣告された人々のうち実際に絞首刑に処されたのは約三分の一にすぎなかったのである。

犯罪が次第に増えるのではないか、特に（大群の三流ペテン師、盗品故買人、詐欺師、そして彼らの売春婦、情婦、あばずれ女たちと並んで）組織的一流詐欺師の集団がロンドンに現れるのではないか、という不安が高まった。にもかかわらず、国中のほとんどどこでも専門的犯罪は相変わらず稀であり、集団的山賊行為はほとんどなく、計画的に人を襲う事件というのはめったになかった。共同体が道徳の乱れを監視したことが、法を守る態度の涵養に役立ったのである。それに、社会そのものが（強制徴募隊、軍事教練、課税、囲い込み、家庭や貧民収容施設や仕事場での笞打ち、膨脹しつつある帝国内でのやりたい放題の略奪や凌辱、などの形で）遂行した合法的な暴力や搾取や強要に較べれば、一般の犯罪行為は針で刺したようなもので、痛みも軽微であった。次の押韻詩が問うたとおりだった。

共有地から鵞鳥を盗むのは
男女を問わず犯罪だ、としたら
鵞鳥から共有地を盗む奴は

どんな口実があるというのだ。

それにもかかわらず、都市の社会はいよいよ匿名社会化し、資本や財産の安全性はいよいよ脅かされ、犯罪の不安は増大し、不法行為を我慢する寛容性は——犯罪に対しても大衆の騒擾に対しても——減少していった。この世紀の終わりころになると、犯罪を取締まり悪人を改心させるため、警察社会をめざす社会機構の青写真を改革者たちが提案するようになった。訴追から予防に、懲罰から矯正に、即時的な肉体的苦痛から長期的な施設への収容に、重点が移ったのである。刑務所における感化が社会的懲罰の鍵と見なされる時代がそこまで来ていた。

*

イングランドの政治制度や法律制度が有産特権階級に都合のよいものであったと言うのは自明の理である。それ以上に重要なのは、こうした制度が、特に地方において、すでに十分な資産をもっていた有産階級の重い体を保護し強力化する合法的鎧（よろい）となったことである。ジョージ王朝のイングランドには、官僚が明確な位置を占め有産階級の利益に切り込むといった、自立した絶対主義中央集権「国家」など存在しなかった——それこそまさしく前世紀に地主階級が廃棄したものであった。だが、まさに独立した存在としての「国家」がすでに弱体化されていたからこそ、さまざまな集団が法律といった公共の制度を各自の目的のために用いることが、また（地方政治にみられるように）新しい団体がその間隙を縫って急成長することが、可能なのであった。こうした状況の中で、社会的軋轢は断片的で拡散したままであり、忠誠心は流動的なままであった。教区の管理は抑圧的なものたりえたが、十八世紀の中央国家は、被支配民の背中に打ちおろされる暴君の苔とはならず、締まりのない、権力をもつ者に振舞われる宴会のごときものであった。それよりもひどいのは税金の取立てであったが、イングランドでは生産力の豊かな階級が急激に増え富が増大していたため、大衆は文句を言いながらもこの負担に耐えることができたのであった。

4　日々の生活

産業化成立以前の時代の日常生活を思い描こうとする人の目前に、ややもすれば二つの蜃気楼が浮かび上がる。二つとも払拭されなければならないものである。一つは多少とも健全な「共同体」のイメージ、人々が創造の喜びを感じながら手仕事に携わり、小作人たちが拡大家族の懐に抱かれて心地よく暮らしている、そういうイメージである。しかしながら、最近の研究によって、小作人の拡大家族という神話は——そして小作農階級そのものの神話さえもが——少なくともジョージ王朝イングランドには、そして、おそらくイングランドの歴史を通じても、当てはまらないことがはっきりしてきた。なるほど、家族というものは重要な制度であり[*]、そこで人が生き、死に、子孫を残し、社会に順応し、教育を受け、仕事を覚え、愛し、憎む、基本的な単位であることには違いなかった。グレゴリー・キングがイングランドの人口を、個人によってではなく、家族によって表にあらわしたのは意義のあることであった。しかし、典型的な家族の構成は単純だったのである。

＊　もっとも、イングランドでは、ヨーロッパ北西部のたいていの地域と同じように、家族の忠誠心というものには、はっきりした限界があった。兄弟でさえ、片方が金銭上の窮地に陥ったときに、そこから脱する手助けをしてやる義務を、ほとんど感じないでもよかったのである。それに、すべての家族が幸せな家族というわけでもなかった。

労働者層で基本となるもっとも普通の世帯とは、一軒の家に一組の夫婦だけが住む、というものであった。子どもたちは、若いうちは親と一緒に暮らしたが、男の子も、その傾向は若干劣るとはいえ女の子も、年季奉公に出されるなり家事奉公に出されるなりして、十三、四歳になると家を出ることになったものである。しかし、結婚した夫婦が自分たちの家で親と同居するということは普通はなく（もし親が存命であれば――たいていは亡くなっていたものだが――親は引き続き自分の家に住むのであった）、そして、若夫婦が親の家に同居しているというのは例外的にしかなかった。恋愛中の男女は、一般に、男が妻を養い家を構えることができるようになるまで結婚しなかった。姻戚者とか親戚の者が住み込むということは、一時的な場合を除けば、通常はなかった。対照的に、家事奉公人や、徒弟や、未婚の農場奉公人や、間借人などが雇い主の家族と同居するのはごく普通のことであった。非常に貧しい商人や小自作農でさえ若い家事奉公人を雇ったものであった。雇われたがる者はいくらでも居り、賃金も安く、実によく働いたからである。貧しい家庭出身の十代の若者にとって、奉公に出るのはごく普通のことであった。家庭の中では、夫が支配者であった。ヨーロッパ大陸の小作農の社会には家庭内の問題を親戚一同の協議で決めるところもあったが、イングランドではそういうことはなかった。

もう一つの対照的な蜃気楼というのは、産業化以前の社会は今日の開発途上「第三世界」の国と同等視されるべきである、というものである。重工業化以前には、技術、衛生、医学は、原始的であり、文盲、人口増の圧迫感、完膚なき搾取なども相挨って、一般大衆にとって人生とは飢餓線上にある完璧な絶望のことであった、と決めてかかることが（この何ともやりきれない見方を奉ずる人たちの間で）時々ある。しかし、ジョージ王朝のイングランドでは、事情は異なっていた。なるほど労働者層にとって生活は限りなく厳しいものであり、苦しみは愉しみを遙かに上まわり、五世帯に一世帯以上の割合で生活保護を受けてはいた。だが、貧困労働者でさえ多少とも自由に使えるだけの収入をもち、貨幣経済に参加し、自分なりの生活を形成する決定権を行使していた、という証拠が豊富にある。彼らは僅かながらも世襲財産を有し、たまには贅沢を楽しむこともあった。紅茶を飲むことが社会階層のずっと下の方まで広まることになるのは、その一例である。男の労働者はいろいろな技能、進取の精神、独自の「専門技術」を有し、そして——エルベ川の東の農奴とは異なり——ある程度は就職先や居住地を変えることもできるのであった。彼らの生活は、今日の第三世界各地の、所有農地を収奪され、希望を失い、物乞いしなければならない極貧生活とは、およそかけ離れたものであった。ジョージ王朝のごく普通の労働者家庭は民話的黄金時代に浴していたわけではないが、さりとて、難民キャンプに片足を突っ込んでいたわけでもなかったのである。

働く人々にとって、家庭の中そして共同体の中での生活は、揺り籠から墓場まで、緊密に組織され高度に統制された、事務的に繰り返される、型にはまったものであった。割当てられた仕事を期待に応えて慎重にやり遂げるかどうかが、単に生きているだけか良い暮らしをするかの、失敗するか知力に応じて成功するかの、大きな境い目になった。共同体は、道徳上の戒めや権威ある人物や家庭内の必要事や日常の仕事を通して、その構成員に対し絶えず肉体的、精神的、情緒的プレッシャーを効果的にかけ、彼らが経験則にのっとった一定の生活様式に順応するよう仕向けるのであった。個々人の生活を律する規則の中には、同輩集団と相和すようにとか、自分の希望や野望の達成を目指して仕事に励むようにといった、(法律の要件あるいは雇用主の命令など)上から押しつけられるものも含まれていた。順応することは時には易しく、時には苦悩を伴った。(ロバート・オーウェンの弟ウィリアムのように)親方の娘あるいは未亡人と結婚できるという絶好の機会に恵まれたとき、それに飛びつこうとしない若者などいるものだろうか。しかし、家に居て気むずかしい両親の看護をしたがる、というような娘がどれだけいたものだろうか。共同体の願いがしばしば受け入れられ、内在化され、実践されたのは、その願いというものが十分確立され承認された身すぎ世すぎの方法だったからなのである。息子たちは、忠実にしていればいずれ遺産相続することになるだろう、と承知していた。対照的に、逃げだした徒弟は、普通なら仕事を変えるときに前雇主に書いてもらえるはずの「人物証明推薦状」を、失うことになったものであった。エドワード・ギボンは、父親の意向にそぐわない結婚をしようかどうか考えた末に、思慮深く、結婚しないことに決めたとき同じようなプレッシャーを味わった。「私は恋する者として溜め息をつき、息子として父親の意見に従った。」他宗派の信徒と結婚したクエーカー教徒は、それによって集会から追放されるであろうと覚悟の上で結婚したのである。近所付き合いの悪い老女は魔女の烙印を捺されるのであった。

共同体としてのまとまりを作りだすことは、人々が一致協力しなければならないところでは、不可欠なことであった。囲い込まれていない畑作地を耕す農夫たちは、どういう順序で穀物を輪作するかについて、あるいは、収穫後の刈り株を家畜に喰ませる時期をいつにするかについて、意見を調整しなければならなかった。鋤や労役用の雄牛は、井戸や揚水器と同じように、共有された。川の水流について粉屋と農夫と平底荷船の船頭の主張が対立すれば、調停が必要であった。たいていの仕事は、力を合わせて引っ張るといった、協力的肉体労働を要した。例えば、木挽きたちはチームを組んで働いた。船頭歌などの労働歌はチームが調子を合わせて力をだすためのものであった。

諺や金言に込められた基本的価値規準は、人々のさまざまな重大関心事を収束させることを目的としていた。どこの家庭でも、家族のため召使いたちのために生活の糧を得るべく、自然や同業者と闘う必要があった。しかし、(軽いいざこざから長年にわたる確執に至るまで) 相互の権利と義務を配分し紛争を解決するためには、個人的関係を話し合いで処理する方法もまた必要であったし、話し合いによる解決は後々の世代にも拘束力をもつよう厳粛に行われた。自己保存という縦糸には近所付き合いの良さという横糸を織り合わせなければならなかったのである。村人たちは、不足と欠乏という圧力を受ける中で、昔ながらの礼儀作法を守り、屢々にして心で感じることよりも頭でこうと考えることのほうを優先するのであった。かくして、母親たちは乳児を布でくるんで身動きできなくしておくなり乳母に預けるなりして働くことになったわけだが、このようにする必要が生じたのは、乳児に乳を呑ませるたびに仕事を中断するわけにはいかなかったからである。付き合う相手とか、配偶者とか、職業とかを選ぶ段には、一定の冷静な判断が必要であった。

特にきつい規制を受けた活動は仕事とセックスの二つであった。生産と生殖はほどよいバランスを保たなければならなかったからである。立派な体の持ち主が少なすぎれば、労働力は激減して安寧を維持できなくなるであろう。被扶養者の数が多すぎれば、貧窮がじわじわと忍び寄ってくるであろう。上流の有閑階層は別にして、あとは誰でも仕事に就くのが当然とされ、働けなくなって引退せざるをえなくなるまではほとんどの者が働き続けた。幼児は衣類を足踏み洗濯し、四、五歳になれば畑でカラスを追ったり、牛を小麦畑に入れないよう番をしたり、あるいは、家の中で機織り仕事をしたものであった。デフォーがヨークシャー州ウェスト・ライディングの経済を賛えたのは、「四歳を過ぎるとほとんど誰もが手一杯仕事を抱えている」のを知ったからであった。男の子は十三歳にもなれば徒弟に出されるのが普通であった——商店主や職人のところに奉公する者もいれば、もっと若くして煙突掃除の奉公人になる者もいた。二十歳代になって年季奉公を終え一人前の職人になると真剣に求愛しはじめるのは、妻の労働力と生まれてくる子どもたちの労働力を頼りに独立を当てこんでのことであった。

労働者の家庭では、家庭内の取り決めは実際的なものでなければならなかった。小市民および職人の家庭生活を散見すると、公正と思えるさまざまな関係が明らかになってくる。そこでは、生産の必要性に応じるべく、大人が子どもに優先し、男が女に優先していた。ウィリアム・ハットンは、後にバーミンガムで冷徹な実業家になった人だが、非国教徒であった母親に抱きしめられたこともキスされたこともなかったと記している。これはおそらく非典型的とは言えないものであろう。その母親が死んだとき、涙を流して泣く彼を乳母は「泣くんじゃありません。お前だってやがてあの世に行くんだから」と言って咎めた。ハットンは「私は揺り籠にいるときから倹約家だった」と書いた。感傷は、たいていの者には許されない贅沢なのであった。

一家を構えるに足る貯えをもたないうちに、あるいは、父親の道具なり小作地なりを相続もしないうちに、衝動的に結婚するような職人とか専門職の男はほとんどいなかった（体力だけが頼りの一介の賃労働者の場合は結婚を遅らせる理由はさほどなかった）。多くの男が自分よりも年上の女、屢々にして寡婦、と結婚した。寡婦はすでに母として主婦としての実績があり、若い女より蓄えをもっている場合が多かったからである。年上の女との結婚は、また、子沢山にならないための予防策でもあった。マシュー・ボウルトンが「金目当てに結婚するのはよくないが、結婚するなら金のあるところとしろ」と忠告したのは、この実際的な傾向に即してのことであった。とりわけ、男は（リチャード・ゴフの言葉を借りれば）「思慮、配慮、分別」をもつために妻を必要とした。デフォーは、嫁を捜すなら候補者の中から「もっとも野暮ったい最年長の女」を選ぶがよい、と考えた。「仕事に打ち込む内助の功を期待する」のだから、それでいいというのである。それと、今日の水準から見れば、男たち自身の結婚も遅かった。十歳代で結婚するということは普通はなかった。十八世紀の初めには、職人の結婚は一般に年季奉公の年季が明ける二十歳代の半ばか終わり近くになってからのことであった。専門職の男の結婚は屢々にして三十歳代になってからであり、その花嫁は少し年下であった。この、ヨーロッパ北西部に特徴的な、晩婚のパターンは、子をもつ親の約半数が子どもの成長を見届けないうちに死んでしまったことを意味するものであった。全体的に、それは経済的配慮が家族形成を強く規制した社会であった――そして、特にこの世紀の初めには、まったく結婚しない者も相当数いたのである。避妊具が使われることは滅多になかったが、それでも家族の規模は、一部には晩婚によって、時には夫婦間でセックスが自制されるなどしたため、抑制されたままであった（子どもの乳離れを遅らせると次の受精が妨げられ遅れることが知られていた）。夫婦の絆は、一度結ばれると、片方が死ぬまで断たれることは一般になかった。妻と死別したあとも長い間再婚しないでいる男はごく少なかった。家庭と子どもの面倒を見てくれる配偶者を必要としたからである。

庶民の間で、成婚が一家を構えられるようになるまで遅延され、家族をもつことが思慮深くなされるようになったとすれば、婚前の性交経験は、特に女性の場合、慎まれるのがごく普通のことであった。もちろん、女道楽に走る元気な若い男も多くいたし、役者や兵隊は女を愛したあと捨てて去ってしまうことで悪名高く、どこの村にも男に身をまかすふしだらな女は居た。しかし、ほとんどの若い娘は男との付き合いなしでいたようである。思春期や結婚適齢期の男女が十年間ほども交際しないでいるのが普通であったことを考えると、私生児がごく少なかったのも頷ける（十八世紀のほとんどにわたって、記録に残る新生児のうち私生児の数は約二パーセントであった）。もちろん、記録された私生児の数というものは、婚前交渉の指標として、およそ不完全なものである。誕生が記録されないままの非嫡出子も多くいたし（死産、早死に、嬰児殺しなどで闇に葬られる件数も多かった）、とにかく、繁殖力が低かった時代には、性交が妊娠につながらないこともしばしばであった。しかしながら、私生児の出産数は十八世紀後半に上昇した。スチュアート朝末期にあれだけ強力に晩婚を押しつけ、婚前交渉を削減させ、多くの者が一生独身を通すことにもなった、あの思慮分別と禁制が、すっかり緩んできたのである。結婚する人の数が増え、以前より早く結婚する人の数が増えるにつれて、私生児を産む不利益と恥辱が軽減していった。そして、妊娠したから婚約して結婚に到る、という例も次第に増えていった。

私生児出産率の上昇は、また、繁殖力が、おそらく衛生と栄養の改善に伴って、回復しつつあり、それゆえ性交が——婚姻の内外を問わず——妊娠につながる場合が増えつつあった、ということを示唆するものであろう。それは、また、予測された結婚がしばしば実現しないで終わったことの証しにもなるだろう。男女は、熱烈に求愛するようになると、環境が整った暁には正式に結婚することになるだろうと想って、性交をはじめるのが頻繁であった。伝承童謡にあるとおり、

ボビー・シャフトーは海に出た
銀の留め金を膝に抱き
帰ってくれれば私と結婚してくれる

しかし、戦争あるいは失業といった偶発事が生じて結婚の障害になると、女は赤ん坊を抱えて取り残されることになった。私生児とは、このように、乱交とかふしだらな性交の駄賃というのではなく、結婚に到りそこねた真剣な求愛の結果として生まれてくることが、しばしばあったのである。

私生児の数が増加したのは、また、ハードウィック結婚法（一七五三年）の成立によって嫡出の定義が一層厳密になった結果である、とも言えるだろう。それまでは、妊娠とともに該当の男女を事実上の夫婦と認めること（「諾成結婚」）が多くの共同体で習慣的に行われていた。牧師でさえ、たいていは、このよ

うな男女の子どもを嫡出と見なしていたのである。ところが、一七五三年の法律によって、正式に教会で挙式したものだけが正規の結婚と認められることになった。それ以降、教区牧師はこうした「諾成結婚」の子どもを嫡出とは見なさない傾向になってしまった。

総じて、私生児出産率が低かったことと、合法的には結婚していない同棲男女の多くが二人の関係をある程度公式に認めてもらいたいと願ったことは、村とか小さな町の共同体では個人が概して共同体の価値観に歩調を合わせて行動した、ということを示すものである。大きな町とか街道沿いの人通りの激しい所を除けば、人々の行動は常に公衆の目に晒されていたのであり、非難を浴びるようなことをすれば恥となり、仕事にもさしつかえるのであった。社会の掟に従えというさまざまなプレッシャーが重くのしかかっていたのである。「因襲的社会の中の性は譬えば氷山、習慣の命ずるところによって、個人を犠牲にしても安定を求める周辺共同体の要請によって、身を粉にして働く憂鬱な日常生活によって、凍結された一大氷山と考えてよいかもしれない」というショーターの指摘はおそらく正しいであろう。

人々が収入に見合うように欲望を切り詰めたのは、確実である。商況が下降した結果、結婚を先延ばしする者たちがでてきた。対照的に、イングランド中部や北部では、一七七〇年ころから経済が沸騰したことで、人々は明るい未来を確信し、そのため人口が増えることになった。例えば、レスター州やノッティンガム州の、刺繡など枠組織りの中心地では、若い男女は、仕事にあぶれることはないと確信し、また、製造業の発展に伴い、大家族は利益にこそなれ足枷にはなるまいと予期して、結婚を早めはじめたのである。アーサー・ヤングが言い表したように、「人口を生み出すのは雇用である。結婚は雇用の数量に比例して早まりもすれば数も増える」のであった。

親も、親族も、親方職人も、友人も、共同体も、誰もが個人の私生活に口出しする権利があると当然のように思っていた。たいていの人々は他人に直接依存する関係から免れることがなかった（結婚すれば、男は社会の純構成員になれたものだが、その妻にしてみれば目上の人間が変わっただけであった）。家事奉公人の私生活は厳しく管理され、しばしば不当に濫用された。家事奉公の娘は、私生児――主人の子であることがしばしばあった――を産むと、評判を落し、きちんとした結婚の望みを断たれるのが必定であった。このような娘は、一度追放され解雇されると、売春婦に身を落すことになりがちだったからである。母親も保母も、父親や主人に負けず劣らず、習慣的に体罰を加えた。若き日のフランシス・プレイスは木の笞が折れるまで父親に打たれることが頻繁にあった。「小言を言われて笞で打たれるのだが、いつも笞のほうが先だった。」ジョン・ウェスリーの母スザンナは、赤ん坊が「一歳になると（息子の場合はそれ以前から）笞の恐怖を教え込み、大声を出して泣かないよう教え込んだ」と自慢した。いろいろな自伝が示すところでは、特に下層階級に生まれた子どもたちが親から直接暴力を揮われたようである。たいていの家庭では、依然としてしばしば子どもは親の面前では黙っているのが当然とされ、親の言うことをきくのが子どもの守るべき黄金律なのであった。たいていの子どもは生まれてから数か月間は布に包まれ身動きできないようにされていた。「ボクはじっとしていたのに」（と、十八世紀の初め、リチャード・スティールは生まれたばかりの赤ん坊の思いを想像して書いた）「魔女〔乳母のこと〕……がボクを取り、ボクの頭を力いっぱい縛りつけ、それからボクの両脚を縛って、いやな混ぜ物を服み込ませるんだ。ボクはそれが、薬を服むことからはじめるのが、この世に生まれてくる辛さなのだと思ったのだけれど、でも無理矢理服まされたんだ。」哲学者であり個人指導教師であったジョン・ロックは、子どもたちに学校に通うことを教え込むのと同じように便所に通うことを教え込むことにも、関心をもっていた。そして、排泄の躾が厳格であったのと並んで、根性を鍛えるため冷水浴が流行するようになった。上流家庭の娘たちは、姿勢を正しくするため、背骨矯正板とかコルセットとか矯正用下着を着けさせられた。お転婆だというので、ファニー・ケンブルは一週間庭の物置きに監禁され、シャーロット・チャークは食卓の脚に縛りつけられた。子どもは子どもらしく振舞うよう躾られるのが伝統であった。

親は年功を盾に子に服従を強いた。しかし、年をとっているからといって尊敬を、あるいは愛さえもを、無理強いできたものだろうか。ギボンは、親が死ぬと若い者はほっとする、と正直に思った。「親が死亡後数か月ないし数年を経て蘇生したら、それを心から喜ぶ子どもというのは、多分、ごく少ないだろう。そして、無名と貧窮の希望なき人生から私を救いえた唯一の出来事は……父の死であった」と彼は率直に述べた。なぜなら、徒弟期間が長く、専門職に就く訓練も受けねばならず、結婚も遅いため、若者は金銭的に不安定であり、人生の半ばを年長者に抑えつけられ続けることがありえたからである。若いころ法律の勉強で長年にわたり退屈をかこっていたケニヨン卿は、父親からの年五十ポンドの仕送りで惨めに暮らしていた。老人は、隠居しないがゆえに厄介な存在になることもありえた（ほとんどの老人は、老齢保険がなかったため、隠居しようにもできなかった。トム・ペインは早くに老齢年金を唱道した人であった）。全体的に、白髪〔の老人〕を崇める時代ではなかったのである。ジョージ王朝の人々は、年をとると、若造りに努め、髯を長く伸ばして古老に見えるのを嫌った。鬘や化粧品を男たちさえ使ったのは、若く見せ続けるためだったのである。理性の時代の物の見方に影響された老ヘンリー・フォックスは、「若者はいつも正しく、老人はいつも間違っている」と信じるように、息子チャールズ・ジェイムズを育てた。

世代間にさまざまな緊張があったことは、ほとんどの人々が若く騒々しく暮らしていた世の中では、驚くにあたらない。人口の四十五パーセント以上が二十歳未満であり、少年少女が巷に溢れていたのである。だが、特権階級の若者には権力への超特急の近道があった。小ピットは二十四歳で首相に登りつめることができた。ブラウンロウ・ノースは三十歳で主教だった。ウルフは十四歳で陸軍将校の地位を得、二十歳で少佐になった。

礼儀と外見は、公然かつ強力に生活を律するものであった。複雑に等級づけされた喪に服すときの正装を見れば、一目瞭然である。服装の差異は地位や職業を浮き彫りにした。例えば、肉屋は肉屋独特の前掛けをし、医者は医者特有の鬘（かつら）をかぶり金の握りの杖を持ち歩いた――しかも、ジェントルマンであることを示すため剣を身につけていた。しかし、服装は、また、学校長の権威を示すガウンから、結婚市場から身を引いたことを示すため適齢期を過ぎた未婚女性がかぶる帽子に至るまで、外にも多くの公私にわたる情報を送るのであった。無料で支給される慈善学校の制服は貧困の記章であった。貯蓄銀行ができる前の時代には、人々は富の多くを立派な正装に投資していた。鬘、装身具、スタッコ化粧品、礼服と略服の微妙な差異などでさえ、階級や年齢や支持政党を示すことがありえた（ご婦人方がまさしく顔のどこに付けボクロをするかが、ホイッグ党支持かトーリー党支持かを解く鍵となった）。扇の留め紐も舌のように陰口をきくことができ、また誘惑することもできた。一七七〇年代までは、男が鬘をかぶらないのは流行外れであった。それが、突然、シェリダンの『恋仇』に登場するファグのような流行を追う召使いでさえ鬘をつけて死ぬ姿を見られたがらなくなってしまった。執事を謀殺したフェラーズ卿は、貴族らしく、銀の刺繡を施した婚礼の式服で処刑台に上がり、絹のロープで首を吊ってくれと頼んだ。衣服は衣服なりにものを言ったのである。

生活に活気を与え、区切りをつけるのは、暦上の祝祭日であった。一年のうちかなりの日々に、その日特有のしきたりがあった。髪を刈るのは依然として満月の日であり、瀉血をするのは春であった。教会によって伝統的に禁止されてきたように、四旬節期間中の結婚に対しては引き続き強い反感がもたれ、たいていの教区では婚礼や洗礼にはそれぞれ好ましい月があると独自に決めていたようである。誕生日は内輪でお祭り騒ぎをする日であるとともに、体力が衰え年をとっていくことに思いをいたす日でもあった。例えば、学校長トマス・ターナーは一七五五年の日記に、「今日は私の誕生日なので、五クォートの強いビールを先生方に振舞うとともに脚に刻み目をつけた」と記した。ビールと血が一緒に出されたのである。祝祭は一つ一つが農事の時期を画する暦――プラウ・マンデイ〔一月六日主顕祭後の最初の月曜日。変装した少年たちが鋤を持って各家を回り、耕作開始を祝った〕、羊毛刈りの祝い、献堂祭〔教区民がイグサを教会堂の床に撒いた〕、収穫〔完了〕の祝祭など――となるものであった。商工業には商工業の、行列をなして祝う年間行事があり――例えば、織工はセント・ブレイズ・デイに行進した――徒弟たちが大騒ぎするのを許したのだった。自治都市では、市長就任行進が、小型版の戴冠式風に、権力交替の合図となった。セザール・ド・ソシュールは次のように記した。

ロンドン市長就任日はシティーでは大変な祝日だ。住民はこの大変な日になると特に乱暴狼籍に及び、その享受する大いなる特権的自由を放縦の自由に転じてしまう。こういう時には、正直者や、身なりの良い外国人にとっては特に、街を歩けば危険に近い目に遭う。野卑な民衆に侮辱の言葉を浴びせられる危険を冒すことになるからだ。あんなに外道な連中はいない。

ホリデイ〔祝祭日〕の中にはホウリー・デイ〔聖なる日〕もあった――もっとも、クリスマス、十二夜、五旬節の火曜日といった祝祭日には、異教徒なみに大いに浮かれ、食べ、騒ぎ、酒を飲んで祝うのであったが。五旬節の火曜日には、大人の男たちはサッカーをし、少年たちは雄鶏に石を投げつけて遊んだ。

〔復活祭後の第七日曜日からはじまる〕聖霊降臨節は夏の年次休暇と重なり、また〔きれいな水が豊富に与えられることに感謝して〕井戸や泉に花を飾る伝統的儀式の季節でもあった。「〔復活祭前の、イエスの受難記念日である〕聖金曜日には、子どもたちは苔できれいに飾った小さな籠をもち、『イースターの卵狩り』に出かけ、ある所では玉子を、ある所では香料入りパンを、また別の所では半ペニー貨を貰い、それを家に居る母親の元に持ち帰るのであった」とサミュエル・バンフォードは故郷ランカシャー州の十八世紀末の様子について書いた。他にも、地方の祭りには、ヘルストンの毛皮（または花）踊りとか、スタフォード州アボッツ・ブロムリーの角踊りとか、キリスト教と自然崇拝が融合した、異教的かつ魔術的民間伝承を演じるものがあった。〔四旬節の初日の〕聖灰水曜日には、謝肉祭で、藁人形のジャック・オ・レントが抛り投げ回され、冬の死を祝うのであった。洗礼は聖礼典であったが、病気除けになるとも信じられていた。キリスト教の堅信礼はリューマチの特効薬である、とは庶民の知恵であった（医者がくれる薬はまったく効かなかったのである）。聖金曜日のパンは数か月間も保存され、治療薬として使われた。

習慣と祭礼と仮装野外劇が伝統的信仰に活力を与え続けた。五月のメイ・デイには、人々はメイポールを囲んで踊り、モリス・ダンスを踊る男たちは鐘を鳴らし、ホビー・ホース〔馬の頭をつけた棒〕を乗り回し、藁編み人形を持ち上げ、「グリーン・マン〔木の葉や枝で覆われた円錐形の木組の中に入る役の男性〕」その他男の授精能力と生殖能力の象徴をめぐる歌を繰り返し歌った。「トム・ポーカー」「オールド・ショック」「ウィル・オ・ザ・ウィスプ」といった先祖伝来の悪霊や幽霊が伝承物語を織りなす糸となり、暗い夜に子どもたちを脅えさせるのであった。バーリーブレイク〔輪の中に入ろうとする者を内側の鬼が捕まえる遊び〕やナイン・メンズ・モリスなどのゲームは伝説で飾り立てられていた。セント・ヴァレンタインズ・デイやメイ・デイなどの儀式は人々に情緒的解放感を与え、おそらく口の重い若者たちが求愛をはじめる

助けとなったろう。「二月十四日セント・ヴァレンタインズ・デイの前夜」とアンリ・ミッソンは解説した、

あらゆる自然界の生き物が番う相手を求めるこの時期、イングランドでは、そしてスコットランドでもまた、若者たちは、遠い昔の習慣に従って、右記の目的に資するささやかな祭りを祝う。未婚の若い男と女が同数ずつ集い、それぞれが棒切れに自分の本名を記し（中には偽名を記す者もいるが）、それを巻き集めて籤の要領で、女は男たちの棒切れを引き、男は女たちの棒切れを引き、こうして一人ひとりの男が私のヴァレンタインと呼ぶ女を見つけ、一人ひとりの女が私のヴァレンタインと呼ぶ男を見つける。このようにして各人がヴァレンタインと呼ぶ相手をもつとともにヴァレンタインと呼ばれることにもなるのであるが、自分をヴァレンタインと呼ぶことになった相手によりも自分がヴァレンタインと呼ぶことになった相手に執着する傾向は女よりも男の方に強い。幸運の女神が斯様に一同を人数分のカップルに分けると、ヴァレンタインとなった男たちは舞踏会を催して美しい恋人たちをもてなし、引き当てた棒切れを数日間は胸や袖につけたままにしている。そして、このささやかな遊びから愛が芽ばえることがしばしばある。

メイ・デイは女性のほうから男性に言い寄る機会を与える日であったが、それはまたシュロップシャー州の炭鉱夫たちが農場労働者たちとリーキン山の山頂の所有権を争う日でもあり、ロンドンの煙突掃除夫たちが誇らしげに行進して歩く日でもあった。他の祭日にも、人々はメイポールを囲んで踊り、娘たちは五月の女王の栄誉に輝いた。ほとんどの祝祭日は、子どもたちにとって、お菓子や半ペニー貨をねだってもよいとされる日であり、たまに日頃のうさを晴らすことを許される日であった。

ジョージ王朝イングランドでは、祝祭の暦は政治的また王朝的色彩が濃かった。王の誕生日には花火が打ち上げられ、ガイ・フォークス・デイには篝火（かがりび）が焚かれた（十一月五日は、また、好都合にもオレンジ公ウィリアムのトーベイ上陸記念日でもあった）。四月二十三日はセント・ジョージズ・デイ、五月二十八日はジョージ一世の誕生を印す日であった（ジャコバイト一派にとっては、六月十日は老王位僭称者〔ジェイムズ・エドワード・スチュアート〕の誕生日であった）。こういった式典は、パレード行進や篝火を伴うこともあって、愛国心の火を掻き立てるのであった。さまざまな逆転の儀式――例えば、生徒が先生を学校から閉め出す祝祭など――は、年に一日だけ権威を嘲笑しても罰を受けないで済む日であった。もっとも、最後には権威そのものを強化する役に立つような儀式なのではあったが。庶民院議員の下僕たちは猿まね議会を開き、囚人たちは自分たちで模擬巡回裁判を演じた。

謝肉祭のさまざまな習慣は――酒を呑んで酔っぱらうとか、溜まった借金を完済するなど――解放の機会を与え、人々は祝典劇を観ては日頃の骨の折れる労働の苦しさを忘れて笑うのであった。断食期間の終わりには祝祭があり、荘厳な儀式の終わりには気晴らしがあった。「クリスマス前の二、三週間は」とサミュエル・バンフォードは十八世紀末の子どものころを思い出して書いた、

どこの家でも男女を問わず子どもに一定量の機織り仕事を割当てるのが習慣であり、子どもたちは祝祭の連休がはじまる前にその仕事を終えなければならなかった。子どもたちはたいていい余分量の仕事を引き受けるのであったが、それは、その仕事が愉しいうえに小遣いを貰えることになっていたからでもある。ほとんどの家では一定量一定濃度のビールを醸造し、香料入りパンやポテトのカスタード菓子を作り、もしかすると牛肉も余分に用意し、とっておきのチーズも貯えておいたものであり、仕事が終わったら手をつけてもよいことになっ

ていた。だから子どもたちは仕事が愉しくてしかたなかったのである。子どもたちは遊び時間をほとんど放棄し、一晩中機に向かって働いたものであり、時には賛美歌とかクリスマス・キャロルを合唱することもあった……。クリスマス前になると私たちはしばしば眠らないでいるために歌を歌い、私たち自身がほとんど眠りかけているときに「キリスト教徒たちよ、目覚めよ」を合唱した……。クリスマスの連休はいつも元日後の第一月曜日にはじまった。その日までには誰もが仕事を終えておくのが当然とされていたのである。

日曜日は特別の日であった。ピューリタン〔清教徒〕の、神の掟に従う日の名残りを受け、相変わらず、仕事をしてはならない日であった。十八世紀末に福音教会派が安息日を厳守する運動をはじめる以前でさえ、ほとんどの商売や仕事や娯楽は禁じられていた。ドクター・ジョンソンが言ったように、日曜日は「その他の日とは違うべきである。人々は、歩いてもよいが、鳥に石を投げてはいけない」のであった。だが、その彼にしてからが、子どものころは、日曜日には母親が『人間の総体的義務』を単調に読むのを聴かされて、「重苦しい」一日を過ごしたのであった。「イングランドの日曜日ほど退屈で、黙り込んで、陰鬱なものはない」と結論したのはスウェーデン人のエリク・ガスターヴ・イェイヤーであった。

人生の節目——誕生、愛、死——を印す慣習的儀式は、世間の記憶に鮮やかに残るように、仰々しく執り行われた。成人式などの通過儀礼——暦上の年齢よりも成長段階を重視する社会にあっては不可欠な儀式であった——は個々人の人生の中で一つの章を閉じ一つの章を開く出来事であった。例えば、男の子の場合には人前で「半ズボンをはかせる」のだった。ローレンス・スターンの小説の中で、トリストラムの父親が妻に向かって「そろそろこの子に半ズボンをはかせることを考えてもいいころだね、お前」と宣言したら家中大騒ぎになったのは、スカート着用から半ズボン着用への推移が息子に対する母親の支配の終わりを印すことになるからであった。新米の徒弟は念の入った、そしてしばしば野蛮な、いたずらをされて奉公入りを祝われたものであった。婚礼を祝う習慣の中には、花嫁へのキス、新郎新婦の床入り、花嫁の靴下留めの奪い合い、といったものもあった。通常の教会での結婚式をしたがらない多くの男女は（おそらく片方が既婚で配偶者が行方不明になっている場合に重婚となるのを怖れてのことだろうが）、二人の結びつきを共同体に認めてもらうほうを望み、そして探してみれば必ず庶民の道徳感情に祝福を与える同情的――または不謹慎――な牧師が見つかるのであった。人の死に方は大衆への見せしめとなる事柄であった。「キリスト教徒がいかに安らかに死んでいけるものか見るがよい」とジョウゼフ・アディソンは義理の息子に自慢し、ジェイムズ・ボズウェルは死の床に横たわる懐疑論者デイヴィッド・ヒュームをしばしば見舞ってはヒュームが自説を撤回したり恐怖を見せたりしないかと期待していた。印象的な死に際、死に際の言葉、金に糸目をつけぬ堂々たる葬式、これらは死者の最後の姿を忘れ難い思い出にするとともに、遺言が惹き起こすかもしれない遺族間の亀裂を未然に防ごうとする狙いをもつものであった。葬式は結婚式よりもはるかに格式ばっていたのである。

生活上必須の数々の取り決めが成文化されておらず代々の記憶によって保障されていた田舎では特に、通行権、境界、労働期間、相互の権利と責任などを厳粛に、はっきり分かるように、象徴的に、繰り返すことが何よりも大事なことであった。例えば、教区民たちは年毎に村の周辺の「境界付近の領域を叩く」行為によって、自分たちの領地を主張したのであった。この「道義的秩序」の掟が破られるとき、妥当性を回復するために共同体が介入した。「騒々しい音楽」――家の前で隣人たちが太鼓や鍋をガンガン叩き俗悪な人形を持って練り歩き喚いた――は、口やかましい女房や寝取られ亭主を恥ずかしめ、家の中をきちんとさせるための方法であった。対照的に、エセックス州グレート・ダンモウでは、毎年もっとも幸せな夫婦に片身のベーコンが賞品として与えられた。伝統的な権利や習慣を踏みにじる商売人、農場管理人、猟場管理人に対しては、共同体がこぞって抗議行動にでた。彼らにタールを塗り鳥の羽で蔽うという私刑を施したり、謎かけ文句で脅迫し、農場主に対してはその貯えた干し草を焼いたり飼い牛を不具にしたりするのであった。そして、創意に富んだ街頭道化芝居で、庶民文化は強者の気取った威厳を容赦なく叩き潰すのであった。例えば、(男は「地区の野外で女をものにした」ことがあれば広範な選挙権の資格を有したという) サリー州のギャレットでは、議会の政見発表台での茶番的腐敗ぶりや政治家たちのしらじらしい嘘を、模擬「市長」選挙で茶化した。

総じて、共同体は、生活の知恵として、平和であること、隣近所と仲良く付き合うこと、相和すること、の必要性を骨身にしみて感じていた (共同体は大変論争好きで、訴訟好きでさえあったから、そう感じざるをえなかったのである)。庶民感情の隅々に、歓待精神の大合唱が響き渡っていた。椀に溢れるご馳走を供し、パイプタバコを喫い、「うっとうしい心配事よ去れ」といった歌を歌い、モルトウィスキーを飲み、列を組んで行進し、誓約しては飲み、祝盃をあげ、健康を祈念しては乾杯し、宣誓しては呑み——こうした方法で人々は口論を鎮めたり近所のよしみを保とうとしたのであり、あるいは人生という苦い丸薬に砂糖をまぶして服み込もうとしたのだった。「この近隣の人々は献堂記念の祝典に大層愛着を感じている」とA・マコーリー師がクレイブルックについて述べたのは十八世紀の末近いころであった。

そして、毎年こうした祝祭の時期が回ってくると、親類縁者が各地から集まり、日曜日には教会を埋めつくし、月曜日にはご馳走を食べ音楽を奏で踊りを踊って祝った。イングランド人の古き歓待精神がこのようなときに農夫たちの中に発揮されるのである。

しかしながら、尊崇の鑑たる人々が帯びはじめた極度に敬虔な口調で、マコーリーはこの共同体の気晴らしを抑圧しようとした。

しかし、下層の人々は、特に製造業を営む村落では、献堂記念祝典になると必ず最低一週間は仕事を怠け酔っ払い暴れまくることになる。祝祭の本来の目的から大きく逸脱するこのような慣習の乱脈が見られる以上、このような祝祭を抑止することが、秩序と礼節と宗教の友たる人々に大いに望まれるところである。

イングランド人の気立てのよさがはっきりとした形をとったのが、クラブであった。「人間は社交好きな動物であり、我々はあらゆる機会および口実に乗じて、一般にクラブという名で知られる、ささやかな夜の集会に集うのである」とジョウゼフ・アディソンは書いた。こうしたクラブには、ホイッグ系のキット・カット・クラブやドクター・ジョンソンのリテラリー・クラブ（ジョンソンは「クラバブルな〔社交クラブの会員となるにふさわしい〕」人物であることがジェントルマンの要件であると見なしていた）といった格式ある団体から、末はアグリー〔醜怪〕・クラブ、トール〔法外〕・クラブ、ファーターズ〔屁ひり〕・クラブ、サーリー〔無愛想〕・クラブ、普通人の葬儀ソサエティーやちびり酒クラブに至るまで、さまざまなものがあった。ランカシャー州の織工たちは音楽ソサエティーで名声を博し、園芸クラブも繁茂した。

とりわけイングランド的であったのはビーフステーキ崇高協会という、ひたすらビフテキを食べることを旨とする、一七三五年に設立された宴会好きなクラブであった。バーミンガムのルーナー・ソサエティー〔月の会〕に先鞭をつけたのは、毎月満月の晩に集まるという、エセックス州エイヴリーの農民たちが一七六三年に作った「ルーナティック〔月の光を浴びて頭がおかしくなった人〕・クラブ」であった（ほろ酔い機嫌で馬に乗って帰るのが当時は今ほど危険ではなかった)。中には、道楽者のヘル・ファイアー・クラブ〔地獄の業火クラブ〕から、ドイツ人のリヒテンベルクが一七七〇年に次のように描写したロンドンの某クラブに至るまで、乱行的なものもあった。

会員は奉公人、職人、徒弟。集会の晩になると各メンバーは四ペンスずつ出し、後はそれで音楽と女を無料で楽しむのであった。その外のものを注文するときは、その都度金を払わなければいけない。二十人の娘たちがサー・ジョン・フィールディングの前に連れてこられた。その中の何人かの美貌に一同は賛嘆の声を発した〔サー・ジョンは、残念なことに、盲目であった〕。

ホワイトやオールマックといった、金を賭けて遊ぶテーブルが大金の墓場となる、貴族の私的クラブが興隆したことが、コーヒー・ハウス時代の終わりを告げる弔鐘となった。上流社会の「瞑想に耽ける」フリーメイソン〔秘密結社〕的友愛も、女を立入り禁止にしたクラブの喜びと、職業的友愛と、宗派政党を問わない在俗の敬虔とを結びつけて、根をおろすことになった(イングランドの集会所は、ヨーロッパ大陸諸国のそれとは違い、政治的に急進派ではなかった)。秘密の合図と呪文が会員たち――主に商工業に携わり融和の中で商売上の安定をある程度期待する男たち――を堅く結びつけた。他にも、スピトルフィールズ数学クラブのように、知的で教育的なクラブもあった。職業組合は健やかなときには懇親を、病めるときには給付金を、提供した。組合の自由市民を堅く結びつけたものは通過儀礼、秘密を厳守する誓約、そして資材や道具や工程を指す商売上の符牒であった(これで外部の者が潜入するのを防ぎ、産業スパイが「秘法」を理解できないようにしたのである)。そして、下層階級の中にも共済組合(「ボックス・クラブ」）が次々と作られ、初歩的な相互社会保険を提供し、労働組合活動の先陣をきることになった。一八〇〇年までに諸共済組合は六十万を優に超える会員を擁するようになった。

クラブは独自意識と仲間意識を培った。（カーヴズ・ヘッド〔仔牛の頭〕のような）政治的クラブはホイッグ党あるいはトーリー党に、またハノーヴァー朝方あるいはジャコバイト派方に、声援を送り、血気にはやる者たちはその忠誠心を街頭に持ちだして旗をふり、〔王室の従僕の〕花形帽章、飾り帯、記章をひけらかし、シュプレヒコールを繰り返した。どこよりも団結して独自意識を守ったのは少数集団だった。例えば、故郷を追われてロンドンに住むウェールズ人やコーンウォル人たちは、すでに、亡命者団体を形成していた。特にロンドンでは、サンデマン派、スウェーデンボルグ派、マグルトン派、モラビア派などの分派教団が離合集散していた。ロンドン在住の黒人たち（その数一万四千に達し、ほとんどは奴隷、個人の召使い、船員であった）は独自の音楽隊、居酒屋、集会所を有し、ロンドンのドイツ人たちは独自の教会を有していた。少数民族の居住地域もできた。例えば、移民してきたフランスの新教徒ユグノーの絹織工たちはスピトルフィールズに繭のような町を作って身を寄せ合い住みついたのであった。

全体として、労働者が生活していけるかどうかは、日々繰り返される単調な仕事にうまく適応して生活費を稼ぎ、家族を養い、時折訪れる生死の分かれ目の危機に対処できるかどうかにかかっていた。普通の人々は個人生活を共同体の期待に即するよう合わせることに慣れていた（それは、結局は、教区の救貧法をとおして押しつけられたものでもあった）。日常生活上の習慣の多くは伝統的なものであったが、（親睦団体のように）新しく生まれ新しい需要を満たすものもあった。普通の人々の生活は、自分たちの生活や労働のリズムに合わせて営まれていたのであり、大地主や牧師に全面的に指揮されていたわけではなかった。共同体の新陳代謝は自己規制的なのであった。生活の基礎を維持し次の世代のためにそれを再生産していくための、生活の手引ともいえる庶民の知恵は逞しく生き続けていた。

おそらく今日とは違って、十八世紀の学問はほとんどが官製の教育組織とは別個に継続していた。教育は国によって組織されていたのでもなく、義務でもなく、一定の年齢層に合わせられたものでもなかった。ほとんどの人にとって試験とか資格証明書などは意味をもたず、良い後援者を見つけたり懇請の手紙を書くことができる能力のほうがはるかに有益であった。ほとんどの仕事は、公募による競争で得られるものではなかった。教育は、ほとんどが生きるための学問であり、特に生活の資を得るための学問であった。エリート層は、ギリシアやラテンの古典を学んで、教養、品格、雅美、不屈の習性を身につけた。その下の階級になると、伝承童謡が幼児には人の胸にこたえる真実を教え、少年少女には数の数え方を学ぶ助けとなり、さまざまなカルタが文字や数を教え、商店や居酒屋の看板そして教会の内装を見て人々は言葉とそれが連想させるもの、断片的な歴史、道徳、神話、十戒など、になじむのであった。母親、叔（伯）母、乳母、友だちが、花嫁に赤ん坊の扱い方を教え、親方が徒弟に技術を伝授し、年長の子どもが年少の子どもの先生になった。詩歌、子守り唄、歌謡、謎々が、天気、金銭、前兆、魔除け、家庭療法、料理、求愛などについて、あらゆる必須の知識を調子よく教えた。例えば

レント〔四旬節〕に結婚すると
後悔の人生を送ることになるだろう

といった諺ふうの言い回しが限りなくあった。食卓の上にナイフを交差して置いたり、コオロギやマ

ネー・スパイダー〔サラグモ〕を殺したり、ヒイラギを切り倒したり、聖書の上に祈禱書以外の物を置いたり、階段で人を追い抜いたりすると、不吉である、と受け売りの知恵は警告するのであった。ベッドの足元で祈りを唱えると兇であるが、（誰が解き当てたものか）階段からころげ落ちると吉なのであった。牛乳を火にかけると雌牛の乳が出なくなることになっていた。こうした諺ふうの知恵があらゆる物事に意義を与えていたのだが、それは、事故や惨害がしばしば予告もなく襲い説明もつかない社会にあっては、必然的なことであった。

娘たちは、裁縫の見本作品から、細心の注意で

忍耐は美徳
美徳は優美
両方備えれば
とても美しい顔になる

という文字を刺繡するときでさえ、よい子になるよう教えられた。カービー・スティーヴンの商店主エイブラハム・デントの娘エリザベスは、厳格ながらも向上心を起こさせる所感、「知識は世間一般の評判を得るもと」「労働は富を増す」「不幸は一種の訓練」「喧嘩好きな人は危険」「若いうちが学問に最適の時期」などを写本帳に写した。十八世紀には、行商人が売り歩く古くから好まれた通俗物語の本――『ジャックと豆の木』『ガイ・オブ・ウォリック』『親指トム』など――も相変わらずよく読まれてはいたが、右の伝承的知識が自己教習の廉価本となってますます多く再生産されてもいたのである。

無数の人々――明らかに貧乏人だけでなく――が本を手にとって学んだのは、学校でではなく、家庭の本棚にある本を拾い読みしたり、近親者や友人に教えられるなど、子どものころや大人になってから自分で見つけてのことであった。数学者チャールズ・ハットンや小説家トマス・ホルクロフトなど、誇り高い独学者が大勢いた。運河工学の開拓者ジェイムズ・ブリンドリーは母から勉強を学び、たいていの設計図を頭の中で、ベッドに横になっている間に、考案してしまった。たいした教養がなくても男たちはたじろいだりしなかった。「閣下のお許しをえて」と提督パイはサンドウィッチ卿に請願した、

もう一言述べさせて頂きますなら、私がしましたことは――つまり、その、閣下が私こと艦隊司令長官パイの手紙をお読みになりますときにどうか綴り字とか文法といったところを余りとやかく詮索なさらないよう願いたいのであります、両方とも不得手なことは自認しているところでありますから。私は無念にも教育に怠るところがありまして、ロクな教育を受けないまま十四歳で海兵隊入りしたので、軍艦が私の大学だったのであります。

とにかく、正規の学校教育だけでは、いっぱしの教育を受けた保証にはならなかったのである。たいていの親は子どもをあちこちの学校へ送った。後に桂冠詩人となるロバート・サウジーは六校も転々とした。コールリッジなど他の知識人たちが書物にのめりこんだのは、学校教育から逃れるためであった。コールリッジの場合、家族の召使いモリーが「私を嫌い」、兄フランクが「やたらに私を殴るのを好んだ」という不幸な家庭環境で育てられてから、ロンドンの有名な慈善学校クライスト・ホスピタルに送られたが、そこでは「生徒たちが私を遊ばせてくれず、いつも私をいじめ――それで私は子どもの遊びを面白いとも

思わず、のべつ本を読んでいたのである。」

向上心を起こさせる廉価本——独習書、小型版古典作品、教育手引書（『簡便読書法』の類い）、辞書、習字入門書、計算、外国語など——を商う仕事は見当もつかないほど拡大した。若き日のウィリアム・コベットは、家を去りロンドンまで職を求めてとぼとぼ歩いているとき、なけなしの三ペンスをはたいてスウィフトの『桶物語』を買い、端から端まで夢中になってそれを読んだ。コベットは、やがてイングランドの主導的ジャーナリストになるのだが、どうやら一度も学校に通ったことがなかったようである。独学者として成功することが容易な未曾有の時代なのであった。だからといって、独学者にならなければいけないというわけでもなかった。各地に続々と学校が作られた世紀でもあったからである。これは中央政府なり地方政府なりの尽力によるものではなかった。両者とも教育を援護する必要をほとんど認めていなかったのである。さらに、寄付基金を有する古くからの学問の府の多くが衰退過程にあった。ケニヨン卿は一七九五年に「王国各地のグラマー・スクール〔中等学校〕の現状をつぶさに点検してみれば、そのほとんどがいかに嘆かわしい状態になり果てているかお分かりになりましょう。もし各人がその務めを同等に果たしていたら、塀だけあって学生がいないというような、給与諸手当を受け取る以外は何もしないというような、今のようなていたらくを目のあたりにすることはないでありましょう」と嘆いた。

このように、いくつかの中等学校が衰退したのは、そのカリキュラムが法令によって、近視眼的にも、古典教育に限られていたからであった。その需要はもはや衰えつつあったのである。商工業に携わる親が算数、計算、フランス語、習字、航海術、速記、商業方法論、そして少しは科学があってもよいという、「近代的」で「役に立つ」勉強を含む教育を次第に求めるようになったからである。しかしながら、そうでない中等学校の中には、時代の動きに合わせて数学や実務教科に力を入れたところもあり、また、教区の少年の受け入れ数を減らす一方で上流階級や上昇志向階層の子弟を授業料をとって寄宿舎教育する体制に切りかえ一流校を目指すところもあった。超一流の部類に属するパブリック・スクール〔私立学校〕――ウェストミンスター、イートン、ハーロウ、チャーターハウス、ラグビー、ウィンチェスター――は、自己永続化策などによって名声を高め、その地歩を固めていった。上流人士がこうした学校に通ったのは、他の上流人士がそこを卒業したからであった――学閥意識はこのころもうすでに強かったのである。だが、これらの学校では、貴族が重んじる基礎的な教養と古典がまさにしっかりと教育された。貴族の、家督を継がない次男以下の男子は「笞で叩かれてラテン語を覚え込まされた」のである。ジョージ王朝のパブリック・スクールにおける生活は、当時の監獄における生活と同じように、上から統制されていただけでなく、内からも、下級生に対し横暴に振舞う上級生たちの評議会によって、統制されてもいた。セヴンオウクスの校長であったヴァイチェイジマス・ノックスは、マーチャント・テイラーズ校の生徒であったころのことを、「植民地の奴隷でさえ味わったことのない、学友たちによる圧制の下、下級生として雑用にこき使われる生活であった」と書いた。授業と、笞刑を含むかなり野蛮な懲罰を別にすれば、教師はさほど寄宿生の生活に介入しなかった。(授業のある日は一分一秒といえども団体競技「スポーツ」のような向上を旨とする活動を時間割に組んでおろそかにしてはならない、という理念は十九世紀に生まれたものであった。) パブリック・スクールでの修養はジェントルマンの生活への手ほどきであり、男子生徒たちは飲酒、賭博、乗馬、喧嘩をし、そして、早熟にも男女両性との性経験をもった。反乱を起こすことも稀ではなかった。イートン校では騒ぎを鎮めるため在郷軍を呼び入れなければならないことも一度あった(戦闘はすべからく運動場で勝敗をつけることになっていた)。

パブリック・スクールは「あらゆる悪徳不道徳の苗床」である、というのがヘンリー・フィールディングの考えであった。だが、この種の学校教育は将来国の支配者となる若者たちにとってイングランドの自由に浴する良き洗礼となる、と見なされていた。「かくも多くの著名な人物を輩出した我が国のパブリック・スクールはイギリス人の天稟および気質に最適のものである、という一般の意見に」と、ウェストミンスター校に通ったことのあるギボンは断じた、

私はいつでもためらうことなく与するであろう。精神高邁な少年は世の先例実例を学び、遊び仲間は将来心の友同好の士となるやも知れぬ。学友たちと心おきなく交わるうちに真理尊重、堅忍不抜、思慮分別の習慣が知らず識らず身につき、家柄や富よりも真価こそが人を測る規準となるのであり、反乱のまねごともその真相は青年の大臣また愛国者となる資質のあらわれである。

ほとんどのグラマー・スクールと同様、二つのイングランドの大学——依然として男子のみ、独身主義、イングランド国教会派であった——もまた入学志願者数の減少をみていた。ケンブリッジ大学クライスト・カレッジでは一七三三年の新入生がたった三人であった。十八世紀半ばまでに、オックスフォード大学が受け入れる新入生の数は年二百人以下に落ちこんでいた。オックスフォードやケンブリッジに通う学生は、主に、漫然たる勉強で時間を潰す（卒業するための苦労をいとう）ジェントリー階級の覇気のない若者たちや、その多くが牧師補の息子で将来聖職に就こうとする貧乏奨学生たちになってきた。カレッジで学問を職業にしているのは退屈なチューター（個人指導教師）や眠気を誘う衒学の徒たちであった。ジョージ王朝イングランドの偉大な学者たち——法律改革者ジェレミー・ベンサム、エドワード・ギボンとか大執事コックスとかチャールズ・バーニーなどの歴史家、ジョウゼフ・プリーストリーとかヘンリー・

キャヴェンディッシュなどの科学者――は、ほとんどが大学の教師ではなかった。オックスフォードの学監たちはポート酒に浸り特権に安住している、とギボンはある文芸小品で意地悪く示唆した。

「上品で屈託のない男たち」は、創立者の恵みを怠慢に享受するだけで、礼拝堂と大食堂、喫茶室と談話室を往き来しては年がら年じゅう変哲のない日々を送り、やがて退屈と自己満足のうちに退職の日を迎え、無為のまどろみにつくことになる。読書とか思索とか著作といった面倒なことはとうの昔にやめて、良心の呵責を覚えることもない。話題といえばカレッジの雑事、トーリー党の政治の悪口、個人的逸話、誰それの醜聞といったことばかりで、自分たちがのんべんだらりと酒浸りになっているものだから若者たちが威勢よく暴飲しても大目に見ることになる。

オックスフォード（ホレース・ウォルポールにとっては「無意味と偏屈の苗床」）とケンブリッジ（チェスターフィールド卿は「無教養の温床」と評した）は、いよいよ上流化し、贅沢な、金のかかるところとなり、奨学金を得る者を除けば、貧乏な学生を遠ざけることになった。オックスフォードの隠れジャコバイト派的政綱にも、また、ケンブリッジが展開した幾何学と数学とニュートン力学に基づく超現代的カリキュラムにも、反感を覚える者たちがいた。ケンブリッジが十八世紀末に筆記試験を導入しようとしてはいたが、無気力な両大学が自己改革することは絶えてなく、改革を強いる外部の圧力もなかった。政府も眠れる学監たちを放置していた。

医業などの専門職に就くために高等教育を受ける必要のある者たちは別の所に行った。初めは、医学生たちはオランダの諸大学に集まったが、後には、非国教徒にも、内科医はもとより外科実習医にも、門戸を開いたエディンバラ大学が非常に人気を集めた。オックスフォードとケンブリッジは、文芸および知が発酵する中心地としての地位を、首都に譲ることになった（ケンブリッジの偉大なギリシア語教授リチャード・ポーソンがロンドンに住む選択をしたことは、示唆的である）。イングランドの由緒ある両大学は相当の聖職任命権を有する、聖職禄争奪競争の出発点になってしまった。フェローシップ〔特別研究員の地位〕が有利な所有財として珍重された。屡々にして教える義務を伴うこともなく、最低限、上等な牧師館を探している駆けだしの聖職者にとって持っていて荷物にならない便利なものだったからである――そして、どこの牧師館に配属になるか、その任命権はカレッジにあった。潑溂とした精神の持ち主や野心的フェロー〔特別研究員〕は転々と職場を移ったものであった。「フェローシップは上等な朝食であり、取るに足らない昼食であり、悲惨な夕食である」とジョージ・フェイバーは断じた。

学問の地平線は時代の要請とともに変化しつつあった。裕福な家庭は、たいてい、パブリック・スクールや大学を、笞刑、無作法、男色、飲酒の巣窟として信用せず、代わりに（音楽教師とダンス教師を別につけて）個人指導の家庭教師に信を置き、ヨーロッパへのグランド・ツアー〔大旅行〕を添えて子どもの教育の仕上げにした。ホウカムのレイディー・レスターは、「悪徳の学校」すなわち大学に行って堕落するかわりにグランド・ツアーのほうを選ぶならという条件で、親切にも甥の息子を年五百ポンドで買収したほどである。フランス、イタリア、ドイツ、そしてオランダへの大旅行は金を食い、三年で五千ポンドもかかるのであった。

商工業階級出身で非国教徒の少年は、宗教的理由でイングランド国教会系のグラマー・スクールや大学から排除されるため、ディセンティング・アカデミー〔非国教派系の中等学院〕に行くのが一般的であった。キブワース、トーントン、ダヴェントリー、ケンドル、ウォリントン、マイル・エンドなど、この系統の学院の多くは、フィリップ・ドドゥリッジとかジョウゼフ・プリーストリーといった著名な学者が校長を務めたこともあって、当然のごとく有名になり、その質の高さによって国教徒の学生をも引き寄せた。主流派である歴史の古い非国教徒、とりわけ長老派教会員、は高尚な学問の評価にさほど「うるさく」はなかったので（「歯に衣着せぬ」クエーカー教徒は、たいてい「うるさ」かったが）、聖書正典に含まれる古典の研究と、地理や速記や算数や科学といった「有用」で「現代的」な科目とを、混合することを試みた（設立認許に縛られていないため、これらの学校は柔軟たりえたのである）。長期的に見たときのこれらの学院の社会的重要性は、皮肉にも、第五列〔敵と内通し国内で破壊活動をする人々〕となって、反国教の正統派を衰退させた、という事実にある。学院は校長自身が自分で運営し、定款もなければ、非国教系教会の長老たちに日々監督されることもなかった。校長たちは自身が、屢々にして、ややもすると異端的神学に傾斜する思いを抱き、カルヴィン主義を排し、疑い問うことを奨励する開放的かつ「合理的」教育方法を開発した。その結果生じたのが、非国教徒青年の、正統派的信念に対する、反逆であった。ハックニー校とホクストン校が特に神学的動揺の温床となった。カルヴィン主義が衰退し、ソッツィーニ主義がホクストン・アカデミーに入学を許可され、やがて汎神論者そして無政府主義者となるのであった。バークはハックニー・アカデミーを「破壊的教義と論法が鍛造される新兵器工場」と呼んだ。ハックニー、ウォリントン、ホクストンなど、評判の高いアカデミーは、教会の長老たちがもはや教義の混乱に耐えられなくなったときに、閉鎖を余儀なくされた。十八世紀が終わるまでに、非国教徒である校長や卒業生たちは正教的信仰から浮遊して、自由思想という熱い風に士気を鼓舞されるようになっていた。

「ここでは、ずらりと並んだドアの上に『子ども教室』『靴修理』『外国製蒸留酒販売』『葬儀引受』といった看板を見るのはごく普通のことである」と主任司祭モリッツは書いた。モリッツが「生徒一代記」を辛辣に描いた『記念に』は、イングランドの至る所に急増した自由企業体制の商業学校の林立にスポットライトを当てている。これらはディセンティング・アカデミーと同じ社会階層――実業志向家庭――の要求を満たすものであったが、宗教に関与しない点が違っていた。家督相続権のない次男以下の男たち、特定任地のない聖職者たち、極貧の作家たち、こうした人間たち数百人もが通学学校や寄宿舎学校を設立し、アルファベットから果てはギリシア・ローマの古典、砲術、航海術に至るまで、綴り字、習字、数学、算術計算などの練習に特に重点を置いて、教えたのである。彼らの妻や姉妹は一般に婦人監督を務めた。このような学校は屢々にして短命に終わり、そのほうがよかった学校も多かったのだが、それでも職人や小市民階級出身の男子（そして、数は少なくなるが、女子）に生活の資を稼ぐなり徒弟奉公入りするのに必要な実務的技術――帳簿のつけ方、ちょっとした法律の知識、商習慣、商業手紙の書き方、算数、製図など――を身につけさせる需要に応じたのであった。なによりも、こうした学校は授業料が安かった。ちゃんとした寄宿舎学校教育が、イングランド北部では、たかだか年十ポンドで受けられたのである。中流階級出身の男子は、先立つどの世紀におけるよりも、実際的で応用可能な教育を受けていた。彼らは、もう少し年をとると、別の重要な新企画である自由市場教育、すなわち大衆講座、に詰めかけることになった。ほんの数シリングで、若い男たちは大都市での――しばしば巡回講師が受けもつ――夜間授業に入会して、航海術のような職業指導科目でも、博物学や古代文化のような文化研究でも、聴くことができた。時には女性の入会が認められることもあった。

女子のための学校の数も同じように急速に増加した。もっとも、メアリー・ウルストンクラフトがニューイントン・グリーンに設立した学校のように、その多くは、子どもの世話をするということで評判となった施設であるだけに、読み方と裁縫と絵を少しばかり教えるのがせいぜいであった。例えば、ジェイン・オースティンは、異常に早く七歳のときからはじめて、三つの寄宿舎学校に通ったのだが、身につけた教育の大部分は聖職者だった父親からのものであった。上流社会は女子の意向をあまり真剣には考慮しなかったのである。「そんなに沢山の学問は若い女性には不似合いだと思いますわ」とシェリダンの作中人物マラプロップ夫人は宣言した。そして、そう言うのは彼女一人ではなかった。洗練度の高い女子校は生徒が将来上流社交界で夫に従い家庭の花となる役割を務められるよう育てることを目的とし、礼儀作法、立ち居振舞い、宗教、フランス語、芸術、美徳、そしてトランプ遊びさえをも、教えた。

社会階級がもっと下になると、親はどうやら子どもを学校へやることにさほど熱心ではなかったようである。授業料を満足に払うゆとりもなかったし、あるいは、子どもの労働力を手離す余裕もなかった。しかし、そうした彼らのための、無料あるいは名目だけの料金しかとらない学校が慈善家たちによって作られ、その数が増えつつあった。だからといって、貧困者は学校教育を受けるべきである、という意見に誰もが同意したということではない。彼らに教育を施せば、身の程を弁えぬことを考えるようになり、怠け者になり、煽られて暴動を起こすであろう、と怖れる人たちもいた。「羊飼い、農夫……は、世間を知れば知るほど、骨の折れる過酷な仕事を元気よく安んじてしたりはしなくなるであろう」とマンデヴィルはいつもの皮肉な逆説的言い回しで示唆した。ソウム・ジェニンズは無知のことを「貧乏人の麻酔剤、天の配剤による強壮剤」であると断じ、また、後にロイヤル・ソサエティー〔王立学士院〕の会長となるデイヴィス・ギディーは一八〇七年に、

労働者階級あるいは貧乏人に教育を施せば彼らの道徳心や幸福を害することになりましょう。教育は、彼らを

農事その他の労役仕事における善き奉公人にするかわりに、彼らに人生の定めを蔑むよう教えることになりましょう。彼らに従属を教えるかわりに、彼らを御しがたく言うことをきかない人間にするでありましょう。

と論じた。しかし、大衆のための学校教育を促進する人たちは逆襲にでて、彼らが提供する教育は金のかからぬ、健全な、主義教義を教えないものであることを保証し、当然期待される利点を列挙した。貧乏人に対する学校教育は彼らに敬神の念と従属心を教え、労働を教練し、職業技能を授け、平民が社会の負担にも脅威にもならないことを確実にするであろう、と。ジョン・エヴァンズは「教育をとおして貧乏人は社会に負う義務を知ることになるのである」と保証した。

貧困者用慈善学校の設立に拍車をかけた要因の一つは、一六九九年に創立されたキリスト教知識普及協会（SPCK）のような、宗教団体であった。この種の慈善学校は、一般に、ほとんどが在俗の賛同者による資金供給を受け、株式組織原理にのっとる株主によって運営されていた。新教内の諸宗派が共同で作った学校もあれば、遺贈によって生まれた学校もあった。例えば、十八世紀初めレスター州ハラトンにあった貧困者の子弟用の学校では、遺贈による資金を得、一人の先生が二十人の子どもに公教要理を教えた。日曜日には教会に連れていくという教育をしていた。この町には、また、非国教徒用の小さな学校もあった。後になると、日曜日に学校を開く案が支持を得た（一七八七年のある推計によると日曜学校に通う子どもの数は二十五万人であった）。日曜学校は週日労働の邪魔にならず、子どもたちが自由な一日に悪さをする予防になった。

メソディスト派もまた労働者の子どもたち用の学校を設立し、主に宗教教育を施した。「私たちの児童教育方法はこうです」とメソディスト派の女性教師メアリー・フレッチャーは一七六四年に解説した、「私たちは、子どもたちが善き奉公人になれるよう訓練することを目的としておりますから、できるだけ早く子どもたちが労働、早起き、清潔に慣れるよう努めているのです」。彼女は、生徒たちに一日に十五分間だけ庭で休憩するのを許したが、「子どもたちはある程度真剣に休憩しますし、それが自分の健康のためになると知っております」と請け合った。勝手気儘はどんなことであれ許されなかった。「遊びという言葉は決して使いませんし、誰にもおもちゃや遊び道具を与えさせません。普通はそれで一日の半分を過ごしてしまう育てられ方をするのですけど。」

下層階級用の慈善学校は、数ある慈善事業の中でも人目を引く事業の一つであった。千七百以上が設立された。多くは生徒に独特の制服を、無料または廉価で、着せ、年に一度教会で礼拝式を開催して神と出資者を賛えた（大集会はセント・ポール寺院で開催された）。男子と女子を一緒に集めて、慈善学校では理路整然たる限られたカリキュラム、主に読み方と聖書、を教えた。教理問答は授業の中でも主要なものであった。作文をも教えるところもあったが、偏見を抱かせるとしてそれを禁ずるところもあった。とりわけ強調されたのが宗規であった。生徒たちは

ピンを盗むのは
罪である。

というような歌を詠唱させられた。機械的教授法と反復練習が採用されたのは、仕事場の訓練のまねごとでもあり、倹約のためでもあった。この世紀も終わろうとする最後の数年に、アンドリュー・ベルの、学級生徒委員を使う機械的教育方法が、「道徳界の蒸気機関」として出現した。

では、教育の効果はどうだったのであろうか。国も教会も画一的教授法を強制することはなかったし、学校開設認可はすでに事実上実効を失っていた。その結果、婦人が自宅で教える私塾からイートン校に至るまで、またトマス・デイとリチャード・エッジワースが草わけとなった流行のルソー主義も含めて、実にさまざまな特色ある学校教育が行われることになった。この、教育の自由市場ともいうべき状況の中で、親の好みと懐具合いで決まる、子どもたちの受けた教育は、既存の社会的、文化的、性的差別を強化することはあっても、それを破壊して新たな差別を作るという傾向にはなかった。熱心ではあるが「学歴過剰の」大量の奨学生が国の要塞たる諸機関を襲おうとしたり、深刻な「大学卒就職難」があったりする、そういう世紀ではなかった。識字率はゆるやかに上昇していた（もっとも、産業革命の初期、人口が急激に増加し社会の崩壊をみた数年間は、下層階級で急落したこともあったが）。中産階級以上の男性はほとんど全員が読み書きできたが、男性労働者人口のうち読み書きできるのはせいぜい半分であった（女性の識字能力は相対的に男性より劣っていた）。

しかしながら、識字能力は一層重要になりつつあった。新聞や雑誌の出現によって読み物が増えたからである。田舎の少年は相変わらず農家のドアを叩いて仕事口をさがすこともできたが、熟練工になると新聞の「求人欄」にざっと目をとおすこともありえた。読み物が広く読まれるようになったことで、文化が大都市化、直接化、画一化、そして現代化した。だが、識字能力が不可欠ではなかったことも確実である。現在の私たちなら文字に留めることの多くが、当時は記憶に留められた。大きな声で他の人々に読んで聞かせるといった「橋わたし」の過程を経て、書かれた言葉が字を読めない人にもたらされた。十八世紀は教育の需要が高まりそれを巧みに使用する効用が認識されて新しい学校が作られた世紀であったが、学校教育を受けた者の数は教養ある人々の総数に遠く及ばなかった。識字能力と学習の基盤となったのは、学校ではなく、自助、家庭、あるいは共同体なのであった。

慈善学校は、臆面もなく不正操作に巧みであったため、その効果を判断することが難しい。管理する人々自身、進退きわまっていた。読み書き、計算、聖書に力点を置くべきか。それとも、実業学校の経営に主眼を置いて、子どもたちに糸を紡がせ、〔船の水漏れ防止用に船板の合わせ目に詰める材料となる〕ロープほぐしをさせ、麻叩きをさせ、編みものをさせ、その他同様の卑賤な仕事をさせて、経費の償還をさせるべきか。実業学校は、結局、割に合わなかった。さらに、学校には、野心を掻き立てると同時に従属心を教え込むにはどうすればよいか、というジレンマ〔二律背反〕があった。慈善学校や日曜学校は貧乏人に尊敬の念を教え正常化機能を果たすことに成功したのであろうか。イングランド国教会に対する下層階級の忠誠心を取りつけることに慈善学校が成功しなかったことは、疑いの余地がないように思える。薮を突いて蛇をだす危険はいつの時代にもあった。人々に読み方を教えることは易しいが、その後続いて何をどう読むか指導することははるかに難しいことであった。

家庭の躾や学校の教練と同じように、宗教も人々に生き方を教えた。社会の上下関係には神が定めた根拠があることを示し、相互の責任、死んだ人間と生きている人間との間の絆、これから生まれてくる人々に対する現在生きている世代の義務などを、詳しく説いた。神学は存在の謎を解説し、十字架にかけられたキリストをとおしての救済を教えた。しかし、ジョージ王朝の人々は、神を敬うことが社会生活上の薬――あるいは、少なくとも気休め薬――であることも、知っていた。神聖崇拝は麻酔剤であるというマルクスの「発見」を、この当時の人々ならかろうじて欠伸をかみころして迎えたことであろう。「たしかに」とアディソンは書いた、村中の人々が一番いい顔、一番きれいな服で教会に集まって、どうでもいいような事柄について言葉をかわし、自分たちの義務について説かれるのを聴き、神を賛える歌を一緒に歌うという、一定の時がしばしば巡ってくるのでもなければ、田舎の人々はすぐに堕落して未開、野蛮の民と化してしまうであろう。

ジョージ王朝の人々の多くは、洗礼と埋葬のとき以外、めったに教会に入ることがなかった。だが、ほとんど誰もが、その人なりに、信仰心をもっていた。その大半は、先祖から受け継いだ魔法と迷信という名の体をわずかに蔽うキリスト教という名のイチジクの葉であり、自然崇拝と大差ないものであった（これが洗練された、学説的に正しい形態が、「自然宗教」という名で知られていた）。しかし、誰もがその人なりに造物主についての、また、天国における「居場所」についての理想像をもち、善悪また賞罰について確信を抱いていた。たいていの人々は祈りを捧げることに無頓着であったが、ドクター・ジョンソンが「実際のところ不信心者はほとんどいない」と言うのは、そのとおりであった。理神論――キリスト教の、歴史上の神の顕現を欠く、非人格神信仰――が十八世紀初めに知識人たちの間で進歩を遂げ、偏狭な狂信者たち、ローマカトリック教徒、政治勢力を有する聖職者たちの不快感をかった。しかし、ひとたびキリスト教徒たちが迫害という剣を鞘におさめると、理神論および自由思想のもつ独特の魅力は衰微した。信仰の拠り所に対するもっとも厄介な知的異議申し立ては、無神論者からではなく、内部の異端者からくることになった。ジョージ王朝のもっとも悪名高い唯物主義者は、フランス風の颯爽たる啓蒙思想家ではなく、聖書根本主義者にして千年至福説の唱道者ジョウゼフ・プリーストリーであった。神学内論争は白熱を続け、イングランド国教会神学は合理主義と曖昧主義の間で揺れ、非国教徒たちは無償の恩寵とカルヴィン主義予定説をめぐって分裂した。こうなった理由は、新たな物質的繁栄、新しい科学、探究の自由などに、字義解釈至上主義の教義を適合させることが困難だったからである。宗教の分裂は深刻であった——そのことは、当時出版されしきりに読まれた大量の説話や神学論争から明らかである——そして、ローマ主義という古い悪霊を退治すること（「ローマカトリック教反対！」）だけがかろうじて新教徒たちを一つに結びつけえた。

同時代人たちは、時代がキリスト教の退去をぼそぼそ囁いている、という恐怖を口にした。神を崇拝する人はすでに減ってしまったが、増えてしかるべきである、と。この世紀の初めにジョウゼフ・アディソンは「近隣諸国のどこよりもイングランドでは宗教が見かけられない」と言って嘆いた。イングランドを訪れたモンテスキューはこれを次のように注釈した。イングランドでは宗教が「笑いだけを惹き起こす」、と。信心は色褪せた。「私は一日中家に居て、教会には行かなかった。なんとも、はや。行かない正当な理由などないというのに」とトマス・ターナーはある日曜日の日記に告白した。首都の教会で礼拝を日課にしているところが一七一四年には七十二あったのが、一七二八年には五十二に減少してしまい、一七三二年までに四十四しかなくなっていた。礼拝式への熱気が下がった。教区牧師ウッドフォードは日曜日以外はほとんど礼拝式を執り行わなかった。十九世紀初頭のサマセット州のウィリアム・ホランド師は会衆の少なさに苛立った。イングランド国教会の信者たちの間では、家庭で祈りを捧げることが珍しくなった。「嗚呼、この邪悪で不敬な国民の中に宗教がもう一度頭をもたげますように」とトマス・ターナーは懇望したが、自分自身はあまり熱心な信者ではなかったようである。

だが、表向き合理主義、現世主義、無関心ではあっても、その下には宗教的衝動が深く強く脈打っていた。サミュエル・ジョンソンは永罰をひどく怖れていた（彼の言う永罰とは、「地獄に堕されて、永劫の罰を受ける」ことであった）。ギボンは、十代のころ自己の独自性を探し求めて、つかの間カトリックに改宗した。ボズウェルも改宗した一人だった。多くの者が、特別の神意の現れと前兆があるものと、本能的に信じていた。ある日曜日ヒゲを剃っているうちにカミソリが折れたとき、教区牧師ウッドフォードは日記に「これは主の日たる日曜日にはヒゲを剃ることも、その他主の日を冒瀆するいかなる仕事も、これからは、してはならぬという私への警告かもしれない」と記した。強烈な宗教的体験をしてみたいという意向のない人々でさえ、宗教が病気を寄せつけぬための魔除けであり、社会を一つにまとめる接着剤であることを、知っていた。ちょうど、チェスターフィールド卿が息子に、少なくとも口先では、

いいかね、人間というのは、新思想家だの、自由思想家だの、道徳哲学者だの、どんなに立派で体のよい形容辞をまとっても、無宗教の人だと思われるだけで、悪く見られ、信用されなくなるものなのだ、本当だよ。賢明な無神論者なら（そんな人がいればの話だが）、自分の利益のためにも、世間体のためにも、何らかの宗教を信じているふりをするものなのさ。

と勧めたように。

ジョージ王朝の信仰は実際的で穏健なものであった。国教会派と同じように、非国教徒も主流派は、敬神の念は現世の徳と思慮分別を補うものであって、涙の谷である現世を見捨てることを求めるものではない、と考えていた。原罪とか聖性とかはあまり口にしなかった。敬虔な心は自然で、常識的で、肩の凝らない、日曜日の正装に身を包みながらも心は普段と変わらない、そういうものであるべきだ（と説教師たちは力説した）。十七世紀の終わりも近いころ、有力な大主教ティロットソンは、次のようにキリストを性格づけて、ジョージ王朝のイングランド国教会を基本的に穏健なものにした。「キリストは、徳の輝き

に虚栄なく、勇敢にして有頂天にならず、誠に非凡ながらもいささかも節度を外れることがない」と。悪魔憑きと法悦、悪魔と精霊、新生、溢るる恩寵、あるいは十字架の変形変質力などを説く熱弁家は、新「広教会派」の聖職者からも在俗信者からも、今や「狂信者」なのであろうと大いに疑われる扱いを受けていた。ダーラムの主教ジョウゼフ・バトラーは「狂信は大変忌まわしいことである」と結論した。

世論指導者たちは自分たちの宗教的中庸を自画自賛した。過去の宗教には加減する必要のあることが沢山あった、と彼らは信じていた。信仰は節度と文化的洗練をもたらす力となるべきである、と。数世代にわたる激烈な宗派間の反目があった後でやみくもに安心感を希求したジョージ王朝の人たちは、柔和こそ福音書の筆頭戒律であると見なした。グロスターの主教は、一七一五年に講じた説教の中で、狂信者ほど「残虐、武力闘争、虐殺、火刑、憎悪、敵愾心、邪悪、偏屈」をもたらした者は他にほとんどいない、と非難した。一世紀前には狂信的清教徒たちが内乱を誘発し、温好なキリスト教聖職者を嘲笑の的にした。そして、教皇礼賛派ジャコバイト一派は常習的陰謀者で、国家の転覆を目論んでいた。対照的に、「主の戒律は耐えがたいものではない」と「あまりに正義漢ぶるなかれ」が、十八世紀をとおして国教会の説教壇から読みあげられた広教会派「涙なきキリスト教」の説教の、神聖な聖句となり、しかも（ホガースが描いたように）それをうとうとしながら聴く会衆の鼾に掻き消されるのであった。

ジョージ王朝の人々は、宗教の意図するところは聖戦に剣を揮うことではなく心の平安である、と熱心に説くことができたが、それは、一部には、迫害の時代がまさに終わろうとしていたからであった。敵愾心が消えることはなかったが、寛容法（一六九〇年）の成立によって、いくつか付帯条件はつきながらも、宗教の自由が保証されていたのである。イングランド国教会が、疑いの余地なく、法律によって確立された（大きな建物が十分の一税で膨らんだのがなによりの証拠である）。国教会派の人々には特権が認められていた。大学や公務員職といった、国の選り抜き領域は、国教会系教会に属さない人々には立入禁止領域となっていたし、国教を忌避するカトリック教徒は依然として罰金を払っていた。しかしながら、現実には、国教に反対する新教徒でも時折国教会で聖体拝領のパンとブドウ酒を受けるという追従に耐えられる人なら、野望を挫かれる必要はなかったのである。十八世紀には「時に応じて国教に順応する」非国教徒が四十人近く庶民院議員になったし、ロンドン市の参事会員になった者も大勢いた。六十年にわたってノッティンガムの歴代市長は非国教徒であったし、ロンドンでは多数のユダヤ人が市政の官職に就くことさえあった。

そして、仮に国の表玄関が非国教徒には依然半開きでしかなかったとしても、少数派宗教をジェントルマン然として愉しむ人たちには、以前ほどの汚名が着せられることはなくなっていた。カトリック教徒であったピーター卿を見るとよい。屈託のない精神の持ち主であったこの貴族は、ジャコバイト派の家系に生まれながら、一七七九年にはソーンドンにジョージ三世を迎えて歓待し、選挙区の議席を左右する顔役としての地歩を固めたのである。カトリック教徒サー・ヘンリー・アランデルは友人ハードウィック卿に、「私はここに三十年以上も住んでいますが、寛大な政府のお蔭で少しも危害を加えられたことがない」と指摘した。非国教徒と国教徒は協力して慈善活動や布教活動に取り組んだ。なるほど、頑迷な非国教徒はえてして中傷の的となり――デフォーのように――晒し台にかけられることも時にはあった。しかし、一六八五年にフランスで新教徒全員が追放され、十八世紀をとおしてカトリック教のヨーロッパでは相変わらず異端者が火刑に処されており、カルヴィン主義のスイスでも敬虔派が同様の扱いを受けていたことを思えば、イングランドにおける非国教徒の処遇がそう悪いものではなかったことが分かるだろう。

イングランドでは、個人的にどのような信仰を抱こうと赦されていた。だから、デフォーが述べたように、「各人は独自の裏道を通って天国に行く」のであった。それは（たとい――ヴォルテールが辛辣に述べたように――ソースは一種類しかないにしても）宗派が百もある地であった。そして、これもヴォルテールが述べたように、単一宗教の国では独裁となり、二つの宗教があれば内乱が生じるが、三つ以上あれば平和がもたらされるのだから、イングランドは大変望ましい状況にあったことになる。

そこいらの宮殿よりも立派なロンドン株式取引所に入ってみたまえ〔とヴォルテールは書いた〕。各国の代表者が人類に奉仕すべく一堂に会しているのを見るであろう。そちこちで、ユダヤ教徒とイスラム教徒とキリスト教徒が恰かも同一宗教の信者であるかの如く付き合い、破産する者に対してのみ異教徒の名を冠し、また、プレスビテリアン〔長老派教会員〕がアナバプティスト〔再洗礼派〕の言うことを信じ、イングランド国教会員がクエーカー教徒に約束を守っている。この自由で平和な集まりから立ち去るやいなや、シナゴーグ〔ユダヤ教の礼拝堂〕に行く者もあれば、酒を飲みに行く者もあり、父と子と聖霊の名において洗礼を受けに行く者もあれば、息子の陰茎の包皮を切ってもらい分かりもしないヘブライ語の言葉を息子に向かってつぶやいてもらう者もあり、教会に行って帽子を被ったまま神霊感応を待ち受ける者もあり、しかも、全員が満ち足りているのである。

寛容は、宗教にとってよいだけではなく、商業にとってもよかったのであった。

イングランド国教会は国内最大のもっとも裕福な団体であり、その頂点に立つ二十六人の主教は各々主教座聖堂を有し、主任司祭、参事会員、名誉参事会員を擁していた（高級聖職者は総数約千人であった）。これらの下に、約一万の教区があった――全イングランドが教区に分割されていたのである。聖職者の地元における影響力は、教区が地方政治の基礎組織をも兼ねたという事実によって、もちろん、強められた（治安判事に任命される教区牧師の数が次第に増加した）。[*] 教会主管者と教区主管者代理——当時はほとんど全員が大学卒業生——は教会所属および平俗のパトロン〔禄付き聖職授与権所有者〕たちによって禄付き聖職に推薦され（十八世紀半ばのオックスフォード州では、聖職推挙権のうち実際に聖職者が権限を有していたのは十一パーセントにすぎなかった）、十分の一税と聖職領畑地の耕作とから収入を得ていた。多くの教区牧師は任地に住まず、複数の聖職を兼務しており、そのため安上がりにつく牧師補を任命して職務遂行を肩がわりさせていた（牧師補の収入はリビング〔living＝禄〕ではなくリービング〔leaving＝ロクでもない残り物〕なのであった）。教区のうち任地居住聖職者のいない所が約四分の一あり、この状況は悪化していった。一七四〇年代のデヴォン州では、教会主管者の半数強が非居住者であったが、一七八〇年までにそれが七十パーセント近くに上昇していた。教会は、衰退しつつあるとはいえ独自の宗教裁判所組織を維持し、また、イングランドの大学を独占的に掌握してもいた。大学を卒業できるのはイングランド国教会を支持する者だけであり、大学の学監はほとんど全員が聖職に就いている者であったし、グラマー・スクールの校長もほとんどが同じであった。だが、教会が社会を強く掌握していたとすれば、その教会はそれ以上に強く政治に掌握されてもいた。一七一七年から、教会の中央執行部（聖職議会）は、その下院の過激なトーリー〔保守〕主義色を憂慮するホイッグ党によって、閉会されてしまった。それ以降、教会は独立した団体としての独自の精神的指導力をもたなくなった。高位聖職者たちが、自分たちの育ての親である政治家たちと、一般に大変親密な間柄だったからである。

＊ リチャード・ゴフが一七〇〇年にシュロップシャー州のミドルという村の全住民調査に着手したとき聖堂信者席ごとに記述したというのは啓示的である。

教会は、一団体として、十八世紀をとおし十分バランスのとれた収支を保っていた。インプット〔人材投入量〕は適切であり、聖職授任候補者にこと欠きはしなかった。十分の一税は価値を増した。世紀半ばまでに年収が五千ポンドを越える主教もでてきた（大主教ハットンはヨークに在任中の十二年間に五万ポンドの純益をあげた）。アウトプット〔仕事量〕も、また、適切に維持された。国教会の聖職者で、厳しくもない職務を遂行できない者はほとんどいなかった。教区牧師は、クラッブの命名によれば「黒い法衣の狩人でありヴァイオリン弾きの聖職者」（ウェスリーの言葉を借りれば「砂の縄〔頼りにならない物〕」）であったかもしれない。しかし、毎週の説教を正しい言葉使いでこなし、結婚の儀を司り、子どもたちに洗礼を施し、死者の埋葬にあたったのである（時折は聖人の日に祈禱を捧げることさえあった）。教区牧師がしたことはこれだけだったかもしれないが、しかし、その彼に熱狂的伝道者であるよう、あるいは、信者の群を牧する聖人たることさえ、期待する教区民はほとんどいなかった（もっとも、清廉潔白でなければならず、地主たちとトランプのホイスト三番勝負の相手をしなければならなかったが）。ジョージ王朝の教区牧師は、信仰とは真剣に取り組まなければならないものである、と信じていなくてもどうということがなかった。ジョージ・プライムの回想によれば、彼が若かった一七八〇年代には、「教会主管者は日曜日に礼拝の儀を執り行い、迎えが来たときに病人を訪れていれば、それだけでもう十分であると考えられていた」。ウェストン・ロングヴィルでは、一七七七年にウッドフォードが〔復活祭前の、イエスの受難記念日である〕聖金曜日に祈りを挙げると、それが新機軸なのであった。

主教は、ほとんどが、能率よく教区巡察を遂行し集団堅信礼を挙行する、有能な教区管理者であった。とりわけ、高位聖職者たる主教は大物政治家によく仕えた。パーシヴァル子爵は、一七三〇年に、グロスターの主教ウィルコックを褒めて言った。

彼は、どこの主教にも引けをとらず、少なくとも一年のうち四か月は自分の教区に居住し、いつも食卓にご馳走を山盛りにして人をもてなす。これは彼の学識不足を十分に補って余りある。偉大な学者というわけでもなく深い洞察力の持ち主というわけでもないが、実に頻繁に説教をする人で、これが、熱烈な政府支持、巧みなユーモア、規則正しい生活と相俟って、彼を政府および彼を知るすべての人々の大変な人気者としている。

ほとんどの教区牧師は、聖人といえるほどの人物ではなかったかわりに、大恥をさらすこともなかった――もっとも、『トリストラム・シャンディー』の著者ローレンス・スターンとか、社会悪の解決策として一夫多妻を熱烈に唱道したマーティン・マダンといった、非常に奇矯な人物がひと握りほどいることはいたが。教会の建物は屢々にして絵のように美しく荒廃するがままにまかされていたものだが、牧師館のほうは改良された。聖服の紳士たちは上流の後援者を専用に仕切ってカーテンをかけ椅子にクッションを敷いた部屋に入れて、熱情で温めることができないにしても少なくともストーブの熱で温めて、幸せな心地よい気分にしてやった。彼らは従順な服従を説いた。それは神への服従だけではなかった。徳と現世の成功と天国に行ける見込みとは調和ある三位一体をなすものと、彼ら説教者たちは躊躇なく信じていたからである――政治的あるいは社会的に過激な牧師というのはめったにいなかったし、純粋に国教会を信奉する者たちの中で国教会の柵を出て異端の牧場で草を喰もうとする者はごく稀であった。

だが、国教会が普通の教区民の心と期待を確実に把握していたかといえば、そうではなかった。教区民の多くは、せいぜいが、(郷士の監視の下、婦人の随行、など) 仕方なく不承不承教会に通うか、あるいは、欠席するか、どちらかであった――場合によっては他所でお祈りすることもあった。自営業者――例えば、都市の小売商人や職人階層の多く――は新教非国教のほうに親近感を抱いていた。ジェントリー階級は大衆の異教信仰に（それも特にイングランド国教を信仰しないことに）苛立った。奥深い田舎においてさえ、大多数の住民は（その多くは教区牧師をジェントリー化した十分の一税徴集者として忌み嫌っていた）定期的に教会に通っていたわけではなかったかもしれない。デヴォン州スラプトンでは二百所帯のうち聖餐拝受者が三十二人しかいなかった。その近隣のチャーチストウでは四十三所帯のうち四所帯だけが聖餐拝受者であった。世紀半ばのオックスフォード州では、聖餐を拝受するのは三所帯に一人の割合でしかなかった。そして、事態は悪化していた。オックスフォード州の三十の教区では、一七三八年に九百十一人いた聖餐拝受者が一八〇二年には六百八十五人だけになった。一八〇一年に国教会のイースター〔復活祭〕聖餐拝受に列したイングランド人はおよそ十人に一人の割合でしかなかった。しかし、事態を好転させるべき方策はほとんどとられなかった。教会に通わないからという理由で教区民を訴追することはもはやできなくなっていたし、不在の教会主管者から年十ポンドにも満たない額しか支払われない者もいる牧師補たちは、普通、受け持ち教区に在住する余裕もなく、その都度馬で乗りつけて礼拝を行う状況であった。

下層階級の不信仰という妖怪は、人口の増加と再分配に伴って、醜悪になった。イングランド中部および北部の小さな村がいきなり産業の中心地となり、居住地が谷の斜面に帯状に上り拡がっていくにつれて、教区を隔てる糸鋸状の古い境界はいよいよ実人口に似つかわしくなくなっていった。工業化してゆくランカシャー州とチェシャー州には百五十六教区しかなく、エセックス州とサフォーク州とノーフォーク州には千六百三十四もの教区があった。人口が集中してゆくのに、教会の収容施設は奇怪なまでに不適切なまま放置されていた。マンチェスターには、一七五〇年に約二万の人口があったにもかかわらず、教区教会が一つあるだけだった。一八〇〇年のマリルボンには四万の人口があったが、国教会の教会が一つあるだけで、座席数は二百であった。一八一二年までにロンドンには国教会の礼拝所が百八十六だけしかなかったのに対し、非国教会系のものは二百五十六もあった。そして、教会の中では、金持ちに安楽を与えるための場所を取る仕切り指定席を一般のベンチ席に取り替えることもできなかった。仕切り席が聖なる個人所有物だったからである。

こうした事情で、国教会に非国教徒が這入り込むことが容易になっていった。非国教徒の教会運営形態は委任、自発的奉仕、柔軟性を旨とし、その牧師の生活は、牧師が先生として教えることで補足しなければならなかったかもしれないが、信者たちが面倒を見るというものであった。国教会は、官僚的形式主義と所有権のために、新しい社会に適応することがいよいよ困難になっていった。新しく教会を建てるということは受禄聖職者の扶養のために新しく教区を与えることを意味し、そのため他を削ることになり、聖ペテロのものを奪って聖パウロに支払うという有様であった。ロンドンの主教エドマンド・ギブソンなど改革者たちが立てた教会収入合理化案はどれも抵抗にあって頓挫した。一七一一年のロンドン教会法によって教会建立資金が確保されたが、計画された五十の教会のうち実際に建立されたのは十にすぎなかった。その主な理由は、信託を受けた者たちが割当て数の機能的教会を建てるよりも小数の珠玉建造物を建てるほうを選んだからであった。国教会は施設不足のまま国民に奉仕しなければならない状況で一八〇〇年という年を迎えることになったのである。

これで、どれほどの損失があっただろうか。多くの非国教系牧師は庶民の心に直接語りかけた。そして、国教会信徒の中にはその必要性を長いこと待ち望んでいた者たちがいた。国教会系の自発的奉仕協会（福音伝播協会やキリスト教知識普及協会など）は、慈善学校とか宗教的パンフレットまた後には日曜学校をとおして、普通の人々の耳目を集めることに努めた。『続・人間の総体的義務』からハナ・モアの精神的向上を目論むパンフレットに至るまで、大量の国教会系廉価文献によって、宗教が行商人の手によって貧乏人に売り歩かれた。しかし、このようにして提供された献立は彼らの口にあったであろうか。彼ら貧乏人たちは『続・人間の総体的義務』にある次のような祈りを本当に心に深く刻んだものであろうか。

あァ、神よ、私は信じます、あなたが人類に実にさまざまな身の上また境遇を割り当てられたことには正当な理由と配慮があることを、そして、これまで私にふりかかった現世の不幸の数々もすべて私のためになるべくあなたが仕組まれたものであることを。それゆえ、私を卑しい身分に据え、私から生きていく上での多くの便宜を剥奪し、私を貧困の中で働かせることが適当とお考えになったにしろ、あなたはこれまで私を善き神意によって生きながらえさせ支えてきて下さり、他の人々に勝る利を与えて私を祝福して下さった……

国教会内部に、しかと庶民の琴線に触れる一つの動きが生じた。それが、メソディスト主義であった。十八世紀の国教会、各地の多様な方言で語る心の宗教、の中でウェスリーは熱烈に福音を説いた。しかし、熱烈に福音を説いたのは、ウェスリーだけではなかった。彼の協力者で、雄弁でならしたジョージ・ホワイトフィールドがいたし（彼は、大主教ティロットソンはマホメットと同じくらい宗教に無知である、と思っていた）、オックスフォードにはウィリアム・ローがいた。トルーロにはサミュエル・ウォーカー、エヴァートンにはジョン・ベリッジ、ヨークシャー州にはウィリアム・ダーニー、ウェールズにはハウエル・デイヴィス、ダニエル・ロウランド、ハウエル・ハリスなど、辻立ちの説教者たちがいたし、一七七〇年代からは福音主義運動の復活が強力にはじまった。しかし、その中でウェスリーが群を抜いていたのは、国教会系福音主義者として世の野蛮な「無宗教者たち」に向かい説教し（「ほとんど一人残らず貧乏な」

と彼は会衆を評した)、そのかたわら聖職者を組織して国民的布教活動を展開した点にあった。「私は貧乏人が大好きだ。大勢の貧乏人の中に私は純粋な、本物の、恩寵を見る思いがする。虚飾、愚劣、気取りなどに汚されぬ、混ざりけのない恩寵を。」彼の弟チャールズが作った聖歌に、心情がよく表現されている。

いつの時代にも富める偉い人たちは
共謀して彼らの神を迫害する。
富める者たちの知らざる我らの救世主を
崇拝するのは貧しき者たちのみなり。

ジョン・ウェスリーは忠実なイングランド国教会員であった。アルミニウス派神学を奉じ、万人の救済を信じていた。高教会派に属し、政治的には過激なトーリー党支持者、王権と法律を守ることには誰にも引けをとらず、最期まで国教会に忠誠を尽した(非国教徒を憎悪し、メソディスト教会員の分離には頑強に反対し、せいぜいの望みは教会内教会の設立であった)。しかし、彼が実践した宗教は国教会がしないことばかりであった。全世界を自分の教区と見なすウェスリーは、巡回伝道牧師となって、イングランドの新設有料道路を股にかけ、長い経歴の間に約二万五千マイルも馬を乗りまわし、四万回の説教を、その多くは野外で、行った。熱狂的な「火の中から取り出された燃えさし」であるウェスリーは、不道徳な拝金主義者たちを酷評した。「ありていに言えば、私はイングランドの上流社会の人間とは誰とも口もききたくない」と彼は書いた。聴衆を魅了する説教と情熱的な聖歌の中に燃え上がる、彼の「いのちの宗教」は、彼を嘲笑する者たちの心を和らげ無関心な者たちの気持を変えた。慈善学校、宗教的パンフレット、その他貧窮者に対し上から下されるさまざまな形の宗教には免疫をもつ頑固な炭鉱共同体や漁村も、福音による救済を説いて聴衆の心を清めるウェスリーを、喜んで迎えた。

もちろん、ウェスリーは忍従、服従、従順を教えた。「子どものときに遊ぶ者は、大人になってからも遊ぶ」と彼は断言した。「地獄の業火から離れていたければ、あらゆる軽はずみな行為から離れていなさい。」子どもの扱い方については無愛想であった。「今のうちに子どもの意志を摘み取るがよい、そうすればその魂は生き、彼はおそらく来世までも親を崇めるであろう。」秩序の混乱には、彼はいつも悩まされた。「服のほころびを繕いなさい、さもなくば、あなたがたが生活のほころびを繕えるとは期待できない。」だが、彼はまた自己批判もし、メソディスト派信者の精神的超俗性がいかに容易に、いかに不可避的に、世俗の社会的地位や慣習など世間体に麻痺し、形骸化してしまうかを、見抜いていた。「至る所で」と彼は憂慮して記した、

メソディスト派の信者は……勤勉かつ倹約となり、その結果、財産を増やしていく。すると、それにつれて、思い上がり、怒りっぽくなり、肉欲に溺れ、見る物を欲しがり、世間的な見栄を張るようになる。そうなると、宗教の形は残れど、その精神はあっという間に雲散霧消してしまう。

メソディズムの重要性を実際より遡りすぎてはならない。その信者の数は一七六七年で二万四千人にすぎず、一七九六年までに七万七千人となったにすぎない。それゆえ、歴史家の中にはメソディスト派がイングランドを「フランス革命」的大事件から「救った」のであるとか——あるいは、もう少しでそのての大事件を発生させるところであったなどと——見る人たちがいるが、それは錯覚にすぎない。また、メソ

メソディスト主義は世間体のよい会員を補充し、それによって権力主義派と人民主義派（「原始的メソディスト派」）への分裂を加速していた。だが、中央からの教唆と指揮と独断的教義を受けていたにせよ、草の根たる民衆の支持を得て、メソディズムはこの世紀のもっとも肥沃な新しい国民的組織となった。それぞれの信徒団は組織細胞として独自の運営組織を有し、年次総会に代表者を送り、その総会でウェスリーが石板を掲げるモーゼのように律法を伝えるのであった。それは、同時代のいかなる政治運動よりも、体制に異議を申し立てることになった。なぜなら、改宗者たちに、苦境に耐え抜く自尊心と自制心を育ませる力を有していたからであり、メソディズムの牧師たちが教会に寄食する十分の一税徴収人となりはてる不名誉を免れたからである。ウェスリー派は各方面に豊かな実を結び、政治的急進主義を奉ずる多くの原始的メソディストたちや、不屈の自助文化を奉ずる職人在俗説教家を生んだ。

ウェスリーを――たいていは石を投げて――攻撃した人たちが、彼の「内なる光」を説く教え、ヒステリーを喚起する説教、在俗説教家たち、聖餐により神と霊的に交わると情熱的に説く愛の祝祭（「上流社会とも市民社会ともまったく相容れない」儀式である、とドクター・ジョンソンは断じた）などを、広教会派の自己満足的自由主義の足元に仕掛けられた時限爆弾と見なしたのは、正しかった。オーガスタス・トプレイディー（聖歌「千歳の岩〔キリスト〕」の著者である福音主義者）はウェスリーの見解を「はなはだしい異教、〔原罪を否定した〕ペラギウス派、イスラム教、ローマカトリック教、マニ教、大言壮語する原始メソディスト派、反律法主義に等しい」と非難した。郷士や教区牧師たちは群衆を煽動して「教皇ジョン」に石を投げつけさせた――ウェスリーはジェントリー階級がしばしば「自ら群衆を先導」する様子を記した。エリザベス・プラウスなど貴婦人たちは集会に出席する召使いたちを解雇した。

メソディスト派内部にも、もちろん、甲論乙駁があった。利己的で権威主義的な預言者が上から指導した人民主義運動と、現世の規律および勤勉を力説する精神的かつ超絶的信仰との、対立である。だが、イングランド国教会の後裔たちは、ダチョウのように現実を逃避して、ウェスリー主義を破門するだけでそれが励起するものを無視できると考え、この見解の相克に取り組む必要さえないと信じていた。ウェスリーは、草の根の独立した信仰の証しを認めるよう、主教たちに要求した。彼らの回答は、そのイングランド国教会からの追放であった。それ以降、国教会は、おおむね、庶民の信仰と訣別することになった。

多くの宗派がジョージ王朝イングランドでそれぞれに都合のよい居場所を確保した。宗教は、信仰あるいは神学に関わるのと同じように、秩序の管理にも関わるがゆえに、忠誠の告解は社会階級の境界を、越えるというよりは、強化する典型となった。かくして、例えば、イングランドのカトリック教は、国教を忌避する共同体という旧来の性格に加えて、次第にアイルランドからの移民労働者集団と同一視されるようになった。ジェントリー階級のカトリック教徒の数は減り、多くの者がカンタベリー〔国教会の総本山〕へ巡礼の旅に出た。ジェントルマンでありながら国教会員でないというのは、精神的負担が重かったからである。セフトン、モリニュー、ギャスコイン、モンタギューなど、昔カトリック教徒であった貴族たちは、社会の周縁に留まるのを嫌い、改宗した。そして、彼らに同調する者たちが続出した。一七二〇年に十一万五千人いたカトリック教徒が一七八〇年までに六万九千人に減少していた。カトリック教に留まったジェントリー階級の者でさえ共同体との再融和を図ったし、彼らのうちで娘を外国に送って女子修道院教育を受けさせる者はさらに減少した。ニコラス・ブランデルはランカシャー州のカトリック教を信じる有名な家柄の横柄な家長であったが、その彼が国教会の教区総会で役員を務めたのであった。

同様に、古くから清教徒であったジェントルマンたちも少しずつ国教会に転向していった。非国教徒は劣等市民とされ、生粋の非国教徒も改宗するよう圧力を受けていた。皮肉屋はそれを「非国教徒の代用馬が彼を乗せて国教会へ行った」と評した。普段は筋金入りのクエーカー教徒の中にさえも富と地位につられる者がいた。例えば、ガーニー家は「地味」であることを止めて「派手」（世俗的）になり、アンブロウズ・クロウリーやバークリー家といった実業界で成功したクエーカー教徒は国教会に転向した。非国教徒は迫害されないでいるか特権を与えられないでいるかという二律背反に直面した。地方自治体法と審査法の条文からして彼らは官職に就く資格を剥奪されていた。だが、迫害されないままでいるうちに、古非国教徒は熱情にかける拍車を失くして自分のことだけにかまけ、革命を起こした清教徒の孫たちは静寂主義者、内面凝視者、無関心派とさえなって、国教会員と同じように几帳面に世間づきあいをするのであった。十八世紀初めにはおよそ十七万九千人の長老派教会員、五万九千人の独立教会派（あるいは組合教会派）教会員、五万八千人の洗礼派教会員、そして三万八千人のクエーカー教徒がいた。その多くが徐々に改宗に向かうなり、関心を失くすなりしていった。非国教徒の数は一七〇〇年から一七四〇年の間に四十パーセントほども落ち込んだものと思われる。

非国教徒は同胞の国教徒よりはるかに厳格な生き方をする傾向にあったが、彼らの礼拝——特に長老派教会派の礼拝——は国教徒の礼拝と同じように穏健で、非熱狂的で、道徳を重んずるものとなった。彼らの教会運営は、在俗の「長老たち」を特別扱いしていたことからもわかるように、ピラミッド型の職階制をとっていた。国教徒の場合と同じように、裕福な非国教徒は家族用仕切り指定席あるいは一段高い席を保有し（奉公人はその後ろの席に座った）、役職任命権を行使した。たいていの集会では、発言権を得るのに年間一ギニー寄付する必要があった。長老とその友人たちは、牧師の生活費を賄っていた関係で、国教会の金持ちの教区民が普通なしえた以上に、直接に思いどおりの指図をすることができた。古非国教徒は本質的に中産階級の市民であった。「非国教徒の主体はほとんどが都市および大きな町の商工業経営者であり」とジョン・ホワイトは一七四六年に考察した、

そして、その牧師たちは主に中流階層の男であり、貧しくもなく豊かでもない……。もし私が息子を何らかの職業に就け、彼のためあるいは私自身のために来世のことを斟酌する必要がないのであれば、すぐにも彼に身の立て方を伝えるであろう——息子よ、金を稼ぎなさい、そして、そのためには、非国教徒になるがよい、と。

一七三〇年に、非国教徒の指導者フィリップ・ドドゥリッジは、内情を暴露して、非国教主義は「教養の低い俗悪趣味の平凡な人間」に迎合するものではないことを、率直に認めた。彼自身のいかにも格式ある礼拝堂では、貸倒れとか乱費によって「業界で破産」した会員を、除名するのであった。

中産市民階級の非国教徒はイングランドの文化に特有な貢献をした。良心の呵責、である。彼らは高潔廉直であるために——自己他者の隔てなく——抑制心を行使することを切に、良心的に、願っていた。彼らは、自由な良心に、慎み深い真面目さを加えたが、これは独善と詭弁に向かいうるものであった。彼らは「価値ある大義」を発見するのが得意であった。有名な非国教徒作家であるミセス・バーボールドは、奴隷制に抗議して砂糖をやめた多くの人々の一人であった。彼らは改革者、医者、若者の教育者として傑出した存在であり、リヴァプール、マンチェスター、チェスターなどの町で公衆衛生と病院の改善および貧困者の教化を求める運動を推進することで異彩を放つ非国教徒開業医であった。特にクエーカー教徒は、国教会の福音主義派指導者ウィルバーフォースの先導によって奴隷貿易廃止案が議会を通過する前から、奴隷貿易に反対する世論を結集した点で際立っていた。

プロテスタント派の非国教徒は、熟練技能者から富裕な商人、医者や弁護士などの専門職業人、製造業者に至るまで、ほとんどが都市の住人であった。ブリストルとノリッジでは、人口の三分の一近くが非国教徒であった。織物業で有名な地方、特にイングランド西部にも、非国教徒がかなり集中していた。いくつかの国会議員選挙区、例えばティヴァートンでは、非国教徒が選挙圧力団体を形成し、実際に影響力を発揮していた。政治活動では、ウォルポールが審査法と地方自治体法の撤回に失敗していた（トーリー党が非国教主義に断固として反対していたのである）にもかかわらず、非国教徒たちは、その圧力団体である非国教徒代表団とともに、いつでも挑戦的にホイッグ党の尻押しをする用意があった。ウォルポールは、国王手元金から捻出した金を牧師の寡婦たちに与えることで、非国教徒を懐柔した。非国教徒は市民としての平等の権利と損害賠償を欲した。しかし、社会政治改革を求める彼らの熱情を誇張すべきではない。有名な非国教徒ジョン・エイキンは、「ジェントルマンらしくない」と言ってトム・ペインを解任したが、そこに特徴がよく示されている。非国教徒が政治的急進主義の可能性を顕在化したのは一七八〇年代になってからのことであり、それも少数の性急な者たちの中だけのことであった。

洗礼派や組合教会派といった他の非国教徒集団は、後期スチュアート朝時代に受けた苦難から逃れるために、千年至福説的傾向を剥落させることになり（カルヴィンの選民思想を信じる気持ちは変わらなかったが）、全非国教宗派の信徒総数は減少した。一番の打撃を受けたのは地方の州であった。ハンプシャー州では、一七二九年に四十あった長老派教会の礼拝所が、一八一二年には二つになってしまった。しかしながら、国教会派とはちがい、非国教派はいつも動揺していた。その組織は、織物に譬えていえば、目の荒い織物であった。非国教派は、初期には、過剰なほどの教派分派を産み、そして、国教会系教会には三十九カ条の信仰箇条があったのに対し、（各集団には各自の「テスト〔信条宣誓〕」があるにはあったが）

これこそ正統派的信仰であるというテスト〔証し〕となるものは何もなかった。非国教徒の秘密礼拝集会は、根本的に、自主運営であった。それゆえに、非国教派の分裂は常にそのこと自体に反対する多種多様な不満分子を産みだした。一方の極には反律法主義派、千年至福説派、モラビア派、サンデマン派、その他の排他的ペンテコステ派各小細胞組織など、聖書の字義どおりの解釈、個人的改宗、感動的かつ直接参加による礼拝などを強調する諸宗派が生まれた。そして、連綿と連なる多種多様な宗派の他方の極では、合理的で字義にとらわれない者たちがアリウス主義、ソッツィーニ主義、ユニテリアン派などに引かれていった——どれも、多少とも、キリストの神格、三位一体、そしてキリスト教の諸奇跡神秘を否認するものであった。急進的なユニテリアン派の出版業者ジョウゼフ・ジョンソンは、もともとは、特殊洗礼派の信徒として育てられた人であった。ユニテリアン派の指導者ジョウゼフ・プリーストリーは、もとは、カルヴィン主義の独立教会派であった。非国教派の牧師の息子であるウィリアム・ゴドウィンはサンデマン派を経由して汎神論に移った。(ほとんどのユニテリアン派信徒は国教反対を経ての信徒であったが、中にはセオフィラス・リンゼーやギルバート・ウェイクフィールドのように、国教徒を辞めて信徒になった者もいた。)十八世紀が終わろうとするころまでに、ユニテリアン派は、宗教を浄化し救出するには宗教から、自由な政治活動と中流階級の道徳を除く、一切の不純物を追放する必要がある、と歯に衣を着せぬ主張をする少数派になっていた。ユニテリアン派は、十八世紀初期には聖職者の一分派集団にすぎなかったのであるが、これをプロテスタントの急進派(自己の知性と良心の呵責に対する忠節)と見るかエラスムス・ダーウィンが命名した「落伍するキリスト教徒を受けとめる羽根ブトン」と見るかはともあれ、在俗の信奉者を引きつけ次第にその数を増していった。特に、科学者、出版業者、作家、政治改革論者、政治運動家、教育者など当時増大しつつあった専門職集団の中に、信奉者になる人たちが多かった——ヴィクトリア朝の誠実な懐疑論者たちの祖父となった人たちである。

非国教派は、生活費、聖職推薦権、十分の一税、聖職任命権争いなどの泥沼に陥ることがなかったので、硬直することなく、適応し拡大する余地をもっていた。十八世紀が三分の二を過ぎたころには、「新非国教派」が人気を博し、急成長産業地域で職工たちに近づいて彼らの支持を得ることにより、社会階層の下のほうに支持者層を拡げていった。組合教会派の信徒数は一七五〇年に一万五千人であったのが一八〇〇年までに三万五千人に膨張した。特殊（すなわち、カルヴィン主義）洗礼派は一万人から二万四千人に跳ね上がった。新興労働貴族階級の魂を集める争奪戦は、最後は非国教派とメソディスト派の間で互角の戦いを繰り広げることになった。新非国教派の伝道布教活動は地方の住民にも浸透した。「ほとんど国全体が村での説教に門戸を開いている」と洗礼派のジョン・リポンは一七九八年に宣言した。

ジョージ王朝時代には、スチュアート朝時代よりも、宗教団体が一般に既存の社会的絆を固める度合いがはるかに強かった。イングランド国教会派は祈りを捧げる際に礼儀正しく振舞う人々の集団、あるいは、地主の言うなりに振舞う村人たち、であった。古非国教派は、日曜日に一張羅を着こむ、職人や地方の堅実な商工業者の集団であった。メソディスト派は炭鉱夫など孤立した労働者たちの信仰集団となった。入信した人たちが社会的結びつきによる未曾有の独立集団を新たに作ることは、めったになかった。しかしながら、分派集団はまさにこの望みを与えたのであった。生まれ変わった預言者たちに導かれた「うってつけ」の細胞組織信徒団は、都市の迷える魂を魅了したのである。一七九〇年代になって新世界派、例えば（シロの地に生を与え「鉄の笞で諸国民を支配する」と主張した）ジョアナ・サウスコットや（全能の神の甥であると自任する）リチャード・ブラザーズの信奉者たち、が出てきたことは、巨大都市という匿名性の孤独な海を漂流するジョージ王朝の多くの人々が、再生と宗教的理想郷に希望を見いだしたことを、想起させる。新世界派の指導者たちは、バビロン時代に対する一般の嫌悪感を利用しながら、ほとんど誰にも理解できない感情を長々しい論理と逐語解釈に込めた話をするのであった。信徒たちは新エルサレムの幻を、緑に包まれた美しいアルビオンの幻さえを、見た。かつては熱狂的な反ローマカトリック派であったジョージ・ゴードン卿は、長い髯を生やしてユダヤ教に改宗した。以前はセックス療法と泥風呂による健康の行商人であったジェイムズ・グレイアムは、後に「新しい真のキリスト教会」を創立し、アダム流の裸を実践し、気が狂って死んだ。神秘的反体制宗教の洗礼を受けたウィリアム・ブレイクは、ペンと画筆で預言者の怒りを芸術に焚きこめた。その宗教的儀礼により際立って緊密な信徒団を作り上げた、もっとも安定した集団は、クエーカー教徒であった。このフレンド派の人々は、（当時、約一万人いた）ユダヤ教徒に似たところがあり、その謙虚さを前面に押しだす独特な物腰、古風で地味な服装、飾らない物言い（「汝」ことば）、そして何よりも教派内結婚という要件によって、排他的集団を形成していた。教派外の人間と結婚した者は、不届きな破産者と同じように、追放された。クエーカー教徒は他人に改宗を勧めたりはしなかった。そのため閉鎖的となり、静寂主義者となり、会員数は一七〇〇年の三万八千人が一八〇〇年には約二万人に減少した。しかし、この濃縮によって、彼らはいよいよ社会的に選ばれた民となった。商人と専門職業人の割合が増し、職人の割合が減った。

フレンド会員は苦境に陥った。彼らの起源は迫害とジョージ・フォックスの高貴な平等主義にあり、彼らは戦争を拒絶し、上流階級の傲慢無礼と虚栄の市の愚行を軽蔑していた。フレンド会員で高い地位に就いている者は一人もいなかった。だが、仕事の世界では、多くが銀行家であり、穀物取引業者であり、醸造業者であり、武器製造鉄工場主であり、耳情報で金がころがり込んでくるのであった。ピーズ家、バークリー家、フライ家、レノルズ家、パーキンズ家などは、その代表格である。彼らは、こうした矛盾を、ごまかしのない良心的な取引（クエーカー教徒は固定価格小売の開拓者であった）、勤勉さ、他のフレンド会員に対する誠実な扶助、家族の結束、慈善活動、清廉潔白な生活ぶりなどによって、封じ込めた。クエーカー・ロンドン・鉛工会社などの会社は従業員に対する産業福利を守った。クエーカー教徒の礼拝堂は「商取引教育の学校であるとともにその実践を奨励するためのクラブ」でもあった。ガーニー家、ロイド家、ウィルキンソン家、ダービー家、バックハウス家、その他の永続する同族会社は、十八世紀の世界で他に並ぶもののない、産業の才覚が集結した見本となっている。

ジョージ王朝イングランドにおいて、宗教は、すでに一般に根づいていた社会関係、力関係、資産関係を、当たり前のこととして認可した。宗派の境界は社会的境界を、乗り越える以上に、正当化した。スチュアート朝時代には宗教的熱情によって〔ギリシア神話風に言えば〕竜の牙が播かれ、そこから宗派間紛争、内乱、そして、キリストの再臨を待望する預言者たちが生まれた。対照的に、ジョージ王朝時代になると敬神の念は社会と歩調を合わせて進むことになった。だが、それで宗教の誠実さや重要性がそこなわれることにはならなかった。宗教は、依然、人々がまじめに、誓いを立てて、語る言葉であった。啓蒙運動の自己満足的合理主義が風靡したにもかかわらず、世の悪習を無私無欲に改革したのはキリスト教の狂信者たち、例えば監獄のクック船長ことジョン・ハワードとか、奴隷貿易反対運動を推進したトマス・クラークソンとグランヴィル・シャープ、なのであった。最初に全労働人口の大部分を督励して自助自尊心を芽ばえさせたものは、文学でも啓蒙運動の合理主義でも理神論でもなく、メソディスト派と新非国教派であった。そして、十八世紀の終わりに上流社会そのものが革命の地殻変動的震動を感じたとき、彼らが目を向けたものは天罰と宗教の復活――神――であった。宗教は、宗派によって力点の置きどころや言葉遣いはさまざまではあるが、依然、民衆の慣用語なのであった。一八〇〇年までに、イングランド人の敬神の念は社会階級によって決定的に形成されていた。どの宗派に属しているかがリトマス試験紙になって社会的地位を示すようになっていた。

5　稼ぐことと遣うこと

どこの国にも、いつの時代にも、支配的語句があり、それが人々の思考にこびりつくように思える。十八世紀のイングランドでは不動産契約、取引、利益がそうであった。〔サー・ルイス・ネイミア〕

イングランドの経済が単に生活の糧を供給するだけではなくなったのは、十八世紀よりはるか以前のことであった。生産を牛耳る支配階級の有産エリート層は、賃金生活者の労働力を利用して余剰の富を生みだす才能によって、その地歩を長期にわたり固めていた。家族編成の仕事、教育と宗教をとおしてもろもろの価値を教え込む仕事、家庭と所有権と労働の連動、生産と再生産、個人と共同体――これらはすべて、資本財、技術、職業訓練、専門的知識などが慣例的に代々継承されていくことを、確実にするものであった。こうした自動調節装置が万一の災難への備えになっていたのである。

しかし、さらにその上に、ジョージ王朝イングランドには活気あふれる賑やかな活動があった。市場経済が、特に世紀半ばから、はじまり繁栄し、昂揚した雰囲気を醸しだして、一か八か立身出世の運だめしをしてみる気に人々をさせたのである。競争心のある人、活動的な人、野心的な人、才覚のある人、あるいは、ただ運よく必要な資本なり技術なりをもっている人、こういう人々（主に男性）には新たな仕事の口が開かれていた。経済発展は、もちろん、緊張と苦労の種をもたらした。経済的個人主義は遠心的影響力をもち、自活能力の一番乏しい人々の生活を脅かしたのである。農場主や製造業者が富めば、屢々にして、貧困労働者が貧しくなり失業するということにもなった。しかし、全景を見渡してみれば、繁栄が変化の急な風景に頬笑みかけている様子が見てとれた。「君は自分の故郷を見違えるだろう」とホレース・ウォルポールが友人ホレース・マンに向かって言ったのは、十八世紀末のことであった。「君が彼の地を離れたとき、そこは、一般人が立ち入らない、自給自足の島だった。ところが、今行って見れば、世界の首都に様変わりしているのを見るだろう。」特に一七八〇年代から製造業が時流に乗って以降、イングランドの富を疑う者はいなくなった。共和制フランスからの旅行者メステールが、複雑な思いを込めて、十八世紀の終わりに書いたように、

> なぜイングランドの土壌はこんなによく耕されているのであろう。それは、イングランドが豊かだからである。なぜイングランドは自由の地なのであろう。それは、イングランドが豊かだからである。なぜイングランドは、目下、芸術と文学の偉業にほとんど敬意を払わないのだろう。それは、イングランドが豊かすぎるからである……。なぜイングランドはもっと平穏かつ幸福でないのだろう。それは、イングランドが豊かすぎるからである。黄金がこの国の太陽なのである。

しかし、イングランドが並はずれて裕福な島であり、その商取引が盛んで、殷賑（いんしん）をきわめ、うまくいっているということは、ずっと以前に陳腐なことになっていた。デフォーは「大英帝国、世界一繁栄した富裕な国。育ち盛りの子どもに合う服など作れはしない」と吹聴した。彼がブッシー・ヒースで出会った二人

の外国人は彼にそっと「イングランドはどこの国ともちがって、全体が手入れの行き届いた一つの庭でした」と感想を打ち明けた。一七六〇年代にはスモレットが「見渡せば、イングランドの田園は耕されて頬笑んでいる。土地は農業のあらゆる極致を示し、美しい囲い込み地、麦畑、牧草地、森林地、入会地、に区分されている」と満足気に言うことができた。ヘンリー・ホウマーは「あらゆるものが迅速の表情を帯びている。わが産物の一点一品が価値を増す」と言って賛同した。実業界では、自信がいや増した。

イングランド人は、オランダ人に取って代わり、商業レースの勝利者となって、買付け、売付け、金儲けに奔走した。「商売がこれほど人類の注意を引く時代、あるいは、商売上の利益を求めて一般の人間がこれほどしのぎを削る時代というのは、開闢以来のことである」とドクター・ジョンソンは思った。新しい学問である政治経済学は利潤の追求を賛美し、その代表格たるアダム・スミスの『諸国民の富』（一七七六年）は高生産、高消費、高賃金経済を擁護した。人々は少しでも稼ぎになるならどんなことでもやってみた。ロンドンでは、テンプル・バーの城門上で吊刺しにされているジャコバイト派の首を見るための小型望遠鏡が二分の一ペニーで貸しだされ、タイバーンでは絞首刑に使う縄が土産品として一インチにつき六ペンスで売られていた。稼いで遣うことは皆の——少なくともそれができる人なら誰でもの——本分であった。「世間中が大変せっかちになっているため、仕事を速くやって富を得ようとする中で、今や万物が苦しみあえいでいる」とクエーカー教徒のジョン・ウルマンは嘆いた——もっとも、クエーカー教徒といえども決して例外ではなかったのだが。

イングランドには、オランダを初めとする潜在的競争相手国以上に、たゆまぬ経済改革を促す適切な諸要因があった。肝要な原材料を手中にしていたのである。植民地から来るものもあったが、そのほとんどはイングランド自体の玄関先にあった。（暖房用、動力用、非鉄金属工業における製錬用の）石炭が特に豊富にあり、しかも、所によっては露天採鉱で容易に掘りだせるため、採掘業が栄えた。ロンドンは、主に家庭用および産業用の熱源として、一七〇〇年に八十万トン、一七五〇年に百五十万トンの石炭を消費し、そして、一七九〇年までには二百五十万トンの石炭を消費するまでになっていた。

さらに、イングランドの政治的および法的下部構造が都合のよいものであった。一七一五年と一七四五年のつかの間の例外を別にすれば、イングランドの地は戦場にならなかった。ドイツ諸州間やフランス国内の交通を寸断した、あの手の巨額な内地関税といったものがなかった（もちろん、有料道路と、後になって運河が、通行料を取りはしたが）。グレート・ブリテンはヨーロッパ最大の共通市場なのであった。アダム・スミスは、さらに、イングランドの法律が私有財産に対して与えた絶対的保護を強調した。

誰もが各自の労働の果実を享受するであろう、とグレート・ブリテンの法律が国民一人ひとりに与えたあの保証は、それだけで、いかなる国をも繁栄させるに足るものである……。グレート・ブリテンでは、産業は完全に守られており、およそ自由とは言えないまでも、ヨーロッパ諸国と比較してみれば同等以上に自由である。

こうして、解説者たちは、他国ではどうあれイングランドでは、国家は商取引の障害にならない、と信じたのである——もっとも、商業圧力団体は絶えず不平を言っていたのだが。ほとんどの産業には利潤税、資本利得税、「付加価値税」などというものは、課されなかった。歴代の内閣は、関税を転換して国内産業を保護し輸出価格を下げる政策をとった。そのため、一七〇〇年には絹と捺染キャラコの輸入が禁止され、また、組合法によって熟練職人の移住が禁じられた。戦争は、ほとんどが貿易追求のための戦争であった。膨れあがった官僚組織、巨大な終身雇用常備軍、あるいは、華々しい宮廷、に浪費されていた国富の割合は、他のほとんどの国におけるよりも、小さかった。一七八三年のベルリンには総人口十四万千人の中に五万七千人の役人と兵士がおり、商業や産業に従事する中産階級は取るに足らない数であった。対照的に、イングランドの新興都市では、現金経済に直接関与していない人間はほとんどいなかった。

経済の下部構造も商取引の需要によく応えるものであった。時代が、何よりも、商業資本主義の時代であった。商品取引の処理方法が迅速安価になり、信頼度を増した。そうなる可能性はずっと前からあったのである。何世紀も前から、常設市場なり定期市なりから、また田舎町からさえ、遠く離れた辺鄙な所などなくなっていた。例えば、ノーサンプトンは（バーネットの定期市と同じく）馬の、ユートクセターはチーズの、そして、ギルフォードは製革に使われるなめし皮の、取引所として長い間栄えていた。しかし、ジョージ王朝の世紀になると、取引が迅速化したのである。「地所は池にすぎないが、商売は泉である」とデフォーは書いた。静かに、少しずつ、広範囲にわたる弾力性のある信用網が形成されていった。イングランド銀行の安定性――王権の信用ではなく、議会の信用――が、公債ないし設立を認可された会社に投資する、少数ながらも急増しつつあった大衆投資家たちに、自信を与えた。イングランド銀行は、預金を預かり、それを、利子をつけて、特に政府に、貸し出すことを正式に認可されて安定し、巨額の資金を外国、特にオランダ、から調達することができるまでになった。都市銀行――十八世紀初めには約二十あった――は預金を受け、証券（「支払いの約束」）を発行し、手形を割引いた。そして、貴族階級相手の取引、特に抵当証書の作成と政府発行有価証券の扱い、を専門にした。紙幣経済が発達した。為替手形が顧客から商店主の手に、小売商人から卸売商人の手に、製造業者から原材料供給業者の手に、渡っていった。信用を受けるに値するあらゆる形の紙――宝籤の札さえも――が譲渡可能となり流通する傾向にあった。地方では、商人、金細工商、事務弁護士たちが証券仲買業者や割引仲買人になった（彼らはしばしば不平を言ったが、それでもこうした売買は利益になったのである)。

信用取引は不可欠であった。その主な理由は、イングランドでは流通硬貨が風土病ともいえるほど不足していたからである(起業家はやむなく商業用補助貨幣を発行し現金として通用させた。鉄工場主ジョン・ウィルキンソンの補助貨幣は高価扱いされたため偽造する者がでてきた)。信用は、不運にもそれが破綻した結果しばしば牢獄入りする破目になる者がいたにしても、見込みの上に立つ取引によって、商業の発展を可能にした。そのうえ、金利はずっと低水準だった――三パーセントを越えたところで変動するだけであった――資本が潤沢にあったからである。土地改良、有料道路、運河、建築、植民地貿易――いかなる事業であれ、そこに融資する低金利資金が現れた。ほとんどの企業は私的に集めた同族資本で資金を賄った。製造業者は、親戚に頭を下げるなり、提携するなり、あるいは、深謀遠慮の婚姻関係を結ぶなりして、秘蔵の富を引き出した。例えば、ジョウサイア・ウェッジウッドは、チェシャー州のチーズ取引業者の娘でいとこに当たるセアラと結婚することにより、期首資本を手に入れたのであった。地主は、抵当権によって、家を建て、土地を囲い込み、排水路を作り、寡婦給与財産権の設定に同意署名するための――あるいは博奕の借金を返済するための!――資金を集めることができた。有料道路トラスト〔受託団体〕や運河の資金の出所は、ほとんどが地元の株主、上は大貴族から下は五十ポンド分の株を買った何十人という宿屋の主人や未亡人に至るまでの株主、であった。そこそこ裕福な人々は、虎の子の財産を、今や、管理の問題がつきまとう少々の土地に投資するよりも、安全な資本投資に回したほうが、面倒がないと知ったのである。地元の事務弁護士、醸造業者、商人たちは、一様に、資本金の募集と投下の仲介役を買ってでた。彼らは、ずっと前から、非公式の金融機関を提供していたのである。しかし、十八世紀後半になると、本当の意味での地方銀行が出現し、独自の紙幣を発行するようになった。クーツ銀行がエディンバラの穀物取引業者によって設立され、ガーニー銀行がノリッジの梳毛織物業者によって設立された。一七五〇年に十二だけであった地方銀行の数は、一七九七年までに二百九十になった（もっとも、シティーの銀行ほど安定しておらず、多くが倒産した）。保険の発達が私有財産をさらに守ることになった。フェニックス社（一六八〇年）とサン火災保険会社（一七〇八年）がロンドンにおける火災保険の開拓者となった。王立取引所保険会社とロイズ社は海上保険を手掛けた。生命保険は、保険統計学の助けをえて、前進をはじめるところであった。

イングランドの通商経済は、きわめて順調な海外貿易、特に急増しつつあった領土との貿易、によって活発となり、繁栄した。商船の数は一七〇二年の三千三百隻（二十六万トン）から一七七六年の九千四百隻（六十九万五千トン）へと、ほぼ三倍になった。大西洋岸の港が発達するにつれて、ロンドンの市場占有率は四十パーセントを越えていたものが三十パーセントを下回るまでに下降した。主要な第一次産品生産地――例えばカリブ海諸島、カナダ、インドなど――に対するイングランドの支配力は強まり、また、航海法によって、植民地との運送業や中継貿易の独占権が強化された。十八世紀初め、イングランドは、合法的に、毎年約六百万ポンド相当の物品を輸入し、約六百四十七万ポンド相当の物品を輸出していた。それが、一七七〇年までに、輸入は倍増して約千二百二十万ポンドとなり、輸出は千四百三十万ポンドに増えた。（隠された輸出入禁制品原簿が明かるみに出れば、こうした数字は劇的に増大するであろう。）カービー・スティーヴンのエイブラハム・デントなど小売商人たちが残した記録が示すところによると、田舎の奥地においてさえ、ショウガ、糖蜜、シナモン、キニーネなどといった世界各地からの農産物が毎日顧客に供されていたのである。デントはタイプの異なる四十種の服地を売っていた。逆に、イングランドの産品も遠隔の地に運ばれていった。チェシャー州のチーズはフォークランド諸島へ、バートンのエールはバルト海沿岸諸国へ、輸送されていった。

他にも貿易を促進する要因となった経済的発展は多々あった。例えば、外国人たちはイングランドの小売業を褒めたたえた。フォン・アルヒェンホルツは「ロンドンでもっとも印象的なものは店構えの壮麗さである」と書いた。デフォーは、商店の主要な役割が流通にあることを、(店を華やかにし、正面をガラス張りにし、窓を弓型に張り出し)国中至る所からの商品――キダーミンスターの壁掛け、ロンドンの姿見、ウィットニーの毛布、ウェストモーランドの敷物――を家屋所有者に供することであることを、強調した。そして、彼は商店の純然たる数について熱狂的に語った。「私は王国内の商店主の数を計算してみようとしたことがあるが、とても計算できるものではない――星を数えるほうがまだましだ」(だが、彼の中にある昔の清教徒気質は、けばけばしく陳列されている商品に気前よく金を費やすのを渋るのであった)。宣伝広告は、特に新聞で、途方もなく増大した。一七四七年から一七五〇年の間にボテリーの『バース・ジャーナル』は二千七百四十の広告を載せたが、一七八〇年から一七八三年にかけてその数は優に二倍を越えた。地方新聞は特に読者の目を都会の嗜好に向けさせた。例えば、ノース・ウォルシャムのあるステイ製造業者は、一七八八年に、『ノリッジ・マーキュリー』の女性読者に、「ただいまロンドンから最新流行のフランス製およびイタリア製ステイ、コルセット、乗馬用ステイを入手して戻って参りました……ご注文の品はロンドンの一流店に劣らぬ高雅な趣味にお仕立て申し上げます」と伝えた(こう言われては注文するしかないだろう)。ニューカースル・オン・タインのある貴婦人は、地元の商店主が未だ聞いたことさえないウェッジウッド製「アラビア風装飾模様の縁飾り」付きディナーセット一式を是非にと求め、それが「今ロンドンで大変よく使われている」ことを発見したのだからどうしてもその図柄でなければいけないと言い張り、代わりの品ではどうかというのを拒むのであった。アビゲイル・ゴーザーンは

「ノッティンガム州では初物のパラソルを初めて使った……」と一七七七年の日記に記した。需要を煽る広告の役割は誰の目にも明らかであった。「約束こそ、誇大な約束こそ、宣伝の要諦である」と書いたドクター・ジョンソンは、「広告業は今やほとんど完成の域に達しており、いかなる改善を提案することも容易ではない」と信じていた。広告の魅力によって小間物、珍品、その他あらゆる種類の使い捨て商品への需要が掻き立てられ、それらが気紛れに買われ、売り上げが伸びて流行することになるのであった。マールバラの五大勝利を彩ったハンカチが売り歩かれた。他にも、ドクター・サッシュヴェレルあるいはユトレヒト講和条約を賛える図柄があった。急進派ジョン・ウィルクスのやぶにらみの顔が石膏作りでジョッキ、水差し、ティーポットなどの蓋になり、飾り額や食器にも取り付けられた。

イングランドには仲買人がたくさんいた。チューダー朝の穀物取引管理を統制する法令は、生産者が市場で直接消費者に小量を売るよう命じていたため、〔伝統的に寄食者の烙印を捺されていた〕仲買人が存在する必要性をほとんど否定するものであった。この仕組みが、十八世紀までに、次第に廃れようとしていた。前払い契約によって大量に売買される商品が増えつつあったのである。それをしたのは資本をもつ精肉卸売業者、家畜商人、穀物取引業者、製粉業者、醸造業者、麦芽商人、そして、とりわけ、一介の投機家たちであった。消費者は、伝統的「道徳経済」による管理下の直接取引と適正価格を当てにしていたため、こうした〔仲買〕取引業者を暴利商人と呼んで公然と非難したが、実のところ彼らは集中生産と容赦なき市場の地理的拡大が生んだ必然的落し子だったのである。〔兵隊用靴下を数万組も必要とする〕政府下請け業者とか〔常に最高級品質の大麦を数千ブッシェルも要求する〕大醸造業者といった買手の膨大な需要を満たすことができるのは、資力ある仲買人だけであった。

最後に、輸送路の発達——運河時代に入る前からすでにはじまっていた——によって交易が楽になり、市場が広がり、有効需要が高められることになった。土木工事によって、航行可能河川が一七〇〇年の約九百六十マイルから一七二六年には約千百十マイルにまで伸びた。エアーとコルダー間の航行が改良されてヨークシャー州の紡毛業を促進することになり、ウィーヴァー川の川底が深くなったためチェシャー州の塩をマーシー川に運ぶことができるようになった。一七五〇年までに、ドン川はシェフィールドまで船で遡れるようになった。しかし、何よりもはずみをつけることになったのは、有料道路造成への動きであった。イングランドの古い道路は劣悪だった。その理由は、主に、貨物を山積みした大きな荷馬車で轍がつき、家畜の群が通った後は帯状に糞が連なるからであった。道路が泥にぬかり不潔であったため、イングランドは、長い間、行商人と荷馬が往来する国であった。

有料道路の建設は、地元の私企業によって、スチュアート朝時代にロンドンの周辺ではじめられた。ロンドンから遠く離れた所になると、有料道路はまばらになった。一七四〇年になっても、ロンドンからエディンバラに向かう道路には、グランサムの北になると有料道路がなく、その旅は相変わらず二週間以上かかることがあった（海上を行くほうが速かったのである）。しかしながら、一七五〇年までに、マンチェスター、ブリストル、バーミンガム、ヨーク、ドーヴァーなどの主要都市とロンドンを結ぶ幹線道路は、すべて、有料道路化された。

これらジョージ王朝の「高速道路」は宿屋、馬丁、御者、駅馬車便、騎馬の追い剝ぎ、狩猟用鳥獣違法取引業者など、下部経済の活況をもたらした。外国人たちはイングランドの宿泊施設を褒め賛えた（もっとも、中には相変わらずひどいものもあった。ジョン・ビングは、その手の宿屋で食事をとったとき、「神が食べ物をつかわし、悪魔が料理人をつかわす」と吐き捨てるように言った）。有料道路の建設は馬の育種にも拍車をかけた――十八世紀は馬の時代と呼ばれてきたが、その名のとおりであった。クリーヴランド産の鹿毛馬は馬車馬として人気があった。しかし、サフォークパンチ〔脚が短くずんぐりした馬車馬〕とクライズデイル〔スコットランド原産の強健な荷馬車用馬〕のほうが原産馬として好まれた。道路がよくなると運搬の速度、安全性、効率が増した。ヘンリー・ホウマーが一七六七年に概算したところでは、「穀物、石炭、商品等の運送は一般に」以前に使用していた数の「ほぼ半数の馬で行われている」のであった。旅客用駅馬車定期便が運行をはじめた。もう一つの副産物は、信頼できて迅速な（しかし安くはなかった）郵便配達の開業であった。

「整備された道路と運河と航行可能河川はあらゆる改革の中で最大のものである」とアダム・スミスは断じた。外国から来た人々は決まってイングランドの交通路を賞賛した。「こちらの道路はすばらしい。広いし、凸凹がないし、管理がいい」とセザール・ド・ソシュールは一七二〇年代に書いた。もちろん、すべての道路がそうというわけではなかった――中には農業著述家アーサー・ヤングが怒り心頭に発するものもあった。「テトベリーからオックスフォードまでの一帯は非常に不愉快であり、不毛で、荒れ果て、ほとんど人も住んでいない。そこの道路は、悪辣な言葉の乱用により、ターンパイク〔有料道路〕と呼ばれているが、そういう命名をした奴は、私の理解するところ、道路の何たるかを知らぬ輩である。」ターンパイク法は、一七二〇年から一七五〇年の間に百九、一七五一年から一七七二年の間に三百八十九、発布された。一七五〇年には百四十三の有料道路トラストが三千四百マイルを手掛け、一七七〇年までに五百のトラストが五千マイルに及ぶ道路建設を施工した。

有料道路は新設のもので、維持管理もよかったと思われる。しかし、ブラインド・ジョン・メトカーフ、トマス・テルフォード、ジョン・マカダムなどの土木技術者たちが路面の質を改良し、傾斜度を軽減し、徒歩や馬で渡る浅瀬や船で渡る川に橋を架けるようになったのは、十八世紀も末になってのことであった。

それに、有料道路を使ったからといって大量貨物運賃あるいは旅費が安くなるわけでは決してなかった（運河なら安くなった）。駅馬車の料金は一マイルにつき二ないし三ペンスであった。一七七四年に教区牧師ウッドフォードが四輪駅馬車でオックスフォードからサマセット州カースル・ケアリーまで百マイルの旅をしたときの費用は、四ポンド八シリングという法外なものであった。だが、ロンドンまで行くのに要する時間（時単位表示）の一覧表が次に示すとおり、道路の改良によって、旅行に要する時間は確実に縮小されたのである。

	1800年	1750年	1700年
ノリッジ	19	40	50
バース	16	40	50
エディンバラ	60	150	256
マンチェスター	33	65	90

道路の改良は交通輸送量の増加を助長し、社会経済的乗数効果を生みだした。例えば、レスターは、重要な市場町であったが、十八世紀半ばまで、他の都市と結ぶ定期便をほとんどもたなかった。公共旅客輸送がはじまったのは一七五三年で、この年にロンドン行き四輪駅馬車が（所有者の弁によると）「月曜日、火曜日、水曜日、あるいは木曜日に」出発することになったのである。一七五九年には、ロンドンからレスター、ノッティンガム、ダービー方面行き週三便の駅馬車が加えられた。一七六五年からはレスター―ロンドン間の全行程を一日で走ってしまう「超特急便」が現れた。その料金は、内部座席二十五シリング、外部座席十二シリング六ペンス、であった。この便は間もなく毎日運行されるようになった。レスターと他の地方都市との交通網は、この世紀の終わりまでには地図にしっかりと刻み込まれていた。マンチェスターでは初めて駅馬車が設立されたのは一七七六年、バーミンガム行きが一七八一年（十三時間を要した）であり、その後シェフィールド行き

やカーライル行きの便が開設された。同様に、一七四〇年には一日一便しかなかったバーミンガム発ロンドン行きの駅馬車が、一七六三年までに一日三十便になった。総じて、道路の改良は、移動と生活ペースを速め、未開の奥地を吸い込んで交易消費熱にかかった経済地帯に変えたのである。頑迷な保守主義者ジョン・ビングは「ロンドンの風俗を搬入し田舎の人口を激減させたこの王国の有料道路など、半分は掘り起こしてしまえばよい、と私は心の底から願っている」と息巻いた。しかしながら、アーサー・ヤングは別の面を見て、こう賞賛した、

全体的流れにはずみがついた。新しい人々——新しい考え——新しい活力——産業のあらゆる部門に及ぶ新鮮な活動。道路状況が悪かった頃には決して見られなかった人々が、道路が良くなって居住するようになり、すっかり活気づき……そして産業が上げ潮に乗り……首都と各地方との間を往来する。

十八世紀の末まで、物の生産は、ほとんどもっぱら、小規模手工業、小屋、工作場での作業をとおしてなされていた。生産の拡大は、科学技術の革命的刷新によるのではなく、蓄積財産の流通への着実な転換、労働予備軍の有効利用、物とサーヴィスの交換を容易にする新方式によっていた。商業資本主義の、この着実に一路邁進する行軍に加わった英雄たちは、概して、無名の人々であった。一般の販売業者、運搬人、船積み人、運送人、何千という卑しい荷馬車の御者、行商人、鋳掛け屋、馬車引き、呼び売り商人たちである。一七六〇年まで、機械化、労働組織、仕事場の規模、工業力の源泉などにおいて、決定的伸展を見たものは何もなかった。農業が依然として主要部門であり、商工業活動の動きは依然として小麦価格の変動に左右されていた。例えば、農業利益が低かった一七三〇年代には、有料道路の建設が次第に減少した

のである。十八世紀半ばには、イギリスの鉄の三分の二は依然として農業用機材に使われていた。

利潤意識の強い成長産業でさえ、労働力の組織化は伝統的方法に倣い、屢々にして同業組合あるいは会社の勤務規定の域を出なかった。こうした管理方法は、結局のところ、安定性の確保に役立ちこそすれ、成長発展の妨げになることはめったになかったのである。工場制手工業は、作業場内に留まり雇い人を含む家族を労働単位にして成り立っていた業種の、典型であった。外部発注は、繊維産業の発展にとってまさにうってつけであった。親方織物業者が職人たち——梳毛工、粗紡工、紡績工、織工——に、普通は一週間分の、材料を渡し、それを彼らが自分たちの仕事場で、自分の、あるいは他人から借りた、糸車や織機を使って、完成するのであった。この仕組みは費用効率の高い資本の使い方であった。資本家は固定資本を工場設備に凍結する必要がほとんどなく、労働者の雇用と解雇を柔軟に行うことができた。下請契約は、雇用と産業組織の一形態として、例えばイングランド中部地方の表層炭鉱で採用された「採炭請負い」制のように、ずっと遍在していた。それは投資リスク、利益、労働者管理の諸問題を共有するものであった。(本の予約出版というのも、著者や印刷業者には出版に要する多額の資金を捜す手間がはぶけるという点で、類似の例と見ることができるだろう。) コーンウォル地方の錫鉱業とかピーク・ディストリクト〔ダービー州北部連峰地方〕の鉛鉱業など、金属採掘が昔の裁判所管轄権による規制を受ける所では、個々の掘削を請負ったのは自己資金と機材を備えた仕事集団で、彼らは報酬を、賃金でではなく、鉱石売り渡し契約分担所有権で、得ていた。こうした業界では、どこでも、正規の職業としての「中間管理職」はまったく出現していなかった。さまざまな業界において、ほとんどの中間管理者は、有給の職長あるいは「重役」ではなく、家族の一員、誰に頼ることもない実権者、なのであった。雇用は直接雇用、責任は個人責任、報酬は応分成功報酬であった。

産業は、おおむね、労働集約的であり技術集約的であり続けた。織物業、金属細工業、帽子製造業、家具および刃物製造業、金属加工業、その他数千におよぶ業種は、働き手を増員することによって発展した。需要が旺盛なときには、不足労働力を補充するのは容易なことだった（そして、特にこの世紀半ばからは、人口増の圧力のため労働市場は買手市場となった）。女性と子どもを掻き集めて労働力とすることは、特に簡単なことであった。

もちろん、十八世紀前半にも巨大工場は幾つかあった。ダービーにあったトマス・ロウムの絹撚糸工場では従業員五百人が働き、直径二十三フィートの水車は二万六千の紡錘を駆動していた。しかし、これは特別の例外であった――そして、あまりうまくいかなかった（また、独創的だったわけでもなく、ロウムはイタリアの工場を模倣しただけであった）。桁外れの起業家も幾人かはいた。一七〇〇年前後、海軍の請負いで金持ちになった鉄工場主アンブロウズ・クロウリーは、千人近い労働者を指揮し、後の世代になってジョウサイア・ウェッジウッドなどの産業経営者たちがはじめることになる現場労働者の組織化と訓練と福利の方法を開拓した（クロウリーは、タイン川流域の工場群をロンドンから手紙で管理したので、その方法を開拓せざるをえなかったのである）。彼の「クロウリー鉄工所規定集」では、あらゆる指示が「私は命ずる」ではじまっている。労働者に気を配ることが割に合うことを、クロウリーは知っていた。従業員を会社の敷地内に住まわせた――しかし、門限九時を実施した――そして、医者をあてがい、貧民救済基金を設けたが、その受給者は「クロウリーの貧民」と書かれた記章を着けなければならなかった。だが、こういう男はまったくの例外であり――彼の伝記作家が呼んだように「小人たちの時代の巨人」なのであった。こうした集中的需要を作りだしえたのは、戦時中の海軍といった巨大な購買者だけで、この早い時期に民間の消費者需要では産業界の超大立者を支えられはしなかったのである。その後の工業化時代でさえ、キャロン・ワークス、ウォーカーズ、ウィルキンソンズといった大製鉄会社の発展は、軍事関連の契約に負うところ大であった。実際、これらに匹敵する規模と職能部門を有するのは海軍工廠そのものだけであった。「海軍所属操業部門である建造所、係船渠、材木置場、縦材置場、帆柱置場、火砲置場、縄製造所、その他もろもろの置場や建物は整然たる都市の観を呈し、工廠全体をいわば駆け足で見るにしても、乱雑なところはどこにも見えず、従業員は各自の受け持ちである仕事をよく弁えている」と一七二〇年代のチャタムの王立海軍工廠を評したのはデフォーであった。

そのうえ、十八世紀の初めの三分の二の期間にあっては、科学技術の革新が一業界に大変革を起こすということは大変例外的なことであった。コウルブルックデイルの製鉄業者であるダービー家によってなされたコークスによる鉄の熔解炉の開発は、もちろん、鉄の大量鋳造を容易化するに不可欠のものとなった。しかし、木炭価格の上昇にもかかわらず、この革新による進歩は遅々たるものであった（ダービー家がそれを秘密にしたのである）。ケイの飛び杼などの新紡績機械装置も、普及する歩みは遅かった。ニューコメンの蒸気機関はほとんどもっぱら鉱山での揚水に使われていたのであり、産業用の動力は依然として動物、人の手足、風、水を利用していたのである。改良は、伝統的就業構造の中で、既存の科学技術を少しずつ修正していく形でなされていった。そして、イングランドは技術基盤を固めた。世紀半ばまでに、計時器と科学器具で世界をリードするようになり、やがてピアノ製造の分野で世界を征覇するようになった。

少しずつ拡大していった伝統産業の典型は、鉱物資源の採掘であった。イングランドの非鉄金属採鉱は全盛を迎え、コーンウォルの錫と銅が特に栄えた。世紀末までに、コーンウォルでの年産出量は、銅が五千トン以上、錫が三千四百トン以上になっていた。ペナイン山脈の鉛採掘は、アレンデイルから南はピーク地方まで、拡大した。ニューカースル周辺の炭坑は、ニューコメンの蒸気揚水機に助けられて、百ファゾム以上の深さに達した。海の下に達することもある石炭の採掘はカンバーランド州に新たな富をもたらした。だが、ほとんどの炭田では、炭坑は浅いままであり――ウェスト・ミッドランドでは屡々にして百フィート以内であった――そして、昔ながらの方法で、一団の男たち、補助作業をする少数の女や子ども、そして馬、で掘り出していた。しかし、採炭夫が増えれば産出量も増えた。一六六〇年に二百二十五万トンであった石炭の産出量は、一七五〇年に四百三十万トン、一七七〇年に六百四十万トン、一八〇〇年までにはほぼ千四百万トンになった。ランカシャー州南部の炭田では産出量が一七四〇年の七万八千トンから一八〇〇年の六十八万トンに跳ね上がった。だが、採炭方法は伝統的方法のままであった。サー・ヘンリー・リドルは、「運河航行と石炭業が栄えるのでなければ、こんな舞踏会やら仮装舞踏音楽会やらを催して何になるというのかね」と詰問した。

中には、合理化により無駄を省くことで成長した領域もあった。イングランドの田園地方では、多くの場所で、農業労働と産業労働の効率的統合がなされた。一つだけの仕事ではまともな生活費の稼ぎにならなかったり一年中従事するわけにいかなかったりするとき、人々は兼業を行うことになったからである。バッキンガム州では、家畜売買と酪農業に、刺繍製作、フェルト製造、麦わら編みを組み合わせることで、繁栄を成しとげた。ベドフォード州では、農業と刺繍製作、コリヤナギ編み籠作り、レンガ作りとを組み合わせた。サフォーク州とノーフォーク州の村々では帆布を作り、サマセット州北部とケント州では製紙が行われた。

利益増は、既存の工業技術と専門知識と組織の枠内で、着実な拡大と費用の効率化によって達成することができた。醸造業は成長産業であった。科学技術が突然変化したからではなく、重資本化によって規模の経済が容易になったからである。これは、一部には、黒ビールの一種であるポーターが人気を集めたためであった。ポーターは、エールより安定しているため、より長く貯蔵でき、より遠く運送でき、それゆえ大量醸造できるからであった。これによって市場規模による限界が克服されることになった。こうした展開で得をしたのは大生産者だった。一七〇〇年には百七十四人いたロンドンのビール醸造業者が、一七九九年には百二十七人だけになってしまった。すでに一七六〇年までにベン・トルーマンの工場は三万ポンドの価値があると評価され、彼は十万ポンドを超える流動資本を有していた。

ブラック・カントリー〔イングランド中部バーミンガム付近一帯の工業地域〕の成功は地域の断片的発展の顕著な例である。ウェスト・ミッドランドの諸都市は――バーミンガムなどを筆頭に下はウェンズベリー、ダールストン、ビルストンといった小都市に至るまで――小規模な金物製造業を営む親方たちに支配されていた。彼らは自己所有の加熱炉と鍛冶工場で釘、留め金、錠、蝶番、深鍋、ボタン、道具類、鉄砲、その他もろもろの物を作っていた。石炭と鉄鉱は手近で補給できた。同業組合などの組合がなかったので、親方たちは市場の機会に容易に対応できた。次第に分業が進み、能率が向上した。アダム・スミスの時代よりずっと前のことである。一七五八年に、ダン・タッカーは効率的生産技術を賞賛した。

王国の多くの地方、特にスタフォード州、ランカシャー州、ヨークシャー州のいくつかの地域、それとマンチェスター、ノリッジ、その他の都市では、労働力の釣り合いが……実によくとれており……製造用資材を手から手へ渡す際に時間の浪費がなく、不必要な力を使わないで済む。枚挙に遑がない中から一例としてバーミンガムを取り上げてみると、成人の男が機械で金属ボタンの型押しをするとき、子どもが一人側に立って型押しされる位置にボタンを置き、型押しされたボタンを取り除いて次のボタンを置く、といった具合いである。こうした方法で、機械の操作係は、少なくとも通常の二倍は型押しできる。これを、もし一人でやるなら、ボタンを取り替える都度機械を止めざるをえなくなるのだから。しかも、一日の労賃が大人で十四から十八ペンス、子どもで一ペニーから二ペンスといったところであり、仮に大人一人だけ雇って同じ仕事量をさせれば二倍の賃金を払うことになるわけであるから、この仕事環境だけで八十ないし百パーセントもの節約になると同時に、言葉を喋れるようになったばかりの子どもに仕事をする習慣を身につけさせる訓練にもなるのである。

こうした発展の結果、イングランド中部の製造業者の中には、小人数だが、超大物になる者が現れた。マシュー・ボウルトン――ボズウェルは彼を「鉄族の長」と命名した――は一七七〇年代までに彼の金属工場で五百人の従業員を雇っていた。だが、金属業界では、工場は、十八世紀を一貫して、一人の親方が一握りの職人と徒弟を雇って経営する工場、というのが普通であった。まずまずの繁盛をみるかどうかは、新しい機械にかかるよりは、儲けを嗅ぎあてる能力をもち、上昇傾向にある経済部門で運を試そうとする、精力的で、才覚のある、野心的な男たちにかかっていた。一七四一年に仕事を求めてバーミンガムにやって来たウィリアム・ハットンは、その地の潑剌とした活力に感銘を受けた。

私はこの土地にも驚いたが、それ以上にここの人々に驚いた。かつて見たことのない種族であった。かつて見たことのない活気をもちあわせていた。昔、私の周りには夢を追う人たちがいたが、今、私の目の前には目覚めている人たちがいて、通りを歩く彼らの足取りはきびきびしている。誰もが自分の仕事を弁え、それを遂行しているように思えた。

ここに描かれたとおりの人間がピーター・スタブズであった。一七五六年生まれのスタブズは、ウォリントンで、鑢（やすり）作りで財を成した。ただし、鑢作りに革命をもたらして、ということではない。彼の儲けは活発な市場からきた。規格化以前の時代には、あらゆる機械部品は高度に熟練した「仕上げ工」によって寸法が合うよう鑢をかけられなければならなかった。そして、ほとんどすべての業界が鑢を必要とした。彼は有利な信用取引で利益を上げた。シェフィールドの鋼鉄を長期信用で手に入れることができ、客は彼から掛けで買った。出現したばかりの卓越した輸送機関網を利用し、地元の客からだけでなく、ロンドンや海外からも、注文を取った。熟練工を増員することによって業務を拡張したが、その雇用形態はほとんどが下請けであった。信頼できる職工を捜すのは大変であったが、一度捜しあててしまえば、後は彼らに借金を負わせ非情な契約を結んで御し易くしてしまうのであった。スタブズは請負約定書で彼らを縛ることができた。そのうえ、並みいる二流どころの元気な産業経営者たちと同じように、スタブズも一度にいろいろな事業に手を出した。不動産業に手を染め、宿屋を経営し、ビール醸造業でも成功した。

市場の活発な自由競争は、そして特に世紀半ばから漸増しはじめた余剰労働力は、次第に経済的規制を侵食していった。そのうえ、新しい業種は、エリザベス朝時代に定められた（例えば徒弟制度に関する）職人法にある制約の、枠外にあった。こうした状況の中で、以前は後進地域であったが制約外にある所が、伝統ある地域を犠牲にして、繁栄できることになった。この当時は同業組合などの組合団体が新規事業を企てないことが普通だったからである。「国王の勅許がない町は足枷のない町である」と言われていた。例えばマンチェスターなど同業組合がない町では、「独創の才を発揮する余地は十分にあり、勤勉に努力する者がとことんまで力を揮っても、それを抑制したり制止したり妨害したりするものはない」とキヌール卿は一七六七年に述べた。発展途上の北部および中部では、同業組合の保護がないために労働者が手痛い打撃を受ける、ということがなかった。就職できる見込みが十分に立ち、賃金が競合していたからである。

どの地域もそれなりの成長を遂げた。しかし、全体の趨勢は拡大傾向にあった。一七〇〇年以前、イングランド最北西部のレイク・ディストリクト〔湖水地方〕諸州は、スチュアート朝時代に現に死者をだす飢饉を経験していたため、自給自足の貧農地域を形成していた。ジョージ王朝時代になると、カンバーランドと呼ばれたこの地域の大天然資源である炭田が、ラウザー家、センハウス家、クリスチャン家、カーウェン家によって開発された。ホワイトヘイヴン港がラウザー家によって築かれ、石炭交易を主に、タバコの輸入やら、マン島およびアイルランドへの交通の便がよいこともあって、しばらくは、イングランド最大の港六港の一つに数えられるようになった。そこの最大手のタバコ商人であるウォルター・ラトウィッジというホイッグ党支持の非国教徒は、持ち船のうちの一艘を、無骨にも、ウォルポール号と呼んでいた。同じ海岸線にあるワーキントンとメアリーポートは、それぞれ、カーウェン家とセンハウス家によって開発された。内陸では、農業は広範な国内市場に巻き込まれたが、家畜の飼育が繁栄した。ケンドルの人口は、一七〇〇年には二千人そこそこであったが、靴下編み、革なめし、手袋作り、火薬製造など実に伝統的な産業が繁栄した結果、一八〇〇年までには八千人に跳ね上がった。一七八四年までに、ケンドルには少なくとも二十の商店ができていた。この町を動かしていたのは少数独裁的非国教系商人たち（その多くはクエーカー教徒）であり、彼らは地元の政治を支配し、有名なディセンティング・アカデミー〔非国教派系学院〕（ケイレブ・ロザラム校長）、新聞、書籍割引郵販組織、会員制貸し出し図書館、劇場などを支援することで、町に文化的雰囲気を与えていた。

場合によっては、地勢が、繁栄するか衰退するかを決する分かれ目になることがあった。チェシャー州の繁栄を助けたのは塩であった。トレント川沿岸のように水が良い所には、ビール醸造業者が集まった。

海岸線の細長い土地や内陸の流通網地帯では、夜陰に乗じて密輸が営まれた。チャタム、ポーツマス、プリマスが発展する原因になったのは、海軍の拡張であった。世紀初めにもっとも目を見張る成長を遂げた地点は、リヴァプールやブリストルなどの、西海岸の港であった（もっとも、ブリストルが中世の限界と都市計画を脱したのは十八世紀に入ってからであったが）。両港とも、アイルランドおよび海外植民地（どちらも奴隷貿易の中心地であった）への要衝たる利点を有し、内陸の産業地帯を背後に控えていた。ブリストルは、サマセットおよびキングズウッドの石炭、メンディプの鉛、南ウェールズの銅製錬業などの、取引場であった。セヴァーン川とエイヴォン川を制し、重要な製陶業、ガラス器製造業、ビン製造業、石鹼製造業、亜鉛産業、蒸留酒製造業などを、支えていた。この取引の中心地は、ホレース・ウォルポールにとって、「見たこともない汚れきった大工場」――「聖職者からして取引と稼ぐことしか話さず、せわしなく、浮かない目つきと忙しそうな顔つきで走り回り、あらゆる種類の品物や商品をあちらこちらに積んでは運び降ろしている」町であった。

しかし、次はブリストルがリヴァプールに追い越される番であった。産業がセヴァーン川の谷を遡って中部地方に達するにつれて、ブリストルの産業的優位はウスター州、シュロップシャー州、ブラック・カントリーなどに奪取されていった。主導的な鉄製錬業者であったエイブラハム・ダービーは、彼の工場をブリストルからシュロップシャー州のコウルブルックデイルに移した。十八世紀も後になってくると、縦横に走る運河網の成立によって、ウェスト・ミッドランド産業の製品はおのずと、セヴァーン川からブリストルへ流れていくよりも、マーシー川からリヴァプールへ流れていく傾向になった。ブリストルは係船渠の築造が後手に回り、リヴァプールが好機を摑んだのである。

リヴァプールは、一七〇〇年には人口が一万人を下回っていたが、一八〇〇年までにはイングランド第二の大都市になっていた。タバコと奴隷（「思うに、どこへ行っても奴隷の血の臭いがする」と画家フューゼリーは評した）を専門に扱う海外貿易投資で繁栄したが、後になると卸商人たちがランカシャー州の綿市場を独占した。市政機関は精力的に港湾施設を改善し、早くも一七一五年には最初の潮入り岸壁を築造した（ロンドンの主要な係船渠が築造されたのは世紀の終わりになってからのことであった）。リヴァプールの市政機関は一私企業のように行動した。ラスボウン家その他少数の支配的商人たちは、将来への配慮から、富の一部を市の公益事業、例えば診療所、劇場、遊園、図書館、救貧院、慈善学校などに、注ぎ込んだ。

産業は絶えず移動していた。ロンドンの製造業者は、高い労働コストと同業組合の規制から逃れるべく、他所に目を向けた。靴作りはノーサンプトン州へ、靴下編みはノッティンガム州へ、絹糸撚りはダービー州へ、移っていった（高度の技能を要する仕上げ業務がロンドンに残る場合もあった）。一七〇〇年には、主要な繊維産業の中心地は、依然として、南イングランドの諸都市——エクセター、ティヴァートン、フルーム、トーントン、コウルチェスター、ノリッジ——であり、ウッドチェスターやネイルズワースといった村々はコッツウォルドの険しい谷あいで鼻をうごめかしている段階だった。こうした土地では、製造業は、依然として、徒弟制度の諸規則や作業場の慣習に強く規制されており、労働組合が強かった。高品質の製品を作ったが、変化には抵抗した。十八世紀の間に競争が激化した。最強の競争相手となったヨークシャー州ウェスト・ライディングでは、当初の賃金率がより低く、資本家は、顧客の需要に合わせて製品を修正し値下げしようとするとき、慣行的規制に直面することがより少なかった。ロンドンを中心とする南東地方が長いこと輸出先にしていたスペインや地中海地方などの市場の多くが停滞したのにひきかえ、ウェスト・ライディングの貿易業は、海外植民地そして後にはアメリカ合衆国との、大幅に拡大する取引を握ることになった。その結果、デヴォン州とエセックス州の繊維産業が没落した。コウルチェスター、ブレイントリー、ボッキングなどの織物業は底をつき、かつて繁栄を誇ったエセックス州の織物業地域は、その多くが十九世紀をとおしてゴーストタウンのままであった。（ノーフォーク州はいくらかましであったが、首都ノリッジの市場取引は、アーサー・ヤングが一七七一年に見たところでは、「活発ではないが非常に不振というわけでもない」といったところであった。）だが、経済活動が活発であったため、主要産業の衰退にもかかわらず立ち直る都市もあり、そういう都市はえてしてジェントリー階級向けのサーヴィス業——住宅融資銀行家、不動産業者、紳士服仕立屋、事務弁護士、鉄砲鍛冶、急成長しはじめた舞踏会場や劇場——の中心地になるか、あるいは、醸造、革細工、製粉などの加工産業を発達させていった。一七二〇年代にすでにデフォーはサフォーク州ベリー・セント・エドマンズにおけるそうした経済のジェントリー階級化について記していた。

この町には製造業が一つもない、あるいは、紡績業以外ほとんどない、と言うべきか。この土地の主要産業はここ、あるいは近郊、に住むジェントリー階級にかかっていて、彼らが家族および四輪馬車供揃えの出費によって田舎町の人々に十分な仕事をもたらすのである。

十八世紀イングランドの経済の下部構造と人を鼓舞する雰囲気は、幸運を、多くの人の手の届くものにした。成長が普遍的でも画一的でも直線的でもなかったことは、明白である。景気の動向には循環があった。資本投資、建築、等々は急増から沈滞へ、そしてまた急増へと変動を繰り返した。景気が沸騰するかどうかは、農作物の収穫量や戦争など、概して不確実な諸要素に依存していたのであり、それらが価格、利子率、市場の動向に影響を及ぼした。おそらく、この世紀のどこかの時点で、景気循環が農作物の収穫に取って代わり経済の心拍たる地位を占めるようになったのであろう。

地域差の大きい経済にあっては、一般的動向や国家的動向を言いだすことに多大な危険が潜むものであり、明らかにする以上に隠す危険を冒すことになる。ある土地での御馳走が別の土地では毒になることもあった。チェスターの港町としての衰退——ディー川が沈泥で塞がったのである——は、リヴァプールの発展によって、とどめを刺された。ウースター州の町ビュードリーは、その地の商人たちが運河の発達に乗り遅れたため、沈滞することになった。その近くのスタウアポートは運河の合流点となり、ビュードリーを凌駕するに到った。いずれにしろ、経済の動向について断言的になることは愚かなことである。私たちのもつ統計資料は断言の重みに耐えきれないのだから。

それでも、長期的発展のパターンをいくつか見てとることはできる。十八世紀は拡大基調で幕を開けた。人口は、一六五〇年から一六八〇年の間に減少し十七世紀の終わりまでそのまま停滞していたのが、再び増加しはじめていた。一七〇〇年には五百万人をやや上回るにすぎなかった人口が、一七一〇年までに五百二十万人になっていた。商品の輸出入も増加していた。スペイン継承戦争が勃発して、武器、軍艦、軍服、軍靴といった品目の政府契約が莫大になった。そのうえ、帝国が拡張し商業が発展したことで、海外貿易販路が増大した。一七〇七年からは、合同法がスコットランドとの自由貿易を開放し、イングランドの製品に既存市場を提供することになった。とりわけ、十八世紀初期はシティーが興奮の坩堝と化した時期だった。イングランド銀行が、投資と政府を連結することにより、信用を確実なものにしたと思えたため、株式投機が、そして、何よりも、政府発行有価証券への投資が、急増して最高取引高を更新した。設立される会社の数が増えた。金持ちは、余剰の富を遊ばせておくよりはと、それで賭に走った。特許事業の活況は莫大な思惑買いを示唆するものである。

しかしながら、一七一〇年代末から一七二〇年代に、この株式市況の活況は消散してしまった。ただし、あらゆる部門に影響が及んだわけではない。例えば、輸出は前進を続けた。一七一一年に六百四十万ポンド相当であった輸出は、一七二一年に七百五十万ポンド、一七三一年に八四〇万ポンド、そして一七四一年には九百十万ポンドに上昇した。この増加は、主に、着実な生産の上昇によるものであった。年に百隻を超える奴隷貿易船がブリストルから出航していた。その奴隷収容能力は約三万人であった。一七一四年から一七六〇年の間に、輸入が四十パーセント、再輸出が五十パーセント、伸びた。

だが、一七二〇年代になって、人口増に歯止めがかかった。致死的流行病が全土に猛威をふるったことが、理由の一部に挙げられる。発疹チフス、腸チフス、その他の熱病が繰り返し襲い、一七一八―九年、一七二七―三一年、一七四〇―二年、は特に猛烈な期間であった。流行病の発生地では、たった一年で、十年間の人口増加分が一掃されてしまうのであった。ヨークシャー州北部リポンの医師ヒラリーは、一七二七年に羽虫のように死んでいった哀れな者たちを、こう記録した。「医術の限りをつくして手を施しても患者たちを救うことはできなかった。田舎の小さな町や村の多くでは、哀れにも、住民がほとんどいなくなってしまったほどである。」こうした流行病が主な原因となって、一七三〇年のイングランドの人口は、一七二〇年より約十万人減少した。人口の落ち込みで、消費需要に抑止がかかった。労働者不足とその結果生じた高賃金率で、職人は日の目を見ることになったが、資本保有者は業務拡大に乗りだす気勢を削がれた。そのうえ、一七一三年からの平和の到来で、陸軍海軍の軍需が元の低さに戻っていた。そこで金融景気が急騰した。設立された会社が非常に安定していたということは決してなく、一六九五年に九十三あった合資会社のうち一七一二年まで残っていたのは二十一にすぎなくなっていた。しかし、投資熱を絶滅させることになったのは、一七二〇年の南海泡沫事件の勃発であった。その後に制定された会社設立規制法（国王の勅許を必要とした）は、企業計画のための株式売買の可能性を、すべて蕾のうちに摘んでしまうことになった。十八世紀の産業投資はずっと個人投資であり続け、企業投資でも投機的投資でもなかった。

しかし、一七二〇年代および一七三〇年代の経済で最大の減衰要因が、農業収益率の低さであったことは、ほぼ間違いない（結局のところ、国民生産と余剰資本のかなりの部分が土地からくるものであった）。農業技術と農業経営の改革がなされ、そして、たて続けに例外的豊作を迎えた。ということは、穀物生産が国内の有効内需を上回っていた、ということである。小麦の生産高は一七〇〇年から一七六〇年の間に千三百十万クォーターから千四百七十万クォーターへと上昇した。かなりの量が輸出された――一七五〇年の輸出量は百万クォーターであった。一七六六年になっても、あるフランス人がイングランドを「ヨーロッパの穀倉地帯」と呼ぶことが、ありえた。蒸留酒、特にジン、に回される量がいよいよ増えた（一七四三年までに、蒸留酒生産量は一七〇〇年の生産量の六倍になった）。生産過剰で穀物価格が下がった。消費者にとってみれば、これは天の賜（たまもの）であった。穀物食が安くなった――価格が一六六〇年時より約三十パーセント低くなり、一七三〇年代および一七四〇年代の大部分をとおして、生活費が、一七〇〇年より、十パーセント以上少なくて済むようになった。人々の栄養がよくなった。もっとも、余剰穀物のかなりの部分が「母なるジン」として消費されたため、多数の人間がアルコール中毒症になり、死ぬ者さえでたのではあるが。しかし、食物価格が低く賃金率が高いことで利益が低下し、大豊作も農場主にとっては厄介なこととなった。生産を多様化する力のない下級ジェントリーと自由土地保有農が一番痛手を受けた。農場主の多くは廃業し、廃業しない者たちは借金に苦しむことになった。先見の明ある地主の牽引力で不景気を乗り切れた者は、幸運であった。地代は、支払いが滞り、あるいは、引き下げざるをえなくなり、農場によっては借地人がなくなり、そして、土地所有層の収入は横ばいないし減少した。だが、必要は発明の母という諺どおり、ブリタニーやロレーヌなどヨーロッパの一部でエーカー当たり収穫高が現に下落していた時代に、進取的な地主なり農場主なりは純益率逼迫を梃子に費用効率と生産性の向上に取り組んだのである。高い利益を見込むことではなく、一文を惜しむ気持ちが、この世紀前半の農業改革に拍車をかけたのであった。

もちろん、農業の改良は、少なくともチューダー朝時代から継続して行なわれてきていたし、ジョージ王朝時代をとおしても続いてゆくはずのものであった。そこには（単なる真新しさや実験の魅力も含めて）多くの誘因があった。しかし、その主な特徴は明らかである。一番重要なことは、労働コストを引き下げようとする狙いであった。農場主たちは、可能な所では、労働者にとって伝統的であった年間契約を破棄し、日雇いないし週雇いに切りかえたのである。土地を最大限に利用したいという衝動もあった。沼沢地や水はけの悪い土地には排水設備が施され、荒地（全土の四分の一に及ぶ、とグレゴリー・キングは思っていた）には鋤が入れられつつあった。泥灰土、海草、石灰などの肥料が試されつつあった。この世紀の模範的土地改良地区はノーフォーク州ホウカムのトマス・クークの地所となった。生涯（一七五二―一八四二年）にわたり彼は小作人や彼を見習う人々の手を借りてこの地区を変容させ、そして――もっと重要なことだが――農業改良を輝かしい評判の的としたのであった。彼が一七七八年に農業をはじめたとき、この地域一帯は不毛の地であった。彼は、砂地の表土に泥灰土を撒くことで、この土地を十五年にして豊かな小麦畑に転換し、地所評価額を年間五千ポンドから二万ポンドに引き上げた。だが、クークがノーフォーク州で最初の改良家であったというわけでは決してない。タウンゼンド家やウォルポール家などが昔から輪作改良、泥灰土実験、小麦や大麦の播種、に取り組んでいたのである。

家畜の飼育は以前より組織的になった。レスター州ディシュリーの、十八世紀でもっとも声望ある飼育業者ロバート・ベイクウェルは、羊を、「草を羊肉に変える機械装置」と見なした。ヘレフォード種やショートホーン種の牛とかサウスダウン種の羊など、イングランドの偉大な品種の多くはこの時期からはじまった。穀物を、土壌や気候に適うよう、多種生産することにも一層の注意が払われた。とりわけ、耕地を改良し、冬を過ごす牛に飼料を供するために、イガマメその他のマメ科植物やクローバーといった作物、また、カブ、カブカンラン、サトウダイコンといった食用塊茎類が、砂地の多い土壌に用いられるようになった。家畜は、その糞を土壌の再生に利用するため、精力的に囲い込まれた。地域によっては、春になると川を氾濫させて牧野を湿地にし、飼料用青草の生育時期を早める所もあった。また、長期的に生産の地勢を転換することもあった。中部地方の伝統的穀倉地帯は、食肉需要の高まりもあって、家畜用牧草地に着実に転換されていった。一七九〇年までにはウィリアム・マーシャルがレスター州を「延々と連なる緑の芝地」と評しうるようになっていた。対照的に、オックスフォード州、ウィルトシャー州の兵陵地帯、南東部の白亜の丘陵地帯、ノーフォーク州、中南部および南部の低い丘陵地帯など、以前は牧羊地であった所が、転換農業のお蔭で、特に十八世紀末期に、耕作されるようになりつつあった。アーサー・ヤングによれば、「ノーフォーク州の半分は、記憶にある限り、羊の餌しか育たなかった」のだが、この世紀の終わりまでに見事な大麦、ライ麦、小麦に蔽われるようになった。一八〇三年にはトマス・ラッジがグロスター州の高地経済について同様の報告をした。

この百年の間に全面的変化がこの丘陵地帯に生じた。ハリエニシダその他の乾いた細い草の葉しか育たなかったのが、今は、ほとんど例外なく、丘陵一帯が垣で囲まれた耕作地に転化されている。

土壌にも市場の需要にも敏感に反応し、費用効果を高めることを狙った、この種の柔軟な農業改良は、大分前にはじめられ、一七二〇年代から一七五〇年代にかけての困難な時代にも続けられた。改良者たち――大借地農に長期借地権を賦与し彼らと手を組んだ大地主たち――は、改良を推進するために必要な資本を有していた。こうした投資は、農業を儲かるものにするための賭けであった。

しかしながら、短期的には、生産過剰と低利益のため、一七二〇年代から、大出資者たちの間に警戒心が生じはじめた。産業投資の新分野で目ぼしい投資口が開かれることはほとんどなかった。工業製品の新特許数は先細りであった。運河の建設がはじまったのは一七五〇年代になってからのことであった。経済は、不景気に苦しんでいたというよりは、停滞を続ける状態にあった。

しかしながら、一七四〇年代半ばから、人口増と経済成長は著しい上昇をはじめ、時折一時的低落があっただけで、上昇を持続して産業革命に入っていった。この時期になぜ回復したかについては、現在論議されているところである。この世紀の最初の四十年間はずっと食料価格と日用品価格が低かった――生活費は、通常、十七世紀末より少なかったのである――ところが、収入は増加した。多くの人が余剰の可処分所得を得ていたというのは、事実のようである。これが消費者需要を高めることになり、製造業が刺激されて成長することになった。割合に豊富な食料が、一七五一年にジン消費量の削減策がとられたことで、結果的に、流行病に対する抵抗力の強い、強健多産な人々を生みだすことになったのかも知れない(もっとも、死亡率の低下は人口増の要因としては二次的なものなのであろうが)。

理由はどうあれ、人口は一七三〇年代から徐々に増えはじめた。一七三一年の五百三十万という総人口は一六五〇年とほぼ同じものであった。しかし、それが一七四一年までに五百六十万、一七五一年までに五百八十二万に増えていた。一七四〇年代の諸戦争では国家集中型の現金注入が人為的に誘導され、七年戦争（一七五六―六三年）では新植民地（カナダ、インド、カリブ諸島）の獲得によって景気が押し上げられた。

一七五〇年代からは前進が続いた（唯一の例外は一七八〇年前後の一時期で、この時はイギリスがアメリカ独立戦争に負けたことで深刻な景気の混乱が生じ、金融市場が恐慌状態に陥ったことで銀行が倒産し、信用が損なわれた）。イングランドは、工業化に特有のさまざまな変化が生ずる以前に、すでに、人口増および経済成長の持続を阻む昔からの障害を克服しつつあった。どのようにして克服したのだろうか。

改善はある程度偶発的であったかも知れない。流行病による死亡率が低下し、ロンドンの劣悪な貧民窟と十九世紀初めの新産業都市が熱病の温床となってコレラを招来することになるまでは、二度と頂点に達することがなかった。これは生物学的偶発事であったろう。しかし、栄養と環境条件が良くなったこと――例えば、淀んだ水溜りの排水、都市の道路舗装、下水道の設備、水道配管の普及など――も助けになったであろう。天然痘の予防接種（村全体が同時に予防接種を受けることがしばしばあった）と、後のワクチン接種を採用したことが大成功となって、多くの人命が直接それで救われることになり、また、それで多産人口が増える結果になったとも考えられるだろう（天然痘は、時に、生き残った人々の授精能力を低下させることがある）。

一七四〇年代から、人口増が国内経済活動を増幅し、需要を高め、労働賃金を低下させた。需要が伸びたため一層多くの人手が必要となり、それが次にはさらなる人口増を促すことになった。アーサー・ヤングが言うように、「雇用を増やせばやがてそれが養分となって人間を栽培し雨後の筍のようにすくすくと育てることになるだろう」からである。イングランドの人口は、一七五一年の五百七十万が一七六一年には六百十万、一七七一年には六百四十万、一七八一年には七百万、一七九一年には七百七十万、そして、一八〇一年には八百七十万になった。低賃金労働予備軍が発生し、工業生産の拡大に資することになった。このような成長が阻害されることなく続きえたのは、豊富な資本を投資に利用できたからである。十八世紀は資本投資が新たな、そして一層生産的な、用途を見いだした世紀であった。

投資の分野で強い影響力をもつことになったのは運河であった。一七五九年、ジェイムズ・ブリンドリーは、弱冠二十三歳のブリッジウォーター公爵のために、産業的に重要な意味をもつ最初の運河を完成した。彼のワースリー炭坑から石炭をマンチェスターに運んで売るための運河であった。それ以降、運河の建造は推進され続けた――単一目的用の短距離輸送用運河（普通は炭鉱と都市を結んだ）もあれば、マーシー川とトレント川を結んで製陶業に資した九十三マイルのグランド・トランクのような、航行可能水域間を結ぶ長距離幹線運河もあった。一八〇三年までに議会を通過した百六十五の運河法のうち九十は炭坑に資することを目的としたものであった。「運河を往く船は石炭の重みで船体が傾くようでなければならない」とブリッジウォーターは言った。ブリッジウォーターが自身の採掘坑から上げた利益は、一七六〇年の四百六ポンドが一八〇三年には四万八千ポンドに急伸した。運河によってマンチェスターでの石炭価格が半減したお蔭であった。

運河は、国会制定法によって認可され、株式を発行する有限責任会社から融資を受けた。その株式を購入したのは、主に、（後の鉄道株の場合のような）一般の不労所得収入生活者ではなく、地元の利害関係者であった（株式価格は一株二百ポンドすることがしばしばあった）。ブリッジウォーター公爵の概算によれば、運河建造費は一マイルにつき最高一万ギニーを要した。グランド・トランク運河ははじめて二十万ポンドかかった。ペナイン・リンク運河は三十二万ポンドと見積もられたが、最終的にはそれよりはるかに多くの金を食った。一七九五年までに運河に投資された金額は八百万ポンドであった。それが、一八一五年までには二千万ポンドになった。建設工事の請負いは、個々の業者が専門とする部分――高架橋、水門、橋、合流点――に分けて下請契約で行われ、この方法で危険負担を分有し、頭痛の種となる中央管理を避けたのであった。

運河によって、一七七二年までにセヴァーン川とマーシー川が結ばれ、一七七七年までにはトレント川とマーシー川が、一七八九年にはセヴァーン川とテムズ川が、一七九〇年にはマーシー川とトレント川とテムズ川が、結ばれた。(「運河狂」時代十年間の初年度となる)一七九〇年までに、リヴァプール、ハル、バーミンガム、ブリストル、ロンドンがすべて連結された。しかしながら、産業の発達したランカシャー州とヨークシャー州を直接結ぶペナイン山脈横断航路の建設は遅れた。運河建設は、直接的には技術者と土方人夫の、間接的には供給産業の、雇用を創り出した。なかんずく、石炭、金属、石材、耐火粘土、煉瓦、穀物など、特に産業用原材料の大量貨物の内陸輸送を安価かつ容易にした。六トン積みの荷車を引くのに八頭の馬を要していたところが、運河なら二十五トン積みの長い平底荷船を牛一頭で引くことができた。それゆえ、運河貨物は陸上貨物より最大で四分の一の安さとなった。運河は、また、陶磁器など壊れ易い品物の輸送の安全性を高め、それによって窯業製品の国内市場取引を助長した。レディングのような、伝統的に道路が水はけ悪くぬかっているため近隣の中部地方からさえ切断されていた都市が、運河によって調法な交通手段を突然もつことになった。運河は、起業心を高める強大な圧力を生みだした。運河建設は、株主に利益をもたらすこともあれば、もたらさないこともあったが、工業化の基礎となる公益事業の基盤を個人が率先して確立するために不可欠な方法の一つであった。

基礎的資本投資は、他に二つの領域で、経済に新たな気運を盛り上げた。ジョージ王朝時代は比類なき都市改造の時代であった。これで、不動産投機業者は高利益をあげ、また、材木業者や建築資材卸売業者はもとより、建設業者、測量技師、設計者、室内装飾業者、建具屋、家具職人、塗装業者、その他十指に余る職人が、仕事を得た。都市改造によって、宿屋や商店、街道沿いの〔馬の交換ができる〕宿、劇場、舞踏会場、演奏会場などが増え、それが次には接客業の雇用を創出し、金が費やされ商取引が行われる場を提供することになり、そのすべてが新たな資本を循環させる役に立ったのである。係船渠の築造もはじまった。橋、突堤、燈台が建造され、多くの港には倉庫や港湾施設が造成された。

囲い込みも、資源の生産的用途に道を開くことで、同様に、経済を活気づける因となった（もっとも、多くの農村労働者にとっては失望の種となったのだが）。土地を囲い込むには、高額の測量費や議会の承認（高い弁護士料金を含んだ）が必要であり、それが済んでも新たに道路、柵、仕切り壁、サンザシの垣、農場主の家族が住む家屋、納屋、小屋住み農用の小家屋などを、そして、おそらくは排水設備も、作る必要があった。囲い込まれた土地では、家畜の成長や穀物の実りが良くなっただけでなく、副次的利益も生まれた。例えば、広大な解放耕地での無計画な放牧によって家畜病が広まることがあっただろうが（この時代の人々はしばしば解放耕地と家畜病を結びつけて考えた）、囲い込み地なら感染した家畜を隔離するのがずっと容易であった。動物の病気の中には人間に伝染するものもあるのだから——例えば、病菌で汚染された牛乳を介しての結核感染——囲い込みは人間の健康のためになったとさえ言えるかも知れない。解放耕地は誰もを最低効率の段階にまで引きずり降ろしたのであった。

囲い込みは、地方では、すでに数世紀にわたり続いていた。耕作可能地の約半分が一七〇〇年までに囲い込まれていた。十八世紀初めに未だ解放耕地のままであった大きな地域は、南部諸州から中部地方の中央部および東部を経てリンカーン州およびヨークシャー州イースト・ライディングに至る、帯状に伸びる地域であり、そこにはドーセット州、ウィルトシャー州、オックスフォード州、バークシャー州、バッキンガム州、ノーサンプトン州、ハンティンドン州、ケンブリッジ州、レスター州、ノッティンガム州が含まれた。このうちの多くがこの世紀の間に囲い込まれたことは、議会を通過した囲い込み法案の数を十年ごとにまとめた次の数字が示すとおりである。

1740—49	64
1750—59	87
1760—69	304
1770—79	472
1780—89	150
1790—99	398
1800—09	574
1810—19	422

ジョージ王朝の囲い込みには二面性があった。まず、中部諸州の解放耕地が、主に牧畜用に、およそ一七四五年から一七八〇年の間に囲い込まれた。次に、一七八〇年代末から、南部および東部の解放耕地、荒地、共有地が加工穀物食用に囲い込まれた。これは、人口増によって穀物価格が記録的水準にまで押し上げられ純益率が高まったからである。一七六〇年から一七九九年の間に、囲い込みによって、二百万エーカー以上三百万エーカー以下の荒地に耕作の手が入れられた。

囲い込みは、本来、大物の地主とヨーマンが（アダム・スミスの言葉を借りれば）「富裕な人々の間で良識ある国土分割をすること」に促されて、「合意」により個人的に行われるか、あるいは、（多大な共有地がかかわる所では通常）国会制定法によって行われるか、どちらかであった。しかし、実は、囲い込みが露骨な示威行為によって強行されることが時々あった。一七一六年、ストックポートの荘園領主ジョン・ウォレンは、非常識にも、共有地を建築用地や工業用地として勝手に売りはじめた。彼は、共有地として残された僅かな土地を監獄用地にとっておき、囲い込みの利益の一部を百七十人収容の貧民収容作業施設用にとっておいた。おそらく彼には囲い込みの下で苦境に陥る人々の姿がはっきり見えていたのであろう。

囲い込みの発案者は、普通は、大地主であった。一番得をする立場にいたからである（そして、それは農業面だけではなかった。多くの土地で、耕地を囲い込むことは、採掘権なり採石場なり都市周辺の貴重な建築用地なりの絶対的支配権を握る効果的方法なのであった）。歴史家たちは、多大なインクと情熱を傾注して、囲い込みの不正とそれが社会に及ぼした重大な結果について論議してきたが、歴史の展開の主な道筋は明白なようである。解放耕地農業は必ずしも原始的ではなかったし旧弊なわけでもなかった。にもかかわらず、囲い込み地を耕作するほうが、一般に、生産量を増したのである。小作用借地は統合整理された。鋤き残される畝や枕地など無駄にされる土地が減り、休耕期間が短くなった。家畜が健康の度を増した。共有地では、放牧する家畜の数を制限した所でさえ、数が多すぎるということがしばしばあったからである。囲い込みの下で、農家は刷新したり柔軟に対応したりすることが一層容易になった。アーサー・ヤングはやたら中傷を振り撒くジャーナリストであったが、その彼が、囲い込み地の農場主のほうが進取の気性に富んでいる、と言ったのは正しかったのである（「囲い込みは国土を改良したのと同じくらい人間を変えたのである」）。

大地主や積極性に富む小作農場主ばかりでなく、相当な面積の小作地を譲り受けた、捺印譲渡証書を保持して安泰な多くの自由土地所有者もまた、囲い込みに熱心であった。囲い込みの多くは合意によるものであり（もっとも、「合意による囲い込み」とは「圧力による囲い込み」の婉曲表現であったかも知れないが）、囲い込み監督官たちは、一般に、十分な法的権利を表示しうる農夫に対しては公明正大に振舞った。こうして、囲い込みは、統合整理されたかなりの広さの農場（国外にはほとんど例がないが、イングランドの農業の典型となるに到った、広大な面積の小作農地）を確立するとともに、おそらくは三十から百エーカーの小規模小作地を数千となく設立した。囲い込みによって小作農たちが絶滅の危機に瀕する種族になる、ということはなかった。彼らの小作地は、この世紀の末に向かう数年の好景気の中でも、また、二度にわたるナポレオン戦争をくぐり抜けても、十分に生きていけたからである。しかしながら、一八一五年以後の不況期には、破産する者が多くでた。それでも、小作農が本当に壁に突き当たることになるのは、一八七〇年代になってからのことであった。

囲い込みで塗炭の苦しみに遭ったのは、次の三つのグループである。まず、解放耕地内の持ち分がごく僅かなために（鵞鳥をとるため、牛または豚を放牧するため、野生の食料を摘むため、薪（たきぎ）用の小枝や低木を集めるため）共有地や荒地に入ることが生活の不足を補うのに不可欠であった独立耕作者たち。彼らの暮らしは、囲い込まれた僅かな小作地に頼り、耕せる土地はそれしかないため、先細りの不安定なものになった。柵や排水路を作ったり新しい納屋を建てたりする必要があるのに、その埋め合わせとなるべき規模の経済からの救済もないため、経常経費が——そして、しばしば借金が——驚くほど嵩（かさ）んだ。囲い込みがこの階層の小作人たちのためになることはめったになかった。彼らは、ちょっとした不振あるいは経済的下降があると借金返済のため財産を売り払わざるをえなくなった、最初の人たちであった。

苦しむことになった第二のグループは、農場で季節賃金労働をしながらその一方で釘作りあるいは移動式編み垣作りといった仕事に従事していた、多くの小屋住み農たちであった。彼らは共有地内の保有権をほとんど、あるいは、まったく、持たず、昔からの習慣で共有地に豚一頭あるいは鶏数羽を飼っていた。囲い込みによって、彼らは、地の利を失うとともに、大事な経済的安全網をも失った。トマス・ビューイックは、囲い込みに関して、「貧乏人は根絶やしにされ、村落のさまざまな機構はその便益の一切を剝奪された」と述べた。バークシャー州クッカムの教会主管者デイヴィッド・デイヴィス師の判断では、怪しげな経済的利益のために「実に多くの人々が部分的独立という安楽な状態からむりやり一介の雇われ労働者という不安定な状況に変えられてしまい、失業すれば即刻教区の世話になることになってしまった」。

しかし、もっとも悲惨な打撃を受けたのは、それまで共有地ないし荒地に無断で掘っ立て小屋を作って住みつくことを許されていたにすぎない無断居住者たちであった。解放耕地の分担所有権もない彼らは、季節農業賃金労働によって、また、兎を罠で捕えたり、薪を集めたり、炭を焼いたり、こともあろうにこそ泥を働いたり、とりわけ密猟をしたりして、かろうじて生計を立てていた。共有地使用「権」（この「権利」を獲得するには四十年間の居住が必要であった）をもたない彼らの家族は立ち退かされるだけであった（地方税納税者たちは、屢々にして、彼らが教区を出ていくのを見て大喜びした）。アーサー・ヤングが「小屋住み農に対する公然たる戦争」と呼んだ、その「戦争」の犠牲者である彼らは土地を持たない（そして、しばしば家を持たない）田園地方のルンペンプロレタリアートになった。囲い込みはこうした人々に臨時仕事の口を創出した（生け垣の植え付け、柵作り、道路建設工事、納屋の建築など、一時的な仕事があった）。しかし、土地を追われ安定した職もないこうした家族の多くは、貧困者の仲間入りをすることになり、治安官と民生委員の監視の下、教区の施し物で糊口をしのぐのであった。アーサー・ヤングの言葉で言えば、「囲い込み法案は二十のうち十九までが貧乏人を徹底的に痛めつけるものである……こうした教区の貧乏人たちは正直な気持で言うだろう、『議会は財産を損なわないよう気を遣うところらしいが、俺の知る限りじゃ、俺の所有する一頭の牛を国会制定法が俺から取り上げちまいやがった』と」。

囲い込みは何を成し遂げたのであろうか。それは、まず第一に、風景を根本的に変えた。私たちに馴染みの、定規で引いたような境界と生け垣と広い直線道路を備えた、将棋盤模様の畑は、囲い込み以来のものである。第二に、農業を一つの商売として扱うことを土地所有者にさらに促した。土地を絶対的個人所有物に転化し、用益権、慣習的使用、入会権所持者および現住者の権利、を廃止した。大地主たちの立場を強化した――だからこそジョン・ビング閣下が囲い込みを評して「富裕な少数が赤貧の多数を弾圧する貪欲な暴政」と言いえたのである。のちに工場が都市ですることになるように、日払いないし出来高払いの資本主義賃金労働を農作業の一般標準にした。

第三に、囲い込みは田園地方の生産量と利益を高めた。マルサスの危惧にもかかわらず、イングランドは急増する人口を養う驚異的能力をもち続けた。土地は一七五〇年時の一・五倍に増えた一八〇〇年時の人口に食糧を供給し、穀物生産高はこの世紀中に約四十三パーセント増加した。おそらく、この生産増の五分の三は高効率化によるものであり、あとの五分の二が耕地面積増によるものであろう（共有地の外では踏み荒されてぬかるみになる所がずいぶんあった）。第四に、囲い込みは、昔からの慣習で耕地および共有地への入場権によっていささかなりとも地の利を得ていた家族たちの、また、それによってやりくり上手に生活を繕っていた貧乏人たちの、家庭経済に致命的打撃を与えた。囲い込みに引き続く農村崩壊の衝撃的ではあるが典型的な例を、レスター州ウィグストン・マグナの、一七六五年に囲い込まれた村に見ることができる。そこでは、囲い込みのはるか以前から、すでに住民間には富の格差が大きくできていた。村民のうち土地を所有する者は十分の三にすぎず、そのうちで五人が各々二百エーカー以上を所有し、三分の二は五十エーカー以下であった。だが、囲い込みから六十年ないし七十年経つうちに、ほとんどすべての小規模土地所有者は消滅していた。下級階層は農村の生産手段の一切の所有権を失い、農業賃労働者ないし枠組み刺繡の縫い手になりはてていた。ウィグストンでは、赤貧が初めて深刻な問題になった。一七五四年に救貧税に費やされた額は九十五ポンドだけだった。その出費は、一八〇二年までに、千七百七十六ポンドになっていた。

ほとんどの観察者は、農村の貧民でも地の利を享受し続ける者はまだ恵まれている、と信じていた。アーサー・ヤングは、未囲い込み地であるリンカーン州アクスホウム島の住民について、開明的な記事を書いた。「私は彼らが大変幸福であると先に述べましたが、次のように私に向かって言う者があったことを記しておくべきでしょう。土地所有者は黒人のように働きながら救貧院の住人ほどもいい暮らしをしてはいない、と。しかし、すべては、土地を所有していることで、埋め合わせがついているのであります。」

囲い込みは長い影を投げかけた。十九世紀への変わり目に、特にイングランド中南部で、財産を失った農村無産者階級を寸評すれば、貧しくなっただけでなくさらに沈下しつつある人たち——地方税納税者の厄介物となり、やみくもに有産階級に対するゲリラ戦に突入していき遂には密猟し、干し草の山に火を放ち、暴動を起こし、放火し、反乱を起こすに到った人たち——となる。ドーセット州、ケンブリッジ州、リンカーン州の財産を失った小屋住み農たちは、北部の工場に追いやられたわけではない。実際、彼らの悲劇は、一部は救貧法によって、一部は絶望によって、身動きできないまま居残ったという事実によって輪をかけられたものであった。しかしながら、十九世紀の貧民は土地を再び所有するという幻想につきまとわれていたのである。

十八世紀初めの四十年間は、社会と経済が均衡を保ち、動揺を招く大きな圧力がなかった。雇用の機会は制限され、結婚は晩婚で、生殖は抑制されていた。人口の増え方は遅く、時には流行病の猛威で人口が減ることもあった。しかしながら、およそ一七四〇年代から、経済が成長をはじめ、人口増の圧力に煽られて、この成長が加速した。経済の拡張は国民生産を増し、そして、「持てる者たち」——農場主、土地所有者、不労所得者、資本家など、小規模工場の親方から富豪に至るまで——は誰もが勢いずく繁栄にのって利益を得られるものと期待できた。こうなったのは、特に、この世紀の初め以来ずっと消費者物価が低く、そして、この世紀の終盤になるまで物価の上昇によって景気が悪くなりはじめるということがなかったためである。

　しかしながら、加速度を増す経済的変化は、大多数の労働者である「持たざる者たち」にとっては、良いことずくめというわけにはいかなかった。人口増は労働契約期間を不安定化した。次第に募る就職競争は、特に農業で、賃金率を削りはじめ、慣習的労働団体組織や制限的慣行を切り崩すことになった。徒弟も親方になれると望みえる旧来の労働者の人生設計が、未熟練未組織労働者が大量に増えてきたことで、次第に疑問視されるようになった。プロレタリアート〔無産労働者階級〕が、そして、ルンペンプロレタリアート〔最下層の無産労働者階級〕が、形成されつつあった。だが、製造業が発展しているところでは、労働力需要が活発であり、賃金は競合せざるをえなかった。経済成長がなければ、イングランドは新たに急増した人口を養いきれなかったであろう。もっとも、その人口のうち、賃金労働者として苦役と貧困の生活を運命づけられる者の割合が次第に増えていくことになるのだが。

6　持つことと愉しむこと

前章では、十八世紀イングランドの経済がいわば研磨的経済であり、国土の表面を擦って数箇所をピカピカに輝かせたことを、論じた。それをデフォーは次のように書いた。

大都市は衰退し、小都市が興隆する。新都市、新宮殿、新邸宅が毎日建設される。大きな河や良好な港が干上がって使いものにならなくなると、ここでも、新しい港が開かれ、小川が河に作り変えられ、小さな河が船の通う港にされ、それまで何もなかったところに港湾が作られる。

しかし、経済的変化と国富増はどのように、そして、どの程度、人々の暮らしぶり、有形所有物、物的環境、生活様式などに、影響を及ぼしたのであろうか。主流をなす展開で目ぼしいものが四つある。まず、福利の発達によって、いかに不平等であったにしろ、多くの人々の生活の水準と質が徐々に改善されていったこと（もっとも、しばしば「持てる者」と「持たざる者」の差を拡げることになりはしたが）。次に、この新しい富の多くが個人の身の回り品に転化され、多くの家庭を最低生活水準から多少は安楽な暮らしができるところまで引き上げつつあったこと。第三に、余分な現金が広く娯楽と享楽に使われたこと。悪銭身につかず的態度が普及し、人々は好んで騒々しく大仰に公然と楽しむのであった（のちに横柄な批評家たちがこれを「平民」文化の特色と見なすことになった)。最後に、娯楽や芸術や文学や文化が、需要の拡大に呼応して、次第に営利本位に組織化されつつあったこと。こうした展開はすべて新たな物質的享楽の展望を切り拓くとともに、その一方で、伝統的文化とエリート文化との関係に深刻な緊張をもたらすことになった。

なにもかもが変わったわけではなく、誰も彼もが得をしたわけでもない。誰かが裕福になったということは誰かが貧しくなったということであった。だが、多くの者にとっては、経済が上昇傾向にあるということは、もっとたくさんのポンド金貨を、あるいはシリング白銅貨を、使えるということであった。もちろん、これがすぐ生活の質に急激な変化をもたらしたわけではない。余剰の収入はたいてい新しい帽子とか、もう一杯の泡立つエールとか、半ダースの牡蠣(当時は安価な軽食で、今ならさしずめポテトチップスといったところ)など、変わりばえしないものの増加につながるだけであった。生活の物質面に関する変化の多くは実に遅々たる歩みだったのである。一八〇〇年の最速交通機関は(向こう見ずにも気球に乗った人間は例外であろうが)一七〇〇年と同じく――あるいは七〇〇年と同じく――依然として馬であった。一八〇〇年、裕福な家の照明は依然としてロウソクであり、あばら屋の照明は燈心草ロウソクと星明かりであった。こうした物が革命的に変化する日は、その他の基礎的物品の場合と同じように、すぐそこまで迫っていた。ガス灯照明、蒸気機関印刷機、それに続く鉄道機関車、馬力路面軌条車、電信装置などが、十九世紀前半を、日常生活と知覚を大胆に変える時代にしたのであった。

「持てる者」と「持たざる者」の生活様式は、基礎的物質の点で、著しくかけ離れていた。そして、その差が縮まることはなかった。住宅を例にとってみよう。驚くほど大多数の都市貧民が相変わらず傾きかけた小屋や地下室に居住し、農村の貧民は、草葺き屋根と芝土と道路を削り取った土などで作られたあばら屋に住んでいた（多くの教区では、救貧法により貧民が住みつくのを妨害するため、小屋を取り壊し、新しい小屋の建築許可を出すことを拒んだ）。「外は泥、内には悲惨」とは、ウォーミンスターに住む貧民の暮らしぶりについてジョン・ビング閣下が下した結論であった。ブリッジノースでは、状況はさらにひどいものであった。人々は崖の表面を抉って作った家で穴居生活を送っていたからである。材木不足と囲い込みのため、多くの人々は火を焚くことすらままならないのであった。バース侯爵の家令トマス・デイヴィスは、

妻と五、六人の子どもを抱えた勤勉な労働者が十から十二フィート平方の、それも床のない、惨めで、じめじめした、陰気な部屋の中で生きることを、というよりは生存することを、余儀なくされていると思うと、人情味ある人は身ぶるいするが、この惨めな部屋より以上に、この悲惨な家族の悲惨な寝台すべてを置く寝室がたった一つしかないことを考えると、人並みの生活をしている人はぞっとするに違いない。

と述べた。都市および田舎の上流階級用住宅の様式は、この世紀中に見分けがつかなくなるくらい変わるということはなかった。都会の邸宅は、凸凹のない正面、煉瓦作りの露台、垂直な線、堂々とした扉、上げ下げ窓、古典様式の回り縁と家具調度品といったものが支配的であった。その他の必需品、例えば飲食物、になると両者の開きは昔とほとんど変わらなかった。貧民の家計の大半は食事に食われた。労働者世帯の収入のおよそ三分の二は飲食物に消え、残りで家賃、燃料費、衣類、靴などを賄うのであった。一八〇〇年の労働者の食事は少なくとも一七〇〇年と同じくらい貧弱かつ単調で、パンとチーズが主流であった。庶民には肉を買う余裕がほとんどなく、買えるにしてもせいぜい脂身のベーコンどまりであった。何

度も淹れ直して飲む粗悪な紅茶が牛乳とビールの代用品になりがちだった（ビールを家庭で醸造することが困難になり、牛を飼える小屋住み農は少なくなった）。しかしながら、ジャガイモの普及によって栄養は改善され、貧乏人でさえ、特に南部では、おいしい食事を――あるいは、ふすま入り黒パンよりは精白小麦粉で作った白パンのほうを好むといったような、流行の食事を――望むようになった（「ライ麦パンや大麦パンは貧しい小屋住み農によってさえ恐怖の目で見られた」とアーサー・ヤングは一七六七年に評した）。社会階級が高くなればなるほど肉を、特に愛国心の発露たるローストビーフを、食べる量が増え、しかも草食動物より肉食動物のほうが断然好まれたのである。裕福な人々の間では、建築の場合と同じく、食習慣がいくらか多様化した。果物や野菜に対する偏見が緩和された。豆類や青野菜が広く供されるようになり、果物の品種が改良された。コーヒー、紅茶、砂糖などの輸入食品がもはや贅沢品とは見なされなくなり、それらを供給する業者の目録には幅広い香辛料、異国の果物、魚がずらりと並んでいた。

しかし、金持ちの食卓に山盛りに並ぶ食事は、依然として、あまり手をかけないものであった。フランス人の料理人は珍しく、また、しばしば軽蔑された。愛国的食事とは腹を一杯にすることであった。「ほとんどのイングランド人が実践する料理法はローストビーフとプラムプディングの域をさして出ないものである」とスウェーデン人旅行者ペイル・カルムは一七四八年に断じた。フランス人アンリ・ミッソンはイングランド人の味覚をからかって言った。「プディングを発明した者に祝福あれ、だ。なぜって、それが全国民の舌にぴったり合うマナ〔神から授けられた食物〕だからさ。〔昔モーゼに率いられてエジプトを脱したイスラエル人たちが〕荒野で授かった、あのマナ以上のマナだね。国民は決して飽きることがないんだからさ。本当に、イングリッシュ・プディングってやつはなんて素晴らしいものだろう。プディングどきに来る、っていうのは、この世でもっとも幸運な瞬間に来る、っていうのと同じ意味なんだよ」。

旺盛な食欲を満足させることが、人を歓待する上で一番大事なことであった。教区牧師ウッドフォードは毎年恒例の行事である十分の一税納入時の晩餐会を、一七八三年に、こう記録した。

私は彼らに正餐として茹でたマトンの片脚、ケーパーの酢漬け、塩漬けした魚を少々、多量のプラムプディング、茹でた兎二羽、見事なサーロインの塊のローストビーフを供した。食後には、大量のワイン、パンチ酒、強いビールを十時まで。今年の集いは大変愉快な集いで、私たちは大変愉快であった——不平不満は何ひとつなかった。本日納入された十分の一税の総額は二百八十六ポンド十五シリング零ペンス。

酒類の消費量は、依然として、あらゆる階級で高いものであった。蒸留酒は（ブランデーでさえ、密輸されたときは）安く、親密な友情を確認する役に立ち、元気と健康のもとになった。レベッカ・フリーランド（一七四一年死去）の墓石には、

彼女はエールをたんと飲みパンチ酒をたんと飲み
ワインを飲んで、九十九歳まで生きた。

と刻まれていた。この世紀の初め、ロンドンでは年に千百二十万ガロンの蒸留酒（成人一人当たり約七ガロン）が飲まれていた。それを売るイン〔宿屋兼居酒屋〕がおよそ二百七軒、タヴァーン〔居酒屋〕が四百四十七軒、エールハウス〔安酒場〕が五千八百七十五軒、ブランデー販売店が八千六百五十九軒がところあった。この世紀半ばの人口が五千であったノーサンプトンにはインが六十軒とエールハウスが百軒あり、

国中を合計すればインとタヴァーンを合わせて約五万軒あった。ジンの大流行によって内臓をやられたのは主に社会の屑たる底辺の人々であったが、金持ちも好んで飲んだのである。一七七四年にロンドン市長が公邸で催した晩餐会では壜にして六百二十六ダースのワインが飲み干された。一七三三年、ロバート・ウォルポールの家ではホワイト・リスボンの銘柄だけで千本以上の壜入りワインを消費した。これだけ喉が渇いたのは、おそらく、彼が重さにして年間千二百ポンドも注文したチョコレートのせいだったであろう。

にもかかわらず、職人から知的専門職に携る人々や農場主に至るまで、暮らし向きのよい人々の間でもっとも顕著に見られるように、消費の形態は変わりつつあった。彼らの財産目録を調査して明らかになったように、彼らは増大しつつあった購買力を、単なる生活必需品を超えた、多岐にわたる商品に注ぎ込んでいた。それができたのは、そうした品物が安くなりつつあったからでもある。諸物価は、一七〇〇年から一七五〇年の間に、全般的に十から十五パーセントほど下落した。砂糖が値下がりし、一六九〇年に二十万ポンドであった消費量が一七六〇年には五百万ポンドになった。紅茶は同じ期間に半額になった。そのうえ、この世紀の初めには、人口増が止まって熟練労働者が労使交渉で強い立場に立つことになったため、実質所得が伸びつつあった。一家族が週十シリングで生きていけたのだが、印刷工とかスピトルフィールズの織絹工といった職人たちは週二ポンドから三ポンド稼いでいた（そして、彼らの家族所得には妻や子どもたちの賃金が上積みされたものであった）。この世紀半ばに、ソウム・ジェニンズは、物質的満足感を助長する物品の享受が増大していく傾向を省察して、こう述べた。「我が首都における、そして実にこの王国の全国各地における、富の増大によって、あらゆる物の消費もまた驚異的に増大し、そして、あらゆる地位や身分の者たちを通じて、暮らし向きが同じく驚異的変化を見せている。」金を遣う機会が増え、社会の全般的傾向がそれを奨励した。信用が緩和し、金利が低下し、そして、銀行預金や共済組合掛金に対する法的保証が欠如していたため、人々は貯えるより遣うほうに気を引かれた。いかなる場合にも、見栄を張り合う衝動が強かった。デフォーは、

今では誰もが、財産の多寡にかかわらず、流行の言い回しを使うと、自分の持ち場で何かをしていなければならず、誰に会っても、初めの挨拶が終わるや、漆喰を塗ってますとか土運びをしてますと言ってくる。建築や造園を控え目に言う言葉である。大広間、蛇行する川、木立ち、が生活の絶対必需品となり、それなしには、資産が一番少ないジェントルマンでも、郷土で恰好がつかないと考えるのである。

いろいろな人々が――熱烈に、あるいは非難がましく――生活水準の向上と期待感との熱に浮かれた追いかけっこ模様について解説した。「彼らの食卓には百年前の裕福な商人たちと同じご馳走が並び、家は立派で装飾が施されている。以前は草葺きであった老朽の切妻壁が、今では煉瓦とタイル張りである。」これは一七七〇年代の地方商店主に関する指摘である。同じような調子で、世紀半ばに、ノッティンガム出身の男が社会階級底辺の生活習慣の洗練ぶりについて解説を記した。

当地の人々は紅茶、コーヒー、ココア、特に紅茶、を欠かすことなく、その飲用はつとに広まって、ジェントリーや裕福な旅行者が紅茶を常用するのみならず、ほとんどすべての縫い子、野菜果物の選別係、糸巻き係に至るまで女子も朝には紅茶を飲む……そして、平凡な洗濯女でさえ紅茶とバターを塗って焼いた白パンなしではちゃんとした朝食をとった気がしないと思うのである。

もちろん、道徳家が下層階級の贅沢を叱ること自体は目新しいことではない――もっとも、攻撃目標がビールから紅茶に変わりはしたが。あの真の「人民の友」リチャード・プライスは、一七七三年に、「下層の人々はあらゆる点で悪いほうに変わってしまった。紅茶、小麦パン、その他は、以前は彼らの知らないご馳走だった*」。

＊ 皮肉なことだが、小麦パンのほうがライ麦パンより健康的であったかも知れない。麦角中毒にかかりにくいからである。

しかしながら、最新の流行を追うことの経済的利益を、そして社会道徳的利益さえをも、正当に評価する人たちもいた。主教バークリーは、「不足の創造は国民の中に勤勉の気風を生みだす誂えむきの方法ではなかろうか」と修辞的疑問を発して、一般の家屋所有者が以前は目上の人間にしか手の届かなかった品物を購入している最近の風潮を是認した。白目製のジョッキや大皿に変わる陶磁製の卓上食器類（おそらくスポード焼きかロイヤル・ダービー焼きであったろう）、木製に変わる金属製のナイフやフォーク、鉄製の暖炉用台架や火格子、クッション敷きの椅子、アクスミンスターやウィルトンの絨緞、台所用レンジ、壁紙、壁架け用額縁入り複製画、最新の優美なシェラトン製家具（骨董品を欲しがる人はいなかった）や真鍮製の装飾品。まぎれもなく豊富に供給される織物に魅惑されて主婦は店に足を運んだ。一七七四年、ある服地屋の店頭には次のような品が並んでいた。

オランダ製ラチネ織り〔目の粗い重い綾織り〕、ダッフル〔厚い毛羽立てた織物〕、フライズ織り〔片面だけを毛羽立てた毛織物〕、ビーバー・コーティング〔純毛を起毛した生地〕、カージー織り、フォレスト・クローズ、ドイツ製サージ〔綾織りの一種〕、ウィルトン織り〔毛織物〕、サガシー、南京木綿、シリジア・キャンブリック〔薄地の亜麻布〕、マンチェスター・ベルベット、絹、絹混毛織り、ダブル・アラピーン、シルク・キャンブレット、バラゴン、ブリュッセル・キャンブレット〔薄地の白い麻布または綿布〕、プリンス・スタッフ、梳毛織緞子、シルク・ニットピース、畝織り絹とガティア、毛羽立て絹、サージ・デソイ、シャルーン織り、そして、アラピーン。

職人の家でさえ設備が整うようになった。一七四四年にコウルチェスターの女子織工が記録した所有物の目録は、以下のようであった。

寝台架二、寝台二、カーテン一組、敷布七、毛布三、ベッド上掛け二、枕四、枕カバー四、長枕二、箪笥二、テーブル三、蓋付き長柄銅製鍋一、小湯沸し釜一、鉄製深鍋一、鉄製薬罐一、箱型加熱アイロン二、鉄製燭台二、鏡一、水差し二、取手付きふいご一、絵十二、ガラス絵三、火箸篩火かき棒炉格子一式、フライパン一、おまる二、鉄製自在鉤一、篭三、土瓶二、洗い桶一、手桶一、深皿二、ガラス瓶九、大皿三、小皿十六、スープ皿九、ティーポット四、受け皿付き茶碗十六、銀の匙二、クォート鍋三、大型旅行鞄一、箒一、白目製計量器（半パイント、一クォート、半クォート）三、鳥籠一、ガロン樽十四、鹿毛の馬一、〔等〕。

人々は家庭用品を単に殖やしただけではなかった。流行が変わり、そして、人々はより軽く、より安楽で、より優雅で、あるいは単により新しい、装備装飾品に投資したのである。建築家ジョン・ウッドはこの春の大掃除を次のように記した。伝統的な——荘重で、くすんだ色で、長持ちする作りで、時代色の目立つ

——室内装飾は廃物にされつつあった。今や、

床は節のない最良の樅板かオランダ産樫板を張り、部屋という部屋は金をかけ見事に羽目板張りされていた。大理石の幅の広い厚板が、そして炉前飾りさえもが、普通になり、扉は一般に厚く堅固になっただけでなく最良の真鍮製錠前を取り付けるようになった。革張りもあれば緞子張りあるいは飾り細工座部もある枯桃材の椅子が、籐や藺草を敷いた椅子に取って代わった。樫材の食卓や整理箪笥が、前者はマホガニー材のものと、後者はマホガニー材あるいは枯桃材のものと、取り換えられた。化粧台には立派な鏡が取り付けられ、素晴らしい暖炉のある部屋ならどこもひとかたならぬ大きさの額入り鏡が付けられないまま放置されることがない。どの暖炉にも備品として真鍮製の炉格子と、それに似合う火箸、火かき棒、シャベルが配備されていた。

設計者ロバート・アダムは、同様の変化に注目して、一七七三年に次の点に人々の注意を喚起した。

著しく改善された点は部屋の形状と使い易さと居心地の良さ……堂々としたエンタブラチュア〔柱頭の上の水平部分〕は、重厚な仕切り天井や〔聖者像を安置するための〕天蓋つき壁龕と同様に、従来この国で知られていたごく僅かな装飾様式の一つであるが、それが今や万遍なく打破され、私たちはそれに代えて優雅な形状、繊細な装飾、上品さと技巧を配した美しい多様な意匠を採用するに到った。実に多彩な天井、フリーズ〔彫刻のある小壁〕、装飾つき片蓋柱を導入し、グロテスク風装飾様式の化粧漆喰と装飾絵画を組み合わせるとともに奇想を凝らした人物像を描いた唐草模様によって、全体に優雅と美を加えたのである。

しかしながら、ほとんど進歩しなかったのが衛生設備であった。上下水道設備はほとんど変化せず、貴族の邸宅を別にすればほとんどの家には風呂が設置されておらず、都会の裏長屋に住む一般大衆は屋外ポンプと屋外便所を共同使用せざるをえなかった。

職人たちの住む家は、粘土に藁を混ぜた壁土と木摺と漆喰（害虫には楽園であった）から、石造りまたは煉瓦造りに変わった。一七八〇年代に、ギルバート・ホワイトは、セルボーンの村々は今やすべてが煉瓦や石造りの小屋をもつようになった、と記した。ジョージ王朝の長屋式住宅は現在に至るまで長持ちしてきているが、一方、それ以前にその地方特有の建材で建てられた家は今はほとんど残っていない。二階と一階に各二部屋で窓は上げ下げ式の分銅つきという規格化された、建築費が下は僅か百五十ポンドからという安い家が、何万軒と建てられ、そして、つつましく暮らす人々が家を建てたり買ったりする手助けをする住宅金融組合がいくつも設立された。人々がこれなら満足できると期待する安楽、清潔、体裁の水準が、あらゆる階級で、高まりつつあった。ドクター・ジョンソンは——彼自身、「清潔な下着など好まない」ことで悪名高い人だったが——

イングランドの人々がシャツを週に一度しか着替えないころのことを思い出すことができた。以前は、いっぱしの商売人は台所だけにしか火を焚かず、居間で暖をとるのは日曜日だけであった。私の父は、リッチフィールドの下級判事であったが、こういう生活をしていた。彼らは、仕事をやめるといったような人生の重大転換時以外には、居間で火を焚きはじめたりしなかった。

暮らし向きが良くなったことに誇りを持ちはじめた反映として、人々は家の中を小ぎれいにするようになった。外国人たちはイングランドの家が——オランダの家を別にすれば——ヨーロッパで一番きれいであると思った。「イングランドの人々が、特に家の洗浄用に、使う水の量は信じがたいほどである」とセザール・ド・ソシュールは一七二〇年代に思った。

彼らは、オランダ人のような、清潔さの奴隷というわけではないが、それでも彼らのこの美徳は顕著である。毎週必ず家という家が手入れよく七日に二度の割で洗浄される。それも、上から下までだ。そして、毎朝のように、ほとんどの家では台所、階段、入口を布やブラシでこすって洗うのである。あらゆる家具が、そして特に台所用具が、この上なく清潔に保たれている。大きな金槌や扉の錠といったものさえ磨きこまれてピカピカに光っている。イングランドでは女も男も大変清潔である。毎日必ず彼らは手、腕、顔、首、喉を冷水で洗う。それも、夏はもとより冬までだ。

ラ・ロシュフコー公爵は、一七八〇年代にイングランドを旅して、同じ意見を述べた。「人々は最大限の労をいとわず清潔の水準を保持している。」

普通の人々が生活必需品ばかりでなく「人並みのもの」や真新しいものをも楽しむ余裕をもつことに、ヨーロッパ大陸から来た訪問者たちは深い印象を受けた。自国の農民階級の中にそうしたことを見慣れていないからであった。例えば、ド・ソシュールは職人たちが——靴磨きでさえ、と彼は信じた——ロンドンのコーヒー・ハウスで新聞を漫然と読みながらブラブラ時を過ごすことに驚嘆した。牧師モリッツは彼が宿泊するロンドンの旅館の女家主がミルトンその他の古典文学作品を読むのを知って、「イングランドの国民的作家たちはあらゆる人々の手にされ、あらゆる人々に読まれている。際限なく版を重ねていることがその十分な証拠である」と記した。年に一度この教養ある未亡人は贅沢をしてチェルシーにあるラネラ遊園を訪れ園内を散歩し上流人士たちと交際するのであった。オックスフォード州の片田舎でもモリッツは田舎の人々の生活水準に同様に感銘を受けた。人々の着ている服が「我が国の田舎の人々〔すなわち、ドイツ人〕の着ている荒織りの仕事着ではなく、どこか趣味のよい、きちんとした立派な服であり、都会人との見分けは服ではつかず、ずっと素朴でつつましい振舞いによってつけるしかない。」マダム・デュ・ボカージュはイングランドの農民について同じことを思った。「彼らは家によい家具を調え、よい服を着、よい食事をしている。もっとも貧しい田舎娘が紅茶を飲み、インド産捺染綿布の胴着を着け、頭には麦藁帽子を被り、肩には真紅の袖なし外套を掛けている。」

教会が轟々たる非難を鳴らそうとも、巷にあふれるピンチベック〔銅と亜鉛の合金で、金の模造品に用いる〕製の消費物資と、それを購う剰余金は、明らかに社会階級の下の方に届こうとしていた。「労働者職工が貴族の猿まねをしようとする」とジョナス・ハンウェイは一七五二年に不満を述べ、ジョン・トラスラーは一七九六年に同じ気むずかしい口調で、「この国が数年にして到達した大変な贅沢度……〔は〕驚嘆に値するばかりでなく、ほとんど考えるだに恐ろしい。今でこそ職工の誰もが所有を目論む道楽の品々は、昔は領地の領主、貴族しか享受できないものであった」と言って嘆いた。

下層階級が上流階級と同じ欲望を表明していたとすれば、それは少なくとも宣伝と販売技術が臆面もなく人々の嫉妬心を促進したからであった。ジョウサイア・ウェッジウッドはロンドンとバースに商品である卓上食器類の陳列室を開き、魅力的な正餐用食器類一式を今すぐ食事できるよう並べて見せた。ウェッジウッドなど流行の操作に長けた者たちは消費者心理の把握力を誇りにしていた。販売促進のためには「流行のほうが価値よりはるかに勝るのであり、そして、大衆に可愛がってもらい注目してもらいたいと願う秘蔵っ子をもっているならあとは適当な名づけ親を選ぶだけでよいことは枚挙に遑がない明白なことである」とウェッジウッドは考えた。彼は、新古典主義的意匠を基礎にし、新たに発見された〔ヴェスヴィウス山の噴火で埋没した古代都市〕ヘルクラネウムの発掘品を模造した、彼の製作によるエトルリア焼を宣伝販売することによって、教養欲——俗物根性とも言えよう——を刺激したのである。

多数の商品が、そして、それとともに所有することの歓びが、果てしなく宣伝された。新聞が、雑誌が、最新の流行を詳しく語り、人々は茶を飲みながらそれを話題にした。洒落者は人前で流行の服や装身具を身に着けて見せびらかした（未だ着飾ることが見栄を張ることになる社会であった）。流行意識の強い旅行者たちは豪壮な邸宅を訪れては熱心に最新の特色ある意匠を飾り棚、織地、壁紙に見つけて採点した（壁紙は一七一三年に十九万七千ヤード、一七八五年には二百十万ヤード、売れた）。

世間体を大いに気にし評判を大いに気にするこの社会で、誰が「人に負けまい」「遅れまい」としないでいられただろう。上を見てまねをしなければ、という圧迫感が大きく人々にのしかかっていた。一七九五年、提督ジョン・ビングは次のように思い出を語った。

思い出しますな、ベドフォード州でね、弟の小作人の老人でしたが、一年中同じ色の荒い織り地の服を着て、革紐で靴を結んでましたっけ。その跡取り息子が、私が訪ねていきますと、九年ほど前のある朝のことでしたが、女中に命じて「黒い封印つき」のブドウ酒を一本持って来させて、グラスに注ぎながら言うんですよ、「どうぞ、大佐、たぶんセント・ジェイムズ宮殿でお飲みになったものに負けない美味なクラレット酒ですよ」と。

道徳家たちは安逸を求める「軟弱な」衝動がいかに国民の性根を弱体化しつつあるかを嘆きはしたが、商業にとってみればそれは広範な市場を刺激することによって取引の車輪を活発に回転させるものとなった。こうした動きの中で、裕福な者たちは結託した。ジェントルマンやその夫人たちは奉公人に流行の服を着せたがり、奉公人は古くなって脱ぎ捨てられた衣類を貰えるものと期待した。ディーン・タッカーは、いくぶん誇張して、こう書いた。

> あらゆる年齢身分の女性が今は毛織りの衣類をほとんど用いることがない、例外は最上の生地製のもので、最上の羊毛、絹、綿、リネンを使いそれらを実に様々に組み合わせたものは……上は公式接見会での公爵夫人から下は台所の下働き女中まで、今やほとんど誰もが着るご時勢である。

そのうえ、都会の流行が地方に吸い込まれていった。田舎は、その多くが、伝統的に、孤立し流行の主流からとり残された地域であった。例えばコベットは彼の幼年期一七六〇年代のサリー州を次のように描写した。

> 政治について言えば、私たちはイングランドの他所（よそ）の地域の田舎の人々と同じようであった。つまり、そのことについて何も知りもしなければ考えもしなかったということである。勝利の叫びや敗北の囁きが時折束の間私たちの静寂を破ることはあったが、しかし、家の中で新聞を見たという記憶がないし、新聞がないからといって……それだけ不自由、不幸、無精になったかというと、そういうことは決してなかった。

しかし、地方全般は、新聞や有料道路に、とりわけ「田舎臭い」心象をふるい落したい衝動に、拍車をかけられて、事態を一変したいと欲していた。

地方都市はロンドン風を気取った。交通の便が良くなったため、ロンドンの流行が迅速に地方に伝わるようになり、その結果、垢抜けた人間の目には滑稽に映ることも生じた。「最新の流行が週ごとに駅馬車でもたらされる所では」と一七五六年に『コノサー〔鑑定家〕』誌は、そうした地方を茶化して、面白がった、

> 群を抜く商人たちの女房や娘は誰もが毎週日曜日になると優雅な服を着こんで互いに張り合う。そこでは、町で一番上流人士が集まる教会でと同じ上品な儀式のすべてが繰りひろげられる。ご婦人連中は入場した途端に扇子の軸棒ごしに敬虔な射禱を吐き出し、付き添う男たちは誠に厳粛に帽子の裏地リボンに糊付けされた小間物商の請求書に向かい〔深々と礼をして〕挨拶を述べるのである。

地方都市は遊園にラネラ遊園とかヴォクソール遊園という名をつけ、劇場にドルーリー・レイン劇場という名をつけた。ジョン・ウッド（父）はバースの庭園を公然と「ロンドン近郊ハイドパーク内ザ・リングをまねて」設計した。都市の住民は、ヘンデルがロンドンとダブリンで聖譚曲を奏し大成功を収めると、彼を地方の音楽生活の主要人物にした。エディンバラ、バース、チェルトナム、ブリストルの諸都市はいずれも模範的新都市を建設し、地方の様式や土地特有の資材を放棄して、国際的古典主義を振興した。世紀当初からピーターバラやボストンといった市場町には読書協会やジェントルマンズ・クラブが設立され、『スペクテイター』を吸収していった。地方の上流階級は地元の方言を使わずロンドンの常套語句、隠語、

会話体を好んで用いた。いつも目は首都に向けられていた。一八〇一年の『ブリストル・ガイド』は「当地で上演される演劇はロンドンでの上演に（まず）ほとんど引けをとらない」と宣したし、バース改悛売春婦矯正院でさえロンドンのそれを手本とすることを誇りとする、子分的存在であった。

粋な店——種屋、鉄砲鍛冶、高級書店——が現れた。「意外だったなあ」と一七八一年にウェスト・ライディングを訪れたトマス・トワイニングは驚嘆の声を発した。「ハリファックスくんだりでイングランド有数の素晴らしい製本屋にして貴重な書物版画を所蔵する本屋（エドワーズ氏）に出会うとはね。」地方の人々は、ロンドンを横目に見ながら、貸し出し図書館、劇場、演奏会開催期、会費制舞踏会、コーヒー・ハウス、音楽協会、舞踏会場、フリーメイソンの集会場などを作り、最上流の人々は慈善家面をして慈善事業、病院、診療所を運営した。とりわけ、貧民窟を隠蔽し下水の悪臭を遮断したことで、都会の風景は公共施設や文化施設を備えて見栄えがよくなった。広場や遊歩道、橋、舗装され照明のついた道路、水道水、遊園、新市街図。優美豪華な邸宅が碁盤目に伸びる様子は言うまでもない。

こうしたものが数多く作られ誇示されたことで地方に新たな活気が生まれた。一七六一年、あの要求過大なホレース・ウォルポールでさえ、キングズ・リンに住む人々の様子を見て感銘を受けた。「彼らの言葉遣いは、私がそこに住んだとき〔一七四一年〕以来、今や大変洗練されている。これは、彼らが町の外の世界や首都と繁く往来するようになった結果であろう。それができるようになったのは道路が整備され四輪駅馬車が通うようになったお蔭である。この二つは、国土を縮めることになったにせよ、少なくとも国民を従順にすることにもなった。」対照的に、ジョン・ビングは無垢の堕落を物語った。「有料道路の建設によって国が良くなったというが、変わったのは悪徳と傲慢だけだ。通りで出会う乳しぼり女たちはストランド街〔ロンドンの繁華街〕の売春婦どもと同じ服を着け同じ顔つきをしとる」と彼は激しく非難した。

ジョージ王朝の社会は、次第に各種各様の物財が今や幅広く社会各層の懐に転がりこんでいきつつあることが、自慢であった。財産目録を開けば、普通の人のものでさえ、多大な品目が挙がってくる。鋏、鞴、版画、旅行鞄、置時計、炉格子、鍋、銅製薬罐、馬具類、火花よけ衝立、小間物、玩具、鏡。こうした所有物の多くは、スチュアート朝の実に多くの小家屋に備えられていた基本的必需品——腰掛け台、料理用鍋、水盤——の域を超えていた。今や人々は、家族用遊戯道具から雑誌に至るまで、流行や娯楽の品々をはるかに多く入手できるようになった。一七五〇年代に、トマス・ターナーというサセックス州の食料雑貨商人は家に科学的玩具を持ち帰ろうとしていた。「私はモダーン・マイクロコズム〔現代の小宇宙〕を妹のサリーと兄嫁に見せて愉しませてやりました。これはちょっとした珍しい見ものだと思います。なにしろ、太陽系全体が、天球を回るのと同じ具合に、ぜんまい仕掛けで動くのが見れるんですから。」棚には、頑丈な作りの愛蔵版聖書と並んで今や安っぽい小説、新聞、流行服飾見本帳が置かれるようになった。衝動買いが増え、短命な商品が増えた。

工業製品は、ヴィクトリア朝になって規格大量生産されるようになったが、このころは未だほとんどがそうはなっていなかった。一人一人の職人の腕が幅を利かせていた。また、ヴィクトリア朝になると大量生産と感傷によって家具やガラクタ家庭用品が家庭内に散乱するようになり所有物によって人間の身の置きどころがなくなるという事態になったが、このころは未だそういった人間の矮小化は生じていなかった。ジョージ王朝の人々は趣味としてすっきりとした線、簡素、やたらに物がない状態を未だ好みとしていた。なるほど物財はジョージ王朝の人々を魅了してはいた。豪邸や立派な工場を見て回り、機械装置を視察し、顕微鏡を覗き、博物館や美術館を巡り、旅行し、骨董品を蒐集するのが、好きだった。だが、彼らは機動力ももち合わせ、金で手に入る行動の自由を大事にし、戸外に出て動き回ることを楽しみもした。「ホーム・スウィート・ホーム〔楽しい我が家〕」というのは基本的に十九世紀の感傷であった。

ジョージ王朝の社会生活は戸外に強く引かれる傾向があった。取引が行われたのは中庭、正面を開いた仕事場、世間を見晴らす仮小屋であった。この当時の人々が戸外で、公共の場で、商売し、政治を論じ、娯楽に興じた程度は、今日のイギリスにおけるよりずっと大きかった。彼らが花売り娘、パイ売り、（水で薄めた牛乳を売る）乳絞り女、早口の大道商人や流行歌売り、露天商、街娼、街頭呼び売り商人、宿なしのごろつきたちで雑踏する街をいつもうろつき回っていた様子を、彼らの手紙や日記が記録している。家の中より外のほうが興味を引くものが多かったのである。遊び好きの人間に幸あれ、であった。孤独な人々は気の毒がられ、陰鬱、憂鬱、田舎者と診断された。社交性が人々を結びつけ、身体精神の諸機能を活気づけ、とげとげしさを払い落した。チャリング・クロスに行けば人生の満潮を満喫できると考えたあのドクター・ジョンソンは微塵の疑いもなく言った。「人生まことの至福は居酒屋にあり」と。

この公共の場は次第に世俗化しつつあった。社会生活の中でかつては圧倒的優位にあった教会の地位が徐々に侵食されつつあった。それまでは、数ある福祉施設の中で、教会だけが絵画、書物、学問を有する場であった。新しい情報を得たり、討論したり、社会行動を起こしたりする（そこには武器が貯蔵されていた）主要な公共広場であった。教区主管者代理は薬草治療を施し、文字を教えたし、教師を務めていたのは一般に聖職者であった。

十八世紀になっても、教会はこうした幅広い役割を、おそらくは特にかなり限られた非国教徒やカトリック教徒の会衆のために、果たし続けていた。イングランド人はためになる説教を享受し続けていた。しかし、教会は教会に取って代わる競争相手に直面していた。宗教的多元性と宗教的寛容とは、いかなる崇拝の場も単一では共同体全体を一つにまとめることができはしない、ということを意味した。人々は、宗教に無関心になるにつれて、それ以外のところに目を向けた。私立の、特定宗派に属さない、聖職に就いていない人間が経営する、学校ができてきた。数百にのぼる共同体が、小さな村においてさえ、独自の非宗教的図書クラブを設立し、年に一ないし二ギニーの会費を払った者たちが数十巻の書物に親しめる体制を整えた。私立図書館が、一七六八年リヴァプールに、一七七一年シェフィールドに、一七七五年ハルに、一七七九年バーミンガムに、創設された。イングランド人は文化面では依然として信仰心の厚い人々であった。宗教音楽の人気がその証拠となる。だが、これが崇拝と切り離されつつあった。ヘンデルが聖書に基づいて作曲した聖譚曲は屢々にして、教会でではなく、音楽会で礼拝の目的なしに演奏された。「メサイア」はロンドンの捨て子養育院での基金募集行事で歌われた。

教会は、集会場としても、競争相手に直面した。教会でエールを飲むことに下級判事たちが難色を示したため、教会は陽気な集いの場としての中心的役割を失った。コーヒー・ハウスが栄え、一七〇〇年までにロンドンに二千以上が開店していた。ゴールドスミスは、仕返しの意味で皮肉をこめて、聖職者がコーヒー・ハウスの片隅でくつろぎながら説教の原稿を書く様子を描写した。医者は診察にコーヒー・ハウスを使った。アディソンは『スペクテイター』の論説をバトンのコーヒー・ハウスから書き送った。中には教育を目標とするところさえあった――ウィリアム・ホガースの父はそのような店を構え話し言葉をラテン語に限った。しかし当店不人気而不可繁盛であった。清教徒の礼拝所が十七世紀の自由の砦であったとするなら、十八世紀までにコーヒー・ハウスが、そこで公然と政治討論が行われたがゆえに、――プレヴォウの言葉を借りれば――「イングランドの自由の座」となっていた。教会とは違い、コーヒー・ハウスはあらゆる宗派に門戸を開いていた（もっとも、ほとんどの店が女性を立入禁止にしてはいたが）。

快楽の追求がそれまで以上に尊敬に値することになった。放縦を禁ずるカルヴィン主義の禁忌が脱ぎ捨てられた（クロムウェル派の清教徒は興ざましの突撃隊員として戯画化された）。十七世紀の父親であればその多くが、チェスターフィールド卿のように、息子に向かって「今は快楽がお前の仕事であり、仕事であるべきだ」などと勧めたりはしなかったであろう。旅行は、かつては、商用のためでないときには、宗教的巡礼の旅のように神聖なものとされるか、損なわれた健康を回復するための運動用の旅として治療に役立つものとされていた。それが今は人々が次第に物見遊山そのものを目的の旅に出るようになってきた。道路、宿、駅馬車が整備されて旅が快適になったことも、その理由の一部である。バース――「病人よりは健丈人の保養地」とデフォーが呼んだ――は、優雅さの指標となり、一七〇〇年に二千であった人口が一八〇〇年までに飛躍的に三万四千まで伸びて、イギリスの上位十都市に参入した。薬効があるから「そこの水を服用する」というのは口実で、実際はそこは休暇を過ごすための安息の地であった。訪問客たちは群れ集まってブラブラ時間を過ごし、極上の逸品をもの欲しげに見、娘たちの競争相手のあらを捜し、そして、なによりも、賭博をして遊んだ。バースは、王制復興期のタンブリッジ・ウェルズ〔ケント州南西部の都市で鉱泉保養地〕と違って、性的放蕩の温床とはならなかったが、それは、おそらく、礼儀作法の規範を定めたボー・ナッシュがバースの名声を保つことに留意したから――そして〔胴元として〕賭博の寺銭を取ったから――であろう。実際、バースは退屈と思われるほど上品に組織されていた。「前の日にしなかったことで次の日にできることは唯ひとつ、死ぬこと」とエリザベス・モンタギューは率直に述べた――もっとも、メソディスト派のチャールズ・ウェスリーは立場上この都市を「悪魔の司令部」と非難したのだが。バースは、順次、国中で模倣されていった。モルヴァーン・ウェルズ、チェルトナム、バクストン、ハロゲイト、スカーバラのいずれもが、さほど垢抜けない人々に、うっとりする魅力を垣間見せるのであった。いつもながら気むずかしいジョン・ビングはチェルトナムについて「ここにいるのは相も変わらぬ典型的一団だ。夫を欲しがる未亡人たち、健康を欲しがる老人たち、そして、つれあいを欲しがる未婚の女たち」と不平がましく言った。

駅馬車の旅も、巡礼の世俗版として、流行するようになった（徒歩旅行で過ごす休暇、というのはロマン主義時代の発見であった）。国外では、グランド・ツアーの旅行者たちは歴史と文化と文明の華麗な博物館たるフランスとイタリアに押し寄せた。国内では、ピーク・ディストリクト〔ダービー州北部の連峰地方〕が荘厳な自然を愛する気持を新たに育んだが、やがてレイク・ディストリクト〔湖水地方〕やウェールズの山岳地方が競争相手として肩を並べることになった。旅行は、ジョージ王朝のその他の歓楽と同じように、広く社会各層の娯楽となっていった。ドクター・ジョンソンは、ストラトフォードに向かう道を順調に進みながら、「人生、旅に勝る喜びはそう多くない」とボズウェルに告げた。そして、「美しいご婦人を連れて颯爽とした四輪駅馬車の旅をして」人生を送るのが夢である、と打ち明けた。

旅行は、駅馬車が車輪にスプリング、座席にクッションを取り付け、楽になったこともあって、いよいよ快適になった。軽装二輪馬車は、賃借しようとすればできたが、自家用を持つことがイングランド人の夢であった（皇太子ジョージの摂政時代には、威勢のいい若者たちが、馬の時代のスポーツカーにあたるフェートン〔二頭立て折りたたみ式幌つき四輪馬車〕を大衆化した）。「馬小屋に関してはあらゆる点で」とアーサー・ヤングは解説した、

> イングランド人はフランス人を優に凌駕している。馬、馬丁、馬具、馬車の取り替え、どれをとってもだ。〔フランスの〕地方では前世紀の遺物であることが明白なカブリオレイ〔一頭立て二輪折りたたみ式幌つき馬車〕が見られるが、イングランド人なら、どんなに財産が乏しかろうと、四十年も前に流行った馬車に乗って

いるところを見られたいとは思わない。新しい馬車が持てないくらいなら、足で歩くだろう。パリには完璧な馬車がない、というのは本当ではない。乗り物、馬、馬具、一点非の打ちどころない供回り、私は沢山見てきた。しかし、その数がロンドンで見られる数に大分劣ることは確実である。イングランドの馬、馬丁、自家用四輪馬車がこの数年〔フランスに〕大量に輸入されてきている。

海辺の休暇、というものが発明された。海水には身体を健康にする効能がある、と最初に規定したのはブライトンの医師ラッセルであった。彼は健康のために海水を飲むよう指示した。その後、海水に浴することが治療によいと力説されたが、間もなく海水浴そのものが娯楽として受け入れられるようになった。ジョージ三世はウェイマスに行くのを好み、そこで人々から会釈を受けるのを大いに好んだ。対照的に、ジョン・ビングはその地の俗悪な気取りを大いに嫌った。

> 砂浜が、水浴にうってつけの砂浜であるため、まず近隣の人々が誘われて来ることになり、それ以来、それが慣習となって、またグロスター公爵が家を建てたことによって、軽薄放埒な輩の保養地となり、アイルランドの伊達男、痛風病みの貴族、気取った商店主どもが入り混って愚行やら上品ぶった行儀作法やらを繰り広げる。

摂政の宮〔皇太子、後のジョージ四世〕はブライトンを大衆化し、そこにパビリオンを建て、友人たちと競争で海岸沿いに軽装四輪遊覧馬車を走らせた。ロンドンの人々はマーゲイト〔ケント州北東部の海辺保養地〕に、北部の人々はスカーバラに、押し寄せた。「人が見たらイングランド人はアヒルかと思うだろう。いつもよたよた海に向かって進んでいく」とホレース・ウォルポールは述べた。保養地では、商売の手を広げる好機を逸がすことなく、ホテル（もっとも、ほとんどの人はロッジ〔貸間〕に泊ったのだが）や駅馬車業から土産物店、海水浴用移動式更衣所、それに付随する「海水浴補助員」に至るまで、さまざまなものを商った。ジェントリーの下の階級でも、休暇を楽しむ余裕のある者はほとんどが友人親戚を連れて滞在した。ロンドンでもさほど裕福でない人々は日曜日になるとブラブラ歩いてピクニックに出かけた。行き先はバグニッグ・ウェルズ、サドラーズ・ウェルズ、あるいはホックリー・イン・ザ・ホウルといった所で、そこに行けば観賞用庭園、池、釣り、クリームティー〔ジャムまたはクリームをのせたパンケーキで楽しむ午後四時の紅茶〕、胃腸浄化用鉱泉水、時には熊いじめといった娯楽、を愉しむことができた。都市の貧民は、やはり都市の外に出て行ったが、行き先は穀物の収穫やホップ摘みといった仕事であった。

ホリデイ〔休暇〕は、かくして、とうとう「ホウリー・デイ〔聖なる日〕」ではなくなろうとしていた。仕事から離れて、宗教活動に費やされる時間は減りつつあり、単なる遊興に費やされる時間が増えつつあった。ジョージ王朝時代の経験でもう一つ大きく変化したことは、以前なら大金持ちが自分だけこっそり独占していた多様な形態の娯楽が、金を払えば誰にも利用でき入手できるようになりつつあったことである。マダム・ローランが述べたように、「誰でも、身分職業に拘わりなく、ここではひとかどの人物と見なされるのであり、一握りの金持ちだけが国民ということにはならないのは、明らかです」。

チューダー朝およびスチュアート朝の世紀には、その大部分の期間、詩、音楽、演劇を引きつける中心となったのは宮廷と、それらを後援する数人の貴族であった。貴族は弦楽奏団なり役者の一座なりを支援したり、あるいは宮廷道化師を自分で抱えることさえしていたものであった。王制復興期の廷臣は自分で戯曲を書いたり演じたりしていた。芸術家や芸人、思想家や詩人たちは、必然的に後援者の歓待精神に取り入ることを目標とした——他に支援してくれる人がいないのだから仕方がない。ホッブズやロックといった偉大な哲学者は奉公学者として良家の子弟の家庭教師を務めた。ドライデンは桂冠詩人かつ王室史料編纂官としてクラウン貨幣で年二百ポンドの年金を受けていた。

しかし、これが変わった。市場要因——豊かさ、余暇、急成長の書籍業——が整ったため高尚な文化が、大衆にとはいかぬまでも、少なくとも多くの人々の、入手しうるところとなった。ジェントルマン階級の不動産所有者ならずとも観賞用庭園をそぞろ歩くことができるようになった。ウェストミンスターの橋向こう間近にあるヴォクソールや、チェルシーにあるラネラといった遊園が、ロンドンの人々に少額の料金で遊園地を利用できるようにしたからである。今や所有せずとも絵画を観賞しうるようになった。公開美術展が——ホガースが自作を展示したロンドンの捨て子養育園で、そして、一七六八年からは英国王立美術院によって——開催されたからである。民間の営利を目的とする画廊がロンドンではこの世紀の後半までに一般的なものになっていた（もっとも、国はほとんど関与していなかった。ナショナル・ギャラリーの創設は十九世紀以降となる）。巨匠の版画の廉価版がそちこちに続々と開店した版画販売店で飛ぶように売れた。

昔は鑑定家のために留保されていたものが大衆化されるに至るまでには多くの段階と次元を経る必要があった。例えば、十七世紀には、古代の遺物や博物学の蒐集品は個人所有が典型的であったが、その所有者は紹介状をこれみよがしに示すえり抜きの訪問者には蒐集品を見せびらかしていた。一七五九年までには大英博物館が、サー・ハンス・スロウンの遺贈により、ヨーロッパ初の公有の入場無料博物館として、公開されていた。この世紀後半になると、ロンドンでも地方でも、私営博物館が営利事業として門戸を開くことになった。レスター・スクウェアーにあったサー・アシュトン・リーヴァーの博物館は一七七五年から一七八四年の間に一万三千ポンドの入場料収入を上げた。同様に、イングランドの豪邸は、もちろん、私用の住居であったが、それが自慢の所有者たちは家屋敷を部外者を含む訪問客に開放した。中には訪問客に紅茶、版画、案内書、土産品を売る者もいた。アーサー・ヤングは、ウェントワースで、レイディー・ストラフォードが彼に部屋をよく見せてやるため親切にも別室に引き下がるのを見た。

詩、音楽、劇を余人を排して楽しむ習慣はもちろん続いていた。リッチモンド公爵は非公開で演劇を上演することで有名であったし、多くの上流家庭――例えばジェイン・オースティンの家庭――でも劇を上演していた。劇の台本はベストセラーになった。だが、舞台芸術は定着した公共劇場を発達させた――この変化は、芸術の陳列室および促成栽培室としての宮廷が衰退したことによって加速された。チャールズ二世は芸術の擁護者であったし、王制復興期の多くの才人――ウィッチェリー、セドリー、エセリッジ、ロチェスター、ヴァンブラ――は宮廷の侍従であった。王制復興期の宮廷文化は内輪の、革新的な、きわどいものであった。宮廷芸術は活発な芸術であった。しかし、ハノーヴァー朝初期になると、宮廷人の趣味は落ち着いたものになった。歴代のジョージ王は庭園を愛し高級絵画の蒐集を増進したが、しかし、文学の後援者ではおよそなかった。初代と第二代のジョージ王は愚昧公一世と愚昧公二世の名で知れわたっていた。ジョージ三世の文学趣味も冴えないものであった。彼は（狂ったとき『リア王』を読みはしたが）シェイクスピアが好きではなかった。しかし、ベンジャミン・ウェストには六十四幅の絵の代金として気前よく三万四千ポンドも支払った。ハノーヴァー朝の宮廷服は流行遅れであった。それゆえ、芸術の新機軸や前衛趣味で最先端をゆくのは、宮廷ではなく、大衆のほうになった。それを暗示するように、人気を博した流行の型は、君主にちなむのではなく、意匠図案を考えだす人たち――シェラトン、ヘプルホワイト、チッペンデイル、アダム――にちなんで名づけられた。いずれにしろ、ブルボン王朝の君主たちがヴェルサイユ宮殿からアカデミー・フランセーズなどの機関を通じて芸術や知的生活に指図を送ったようなことを、イングランドの国王は決してしなかったのである。

では、文化が世俗化し、その焦点が宮廷から大衆に移っていったことは、どのような意味あいをもつのであろうか。ある方面では、それは嗜好や様式が変わる暗示となった。王制復興期演劇の大胆な機智、私事へのさりげない言及、仲間うちの冗談などは十八世紀の商業演劇には不適当であった。ジョージ王朝ロンドンの劇場は巨大であった。一七九四年時のドルーリー・レイン劇場は三千六百十一人の観客を収容したし、ノリッジの劇場でさえ千以上の座席を擁していた。人気劇作家——シバー、ゴールドスミス、コウルマン、リロウ——たちは教養が中程度の雑多な観客向けに書かなければならなかったし、評判をえた彼らの作品は単純で道徳的で感傷的な筋立てにパントマイムや茶番的面白さや演芸を配したものであった。金を払うのだから注文ぐらいつけさせろという気構えでいる新しい観客層は、大体が中流階級の、並みの教養の持ち主たちであった。そういう客を喜ばせるために、演劇は、王制復興期のフランス風の上品で粋な趣味、巧妙な性的暗示や不敬な台詞や皮肉な言葉をかなぐり捨てた(アディソンは「演劇の猥褻さ」を嘆かわしく思った)。諷刺は軽い滑稽な喜劇に道を譲り、感傷が皮肉に取って代わった。道徳と幸福な結末が求められた。いかにもイングランド的な雑種のミュージカルコメディーが生まれ、ジョージ・コウルマンの『亭主と女房』『商売人』『十代の娘』といった作品に花開いた——軽快な家庭劇で律動的な軽音楽を伴うものであった。そして、例えばジョージ・リロウが自堕落な女に唆されて人を殺す破目に陥る徒弟をホガース風の道徳悲劇に仕立てた『ジョージ・バーンウェル』など、中産階級市民の生活の一切合財を盛り込んだメロドラマが舞台にのせられた。レイディー・メアリー・ワートリー・モンタギューが不平をならしたように、「当代の主人公は男も女も靴直し屋とか台所働きの下女ばかり」であった。新興の小説は、心理的写実主義により貞潔と感傷を描いて、中産階級の心の琴線に触れた。

芸術や娯楽を提供する者たちは以前より広い客層の興味を引かなければならないことに気がついた。この通俗化を蔑みの目で見る者たちがいた。ギボンは世紀半ばのロンドンについて、「都市に暮らす喜び、毎日居酒屋から劇場へ、劇場からコーヒー・ハウスへ、コーヒー・ハウスから**へ巡り歩く喜びは、健康と金と遊び仲間に頓着しない人間なら誰の手にも届くところにある」と評言した。一方、誰でも自由に参加できるものと見なした首都の文化に熱中する者たちもいた。カザノヴァは「ロンドンでは、金をもちそれを遣うことを恐れない者にとっては、何でも楽に手に入る」と述べた。

たしかに、ロンドンの人々は新たな機会を熱心に飽くことなく利用した。一万二千人もの文化に飢えた人々が一人二シリング六ペンスを払ってヴォクソールでのヘンデル作曲「花火の音楽」の試演会を聞きに行った。入場券予約制演奏会はロンドンで、音楽祭は地方で、率先して開催された（三聖歌隊音楽祭の開催は一七二四年に遡る）。高尚な趣味を持たない人々には、少なくとも六十四の遊園がロンドンにあり、少額の入園料を払えば誰でも家族連れでそこへ行き、午後の紅茶とともに軽食をとり、音楽を聴き、流行の服をひけらかして漫歩する伊達男たちを眺め、あるいは、逢引を楽しむことができた。バーソロミューの市といった伝統的な乱脈きわまる祭りと並んで、数十もの新たな娯楽がロンドンその他で入場料を取って開かれることになった。プロボクシング、仮装舞踏会、蠟人形館、幻灯機ショー、闘鶏、パノラマ館、曲馬場、操り人形劇、などなど。そして、いってみればこの文化の一部を家に持ち帰ることが次第に容易になった。一七三〇年からウォルシュは多声合唱音楽の楽譜を安価で大量に発行していた。ファッションプレート〔最新流行服の服装図〕、人形、また、『ロンドンとパリのファッション』とか『ファッションの展示館』といった雑誌が売り出され、人々はパリの最新流行服を自分用に仕立ててもらえるようになった。また、ジョン・ウッドの『小住宅設計図双書』といった図案本が住宅設計の流行を大衆化した。その気になれば家を大量生産のアダム調既成品――襞縁飾りの垂れ布、飾り額、麦の穂状露玉飾り、花綵、渦形装飾――で飾ることもできた。このようにさまざまな方法で、「大衆」を文化の競技場と見なす考え方が現実化されたのである。

芸術の催しを金を払うことのできるすべての人々に開放したため、実にさまざまな人々がつめかけることになった。入場料は身分の上下を消滅させる偉大な装置であった。（巾着切りたちの歓喜の場であった）仮装舞踏音楽会あるいは競漕会で小市民が貴族と親しく交際する様子を見て外国人たちは驚嘆した。実際、人々は難なく親しい交際をした。イギリス人は相手が目上の者だからといって引け目を感じる必要はないのだと知っていたからである。一方、血気盛んな若者はボクシングとか牛いじめといった血を見るいかがわしい娯楽場への出入りを楽しんだ。こうした上下の親しい交わりに外国人たちはびっくりしたのである。ルイス・シモンドは、イングランドの駅馬車には「あらゆる身分の老若男女が詰め込まれている」と記した。牧師モリッツはセント・ジェイムズ・パークのどこが特異であるか自問してみた。「それは、驚くほど種々雑多な人々が集まる点だ。」セザール・ド・ソシュールは同じ疑問をクリケットに向けてみて、次のように自答した。「普通の人々も、高い身分の人々も、誰もが選手になる。」あらゆる種類の人々がラネラ遊園の丸天井の円形遊戯館に出掛けた――「中に一歩入れば必ず皇太子かカンバーランド公爵かと見まごう人物の足を踏みつけることになる」とホレース・ウォルポールはからかい半分の不平を言った。「そこに集まる一団の人々は上から下まで網羅している。グラフトン公爵から果ては捨て子養育院の子どもたちまで――レイディー・タウンゼンドから仔猫まで。」

バースには、痛風を患う貴族はもとより、新興資産家も（そして新零落貧乏人も、失った身代を取り戻そうと目論んで）集まってきた。スモレットはこう列挙した。

東インドから地方の村を荒らし回った略奪品を山と積んで戻った事務員や代理業者。我がアメリカ植民地から自分でもどうやって金持ちになったのか分からないでやってきた植民者、黒人奴隷監視人、小売商人。相次ぐ二度の戦争で国民の血を吸って丸々と太った周旋屋、兵站将校、請負業者。あらゆる種類の高利貸し、仲買人、株取引業者。生まれ卑しく教養もない輩が気がつけば一躍裕福な身分に様変わり、という前代未聞の数々。

バースでは、式部官ボー・ナッシュが定めた礼式規則によって、到着次第、あらゆる階級の人間が同じように振舞わなければならない決まりになっていた。何人(なんぴと)も剣を身に着けてはならず、誰もが、貴族の優先権など無視して、きちんと順番どおりメヌエットを踊ることになっていた。

商業が文化への関与を増すにつれて、無数の新事業が儲けを見込んで出現した。拡大する読書界に先鞭をつける事業もあった。外国人たちは広く各層のイングランド人が示す読書熱や教育熱に感銘を受けた。牧師モリッツがダービー州で偶然出会った馬具製造人は開口一番ホメーロスとヴェルギリウスについて話しはじめた。「おまけに彼はこの二人の詩人から数行引用したんですよ。オックスフォード大学の文学博士か修士にしかできない芸当だとばかり思ってましたが」(モリッツはオックスフォードを訪れて間もなかった)。彼は注釈を加えてこう言った。「〔ドイツでは〕少数の中産階級の人々を除けば学者以外ほとんど誰もドイツ人作家の作品を読んだりしません。ところがイングランドでは普通の人々がイングランドの作家の作品を読むのです。それは、特に、彼らの作品が版を重ねているその数で知れるというものです。」

この印刷物への渇望を癒すべく、新聞が市場にどっとなだれ込んできた。一七九〇年までにロンドンには十四の朝刊紙ができていた。一七八八年にはロンドンに最初の夕刊紙が現れた。そして、一七九九年には最初の日曜新聞が現れた――「およそ読書人であれば誰でも、日曜新聞を読む」とサウジーは一八一二年に大袈裟に言った。

一七〇〇年までは、すべての新聞がロンドンで印刷され、地方には駅馬車で運ばれていた。しかし、地方新聞が間もなく中央新聞を補足することになった。一七〇一年には『ノリッジ・ポスト』が、一七〇二年には『ブリストル・ポストボーイ』が創刊され、そして、この世紀が終わらぬうちにほとんどすべての地方がその地方独自の新聞を有するようになった。地方新聞は、一七〇〇年には週に五万部売れたのが、一七六〇年には週に二十万部と売れゆきを伸ばし、売上高は一八〇〇年までに倍増した。一七六〇年までには三十五の地方新聞が営業をしており、一部およそ一・五ペンスで売っていた。『ソールズベリ・ジャーナル』など上首尾の地方新聞は週の販売数が二〜三千部に達したものであった（フランス革命時に栄えたパリの新聞でもこれ以上の売れゆきは期待できなかった）。その読者数は販売部数のおそらく五倍から十倍であったろうし、それ以上の数の人々が口づてに内容を小耳にはさんだのである。地方新聞は、服装の最新流行は言うに及ばず、地元の催しを宣伝し、地元の雑多な商業広告を掲載し、そして、ロンドンからの軍事情報、政治情報、金融情報を伝えた――いずれも商取引の健康に関する重要な症状であった。この時代の人々は、あらゆる伝達機関の中で、新聞が一般の人々の意見を一番具現していると信じていた。「印刷物のないところでは国民の大多数が野蛮たらざるをえずしてその結果知識が一般に行き渡ることがない」とドクター・ジョンソンは述べた。「我が国民の間には新聞によって知識が行き渡っている。」

十八世紀以前には、地方で印刷機が認可されたところはほとんどなく、そういうところでは専門書店というものがほとんどなかった（サミュエル・ジョンソンの父がリッチフィールドでその手の書店を経営していたが、繁盛しなかった）。しかし、この世紀の終わりまでには、どこの都市も印刷業者と書店を有するようになっていた。

新聞、雑誌、小冊子、漫画、流行歌の発行量は増大する一方であったが、それでも市場に供給過剰とはならなかった。例えばアディソンとスティールの『スペクテイター』のような雑誌は上品で向上心を呼ぶ文学への持続的趣味を創りだした。「知を愛する心を小部屋や書斎、大学や学校から引き出しクラブ、集会、茶席、コーヒー・ハウスに宿らせる」のがアディソンの狙いとするところであった。『スペクテイター』は、娯楽と教育を混ぜ合わせることにより、暇はある金はある教養はほとんどないという小地主や商人たちに平静な心と温和な物腰を教えた。雑誌の発行部数は数千部に達した。この世紀初めの『スペクテイター』は約三千部、一七三〇年代からの『ジェントルマンズ・マガジン』は一万部に達した。たいていが月刊で価格約六ペンスであった雑誌は、特定読者層の開拓に努めた。間もなく、婦人用雑誌、地方人用雑誌、流行服用雑誌が現れた。あるものは政治に焦点を当て、あるものは挿絵を入れ、宗教的なものが多い反面、猥褻なものも少数ながらあり、クイズを載せるものもあれば、服装図案を載せるものもあった。一八〇〇年までに二百五十の定期刊行物が日の目を見、その中には『マトリモニアル〔夫婦生活の〕・マガジン』『マカロニ〔大陸の流儀や服装を気取るハイカラ男〕』『センチメンタル〔風流な〕・マガジン』『ウェストミンスター〔議会情報〕』が含まれていた。

本は相変わらず高価であった。新刊の小説は少なくとも七シリング六ペンス、歴史書あるいは文学作品は一ギニーであった。それでも、ヘンリー・フィールディングの『ジョウゼフ・アンドリューズ』は一七四二年に六千五百部売れた。しかしながら、安価な海賊版（ペーパーバックに相当）を禁止することはできず、古書であれば競売で、あるいは売店や行商人から、手に入れることもできた。進取的な出版業者は本をシリーズで分割して一回六ペンスで発行し、価格の分散を図った（スモレットの『イングランド史』

はシリーズ形式で一万三千部を売った)。そして、大衆の想像力を現実に捉えた出版物——政治小冊子、説教、三文小説、流行歌など——は、いずれにしても、安価なものであった。さらに、会員制貸出し図書館が新たに発足したことで、年に僅か一ないし二ギニー払えば会員は数千冊の本を読む機会をえることができた。一八〇〇年までにロンドンに百二十二、地方に二百六十八、の会員制貸出し図書館があった。評論家はこうした図書館を「悪魔的知識の常緑樹」と呼んで非難し、棚という棚が感傷的で刺激的な悪趣味の小説の重みできしみ、それを影響され易い十代の娘たちが恐らく貪り読むのであろう、と不平を述べた。しかしながら、書籍商ジェイムズ・ラッキントンのように、そうした図書館を、特に女性にとって、家庭内大学の価値を有するものと見る者もいた。

会員制貸出し図書館は女性の娯楽と教養に大きく貢献してきており、断然大多数の女性が今や書物を好むようになっている……今や女性一般が読むのは小説ばかりではない。もっとも、その手の作品は多くが大量に製造され、心と頭の両方を磨く傾向にあることは否めないが。女性たちは、また、英語で書かれた最善の書物をも読み、他国語で書かれた最善の作家の作品を読むこともありうる。そして、私の店には数千人の女性が足繁く通い、その女性たちは、王国のいかなるジェントルマンにも負けず劣らず、小説を読むといって冷笑されようとも、どういう本を選べばよいかを弁え、高尚な作品や天才の作品に通暁しているのである。

文学の古典に親しむだけの金ないし時間に余裕のない人には、縮約版を利用する手があった。小説は要約されてチャップブック〔呼び売り商人の売る安価な小冊子〕になった。ジョン・ウェスリーは『天路歴程』の簡約版を作り、自作九ページの「簡略英文法」および百四十四ページの「完全版英語辞典」と一緒にして、四ペンスの値をつけた。彼の『原始の医術』という自家用健康指導書は一七九一年までに二十三版を重ねた。「書籍一般の売れゆきは」と一七九二年にラッキントンは述べた、

この二十年間に驚異的に伸びた。私がこれまでになしえた最善の見積りによれば、今は二十年前の四倍を超える書籍が売れているように思う。二十年前には魔女や幽霊やお化けの話をして夜を過ごしていた比較的貧しい農場主が、そして田舎の貧しい人々一般が、今は息子たち娘たちが読む物語やら小説やらを聞きながら過ごす長い冬の夜を短く感じるようになったし、彼らの家に入ってみれば『トム・ジョウンズ』『ロデリック・ランダム』その他の愉しい本がベーコンを置く棚に積まれているのがご覧になれるでありましょう。

この学芸の市販に匹敵する発展は他の分野でも見られた。村の娯楽――玉はじきやチーズ転がしなど、地方の人々が遠い昔から楽しみ、しばしば暦の上の祝祭行事と関連づけられていたもの――は続いていたが、今や「スポーツ」が登場し、時には高級化され、また時には組織化され、金を貰って演ずる者と金を払って観る者が分化するようになった。クリケットは村の緑地から貴族の私有地に場を移した（チェスターフィールド卿は息子に「クリケットでは同じ年の誰にも負けたりしたくあるまい」と教えた）。理性の時代に相応しく、クリケットの競技規則が成文化された（例えば、投球が三柱門ではなく打者の脚に当たる反則は一七七四年に遡る）。MCC（マリルボン・クリケット・クラブ）はマリルボンのトマス・ロードの敷地内グラウンドで一七八七年に創設された。クリケットは（他の競技と同じように）かつては本質的に参加者のためのものであったが、それが観戦スポーツになった。一七七二年のケント州対ハンプシャー州の試合を二万人が観戦した。十九世紀初めまでに、一流選手の中からプロに転ずる者たちがでた。このス

ポーツが大いに人気を博したのは、それが賭けに誂え向きだったからである。チームそのものが高額の賞金めあてに競ったが、それとは別に数千ギニーが試合の結果について観客たちの賭けるところとなり、ルール違反すれすれの巧妙な駆け引きや賄賂を使う元になった。金は、また、個々のイニングにも、そして一投一打にさえも、賭けられた。ホレース・マンは一試合に千ポンド賭けるのを何とも思わなかった。後に形式張った時代になるとこうした営利的要素は削除され、一八二五年には賭博の胴元がローズ〔ロンドン北部のクリケット競技場〕から追放された。

プロボクシングの発展も同様であった。拳骨での殴り合いは古代からあったが、十八世紀以前には傑出したプロボクサーはいなかった。ボクシングがプロ化していなかったからである。しかしながら、ジョージ三世と皇太子ジョージ摂政の治世はボクシングの黄金時代となり、ジェム・ベルチャー、ダッチ・サム、名人ビル・スティーヴンズ、トム・クリブといった花形選手や、超花形選手ダニエル・メンドーサを輩出した。彼らの背後には見事に統制された宣伝活動がついていた（メンドーサ印のジョッキ、バッジ、教則本が売られたし、ボクサーの回想録は儲けの大きい出版事業になった）。この「皆に愛好されるスポーツ」にはそれ専門のジャーナリストが生まれ、彼らはプロボクサーを独得の隠語でホメーロス的英雄として不滅化した。メンドーサは自ら『ボクシング術』を書き、学園を開き、曲馬場の所有者フィリップ・アストリーと提携を結んだ。大きな試合になると数万ギニーという金が賭けられた。プロボクサーとして成功した者は金持ちになり、自分のジムを設立し、殴り合いを「上品化」し拳闘術に変えた。

競馬でも同じであった。王制復興時代には、芝生コースの競馬はもっぱら貴族のものであり、王侯のスポーツであった。アスコットはアン女王の所有地だった。しかし、歴代ジョージ王の治下になると多くの都市が競馬会を催すようになった。ノリッジでは一七一〇年から、ウォリックでは一七一一年から、定期的に競馬会を開催するようになり、このスポーツが大いに人気を博した結果、ノブ〔上流人士〕をモブ〔大衆〕から守るため特別観覧席を造らなければならなくなった。競馬は儲けの大きい事業になった。一七五二年にはジョッキー〔騎手〕・クラブが、一七七〇年代には競走馬競売会社タッタスルズが、設立された。プロの調教師と騎手たちが発起人となったのである。エクリプスといったサラブレッド馬の勝利によって純血種の血統を重んじ馬の祖先を崇拝する気運が高まった。セント・レジャー（一七七八年から）、オークス（一七七九年）、ダービー（一七八〇年）などの「クラシック」レースは競馬カレンダーを作り出した。そして、ここでもまた、賭博が競馬を盛んにする潤滑油となった。

（狩猟法のお蔭で、もっとも高級なスポーツとなった）狩猟でさえ組織化され、営利本位にさえなった。伝統的に愛好されていた野生動物殺害形態——鷹狩り、罠仕掛け、網打ち——はかなり孤独な方法であったが、これらに代わって科学的殺戮法や合理的手段が登場してきた。鳥は、次第に、猟場管理人によって飼育され保護されて、勢子（せこ）によって飛び立たされ集団射撃の的になる、ということになった。フランス語でいうバテュー〔隠れ場所から獲物を狩り出すこと。また、無差別大量虐殺〕である。射撃は競争となり、最大の「バッグ〔獲物〕」を取った者に栄誉が与えられた。とりわけ、スピードとジャンプ力に秀でた特別飼育の馬と嗅覚に秀でた猟犬の群を配して行う、私たちの知るあのキツネ狩りは、ジョージ王朝の発明であった。獲物の追跡は、スチュアート朝時代にはのろのろしたものであったが、今や全速力となった。パイチリー、ビーヴァー、コッツモー、レスター州のクウォーンなど全国的信望のある常設狩猟会は、その創立が一七七〇年代に遡るものである。キツネ狩りは貴族のもの（「高貴な生まれのスポーツマンの趣味ないし注目に値するイングランド唯一の獲物狩り」）であったが、年会費制狩猟クラブは営利的投機の場となった。会費を納める余裕のある者なら誰でも——ロンドンの富豪でさえ——加入できた。

イングランドは賭博熱に支配されていた。政治情勢、誕生、死――将来の出来事であれば何にでも、金が賭けられた。二から三ポンドのために、賭けを受けて立つ者たちは時計と競争で馬を疾駆させたり、数パイントのジンをグビグビ飲んだり、生きている猫を食べたりした。他人の生命に保険をかける、といった賭けが普通に行われた。一七四三年にジョージ二世が軍勢を率いてフランス軍と対峙したとき、王が殺されないほうに賭ければ配当は四倍であった。トランプ遊びは上流階級の阿片であった。牧師ウッドフォードは病みつきだった。「カスタンス夫妻は長男を連れて午後のお茶を私たちと一緒に飲んだ。お茶の後で私たちはルー〔トランプ遊びの一種で、罰金が賭け金に繰り入れられる〕をはじめ、私が〇対六対〇で勝った。ナンシーも今夜のルーで〇対六対〇で勝った。」賭博そのものが国営化された。一七〇九年から一八二四年まで国が宝籤を運営し、大英博物館からウェストミンスター橋に至るまで国家施設がその収益から資金の一部提供を受けていた。しかし、賭事はオールマック、ホワイト、ブードルなどロンドンのクラブの活力源でもあり、天文学的金額が飛びかったのである。チャールズ・ジェイムズ・フォックスは二十五歳までに十四万ポンドも負けていた。ホワイト・クラブでは、ホレース・ウォルポールの記録によると、「未だ二十一歳にもならないスタヴォーデイル卿はこの前の火曜日に一万一千ポンド負けたが、一か八かの大勝負にでてそれを取り戻した。彼は強く誓って言った――『ところで、もし〔夜が〕更けるまでやってたら、数百万ポンドは勝ったかも知れませんよ』」。

野外スポーツは大勢の人々を引きつけた。それは、一部には、貴族と庶民、伝統的娯楽と利益、を共に集めたからであった。貴族たち――スポーツを最初に後援した人々――は競馬などの楽しみを大衆と共有し、そうすることによって後楯としての自己の優越感に浴そうとする気持があった。いなせな若者たちはプロボクサーを応援し、自分たちのクリケットチームを組んだ。クラシックレースには貴族の名前をつけて記念にした〔「オークス」とはダービー卿の〔サリー州〕エプソムにある邸宅の名であった〕。スポーツは摂政時代の勇み肌の若者たちにとっては模擬戦争でもあり田園牧歌の変型でもあった。群衆は――自分たちが詰めかけることで生まれた商売である酒売り、運搬人夫、呼び売り商人は言うに及ばず――貴族が同席することによって添えられる気品の感触を大いに好み、そして、サックヴィル卿が〔クリケットの試合で〕彼の筆頭庭師ラムニーが主将を務めるケント州チームで打席に立ったときには貴族を庶民の仲間と見なすことができた。なにはともあれ、プロボクシングにとっては、法的にいえば非合法であっただけに、貴族による保護をえることが不可欠な要件なのであった。

文化が商業化すればするほど、人々の嗜好は興業人気に左右されるようになった。劇場が至る所に作られつつあった。一七六九年にはノッティンガム劇場が建てられ、一七七五年にはマンチェスター・シアター・ロイヤルがこけら落しをし、この世紀の終わりまでにウィズビーチやベリー・セント・エドマンズといった小都市でさえ広々とした劇場を自慢できるようになり、そこへミセス・シドンズなどロンドンの花形俳優たちが巡業に出掛けたものであった。そして、数えきれない小劇場には旅回りの役者たちが殺到した。しかし、そこでの出し物は観客の要求に見合うものであった。シェイクスピアの作品は分かり易く改変された。『真夏の夜の夢』は『妖精たち』に変えられ、『リア王』には幸福な結末がつけられた。同じ一枚のちらしに笑劇、歌謡曲や吟唱、パントマイム、悲劇、詠唱が所狭しと並んだ。誰の好みにも合うように、という配慮である。バーミンガムではヴィクトリア朝のミュージックホール〔演芸場〕に似たものが発達しつつあった。ロンドンの数ある見せ物の中では、奇形人間、小人、〔「ブルージング〔拳闘家〕・ペグ」などの〕女性拳闘選手、軽業師、計算できる豚、などが成功疑いなしの金儲けになった。

傑出した起業家たちは、需要を予測し刺激し満足させる準備怠りなく、こうした金儲けの機会を利して、この文化市場に大変革をもたらした。偉大な俳優兼興業主が登場した。『乞食オペラ』を初めて舞台にのせたジョン・リッチや、コリー・シバーや、一七六九年にストラトフォード・シェイクスピア・ジュビリー〔記念祭〕を発足させたあの宣伝広告の巨匠デイヴィッド・ギャリックたちである。フィリップ・アストリーは鞍を置かない馬の背での曲乗りを曲馬場の衝撃的見せ物にした。『ジェントルマンズ・マガジン』の所有経営者である印刷業者エドワード・ケイヴは、議会報告という分野を開拓して一定の読者層を創り出した。この世紀の終わり近くになると、投機家たちが画廊をロンドンに開き、シェイクスピアや聖書やイングランドの歴史の場面を題材にした絵画を飾った。首都の活発な音楽界を編成したのはハイデッガーであり、ヘンデル（「プロテスタント宗徒常任作曲家」）であり、後には、サロモンであった。一七九一年、サロモンはハイドンに二十回の演奏の一回毎に五十ポンドを与え、その上に二百ポンドの手当を与えた。ウィリアム・ケント、ランスロット・（「辣腕家」）・ブラウン、ハンフリー・レプトンなどの造園技師たちは、環境を注文主の要望どおりに作り上げたものであった。進取的な出版業者たちも好機を逸さず、読者の知識、気晴らし、新情報、教育、性への渇望を癒した。ジョン・ニューベリーは綴り字帳、初等読本、絵本、呼び売り本、ジョーク集、お伽話などの他に、ジグゾーパズルのような教育用玩具をも、大量に供給した。キャサリン・ハットンは、子どものころの読書の思い出を、こう語った。

ニューベリーさんの金文字本はすべて読みました。金文字を打ち出した紙を表紙にしているのでそう呼ばれていたんです。作品名は『クリスマスの箱』『新年の贈り物』『すてきな靴』——一番嬉しくなったのは『妖精物語』でした。そのお話が本当のことだと信じて疑いませんでした。

出版業者たちは、常に新しい販路の開拓を心懸け、思いつくやイギリスの劇作家、詩人、随想家の廉価版著作集を出した。エリザベス・クーパーは自著『詩神の書斎』（一七三七年）の中で初の総括的イギリス名詩選集を発表した。だが、出版業者たちは欲得づくなだけではなかった。中には一流作家と誠心誠意の付き合いをし彼らの作品を豪華な版にして売る者たち——リントット、ストローン、ミラー、カデル、ジョンソン——もいた。「私はミラーを尊敬している」とドクター・ジョンソンは述べた。「文学の値打ちを上げたからだ」。

科学議演者たちが、新しいニュートン科学の威信とまばゆい器具を用いる実験の魔術を利用し（アダム・ウォーカーは二十フィートの太陽系儀を持っていた）、それらを巡回伝道牧師に対する啓蒙運動の回答にして、登場してきた。この世紀初めにはジェイムズ・ジュアリン、ウィリアム・ホイストンその他がロンドンで実験を実演してみせた（ホイストンは終末論的福音伝道者でもあり、世界の終末を預言した）。その後、講演者たちは巡業に出て、器具を携え地方に四散していった。ジュアリンは一七一〇年にニューカースルで、ホイストンは一七二四年にブリストルで、講演した。ジェイムズ・ファーガソン（目先の利くスコットランド人で、科学の教科書を書いて一般に普及させ一流の人物になるべく本街道を南下してロンドンに来た）は一七六〇年代と一七七〇年代にバースとブリストルで講演した。この世紀が終わるまでには、大小を問わずほとんどの都市が科学講演者たちに搾り取られる破目になった。彼らは六回ないし十二回の講演をするほかに、著書や器具を売り、特許薬を誇大宣伝し、土地測量を行い、個人教授をしたのである。「知識が流行物（はやりもの）になり、そして、今や哲学が流行の学である」と一流の講演者ベンジャミン・マーティンは宣した（「私ほど知識に至るでこぼこ道を平らにならし学芸を一般の人々の手の届くものにしたいと切望する人間はいない」と彼は自賛した）。

商業化は、芸術や科学の興業主と並んで、評判に輝くスターを誕生させた。ジョージ王朝演劇の自慢はギャリック（立身出世を求めて徒歩でロンドンにやって来た）、マクリン、クウィン、ミセス・オールドフィールド、ペグ・ウォフィントンであり、その誰もが周知の名前になった。ほかにも外来の名士や有名人たちがいた――黒人のライオン調教師マコモ、自己顕示的奇術師で治療師で透視術師でもあるカリョストロなどの大道芸人詐欺師たち。黒猫を連れた神秘家カターフェルトは「哲学、数学、光学、動物磁気学、電気学、物理学、化学、空気力学、水力学、水静学、怪異学、速記術、通気管制学、航宙経緯学の諸学術」について講演した（学名のうち幾つかはデタラメな学名であった）。医者兼性的障害療法士のジェイムズ・グレイアムは、裸同然の美女たち（その中の一人が後のエマ・ハミルトンであった）を侍らせ、性交不能者を回春させるため一晩五十ポンドで借り受けたアデルフィ（テムズ川とストランド街の間にあった建物群）の「ヴィーナスの神殿」にある天上界の寝台の蔽いをはずしてみせたり、性欲をかき立てる講演で社交界を刺激したりした。接骨師ミセス・マップなど医師免許をもたない治療士たちは上流社会のつかの間の語り草で終わった。笑劇作者サミュエル・フット、ロンドン初のフェンシング学校の創設者ヘンリー・アンジェロ、綱渡り師キャドマン、道化師グリマルディ――皆、有名になった。「イングランドの驚異の学者犬」もそうである。この犬は（その巡業広告によれば）、

印刷屋が活字を組むのと同じ要領で、印刷された札を使って、読み、書き、計算し、同じ方法で、オウィディウスの変身物語や地理や歴史のさまざまな問いに答え、ギリシア語のアルファベットを解し、居合わせる人々の数を三十以内であれば、数え、……算数の加減乗除四則内の簡単な問題を解き、客席の客がもつごく普通の時計を見て何時何分かを言い当てる。

のであった。
商業文化は、興業主や花形俳優はもとよりのこと、製作部門、裏方、監督なども必要とした（ホガースは「絵描き人夫」について苦情を言った）。高まる需要に対するため、供給が機械化された。「グラブ・ストリート」はいわば印刷文字のコンベヤーベルトになり、「サー」・ジョン・ヒルのような一定の謝礼金と引きかえにどんな主題に関しても喜んで即刻文案を書き上げる売文家たちに仕事を与えた。「文筆がイングランドの商業の大変重要な一部になった」と述べたデフォーが経験でそうと知っていたのは確実である。「書籍商は製造元の親方ないし雇用主である。それぞれの作家、著述家、文案家、下請け作家、その他ペンとインクで働く者はすべて前述した製造元の親方に雇われている労働者である。」
通俗読み物の需要に応えることは、金目当てに働く多くの作家たちにとって、一種の刑罰による強制労働を意味した（そこで、「著者貸します」というグラブ・ストリートの冗談広告が生まれた）。しかし、多くの作家にとって、多数の読者を獲得することは自由を、そして著名人になる機会を、意味した。哲学者であり随筆家でもあったデイヴィッド・ヒュームは洞察力鋭く論評した。

大変喜ばしいことに、私の見るところ、当代の文人たちは、相当程度、彼らを人類から隔てていたあの含羞（はにかみ）み恥じらう性向を失い、それと同時に、世間の人々は誇らしげに書物から拝借したもっとも愉快な話題を会話の種にしている。

屋根裏部屋住まいの多くの三文文士には貧乏と無名、成功した者には新発見の富、であった。ミルトンが『楽園喪失』で得た報酬は即金での五ポンドと初版の最後での五ポンドであったが、それから丁度半世紀後、抜け目のないアレグザンダー・ポウプは『イリアッド』と『オデュッセイア』で各四千ポンドを稼いだ。読書習慣の普及によって、例えばジョン・キャンベルのような詩神の下働きでさえ年に数千ポンドも稼ぐようになった——彼の場合は百科事典の編纂によって得たものであり、ドクター・ジョンソン（自身が「あくせくと単調な骨折り仕事をする無害な」辞書執筆者であった）に「文学の共有地で草を喰んだ中でもっとも金持ちの著者」と断定された。金目当てに作る辞書などの参考図書は必ず儲かる営利的投機物件であったし、知識を調達することがそれに匹敵する商売になった。アダム・スミスが見てとったように、「今や知識が、靴とか靴下と同じように、あの特異な商品を市場向けに作り上げ用意することを仕事とする者たちから購入されたのである」。

余暇と文筆業が営利で金まみれになったこの時代に、ウィリアム・ブレイクのような芸術家が嘆いたにもかかわらず（「ちらとでも金が覗くところでは、芸術を続けることはできない」と彼は預言した）、芸術が没落することはなかった。ブレイクは、商業が創造力を殺す、彼と同時代の芸術家たちは精神への叛逆者である、預言という想像力の使命が裏切られた、と思っていた。しかし、ほとんどの作家や芸術家たちは異議を唱え、アウグストゥス帝時代のローマあるいはルネッサンス期のイタリアのように、商業が文化を援助するのは当然である、と考えた。リヴァプールの銀行家ウィリアム・ロスコウは偉大なるロレンツォ〔一四四九—一四九二年。フィレンツェの支配者。芸術の後援者〕の伝記を書き、彼の目に映るルネッサンス期のフィレンツェと当代のイギリスとの類似点を強調した。

天才という評価不能なものはさておき、芸術の生産と消費はジョージ王朝で盛んであった。芸術と工芸——チッペンデイルやシェラトンの手になる家具製作、あるいはアダム兄弟の下での室内装飾——は優美と繊細の極致に達した。最上流の人々は、以前は、趣味に見合う外国の画家を雇ったのだが、しかし、今や自国の有能な画家たち――ホガース、レノルズ、ゲインズバラ、ローレンス、ロムニー――が進出してきた。芸術も分野によっては依然として大陸の技量が勝ってはいたが、イングランドの仕事条件と懐具合に魅かれて英仏海峡を渡って来る巨匠たちもいた。音楽では、ヘンデルとJ・C・バッハがイングランドに定住した（彼らは、その気になれば、当時は自由契約の外国人楽長としてもっとうまく身を処すことができたのである）。モーツァルトとハイドンは演奏会の旅をして回った。ハイドンは、エステルハージ〔ハンガリーの侯爵〕の宮廷の求めに応じて作曲することに慣れていたので、ロンドンの芸術的自由を高く評価した。「ある程度自由があるというのはなんて素晴らしいことだろう！　私には親切な侯爵がついていたが、時には卑しい人間どもに頼らざるをえないこともあった。自由が欲しいとしばしば溜息をついたものだが、今はそれをある程度手に入れている。」

人々は、演奏家であろうが聴衆であろうが、漫然と見ているだけの人間であろうが鑑定家であろうが、自分が文化に浴する場所を求めて騒ぎ立てた。地方の多くの教会では、相変わらず吹奏楽団が聖歌を演奏しはじめ、商人や職人たちが一緒になって懸命に室内楽を奏したり、グリー〔無伴奏声歌曲〕やキャッチ〔輪唱の一種〕や甘くせつない誘惑の歌謡曲を歌ったりしていた。ランカシャー州の繊維産業を営む市町村は聖歌隊、聖歌曲を作る職人作曲家、そしてバイオリン円舞曲で有名になりはじめていた。ホガースが捨て子養育院の資金集めに開催した展覧会は大勢の人々を集めた。そして、上流社会では、グランド・ツアー〔ヨーロッパ大陸巡遊旅行〕に出た英国貴族が大陸を荒らし回って巨匠の作品（本物であろうと、贋物であろうと、修正ものであろうと）を買い漁り、画家を一人二人供に従え、機会あるごとに建築し装飾していた。デリーの高位聖職者にしてイックワースの館の創設者であるフレデリック・ハーヴィーは建築願望が強かったため「建造〔教化〕主教」と呼ばれた。鑑識眼のあるジェントルマンたちは古代遺物の鑑定家として基金分担で芸術愛好家協会を設立し、芸術家たちが王立美術院のような団体をつうじて身を起こそうとするときに後援の手を差し伸べた。貴族たちは芸術作品に私印を捺した。バーリントン伯爵は、大陸巡遊旅行から戻ると、イングランド風パラディオ式建築運動をはじめた。コバム子爵は、ストウの敷地に古代および現代の美徳の殿堂そしてイギリスの名士たちの殿堂を配した設計をするときに、憲法上の自由を奉じるホイッグ党的政治信念を建築様式に象徴的に表現するべく、建築のさまざまな意匠を駆使した。一生を、そして財産を、芸術品に捧げたホレース・ウォルポールは、真に実験的趣味の持ち主であった――彼の奇抜な中世風の家ストロベリー・ヒルにしても、恐怖小説『オトラントの城』(一七六五年)にしても、自作の印刷機の運転にしても。

芸術は、メディチ家のフィレンツェでそうであったように、富に根を張っていた。イングランドには熟練職人たち――左官、化粧漆喰塗り、木彫り師、塑像家、箔置き師、食刻師、製版機械工、製図職人――の豊かな苗床があった。天才的創作力の花を咲かせる者たちがいた――実際、多くの一流芸術家たちは初めは目立たない存在だった。ゲインズバラは粉屋の九番目の子どもであったし、コンスタブルも粉屋の息子であり、オピーは大工の息子であった。ジョージ・モーランドは放浪芸術家の生涯を送った。年季奉公での修業をくぐり抜けて金細工師、家具製作者、製版者になった者たちもいた。銀メッキ版彫刻師の元で年季奉公したホガースは紋章画家として世に出た。ブレイクは版画家としての訓練を受けていた。多くの作家は初めは他の文筆業に従事していた人たちであった――ローレンス・スターン(「飯の種にするためではなく有名になるために」書いた作家)は聖職者であったし、サミュエル・リチャードソンは印刷屋の親方転じて作家になった。そして、気むずかしい鑑定家は鋭い鑑識眼を好んでひけらかしはしたが、実際のところ学芸と実用本位の職人芸を隔て、美術と商業芸術を隔てる、明確な境界線などなかった。デフォーやスモレットなどの一流小説家は金目当ての雑文書きを軽蔑したりしなかったし、その余裕もなかった。ホガースは、「放蕩一代記」や「当世風結婚」といった大衆道徳版画の連作から慈善家コラム船長などの格調高い肖像画まで、幅広く手がけた。

昔清教徒が芸術に対して抱いた敵意は消失した。高教会派の爆発的怒りが（特にジェレミー・コリアーから）演劇に、福音派の熱弁に、そして、もちろん非国教徒の道徳観念に、向けられることはあったが、すでに聖像破壊の時代でもなければ、無知蒙昧な実利主義が流行る時代でもなかった。芸術はまんまと一般慣用句になりおおせ、さまざまなレベルで多くの人々の心を動かしたのである。ホガースの連作版画「勤勉な徒弟」と「怠惰な徒弟」は、ある人たちにはただ面白いだけであったが、他の人たちには恐らく壁新聞的道徳訓、理想、警告としての役に立ったであろう。視覚像と印刷文字は至る所に存在し、芸術は人生を映す鏡であるがゆえに、世界はすべて一種の舞台であった。街中の生活はそのまま街頭劇場であった。人々が修辞的身振りや象徴をつうじて人生を演じきり、虚構の中に実人生を見ていたからである。窓枠の中の「絵」や民衆が身にまとうさまざまな色彩、自由の帽子、イギリスの紋章であるライオンあるいは蕪（ジョージ一世を表すジャコバイト派の速記法）の象徴的意義、これらは人々が政見や信仰を誇示する方法なのであった。芝居の常連たちは、『乞食オペラ』の中でマクヒースが「あのジェレミー・トゥイッチャーが俺を告発するなんて、タマゲたぜ」と叫ぶのを聞くとき、そこに映し出されたサンドイッチ卿の姿、昔の放蕩仲間ジョン・ウィルクスを裏切る彼の姿、を見た。彼らは単にそれを見るだけでなく、それを大声で叫びもし、そのため演技を中断させることにもなり、そして、サンドイッチはそれ以来「ジェレミー・トゥイッチャー」の焼き印を捺されることになった。『乞食オペラ』、ホガースの版画、政治漫画一般がこのような成功を収めたのは、まさに、行間を読むことに慣れた実に多様な大衆によって実にさまざまなレベルで解されえたからに外ならない。

十八世紀芸術の基調、すなわち富との協調、はさまざまな方面に鳴り響いた。工芸技術と芸術的技巧は沢山の物品に流行の型を与えた。福利ということは、もっと読む本があり、もっと見に行く見せ物があり、もっと多くの家庭教師、著述家、演奏者、知識人たちが皆生活の糧を大衆に依存しているのだということを、意味した。作家は以前ほど後援者の懐をあてに生活することがなくなった。後援が衰退したのは、太っ腹の個人援助が絶対的に枯渇したためではなかった。それよりは、読者や観客などの増加によって素質と才能に恵まれた者たちが後楯をもたなくてもやっていけるようになったためであった。学問と高尚な趣味と富が「一般のもの」になったとき「著述家は大立物の元を去って一般大衆に打ち込むものである」とドクター・ジョンソンは考えた。ホガースは、〔献呈の辞を求めて〕突き出された文学作品に「非献呈」――「献呈相手皆無」――と書くことによって後援者からの独立を宣言した。「私は貴族のために絵を描きはしない」と断言したのは辛辣なジョージ・モーランドであった。

よりよい暮らしが、技術や知識を元手に生活する者たちには、もう少しで手の届きそうなところにあった。ウィリアム・ハーシュルは、その昔一七六〇年代にバースで多芸多才な職業音楽家をしていたころ、作曲と演奏会の指揮と個人教授で年に五百ポンドというかなりの収入を得ることができた。小説家として成功したフィールディングは『アミーリア』で八百ポンドを懐に入れた。学問でも金を稼ぐことができた。ドクター・ジョンソンは『英語辞典』で千五百七十五ポンドを、ウィリアム・ロバートソンは『チャールズ五世〔神聖ローマ帝国皇帝カール五世〕』で四千五百ポンドを、そしてアダム・スミスは『諸国民の富』で五百ポンドを、受け取った。トバイアス・スモレットはヴォルテール全著作集の共同編集者になり、『マンスリー・レヴュー』に本の酷評を書き、その後一七五六年に『クリティカル・レヴュー』を創刊した。旅行随筆選集七巻の作成にも協力した――彼の割り当ては十五か月間に一回につき一・五ギニーで計百枚書くことであった。『諸外国事情』に（同率の報酬で）寄稿し、『大世界史』に寄稿し、そして、一七五五年から一七五八年にかけて出版された『イングランド全史』の執筆陣に加わり、十四か月間で四つ折版紙二千六百ページという驚異的な量を書き二千ポンドの報酬を得た。同様に、超人気画家となったレノルズ（「この男は芸術の価値を下げるために雇われた」とブレイクは吐き捨てるように言った）は絵を一枚依頼される報酬に百ギニー受け取ることができた（巨匠の小さな名作が売れる値であった）。十万ポンドを超える財産を残して死んだレノルズは、貴族たちが棺に付き添う中、セント・ポール寺院に埋葬された。

こうした文化の実力者たちは、自由放縦な空想にとらわれることもなく、芸術を金銭的利益に変えることを恥とも思わなかった。ホガースは商売人としての鋭い嗅覚をもっていたし、ポウプは自分の文筆活動を見事に操り、早くも一七一七年には全詩集を、一七三七年には全書簡集を、一七四一年には全散文集を出版し、そして、シェイクスピアの編集をした。偉大な作家たちでさえ著述業を一つの商売と考えることに良心の呵責を覚えることはなかった。「でくの坊でないかぎり誰一人として金以外のために書いた者はいない」とドクター・ジョンソンは独断的に述べた。画家という職業を高い地位につけたのは、一七六八年の王立美術院の創設であった。

もちろん、芸術や文学で金持ちになったのは超絶した技量の持ち主だけであったが、そこそこやっていける者も多かった。有能な職業画家なら顔一つ描いて十五ポンドないし二十ポンド請求できた。ノリッジやバーミンガムなどの地方都市は肖像画家、影絵画家、版画家、地勢図版製作者、看板屋、製図職人、琺瑯細工師、等々、かなりの人口を養いはじめた。一八一一年までにバースには約二十人の芸術家が集まっていた。産業そのものが芸術家に仕事の口を与えた。ウェッジウッドはタッシーなどデッサンに特にすぐれた才能を有する画家たちを雇った。一流の芸術家たち――フューゼリー、フラクスマン、ライト、スタブズ、そしてブレイク自身――が商業芸術や産業芸術に手を染めた。マシュー・ボウルトンは産業の未来は優美なデザインにかかっていると信じていた。それなしには製造業者は高級品市場を確保できないであろう、と。

そのうえ、財布の力が芸術や文学の中身を決定したのである。依頼の多くは地位、財産、身分を実際以上によく見せようとする魂胆のものであった。陸戦や海戦の勝利を描いた絵、媚を売る本の献呈の辞、英雄像、埋葬記念碑、家紋や〔人名の頭文字を図案化した〕組合わせ文字、これらは金持ちに捧げる芸術の貢物であった（イングランドでは、ブレイクが不満を述べたように、「肖像画がすべて」であった）。金持ちたちは、まず邸宅と庭園の設計を望み、次には邸宅と庭園をできれば農夫を配して前景を感傷的なものに仕立てた絵に描いて不滅化することを望んだ。辣腕家ブラウンが助長したもっと「自然な」庭造りを求める趣味によって、自然そのものが、適切に手を加えられれば、まさしく金持ちたちの所有物であるかのように見えることになった。ウィリアム・ケントが考案した巧妙な仕掛けであるハーハー、すなわち屋敷の回りをぐるりと囲む隠れ垣、は彼らの土地がどこまでも続くという錯覚を抱かせたのである。

このころは、富裕層に狙いを定めた高品質の装飾芸術――銀食器、ガラス製品、〔オランダの〕デルフト焼き陶器、磁器製品――や一つ二つ下の階級の人々のためのよくできた模造品――オルモル〔銅と亜鉛の合金〕製品あるいはメッキ製品――の生産にとっては太平楽の時代であった。そして、金の力そのものが新しい美の追求を奨励した。この世紀は建築、韻文、演劇に根をおろした古典的規準とともにはじまった。後援者たる貴族たちや彼らと親しい人々の威光がそうした様式に及んだから、というのが主な理由である。新古典主義の簡素とパラディオ式建築の荘厳、それが高貴な価値を言い表わす言葉であった。しかしながら、この世紀の間に、金を持つ客層が広がったこともあって、芸術家も作家もさまざまな技法を採り入れるようになった。

古典の規則が端から崩れていった。数々の新たな嗜好がその側でしのぎを削り、「新古典的」多様化へと突き進んでいった。建築では、インド帰りの新興成金、植民者、富豪がそれまで以上にこれみよがしの田舎の邸宅様式に金を注ぎ込んだ。シティーの百万長者の息子で金持ちながら変わり者であったウィリアム・ベックフォードは、ウィルトシャー州フォントヒルに（建築家ワイアットと共同で）わざわざ中世風の大邸宅を建造し、そこで徹底して幻想的隠遁生活を送った。アダム兄弟、チェインバーズ、ワイアット自身など職業建築家はそれぞれの個性を主張しはじめた。ギリシア様式が、イタリア風様式が、中国様式が、中世風様式が、そしてこれらの雑種が、増殖した。「デカダント〔退廃的〕」な不均整が風靡した。造園家が庭園の設計をするようになって避暑用岩屋、懐古趣味的模造廃墟、隠者の洞窟、そして時には生身の隠者、が続々と出現した（ある隠者は旅行見物客があまりにうるさいので隠者をやめた）。世紀末の開発業者たちは、恰好をつけたがる商人たち向けに、吹きさらしの丘の中腹にたつ別荘群（「見張らし台」――十把ひとからげに「ベルヴェデーレ〔絶景〕」と呼ばれた――を思惑買いした。ウィリアム・クーパーが言及した聖職者は「グズベリーの植え込みを中国風横木で囲い込んだ」し、ホレース・ウォルポールのストロベリー・ヒルには「要塞風本棚」があった。一八〇〇年までに、家屋敷を独創的に建ててよいのだと思う者の数が増えていった。

絵画では、地方色のある構成形式が影響を与えた。ダービーのジョウゼフ・ライトは月下の工業風景というジャンルを編みだし、ジョン・クロウムなどイースト・アングリアの画家たちは雲と空気を発見して水彩画の可能性を開発した。地方の様式が、陶磁器の例があるように、時には評価を高めて全国的に重要なものとなることもあった。陶磁器製造所は一七四五年チェルシーに作られ、その後ウスターとダービー（一七五一年）に、リヴァプール（一七五六年）に、プリマス（一七五八年）に、そしてブリストル（一七七一年）に、作られた。「草の根」の民間伝承、レイ〔歌うための短い物語詩〕、バラッド〔素材な物語詩〕が最上流の人々の間で流行り、主教パーシーは一七六五年に『古謡集』を出版した。マシュー・ルイスの『修道士』など、犠牲（いけにえ）あり恐怖ありのゴシック派の〔怪奇・幻想を特色とする〕物語が一時的に大流行した。そのうちに芸術や身なりにおける新鮮な創意を、伝統的にもったいぶった虚栄であると非難されていたのだが、熱心に見る人たちがでてきた。新奇さはイングランド人の生得の権利である自由の一つの表現として神聖視されることさえありえた。ジョージ・メイソンは一七六八年の著作で「趣味、宗教、政治における……自立」を是認した。流行する服装の型は奔放になった。一七七〇年代には、女性用の被り物は巨大に、男ものの服装はイタリア風にしゃれたものになった。フランス革命が起きると、これが完全に変化し、フランスの市民風質素さと民族衣装が粋とされた。そのすぐ後の摂政時代には、ボー・ブラメルの洗濯糊のきいた質素な伊達者ぶりが支持された。

買う側の大衆が嗜好を多様化させるにつれて、多くの芸術家や作家はそれまで以上に自己表現と個性を育むようになった（それは注目を浴びるための方法であった）。貴族の庇護下にあり古典主義の規準に支配されていたころは、作家は自己を抹消し伝統という高い文化の殿堂に自分の煉瓦を積み上げることを当然視されていた。叙事詩や神話を題材にした絵画など、はるかな昔の古典作品の形式と規範を超えてはならないのであった。技巧のほうが独自性よりも重要なのであった。ドクター・ジョンソンの時代になっても、詩人たちが互いの詩を推敲し合うことはまったく妥当なこととされていた。幅広く多様で雑多な読者層が興隆するとそれががらりと変わり、作家や芸術家は個性をはっきりと打ち出すよう奨励されることになった。新たな試みをすることがずっと自由になった。上流貴族の期待ないし依頼に応じて仕事をするということが一般に少なくなったためであり――代わって、需要を見込んでの、また独自の創作原理意識やこれが本当の自分であるという意識を満足させるための、作品作りに励むようになったからである。「庇護を受ければ、どれだけ阿諛追従し、どれだけ偽善を犯すことになることか」とドクター・ジョンソンは熱弁を揮った。「人は、誰の厄介にもならないでいれば、民衆に真理を投じ、彼らの好きなように解釈させていられる。」一度だけブレイクはジョンソンに同意した。彼は「イングランドで人が尋ねるのは、才能と天才の持ち主かということではなく、黙って従うか礼儀正しいか実直なロバ〔ばか者〕か芸術学問に関する貴族の意見に大人しく従うかどうかということのほうだ」と憤慨して言った。ブレイクは相手の言いなりになるごますり芸術を軽蔑した。「意見の対立がなければ、進歩はない。」

それはそれでよかったのだが、貴族の庇護から自由になるということは債務で本屋に束縛されるということになりかねなかった。「天才が、本屋のために書かなければならない、市参事会員のために描かなければならない、と思うと」ホレース・ウォルポールはぞっとした。この世紀の末までに、ある者たち――特にロマン派の詩人たち――は、このゆえに、もはや隷属に耐えるのを潔しとせず、一様に庇護者からも大衆からも独立することを宣言しはじめていた。

作家たちは、得体の知れぬ仮想の読者のために作品を生みだすべく、自己の感性や板挟みの窮地や想像力を探究した。誇らしく人目を引く奇癖を培う者たちがいた――例えば、ローレンス・スターンは唯我論的で感傷的で大風呂敷な途方もない小説『トリストラム・シャンディー』を展開した。いやに感傷的な詩人クーパーのように、前ロマン派的内省を表明する者たちがいた。『廃村』という詩で囲い込みに反対した貧乏をかこつゴールドスミスのように、土地を追い立てられた貧乏人の身になりはじめる者たちがいた。

社会改革芸術家を自任したホガースのように、道徳の唱道者として闊歩する者たちがいた。だが、ホガースが実際にしてきたことを見れば、独立という新しい筋肉を収縮させる姿勢をとったこの画家にも多くの自己矛盾があったことが分かる。いかにもイングランド的なイングランド芸術の体現者であるホガースは、貴族の庇護や貴族趣味に息巻きはしたが、自身は愛顧を求めることが嫌いではなかった。一般大衆の判断を求めはしたが、自分が拒絶されるとその判断を軽蔑した。彼は大衆向け版画で財を成した（「売春婦一代記」は一万二千ポンドという大金をもたらした）のだが、美術鑑定家が彼の高等芸術のあらを捜し出すと腹を立てた。諷刺的喜劇を一段と出世させる働きをしたのではあるが、本当の野望は古典画家として、荘厳体の名匠として認められることであったし、ウィリアム・ケントのような特権階級の人間たちを嫌いもすれば羨みもしたのである。

貧困の陥穽に落ちないで済んだ人々にとっては、ジョージ王朝時代は浮き浮きした気分で生きていける時代だった。いつの時代にも増して物とサーヴィスが豊富に手に入った（植民地と貧乏人がその費用を肩代わりしたのである）。物は安くなる傾向にあった。少なくとも三分の二世紀が過ぎてから物価騰貴がはじまるまでは。大衆文化の活力は疲れを知らなかった。〔貧民の〕路上生活も国民一般の暮らしも活力に富み伸び伸びとしていた。新たな、資本化された文化が並行して成長しつつあり、商業芸術を幅広い客層に広めていった。だが、これらは未だ古い形態の文化に取って代わったり圧倒したりするには到っていなかった。大衆とエリート、平民文化と貴族文化、これらの階層化は固定的なものではなかった。上流社会は大衆からいくぶん離れ独自の小さな世界を形成していた。そして、もちろん、上流の人々に備わる超然とした権威を重んじる者たちもいた。例えば、旅回りの科学講演者ベンジャミン・マーティンは、大衆のことを鈍すぎて理解できない人たちと表現することで、上流階級の聴衆に迎合した。「こういうことがありました」と彼は聴き手たちにへつらって言った、

あるとき、ある町で、私の品物が講演室に運ばれてくるときでしたが、下層の人たちがそれが何かを知ろうとドアの辺りに群がりましてね。そこで、一番賢い奴が間髪を入れずに叫ぶんですよ、これは町に来た見せ物だ、いくら出せば見れるだろう。一ギニーだ、と相手が答えますと、その男が言うんです、ちくしょうめ、べらぼうな見せ物じゃねえか、それじゃあお偉方しか見れやしねえ、ってね。

なるほど、特に世紀後半には、行政当局が大衆娯楽のいくつかを抑圧しはじめた。しかし、商業娯楽は民間の習俗やお祭り騒ぎにとって決して死の接吻〔災いの種〕ではなかったし、大衆文化は、それなりの楽天的生命力をもっていたので、骨抜きには抵抗したのである。普通の人々には高等芸術や大都市生活の特徴のうち大事だと思うものを組み入れる能力があった。ランカシャー州の職人たちがヘンデルの曲を歌うとき、異国の文化的習慣に寝返ったわけではない。彼らは自分たちなりの音楽生活を積極的に作ろうとしていたのである。一般大衆の言語と上流階級の人々の文化的表現との間には活発な歩み寄りがあった。とにかく、私たちは、口承文化というものは「純粋」なもので、商業とか高等芸術に汚されることのないものである、とは決して思ってはならない。大衆に人気のある歌手たちは楽譜を印刷してもらい売ってもらうことに誰よりも熱心であった。

やがて新清教徒的謹厳、仕事に憑かれた産業主義、政治的恐慌が訪れてジョージ王朝の文化遺産から横溢する活力を奪い、その社会的包括性の基盤を崩すことになる。しかし、十八世紀のほとんど全般にわ

たって、こうした見通しは水平線のかなたに浮かぶ暗雲にすぎなかったのである。

7　日常経験の変化

綱渡りの人生でバランスを保つことはなま易しいことではなかった。普通の人々にとって、成功と挫折の、名声と悪評の、中間地帯は狭かったのである。農村の労働者と都市の職人は上役に従い、自分の面倒は自分で見、経済的また道徳的責任を自ら負うことを当然のことと思っていた。自分が生きていくためにも、共同体のためにも、それが必要なのであった。不適応者や落伍者は人から同情してもらえるとも、やり直しの機会を与えてもらえるとも、期待できなかったし、救貧法は、それに縋り監督されることになることもあって、転落防止の安全網というよりは針の莚に思われた。だが、当然と思われていたこの揺るぎない独立精神は一般に珍重されるものでもあった。全般的に労働者は自分を頼りにするしかなかったのではあるが、しかし、多くは不満足な状況に耐えながら個人主義を守り、事業を企て起こし財を成す機会を与える一か八かの経済の中で懸命に好機を摑もうとしていたのである。ロビンソン・クルーソーのように成功を収めた男たち、モル・フランダーズのように思慮深い結婚をした女たち、が大勢いた。そして、プロテスタント〔新教徒〕の良心および啓蒙運動を苗床にしてそこから芽を出した社会的価値観は、正真正銘の個人主義と人間〔男〕の――そして女や子どもの――権利に敬意を表したのである。

私たちには、ジョージ王朝イングランドの多くの局面が、文明の〔砦というよりも〕前哨点の精神を帯びた、厳格冷徹なものに思えるかも知れない。上流階級の人々のもつさまざまな力は直接の影響を及ぼし、自己規定的で、散発的に国による抑制を受けるだけの、監査に応じることも賠償責任を負うこともほとんどないものであった。ドクター・ジョンソンが遺憾に思ったように、

人間の心のさまざまな苦しみの中で
法律ないし国王が原因となりまた治癒しうる
部分のなんと少ないことであろう

というのが厳然たる事実のように思えた。

銀の匙をくわえて生まれてくる優雅な人々もいるにはいたが、仕事なり生計なり教育なりを社会に要求する権利があると思う庶民がもしいればその人は愚かな人間なのであった。しかしながら、所有者であればその所有財を、父親であればその子どもを、主人であればその奉公人を、自由に使ってよいとされていた。国は、明確な法的権利の保護を本務としてはいたが、社会的正義とか平等といった理想にはあまりかかわり合わないでいた。それが大きな政治課題となったのはヴィクトリア朝時代から一九七〇年代末までのことであった。実際のところ、中央政府の官職自体が私的派閥闘争の場となっていたのである。自由放任主義が、政治経済学者の神聖侵すべからざる理論となるずっと以前に、慣習として市民社会の相当部分に浸透していた。「他国では政府が行うかそうでなければまったく行われていない有益な事業がイングランドではあり余るほど個人によって行われている」とジェレミー・ベンサムは書いた――例えば消防隊が、精神病院が、そして監獄さえもがいくつかは、個人の所有になっていたのである。その結果まったく不公平な扱いが生じたとしても、それは支配する者たちにはかかわりのない、他人が払う犠牲なのであった。

外国人たちはこの社会が、屢々にしてそれが欠点と言ってよいほどに、活況を呈していると思った。スイス人旅行者B・L・ド・ミュラルは、一七二五年に、イングランド人を一言で表現する適切な言葉は「猛烈」であると考え、そう書いた。公務員は不正を働いていると――嘆かわしいことであるにしても――思われていた。結局のところ、彼らはそもそもその官職を金で買わなければならなかったし、妥当な俸給を受けている者はほとんどいなかったのである。ジョン・ハギンズは一七一三年にフリート監獄の看守長の職を手に入れるのに五千ポンド支払った。彼がやみくもにそれを食い物にしなければならなかったのは言うまでもない。看守や番人が囚人を虐待し、「心づけ」とか「気持ちばかり」という名の金を催促し取り立てても、誰も驚かなかった。「金を払うか、さもなければ身ぐるみ脱いで置いていけ」、これが新しい囚人を迎える挨拶であった。公認受託者である中等学校長や救貧院長が懐を肥やしたり親族を売り込んだりしている、と悪い評判が立った。ジョン・ウェスリーは、ウィンチェスター病院の基金が巨額に横領されているのを発見して、「貧乏人の救済に当てられるはずの公的慈善基金が金持ちによって着服され強奪されているというのは告訴に値することである」と論評した。ブロクスボーンの教区主管者代理ウィリアム・ジョウンズは、自分の教区の教会書記である仕立屋が教区の記録文書を裁断して寸法計測用紙に使っているのを見つけた。

しかし、公務の水準を上げる努力はほとんど払われなかった。なぜだろうか。それは、一部には、一六九九年に設立された風紀改善協会など改革を志す運動が大衆の支持を得られなかったからである。こうした運動は、他人の事にいらぬ節介を焼くため憤りをかい、一七四〇年代までに衰退していた。福音主義者や功利主義者がこの世紀末に勢力を集めるまでは、廉直を求める圧力団体は事実上ほとんどなく、真に大衆の支持を得た公務浄化運動は一つもなかった。いずれにしても、なにもかもが、後のヴィクトリア朝人の切望する公務道徳観に反していたのである。執達吏、牢番、間接税務員などの公務員は薄給であるか、治安官のように、無給であった。多くの行政事務部門、例えば税関、では採用や昇進が情実や縁故で行われていた。看守のような職を金で買わざるをえない以上は私腹を肥やそうとするのが当然ではないだろうか。監獄や病院の腐敗を糾弾するのはジョン・ハワードなど一部の熱狂者だけであった。（偉大なハワードは「向かうところ敵なき堅忍不抜の勇気をもってイングランドのあらゆる監獄や矯正院を訪れた」とサー・サミュエル・ロミリーは記した。）なるほど、非道な行為があまりにも人々の憤激をかう場合には公開裁判が行われることもあった――例えば、一七二〇年代にフリート監獄の看守長であったトマス・バンブリッジの場合がそうで、彼は賄賂をとって裕福な債務者の逃亡を赦したり、残虐な行為を犯したりしていたのである。そして、気まぐれな大衆は時折発作的に独善をおこし、犠牲（いけにえ）の山羊を要求した。一七五七年、海軍提督ビングは、ミノルカ島〔地中海西部の島〕喪失に対する大衆の怒りを和らげるため、軍法会議にかけられ（他ノ者タチヲ督励スルタメニ）銃殺された。しかし、それで権力者たちが、特に高い地位にいて背後で糸を操りえる場合には、自分の管轄領域内で自粛することには、ほとんどならなかった。

　権利の尊重という風潮があったため、「干渉」という神聖な権利を有する者はそれが冒瀆されるのを黙認しようとはしなかった。一個人の官職、部下、徒弟ないし奴隷、大佐が率いる連隊――すべてはその人の所有財と見なされていた。こうした権利、自由、所有財の盲目的崇拝は屢々にして赤裸々な利己主義を隠すことになり、そして、ゴールドスミスが記したように、素寒貧（すかんぴん）の虚無主義、遅れた者は放っておいてわれ勝ちにやるという虚無主義、を助長することにもなりえた。

イギリス人が大層重んじるあの自立心は

人と人を引き離し、社会の絆を裁断する
自主独立の小君主たちはそれぞれ孤立し
人を結びつけ人生を楽しくする術（すべ）を知らず

だが、これを別の面から見ることもできる。この社会は、他人の自由によって手ひどい傷を負うことのない人たちにとっては、多くの点で極度に自由で開けた社会なのであった。イングランドでは自由民の権利の擁護が深く浸透し、決して虚ろに響きはしなかったのである。外国人たちは衝撃を受けた。「私は今ヨーロッパの他の諸国とは似ても似つかぬ国にいる」とモンテスキューは一七二九年に書いた。「この国民は情熱的に自由を好み……各個人は自立している。」彼はきわめて肝要な関連性を正確に指摘した。「イングランドは三つの重要な点で世界一進歩している。敬虔の念、商業、そして自由、である。」フランスの哲学者たちは、しばしば自国での出版を禁じられ時には投獄されることもあったので、イングランドの言論の自由を羨んだ。牧師モリッツはイングランドの都市をプロシアの都市と対比して言った。「城壁がない、城門がない、歩哨がいない、守備隊がいない。まるで広々と開けた自然の中を往くように自由に、邪魔されることなく、町や村を通り抜けていく。」旅行者は、ロンドンではロンドン塔〔牢獄として使われていた〕を訪れることができたが、パリではバスチーユ監獄を訪れることができなかった。ギュネロードは述べた。「イングランド人は自由の空気を吸っており、何事であれそれを脅かすやに思えるだけでもう彼にとっては嫌悪の対象物となり、その排除のためにはいかなる苦労も惜しまない。」

イングランド人の自由は法律がこれを保証したのであり、何人も法律による保護を軽んじたりしなかった。名誉革命の決着によって議会政治、人身保護法、宗教的寛容はすでに確認されていた。書籍出版物の法定検閲は一六九五年の免許法廃止とともに終わっていた（オックスフォード大学では一六八三年になってもホッブズ、バクスター、ミルトンの書を公共の場で焼き捨てるということをしていた）。政府が出版物を検査したことについて言えば、それは直接的検閲によってではなく一七一二年の印紙税法に伴う酷税によってであったところが特徴的である。ウォルポールは、広く認められているように、一七三七年に、自分の政権に対する痛烈な諷刺に憤慨し、著者が劇作品を侍従長に提出して承認を求めなければならないよう命じ、ドルーリー・レインとコヴェント・ガーデンを除くすべての劇場を閉鎖しようとした。しかし、彼の禁止令は見事にかわされた――進取的な劇場経営者たちは劇の代わりに「演奏会」を上演し、その幕間に劇を上演するという、逆手を取ったのである。一七〇九年からの一連の著作権法によって文筆家はある程度出版物の所有権を保証されることになった。議会報告が出版されるようになったのは一七三〇年代で、初めは「リリパット〔『ガリヴァー旅行記』の小人国〕議会」報告という逃げ口上を使っていた。これらに類するさまざまな方法で、個人は法律機構を介した保護を確保することができた。

行政権力に対する抵抗は反射行動であり、郷土愛はイングランド人の信条であった。常備軍や兵舎を拡張するとか治安維持組織や徴税を中央集権化しようとする計画（例えば、ウォルポールの消費税法案）は猛烈な反対に遭い挫折した。ドクター・ジョンソンは消費税を「卑劣な輩どもの課す……忌まわしい税」と定義した。外国人たちは大衆が目上の者をものともせず騒ぎ暴れるのを見て驚き呆れた。公道でも、大衆は金持ちの面前から退散しようとはしなかった。「宮中参内服を着ている男がロンドンの街を歩けば必ず群衆に泥を投げつけられるし、ジェントルマンたちはそれを傍観して笑うだけである」とカザノヴァは記録した。典型的なプロシア人であるフォン・アルヒェンホルツは気分を害して言った、一般大衆が、高い地位にある人間に対して、また高い官職に就いている人間に対してさえ、敬意を表することはほとんどない。高位高官が愛想よく大衆の人気取りをして彼らの気に入られるのであれば話は別だが、そうでなければ斟酌されることはまずない。それは、大衆に自由なのだという気持があり、大衆が常に法律によって保護されているからである。自然が時間をかけて人間界に築き上げてきたあの完全な平等という考えがこの不遜な島民どもの頭にこびりつき、威厳をもってしても富をもってしてもこの平等の念を拭い去ることはできない。国王といえども十分に尊敬されはしないことがしばしばある。イングランド人は統治者のことを雇われ行政官の筆頭ぐらいにしか考えていない。

外国人たちは、高い地位の者が目下の者に現実に敬意を表することに、また、限られてはいるが重要な面で目下の者を対等に遇する気持の用意があることに、驚いたのである。マダム・デュ・ボカージュは誇張ながら警句風に、「フランスでは大衆が偉い人にへつらい、イングランドでは偉い人が大衆にへつらう」と述べた。あるいは、マダム・ローランの見るところでは、

もっとも高貴なイングランド人がもっとも卑しい農夫たちと親しげに話をするのです。彼らの祭りに加わり一緒になって騒ぐのです……高い地位にある人たちが野心的目的を達するために庶民を必要とするというのは本当のことで、選挙になりますと、それも特に国会議員選挙になりますと、もっとも下層の市民たちがもっとも有名な候補者たちから手紙を受け取るのを見ることも珍しいことではありません。その手紙とは、候補者が自分への投票を庶民に可能な限り丁重な言葉で懇請する文面のものでありますし、庶民は、候補者からの要請に応じると言えば、候補者からこの上なく真心のこもった言葉で謝意を表する手紙を間もなく受け取ることにな

るのです。ついこの間もデヴォンシャー公爵夫人が、そうした機会に、金貨ばかりでなくキスまでも気前よく与えるのを見たばかりではありませんか。高貴な人々が享受するあの非常な大衆性は、いつも外国人をひどく驚かせるものではありますが、自由な国の国制に適したものでもあるのです。ヨーロッパの貴族の中でイングランドの貴族がもっとも開明的であるのはこうした振舞いのしからしむるところではないでしょうか。

彼女の判断は――偏向しているとはいえ――核心の事実を含んでいる。イングランド人は、コモン・ロー〔判例法〕、慣行、政治的解決の中で神聖なものとして祀られている自分の権利に、強い愛着を覚えていたのである。歴史家、政治家、報道関係者は常に彼らに自由国家に参画することの道義的価値を思い起こさせていた（たとい、選挙での競り合いが減ったため、現実に参画する者がほとんどいなかったにしても）。「他の諸国では社会の上層部が自由であるが、しかし、グレート・ブリテンでは国民全体が自由である」と主教バトラーは論評した。非国教徒としてこの問題に個人的関心を抱いていたジョウゼフ・プリーストリーはイングランドの自由への賛歌をこう要約した。

政治的にそして市民として自由であるという感覚は、一生涯のうちでその自由を行使する機会が余りないにしても、自分には力があり自分は重要人物なのだという気持を常に抱かせ、支配というおよそかけ離れた考えに拘束されることなく自由な、大胆な、男らしい考え方をほしいまま楽しむ礎になっている。

そのうえ、知識人たちから流れ広まる理性の時代のスローガン〔標語〕が、こうした自由を強化していった。啓蒙運動の思想家たちは自由と個性を擁護した。ロックのような哲学者からアディソンのような大衆普及家に至るまで自由主義者たちは、盲目的伝統主義を批判し、前時代のカルヴィン主義神学が唱える原罪とか人間生来の堕落性といった考えを排し、その一方で「ローマ的」非合理主義およびローマカトリック教会の教義学への知的服従を同じように軽蔑した。文化人たちの自由主義に基づく楽天的な宗教は自由意志、万人の救済、人間の善性、人間の進歩への可能性、を主張した。各個人には自主的に道徳的善悪を判断する権利と自己実現を達する権利がある、と彼らは信じていた。

現世の幸福を適度に追求することが——もっとはっきり言えば、幸福になる権利が——道徳随筆家たちの主な主題になった。多くの人々にとって（非国教徒にとってはそうではなかったが）『天路歴程』の気質は過去のものであった。ソウム・ジェニンズは世間一般の新しい見方をこう要約した。

幸福こそ人生で唯一本当に価値のあるものである。富も、権力も、叡智も、学問も、力も、美も、徳も、宗教も、生命そのものさえもが、幸福を生むことに寄与するのでなければ、些かも重要な意味をもちはしない。

ボズウェルはそれを経験した。「私は幸福の成就を感じた」と彼は一七七二年に書いた。「私はただ座り心の中で自分自身を抱きしめたのだ。」

世俗的幸福を追求することは妥当なことである、という考えは有閑階級に自分の心を探究する許可を与えた。ある意味でこれは、もちろん、目新しいことではなかった。カトリックの信仰告白からプロテスタントの切なる内省に至るまでキリスト教は常に怠りなき自省、罪深い考えの浄化、神から授かった内なる美徳の探究、を命じていた。しかし、伝統的な宗教的内省の目的とするところは聖職者、教会、あるいは聖書の導きの下で人々をこの利己主義の泥沼から抜け出させ高潔廉直の狭い一本道に導くことであった。

しかしながら、ジョージ王朝の教養ある上流人士たちが自己内省をしたとき、それはもっと主観的な、自己愛的でさえある、色調を帯びていた。ボズウェルが著した類いの日記や自伝には、人々が自分の精神構造に一層拘泥し、気まぐれや感情を、抑えるのではなく、しばしば好き放題にさせておく様子が、示されている。多くの者は、もちろん、至福の青写真を手に入れることなく、内省意識を高めながらも（しばしば「イングランド病」と呼ばれた）憂鬱症に魅せられ中毒になるという大いに皮肉な結果に終わった。日記をつけること、黙読、そして恐らくプライヴァシー〔私的自由〕が拡大したこと（一般に家の中が小区分され部屋数が増えた）が内省を促す要因となった。

ジョージ王朝の人々は、陰気と厳粛を退けることが社交上の義務であると信じ、そして、個人的充足を求める権利があることを主張した。他の時代であればしばしば自己検閲にかかり禁じられたはずの陽気さと一種の戯れ感覚が伝染するかのように蔓延したことを、一般大衆の生活が如実に物語っている。それは、例えば、ユーモアあふれる墓石の時代であった。ウェストミンスター寺院に埋葬された片脚の喜劇俳優サミュエル・フットを追悼する墓碑銘は、例えば、次のようなものであった。

フットなる人物ここに眠る
彼が死んで数千の命が救われよう
なぜならば死神が今
墓穴に片足（フット）を突っ込んだからだ

〔訳注——原文二行脚韻。人名 Foote と足 foot の語呂合わせ。〕

普及した社交儀礼が人々に、おそらく自己を滅してということであろうが、陽気になるよう教えたのである。医師エラスムス・ダーウィンは怠惰な金持ちたちに上機嫌でいるよう申しつけることによって彼らの「飲酒癖および心気症」と戦うことを企てた。「陽気な気分になるにはそういう表情をしなければなりません。」倦怠に陥りそうなときには、活動が一番の治療法であった。「人間は何かしなければいけない……さもないと生きているのにうんざりして倦怠の餌食になってしまいます。」「万象の虚無」を感じないでいるための手段として、仕事は「楽しい活動の汲めども尽きぬ源泉」である、とダーウィンは考えた。功利主義道徳家たちの間では、美徳が「最大幸福」の本源として再規定された。美徳と悪徳は「全体の幸福を助成ないし逓減する行為の趨勢」そのものである、とジェレミー・ベンサムは論じた。

個人的満足の追求が形となって現れたのが経済的個人主義、各人が自分の労働と資本を行使して暮らしを立てるべきであるという格言、であった。「私たちの境遇を改善したいという欲求が世界を活性化する主原動力であり」それは「行動に移されると、あらゆる社会的美徳を生み出す」と論評したのは楽天家フレデリック・イーデンであった。経済を絵にすれば、利益に目を向け右往左往動き回る野心的男たちの図になった。「精神の欲望は無限である」とニコラス・バーボンは一六九〇年に論じた。

人間は当然のごとく高きを望み、さすればその精神は高揚し、五感は研ぎ澄まされて一層の喜びを味わう。欲求は拡大し、そして欲望は、稀でありさえすれば甲乙を問わずあらゆる望みの品で膨らみ、五感を和らげ、身体を飾り、人生の安楽と快楽と贅沢を助長する。

人間は欲しい物を必ず手に入れる欲張りである、という見方自体には何も新しいものはなかった。新しいのは、利己主義を、そして貪欲さえもを、罪深い反社会的なものとしてではなく、自然なものであり賞賛に値さえするものであるとして扱ったことであった。「万人がその境遇を改善するため一律に、恒常的に、不断の努力」を払うものと確信していたアダム・スミスは、神の摂理により、見えざる手により、利己主義的自由経済が国民に利益をもたらす、と信じていた。「個人の悪徳、社会の美徳」というバーナード・マンデヴィルの公式は、その厚かましさに憤慨する人も大勢いたが、多くの人がそれを生きる支えにした黄金律なのであった。

キリスト教的人間観および古典的人間観は、はるかな昔から、人間は生来堕落しているものであるとか弱いものであるという見方をしていたが、それが徐々に楽天的な見方に変わっていった。ジョージ王朝の多くの人々は、肉体の快楽を非難する興ざましな輩を嘲笑し、そういう輩は病的であるか嫉妬しているか悪意に満ちているのであると思っていた。清教徒は劇や小説の中で嘲弄の的となり、シェリダンの『悪評学校』に登場するジョウゼフ・サーフェスのような人物たちは嘲笑に値する偽善者というだけでなく途方もない偽善者であるとも見られていた。この時代の日記や手紙が示唆するように、多くの人々にとって、啓蒙運動時代のイングランドは、両親や祖父母が生きたしかつめらしい厳格な父権制の世界が終わったあとで、くつろいで、感情を率直に表して、ホッと一息つくことのできるひとときなのであった——それは、おそらく、疑念と不安と筋肉のきしみを特徴とする誠実ずくのヴィクトリア朝がはじまるまでの、つかの間のひとときであったろう。

ほとんどの人々の楽しみはまともで適度なものであった。陶製パイプで煙草をくゆらせる、クリスマスに特製プディングを食べる、説教本を漫然と読む、鱒を手づかみにする、家族を連れてそぞろ歩く、たまの日曜日に訪問客となる、自己陶冶を実践する、輪唱クラブで歌う、慈善演奏会を後援する、庭を耕す、といった静かな楽しみであった。その傍らで快楽主義的楽しみも大目に見られていた。トリストラム・シャンディー風の突飛な楽しみはお構いなしだった。「たしかに我が国は世界一多くの奇人変人を生み出す」とホレース・マン卿は、イングランドの奇人たちが得意げにホビーホース〔棒馬。棒の先端に馬の頭をつけた玩具〕を乗り回すのに気づいて、述懐した。ピーター・ラベリエール少佐は、一八〇〇年に死ぬときに、頭を下にして埋葬してくれるよう望んだ。世界そのものが常にあべこべだったから、という理由であった。エドワード・ワートリー・モンタギューは重婚となる婚約を二度まで結び、その後ローマカトリック教徒そしてイスラム教徒に転じた（その父は彼の相続権を剝奪した）。性倒錯者シュヴァリエ・デオンは上流家庭に歓迎される客であった。金持ちたちは懐古趣味の古めかしい建築物を造り、ドルーイド教団を復活した。

イングランドの礼儀作法には細かいことにこだわらない気楽なところがあった。外国人たちはそれを風変わりと思いながらも興味をもった。アディソンは儀礼に関して「好感のもてるだらしなさ」を勧めた（彼は架空のスペクテイター・クラブを作り、いかにすれば多様な気質の人々が仲よくやっていけるかを示した）。この世紀の後半にはトマス・ギズボンが「前の時代には私生活上の交際にまで影響を及ぼしていた妙に改まった冷淡なよそよそしさ、尊大でわざとらしい他人行儀な慎み深さ、が幸いにも放棄された」いきさつを述べた。ドイツ人モリッツは、社交界での交わりで、将校たちが「軍服を着用せず一般市民と同じ服装をしている」様子に注目した。正装礼服の礼式も堅苦しさが薄れた。サミュエル・カーウェンによれば、貴族院に登院してきたエフィンガム卿は「身なりも服装も平凡な田舎の農夫然としており、真鍮製ボタン付きの大きな外套は野良着風、髪は短くウェーブもかけず櫛を入れたようにも見えない、顔は、両手もそうだが、毛むくじゃらで貴族らしくなく褐色に日焼けしている」のであった。

厳格な儀礼が緩やかなものに変わったことで人間関係にも大きなゆとりができた。「堅苦しい形式など重要ではなく」とラ・ロシュフコーは述べた、

時間の半分以上、人はそんなものに注意を払いはしない。それゆえ、フランスの規準によって判断すると、イングランド人は、それも特に女性は、上品な挙措に欠けるところがあるやに思える。私がベリー〔セント・エドマンズ〕の社交場で出会った若い人たちは皆躾がなってないと言うしかない印象を与えた。彼らは小声で不明瞭につぶやき、口笛を吹き、大きな肘掛け椅子に座って両足を別の椅子にのせ、部屋にあるどのテーブルにでも構わず腰掛けるなど、その他諸々のことをしでかすのだが、フランスでなら嘲笑の的になるそういうことがイングランドではごく自然に行われているのである。

こうした形式張らない行動を促進したのは大都市の匿名性的性格であった。「世界広しといえども、ロンドンほど自分の思うまま、あるいは気のおもむくまま、にしていられる所は他にない」と牧師ウェンデボーンは思った。ハノーヴァー朝のロンドンはいよいよ国際都市化し、そこに移住してきた人たち――スペイン・ポルトガル系ユダヤ人、フランスから亡命してきたユグノー〔新教徒〕、ドイツ人、スイス人――は皆適当な棲み家を見いだした。

裕福な有閑階級の間では、性生活の表現と探究が以前よりあけすけになった。* 性衝動が解放され、性愛の喜びが次第に罪や恥から分離していった。性は、医師エラスムス・ダーウィンの見解では、「自然のなせる傑作、名作」「人間の至福のもっとも純粋な源泉、味気ない人生に風味を添える一滴の強壮剤」なのであった。ジョン・ウィルクスの下手な狂詩

人生ほかにこれといった楽しみなし
ただ数回の性交を愉しんで去るのみ

を注釈するかのように、ボズウェルは「現世の人間の愉しみで愛敬ある女性との誠実なる相思相愛関係の締結に勝る至福」なしと述べた。彼は自らの教えを実践した。それも、いそいそと。未だ若い遊び人であった一七六三年、彼は数々の武勲ならぬ性勲をあげたが、とりわけの自慢はセント・ジェイムズ公園で「ナニー・ベイカーという名の逞しい、ぽっちゃりした、気立てのよい娘を相手に……我が身を慰めた」ことであり、開通間もないウェストミンスター橋に娼婦を（安全な性交のため、コンドームをつけて）伴ったことであった。

ヘイマーケットの坂下で私は逞しく陽気な若い娘を引っかけ、彼女を小脇に抱きかかえてウェストミンスター橋に連れて行き、そこで、完全武装して、この高貴な建造物の上で彼女と一戦を交えた。この橋の上でテムズ川のうねりを下に見て気まぐれになにをいたすというのは大変愉快なことであった。

しかし、愛の女神ヴィーナスに捧げ物をした結果科学の神マーキュリーの投薬〔水銀剤。性病治療に使われた〕を受けることになった。ボズウェルは「淋病閣下」に二十回もかかったのである。にもかかわらず、性行為は医学および心理学を根拠に積極的に行うよう処方された。精液を体内に留めておくのは体に有害であると信じられていたからであり、未婚のまま年をとっていく女性たちは諺にもあるように欲求不満で不機嫌になると思われていたからである。「先日私は痛風が発病するのではないかと心配になった」とカーライル卿は書いた。「生活に女っ気がなさすぎるせいだろうと思う。いつもそうだというわけではないのだが。」浴場――高級な風呂屋兼売春宿――には、女遊びをする男たちを入浴させるという有益な副次的作用があったかも知れない。

＊ 下層階級が性生活に対しどういう態度をとっていたかについては、下層階級の子作り形態や家族形成形態とは異なり、証拠資料がはるかに少ない。

性は公開されていた。月並みな現実と見なされていたからである。この点ではロマン派やヴィクトリア朝に共通する愛の理想化とはまったく異なる。実際の性愛の代行となる卑猥な歌や猥褻な版画も出回り、それに眉をひそめる人はほとんどいなかった。フランシス・プレイスは若いころのありふれた春歌を記録した（もっとも、彼の考えるところでは、こういう歌は十九世紀初めまでに消滅しようとしていたのだが）。

ある晩劇を見ての帰り道
かわいい女の子に会った
バラ色の頬と窪んだ顎と
ロビンを匿う巣穴が一つ

名人漫画家ロウランドソンは猥褻な版画を数々彫ったが、そのうちの数点は摂政の宮〔皇太子〕のためのものであった（諷刺画家ギルレイはその皇太子の猥褻な漫画を描いた）。政治家たちは間断なく糞便趣味的諷刺の的になった。小ピットはボトムレス・ピット〔①底なしの穴、②不可解なピット氏、③下半身裸のピット氏〕（「女性以外の誰に対しても断固としてよそよそしい」）としてからかわれ、ウォルポールとジョージ二世は下着をおろし放屁排便する姿で描かれた。婦人流行服の主な特徴は大変に人目を引くデコルタージュ〔肩を大きくくった襟あき〕であった。性愛文学は、ジョン・クリーランドの『ファニー・ヒル』（出版業者ラフ・グリフィススに一万ポンドの純益をもたらした）から『けがれなき姦婦』『尼僧院のヴィーナス』『不貞の歓び』といった刺激的感傷物語や辛辣な姦通裁判の物語に至るまで、ほとんど歯止めなく増えた。新聞広告には男妾から媚薬、性病治療薬から堕胎薬に至るまで、さまざまな性関連商品が掲載され、品定めしながら街を歩く伊達男たちはジャック・ハリスの『女郎買いロンドン案内』といった類いの売春婦人名録を買うこともできた。性的能力は人前で自慢しうることだった。ヘル・ファイアー・クラブ〔地獄の業火クラブ〕、すなわちメドナム寺院、の会員たちは悪魔に取り憑かれたかのように飲めや歌えの乱行を繰り広げたが、サンドイッチ卿やらマーチ伯爵付き牧師ジョン・キジェルやらを含む会員たちがそれで社会的地位を失うことはなかった。「ウィルクスとリバティーニズム〔放蕩三昧〕」は「ウィルクスとリバティー〔自由〕」と同じくらい評判であった。一七六〇年代の〔ヨークシャー州北部〕ホイットビーのある石炭船は「フリーセックス」という船名であった。

漁色といえば、もちろん、男の世界であった。だが、少なくとも活気あふれるロンドンの社交界では、貴婦人たちは強い性欲とそれを満足させる権利とをもつのが当然とされていた。彼女たちは、ヴィクトリア朝時代とは違って、決して清浄無垢で何も知らない淑女に育てられたわけではなかった。なぜなら、『アリストテレスの最高傑作』といった類いの性の手引書が女性の間に広く行き渡っていたように思えるからである（そして、もしかすると若い人たちの間にさえ。フランシス・プレイスは学童のころそれを読んだ)。ロンドンの蠟人形館は女性生殖器の「教育的」展示品を陳列していた。そして、一七一七年十一月二十六日の『ノッティンガム週刊新報』は次のような内容を読者に知らせる広告を掲載した。

身体強健にして優れた官能用武器を有し付属品一切整備良好の有能な若い男性にセアラ・Yなる女性への夜の奉仕活動の謝礼として一晩につき金半クラウン洗濯済み敷布二枚その他必需品支給この不幸な女性最近九か月間夫が夫婦間平和調停装置使用不能のため余儀なく最後の手段に訴えるものなり。

これが人をかつぐものなのか本物なのかはともあれ、ジョージ王朝時代の率直さは比類のないものである。このざっくばらんな雰囲気の中で、性的嫉妬は抑制されていた。上流社会でのメナージュ・ア・トロワ〔夫婦とその一方の愛人との三人同居世帯〕はよくあったことで、妻と夫の愛人、妻の愛人とそれを黙認している夫、はしばしば相手に失礼とならない関係の維持に努めていた(二度と妊娠しないことを切望する妻は夫が愛人を囲うのを歓迎したかも知れない)。デヴォンシャー公爵は妻との間に三人の子をもうけ、同じ屋根の下に住むレイディー・エリザベス・フォスターとの間に二人の子をもうけた。妻は妻でグレイ卿との間に一子をもうけた。世慣れた男は妻の愛人に思わず決闘を申し込むというようなことはせず、他の人々から黙認されることを期待した。「私はしばしば彼と食事を共にした」と大主教ブラックバーンのことについてホレース・ウォルポールは書いた、

彼の愛人であるミセス・クルーズが食卓の上座につき、彼が別の女性との間にもうけた庶子で彼に瓜二つのヘイターが宗教儀式係として下座についた。ヘイターは後にロンドンの主教になった。人から聞いた話であるか

ら断言はしないが、ミセス・ブラックバーンは、死ぬ前に、ミセス・クルーズを同じ屋根の下に住まわせることに不満を言ったそうである。

一つ思い出した話がある。これは、いかに彼が世情に通じていたかを示すものであり、また、王妃ご自身が私の父に繰り返し語ったものである。王が最近ハノーヴァーに旅をしたときのこと、レイディー・ヤーマスが渡って来る前のことだが、この大主教は同席していた王妃に向かって言ったそうだ、「王妃様、私はあなたの下僕（しもべ）であるウォルポールとつい最前まで一緒に居りましたが、彼が私に申しますように、あなたは賢明な女性でありますから、どうかご主人が愛人をもっても気になさいますな」と。

上流社会の人々は醜聞を大いに好みはしたが、十分世故に長けていたため、その危険に身を晒すようなまねはしなかったのである。

性に関することで、世の中そういうものであると考えられ大目に見られていたことが幾つかあった。女中は戯れの恋をする男たちにとってのフェア・ゲーム〔狩猟しても違反にならない獲物（えもの）〕である、と当然のように思われていた。ジェントルマンは、その結果生まれてくる私生児が生きていけるように準備を整えてやる限り、粋な男と思われた。女性は明らかに迷惑を受ける被害者であったが、言いなりになったり積極的に求めたりする女性も多かったようである。若き日のウィリアム・ヒッキーは十歳のとき初めて女中のナニー・ハリスに言葉巧みに誘われて童貞を失った。彼の記憶に残る初期の出来事の一つは、ある朝目覚めると自分がナニーの両脚の間に居て「片手を愛の中心地に置いているのだが、それは彼女がそこに導いたものに間違いない」というものであった。ヒッキーやボズウェルのような男たちが、売春婦とはまったく別に、堅気の女性たちの中から相手を得ることは少しも難しいことではなかった。女優や踊り子は性関係にだらしがないと当然のように思われていたし、多くの女性が奉公人ないし妻でいるよりもジェントルマンに愛人として囲われているほうが幸福であると感じていたことは明瞭である。グレイス・ダルリンプルやファニー・マリーといった高級売春婦、高級娼婦は名声と尊敬を得、一流画家たちのモデルになって大いに珍重された。貞操観念のない女性たちは自動的に世間から蔑(さげす)まれ、のけ者扱いされたわけではない。一七八〇年代にフランシス・プレイスの親方であったロンドンの膝丈(ひざたけ)革ズボン製造業者ミスター・フランスには、三人の娘がいた。

長女は当時、そしてその昔数年間も、名うての売春婦であった。末娘は、十七歳前後であったが、優雅な貸し間住まいでジェントルマンたちを客に迎えていた。そして、次女は……東インド航路の船長に囲われ、船長が居ないときにはご多聞に漏れず浮気を愉しんでいた。

プレイスもフランスも女たち自身もこの状況に当惑していなかったことは明らかである。公人たちも一般に愛人を囲い、グラフトン公爵がナンシー・パーソンズを連れ歩いたように、人中に愛人を連れ歩いた。ホガースの連作版画にもかかわらず、あらゆる売春婦が悲劇的経過を辿ったわけではなかった。ミセス・ヘイズという上流階級用売春宿の経営者は店をたたんだときには二万ポンドを貯えていたと評判であった。偉大な人物たちが時には愛人と結婚することさえあった。コヴェントリー伯爵はメアリー・ガニングと結婚し、ハミルトン公爵は彼女の妹エリザベスと結婚した。稀ではあるが、その逆が起きることさえあった。ロッキンガム卿の妹であるレイディー・ヘンリエッタ・ウェントワースは彼女の従僕と結婚したのである。

私生児の出産には依然として不名誉の烙印が捺されはしたが、婚姻外の出産は上流社会では見て見ぬふ

りをされた。「夫婦生活の不人気は実に嘆かわしい」とレイディー・メアリー・ワートリー・モンタギューは息巻いた、

昔は若い男性が蔑んだそれを、このごろは若い娘が蔑む。両性ともにその不都合を発見してしまったし、上流の若い女性たちの中にも不身持な放蕩者がたくさん見い出されるかも知れない。「女王付きの未婚の侍女誰それがお産を見事に乗り越えた」と聞いても誰一人驚きもしない。

私生児は、公に父親から認知されて嫡出の子と一緒に育てられることがしばしばあった。チェスターフィールド卿が『手紙』を書き送った息子は私生児であった。医師エラスムス・ダーウィンは非嫡出の二人の娘を学校の教師にしてやり、嫡出子より庶子のほうが（思い上がることが少ない分だけ）幸せに育つことに注目した。あの敬虔なジョウゼフ・アディソンがウォリック伯爵夫人との間に一子をもうけ、レイディー・ハーリーは数々の愛人たちとの間に数々の子どもを生んだと評判になり、その子どもたちは「ハーリー家雑録集」の名で知られた。第十代ペンブルック伯爵は二人の愛人との間に子どもをもうけた。その非嫡出子の一人である息子は伯爵の跡取り息子や伯爵夫人と親密な仲になった（しかしながら、夫人はこの私生児たちにハーバートの家名を継がせるべきではないと主張した）。私生児たちが恵まれた結婚をすることもあったろう。サー・エドワード・ウォルポールの非嫡出の娘はウォールグレイヴ卿と結婚し、彼が死ぬと、ジョージ三世の弟グロスター公爵と結婚した。

不品行も、慎み深く上流社会に相応しいものであれば、見て見ぬふりをしてもらえた。ミセス・テリーサ・バークリーはシャーロット通りに笞打ちで性的満足を与える売春宿を経営していた。そして、十八世

紀末のロンドンには女性の鞭打（べんだ）クラブが少なくとも一つはあった。男色は依然として死刑に値する罪であったが、ロンドンに男色者用のクラブや売春宿（「モリー・ハウス」）が一つならずあることは公然の秘密であったし、親戚友人に有力者がいれば男性同性愛行為をしても訴追される危険はほとんどなかった。しかしながら、ウィリアム・ベックフォードなど悪名を馳せた同性愛者たちは、先々を配慮して、外国へ行くなり田舎の人目につかない所に引きこもるなりしたのであり、平民の同性愛者たちは、特に軍隊では、発覚すれば残酷な刑罰を受ける危険があった。

仮装舞踏会が、例えばカザノヴァのかつての愛人であったミセス・コーニリスがソーホーで催したものなどが、情事の相手を見つけるための隠れ蓑であることは、よく知られていた――「この好色な集会の目的は密会の約束を取りつけ不義密通に到るという、それ以外のなにものでもないようである」。ロンドンには売春宿その他の快楽宮が満ちあふれていた。例えばミセス・ヘイズがペルメルに経営していた売春宿はイスラム教国の妻妾部屋かと見まごうもので、そこでは十二人の美しく若い女性と十二人の若い男性の間に繰り広げられるタヒチ風の「愛の祝宴」とか、裸踊りといった余興が演じられていた。ルエは街娼を六ペンスで手に入れることができた。もっとも、高級娼婦と浴場で一晩過ごすとなれば六ギニーはかかる、とカザノヴァは思ったが。ロンドンには一万人を上回る売春婦がおり、それが劇場や街頭で公然と商売に励んでいたのである。「夜の女たちは」とジョン・マッキーは書いた、

ロンドンの下級判事たちを困らせることがほとんどないように思える。だが、その数はパリより多く、厚顔無恥なる無礼の数々はかのローマ以上。日が暮れるころになると彼女たちは五、六人ずつ連れ立って町中の大通りに繰りだし歩道に一列に並ぶ。ほとんどの者が実に上品な身なりをしている。安宿を隠れ家とし、粋客をそ

こに迎える。こういう家には必ずそのための部屋が一部屋別に用意してあるものだ。列を成して並ぶ彼女たちは皆昼日中でも通りがかる人々に声をかけ客引きする。それも、とりわけ、外国人に。この商売はおよそ非合法とは考えられていないため、とにもかくにも有名な者たちの名簿が街頭で公然と声高に呼び売りされる始末である。この名簿には多数の名前が載っており、その住所が記載されている。

満足を得られなかった客が晒し台にかけられて身動きできないでいる売春婦に意趣返しするということも時にはあったが、売春婦を街から追放しようとする風紀改善協会の試みは一般の支持を得るには到らなかった。

都会人や金持ちの風紀を取締まることに国も教会も世論もさほど熱心ではなかったこのくだけた――あるいは、だらけた――雰囲気の中で、行動の自由を一番楽しんだのは裕福な男たちであった。しかし――例えば、自由の身に生まれたイングランド人の生得権とか、人間〔男〕の権利とか、そしてメアリー・ウルストンクラフトが抗議したように、女の権利とか、最大多数の最大幸福、といった標語に示されている――平等な扱いを求める他の人々の権利もまた認められようとしていた。世論指導者たちは、思いやりと同情心に溢れ他人の欲求や感情に敏感な人間でありたい、と思っていた。奉公人など身分の低い者たちや子連れで遺棄された女など不幸な身の上の者たちの窮状を、声を大にして訴える抗議がたくさんあった。悪人は、昔は無条件に罵られたものだが、今や社会改革者たちによって微細に検討される対象となった（何が原因でこういう人々は悪に走るのだろうか、と彼らは質した）。小説家で下級判事のヘンリー・フィールディングは、道徳を強調するだけでは的はずれである、と論じた。なぜなら、貧しい少年は「どうしようもなくて泥棒に」なるのであり、「その姉や妹も同じ理由で売春婦なのである……この哀れな子どもたちが悪習の末に売春婦になったなどと誰が言えようか。そうではないのだ。この子たちは若く、保護者もなく、そして女性であるがゆえに、売春宿の女将や放蕩者の餌食になるのである」と。多くの人々が、ルソーに倣って――ある者は衷心から、ある者は流行に追随して――上流階級のうわべだけの虚飾に対する嫌悪の念を表明した。自然の恵み、天真爛漫、純朴、こういう――労働者階級の人々は人工の腐敗した文明の重荷に耐える「自然の」魂であるという、周知の「原始主義」観を褒めそやす――言葉を並べて人々の気を惹くことができた。一七八二年には『ジェントルマンズ・マガジン』でさえ次のように熟考した。

炭坑夫、服地製造業者、塗装工、鍍金師、採鉱夫、ガラス製造業者、製鉄、製錫、製鉛、製銅諸業者、彼らは我々の必要を満たすなり我々の趣味嗜好を満足させるなりする間に、健康を害し、寿命を縮めている。

こうした類いの見解がジョナス・ハンウェイなどの慈善家に道を拓いた。彼は、社会の犠牲になった人たちを援助する運動を起こし、「私たちは、子どもが、労働者になるべく生まれてくる子どもであっても、公爵領を相続する子どもと分け隔てなく、ありふれた生活必需品が欠乏するため死んでゆくという事態を放置すべきではない」と主張した。

だが、これを鵜呑みにはできない。搾取される人たちや不運な人たちや苦しむ人たちのために流す涙は惜しみなく出たが、しかし、同情に金はほとんどかからず、それが行動に移されることもごく稀であった。憐愍の情は、心やさしい人々の優越感情の表明であり、良心の咎めの緩和剤であった。教会の礼拝式への人の集まりがあまりよくない時代であったから、人道主義的そぶりをすることが精神安定剤となりえたのである。少数ながら感銘を受ける者もいることはいた。「イングランドの宗教は、都市においても、もっとも小さな村においてさえも、病める人々のための病院に、貧困者老人男女の保護施設に、児童の教育のための学校に、体現されている」とプレヴォウは書いた。だが、多くの人々はこうした情け深さが欺瞞にすぎないと思っていた。「当節はどこもかしこも人道の大安売りさ」とサー・ジョン・ホーキンズは一七八七年に冷笑した。しかし、同時代人たちは貧困な人道主義を告発するにやぶさかではなかったが、実のところは一般の意識と行動が変わろうとしていたのである。

その影響をもろに受けたのは——いやでも影響を受けざるをえない集団として最大の——子どもたちであった。それまでのところ、子どもというものは、その膨大な数にもかかわらず、あるいはその膨大な数ゆえに、注意を惹くことがほとんどなかった。人口の約四分の一が十歳未満であった。子ども時代は、伝統的に、人生のうちで、さほど注目されることなく過ぎてしまう一段階であった。カルヴィン主義の考えでは、人間は原罪を負って生まれてくるものであり、鍛えて従順な理性ある存在にする必要があるものであった。未だ社会生活の慣習も理性も身についていない子どもというものは、大人と同席するなどもっての外であった。ところが、これががらっと変わったのである。ロックからルソーまで（ルソーの教育に関する著作は口先だけ大いにもてはやされた）、自由主義的宗教と啓蒙的教育学の信奉者たちは、子どもは穢れない自然人でありそれゆえ合理的に考え社会慣習に則して行動する潜在能力を有している、と論じた。少なくとも上流社会では、子どもの感情や可憐さや望みに関心が寄せられるようになり、それらが尊重されるようになった。幼少期には氏より育ちが大切であるとする新たな規範ができあがり、教育が重要度を増し、親と子の関係や先生と生徒の関係の心理学が注目された。とりわけ重要なことは、裕福な家庭で親が目立って子を誇りにしはじめたことである。例えば、子どもの肖像画が突然流行した（レノルズは最高百五十ポンドまで報酬をつり上げることができた）。夫婦は一層子ども本位になった。「うちの母は自分の子どもたちに対し立派に振舞った人ですが、もし一つ欠点を見つけるとするなら、それは甘やかしがすぎること、世話を焼きすぎることでした」と「パーディタ」・レノルズは書いた。リチャード・スティールは息子を自慢して「私たちは実に仲のよい遊び友達です」と言った。旅行者たちは、例えばアンリ・ミッソンは、上流社会における子どもへの新たな注目は特筆に値する、と思った。

イ、ン、グ、ラ、ン、ドの人々は幼い子どもたちに異常なほどの注意を払い、いつも褒めそやし、いつもやさしく抱きしめ、いつも子どもたちのすることに拍手を送る。少なくとも私たちフ、ラ、ン、ス人にはそう見える。私たちは子どもがものごころつくとすぐ叱りつけるわけだが、それは小さいとき畏怖させておいて大きくなったらやさしくしてやるのが一番よい子育て法だと考えるからである。

ウェスリー派など集団で笞打ちの効果を信じ続ける人々もいたが、啓蒙された親は笞をしまい、代わりに、言ってきかせ、なだめすかし、やさしくすることに努めた。幼児は抱かれ甘やかされることが多くなった。愛情が権威を宥めたのである。「当地の親は一般に、それどころか、下層階級の親でさえ、子どもにはやさしく、甘やかすように思える。そして、我が国〔ドイツ〕の一般大衆がするような、殴ったり痛烈に叱ったりして悄然とさせてしまうようなまねは、しない」と牧師モリッツは記した。ヘンリー・フォックスは、息子の長髪が気にくわなかったときに、辞を低くして懇請せざるをえなかった。「私が望めば髪を切ってくれるということだったよね……。どうだろう、ひとつ切ってもらえると大変ありがたいのだがね。」こういう語りかけは百年前には考えられないものであった。しかし、フォックスは他人の自由を認める態度をとることで評判の男であった。次の息子チャールズ・ジェイムズが時計を床に叩きつけて壊すような悪さをしたとき、「どうしてもやるというなら、仕方ないと思うよ、私は」というのが、この父親の大層ルソー的な反応であった。チェスターフィールド卿が息子に宛てた手紙の書き出しは平等主義の、尊敬をこめた、「親愛なる友よ」であった。幼年時代が新たな特権を与えられた印として、子どもは、成人の縮小版としての服装をすることが減り、ゆったりした、堅苦しくない服を着てもよいことになった。良家の人々は幼い子どもたちをスーキー、ジャッキー、ディッキーなどの愛称で呼びはじめた（もっとも、第一子に愛称がつけられることは少なかったが）。一七七五年にジェイン・オースティンが生まれたとき、その父親は書いた、「この娘はジェニーと呼ぶことにしよう……ヘンリーとかキャシーがネディーと呼ばれるようなものだ」。

子どもは消費の中心にもなり、特に玩具の需要がとんとん拍子に増えた。本、おもちゃ、教材が市場に大量に出回った。輪回し、トラップボール、バーリーブレイクなど昔からの遊びが教育的玩具に取って代わられようとしていた。例えば、ウォリスの「子どもが愉しむ教育カルタ」には向上心を起こさせる次のような教訓が詰まっていた。

揺り木馬はあなたが下す
命令どおりに走路を走る
子どもは友だちに従い
言われたことをやりましょう

この新たな風潮である子どもへの注意には、安易な評価を寄せつけないところがある。幼年時代を「発見した」のは上流社会であるが、その発見をしたのは大人であった（子どもたちはそれをどう思ったであろう）。「幼年時代の発見」には、新たに強調された家庭環境の中で子どもを甘やかす新たな機会をもたらしたにすぎない面があった。幼年時代を清浄無垢と見る考え方が数々現れたが（「無知が祝福される世界では、知恵あることは邪悪である」とトマス・グレイは書いた）、しかし、それがそれなりに有害たりえたのは子どもを本来罪深いものとする神話と少しも変わらないのである。新しい見方は、子どもを子どもらしく、大人を大人らしく、した。以前はよそよそしく放置されていた子どもが、今は、何が子どものためになるかという、大人の押しつけがましい考えに生活を脅かされるようになった。例えば、「地理と博物誌」がぎっしり詰まったミセス・バーボールドのしかつめらしい学習本は、「昔からの子供部屋の名著をすっかり追放してしまった」——とチャールズ・ラムは不満であった。

十八世紀から、今に至るまで、子どもという集団は、大人との違いと自律性とさまざまな権利を認められた、注目の的となってきた。同じことが当てはまる集団は他にもあった。貧困者たちの苦しい生活がいよいよ悪化したため、フレデリック・モートン・イーデンなど社会調査の開拓者たちは、彼らの研究を進め一層の危惧を表明した。狂人や不具者をからかうことは悪趣味なことになった。笑うべき相手ではなく、可哀想に思い治療を施してやるべき人々なのであった。パリではルイ十五世暗殺未遂犯ダミアンが拷問の末死刑になったのに対し、ジョージ三世の暗殺を企てた者たちは精神異常を宣告されベツレム病院に収監されたことに、ソフィー・フォン・ラ・ロッシュは注目した。高貴な野蛮人を礼賛することも、特にクック船長など南太平洋を航海してきた者たちがタヒチ人オマイといった第一級の凛々しい実例を連れ帰ったりエデンの園ともいうべきポリネシア報告をもたらしたときに、人気を集めた。未熟な白人中心主義は、中国あるいはインドの堂々たる文明を知ることで動揺をきたし、異なる社会道徳観を承認することになった。奴隷貿易反対運動がはじまり、一八〇七年になってその成果を挙げた。ウェッジウッドは大きなメダルを鋳造し、鎖に繋がれたアフリカ黒人奴隷の絵模様の上に「人は皆兄弟ではないのか」と銘を刻んだ。そして、イングランド人は、すでに愛玩動物には溺愛していたわけだが（ホガースのパグ〔愛玩犬チンの一種〕、グレイの猫セリーナ、ドクター・ジョンソンが牡蠣を食べさせていた飼い猫、が思い浮かぶ）、自分たちが動物を無情に扱っていることに、ようやく疑問をもちはじめた。一七五一年、ホガースは動物虐待を暴く連作版画を作り、それについて次のように書いた。

「残酷の四段階」は、あの哀れな動物に対する残酷な仕打ちを少しでも予防できればと望んで作ったものであります。ロンドンの通りを歩いて動物が虐待されるのを見るほど不愉快なことは他にありませんし、その様子を描くだけでも胸が痛みます……。この作品に私は大変満足して居りますし、私の全作品の中でこの「残酷の四段階」の連作ほど誇りに思い、また満足に思うものはありません。なぜなら、この作品の発刊によって、かつては残念ながらこの国に蔓延しておりました悪魔的残虐精神が抑制されてきていると信じるからであります。

非道な偏見が薄らいでいった例は他にもあった。ユダヤ人いじめが大方減退した。フランシス・プレイスが一七九〇年代に記録したところによると、彼の記憶にあった「野次られ、追い回され、平手で殴られ、顎髯を引っ張られ、唾（つば）を吐きかけられ」ていたユダヤ人たちが今は「安全」になった。それは、彼が思うところでは、「ただユダヤ人であるというだけの理由で侮辱してやろうという気になる少数の者どもが通行人から袋叩きに遭い警察から処罰される危険がある」ようになったからであった。

だが、この人道主義の進展そのものを評価するに当たっても、気をつけなければならないところがある。社会の被害者たちが大いに人々の哀れを誘い罪悪感を呼び起こしたのは、まさに彼らがそれまで以上にひどい搾取にあっていたからであろうと思えるからである。労役用の家畜はさらに酷使され、奴隷貿易はかつてないほど忌まわしいものになった。輸送中の奴隷は病気になると生きたまま船から海に大量に抛り出された。保険金のために。愚かな無神経のため無用な苦しみを生むこともあった。諸外国では煙突の煙道掃除にブラシを使ったが、イングランドでは少年を使って煙道を昇らせた。新しい工場では安全装置のない機械が若い工員の腕や脚をもぎ取る悲惨な事故が発生した。そのうえ、現状を擁護する人々が述べたように、義による虐待反対運動を推進する人たちが必ずしも真っ向きって非難を投ずるに一番相応しい立場にいたわけではなかった。植民地における奴隷貿易に反対した人々は屢々にして国内で「奴隷を酷使していた」製造業者であり、その多くはクエーカー教徒であった。

同情は、相手を選んで寄せられた。孤児、売春少女、傷痍軍人など脅威とならない無害な下位集団や僅かばかりの「社会から見捨てられた不運な人々」の生活改善にはさまざまな慈善的施しが向けられたが、労働者階級と貧困者は全体的に救済を受けることがほとんどなかった。そのうえ、いくつかの債務者保護法を別にすれば、弱者保護対策が立法化されたことは実際上一度たりともなかったのである。そして、可哀想な人たちに威厳を、という触れ込みの慈善行為が、彼らの威厳を平気で損ねることもできたのである。自家用奴隷は、時に仰々しく解放されることもあったが、通常は、結局のところ自家用召使いとなるのが関の山で、ゼノンとかソクラテスとかポンペイウスといった恩着せがましい愛称で呼ばれて、そこから脱け出せないのであった。不運な人々の世話を焼くということは屢々にして彼らを監督することになりがちであったし、人道主義は屢々にして支配を拡大する手段になりえた。

時が経つにつれて、イングランド人は、自分たちが重大かつ加速度的な変化の時代に生き参加しているのだ、という意識を強めていった。大部分の人々は、自分の目で見るものを誇りに思った――そして、そうした変化を見るにつけ、それを記録に留めたいと思った。自然や都会の風景、邸宅、品評会で入賞した雄牛、血統の明らかな名門家族などの版画に人気が殺到した。「イングランドを旅していると」とデフォーは一七二〇年代に賞賛の筆致で書いた、

よくもまあと感心するさまざまなものが目に飛びこんでくる。どこへ行っても、どこを見ても、何かしら新しいもの、何かしら意義深いもの、何かしら旅人を留め作家の注意を惹くに値するものを目にし……

（そして、クリストファー・ヒルが述べたように、デフォーの時代には「私たちはすでに現代世界入りしている。銀行と小切手、予算、株式取引、定期刊行物、コーヒー・ハウス、クラブ、コフィン〔露天掘り鉱石搬出装置〕、顕微鏡、速記、女優、雨傘、の世界に」。）

時代は変わりつつあった。『ジェントルマンズ・マガジン』は一七五四年の記事で、デフォーを思い出して、こう書いた。「三十年前にイングランドを隅なく旅して回ったその人が今もう一度同じ旅をしてみれば、魔法にかけられた国にいると思うであろう。今のイングランドは、ボルネオやマダガスカルとは似ても似つかぬように、往時のイングランドとは隔世の観を呈している。」国民は軍事的戦線を失った。一般人が剣を帯びることは少なくなり、帯びても装飾的なものになった。ロンドンの城門――クリプルゲイト、ラドゲイト、オールドゲイト、ムーアゲイト、ニューゲイト――は一七六〇年代と一七七〇年代に、洪水のごとく押し寄せる車馬の流れに対応すべく、取り壊された。人間は史上初めて空気を制覇した。一七八

五年にホレース・ウォルポールは「今日はさらに三つ気球が浮かぶ」とこともなげに言った――それは気球が初めて海峡を横断飛行した年であり、そして、間もなく急送駅馬車は「気球駅馬車」の愛称で呼ばれるようになった。バルーニング〔気球に乗ること〕は、ご多聞に漏れず、すぐ商業化され、それが上昇するところを眺めるのにも入場料が課せられた。人々は、最新情報に遅れをとってはならじと、しきりに情報を買い求めた。読み捨てられる読み物――新聞、小冊子、定期刊行物――が聖書やホラティウスや『フォックスの殉教者伝』といった古典的名作と競り合った。

改良は至る所で進んでいた。一七五四年には六日を要したニューカースルからロンドンへの旅が、一七八三年までにたった三日になっていた。マンチェスターからロンドンまでの旅は一七五四年には四日半を要したが、それが一七八八年までに二十八時間に縮小されていた。そして、人々の思いは未来のことで塞がれるようになった――たいていは熱い期待をこめて、時には悪い予感を覚えて。一七九〇年代にフレデリック・モートン・イーデンは工業技術の変革を次のように推賞した。

機械の知識に関して言えば、おそらく我々は未だ幼児期にあるのであり、産業の作業工程を短縮するための多くの発明が、今はごく普通に実用化されているけれども、五十年前にはまったく知られていなかったことを考えると、今から五十年後には、何か新しい機械装置が考案されるやも知れず、それに比べれば蒸気機関やジェニー紡績機など、今はどれほど素晴らしいものに思えようとも、取るに足らぬ微々たる発見にすぎぬと判断されることになるであろう、そう推測しても決しておかしくはないのである。

イングランド人は現実的で実際的であることを自慢にしていた。「ここで我々に課せられた仕事は、あらゆる物事を知ることではなく、我々の行為にかかわる事を知ることである」とロックは教えたことがあった。さまざまな発明は労働を単純化するために、生産を促進するために、隘路に迂回路を通すために、考案されたのである。エラスムス・ダーウィンやリチャード・ラヴル・エッジワースなど創造力豊かな人々はいともたやすく発明した。自家用馬車、灯油ランプ、農機具、運河の水門などが彼らの頭脳から流れ出た。この世紀の初めにチャールズ・ポウヴィーは全面的に広告に依存する〔購読無料の〕新聞、〔火災保険会社の〕火災救助隊、消化用水袋、タイプライターを思いついた。一七五〇年以後になると、技術変革は矢継ぎ早やにやってきた。繊維産業では飛び杼、ジェニー紡績機、水力紡績機、クロンプトンの精紡機、カートライトの力織機があった。ニューコメンの頑丈な蒸気揚水機が採掘坑の排水をし、一方では別個の凝縮器を備えたワットの蒸気機関が燃料を節約するとともに、その回転形式で、機械操作の動力供給に応用された。コークスによる鉄の熔解は乏しい木材を豊富な化石燃料で代えることを可能にした。水車工学は実験効率の模範となり、そして、ジョン・スミートンは燈台の構造設計を完成した。一七五八年にはリチャー「改良型バーミンガム大型四輪馬車」が横腹に「摩擦絶滅」と誇示した。一八〇一年までにはリチャード・トレヴィシックが蒸気機関乗用車を路上で走らせていた。科学器具でも長足の進歩が遂げられた。そのうちでもっとも輝かしいものはジョン・ハリソンの経線儀で、これが経度測定という昔からの航海術上の難問を解決したのである。

創意工夫が大流行した。「ほとんどすべての親方職人や製造業者が、自分の新発明を一つは有し、そして日々他人の発明に改良を加えている」とバーミンガムのディーン・タッカーは一七五七年に書いた。「イングランド人は機械工学の点で優れている」とルイス・シモンドは十九世紀初めに祝意を表した。「世界広しといえど、人間の天分とも言うべきあの科学がかくも多方面に応用されている国はおそらく他にないであろう」。しかしながら、ウィリアム・ブレイクは、機械〔machine〕は現代性の諸悪の象徴そのものであると、予言者として、不信の念を抱いた。「それは人間性と芸術を破壊する。策謀〔Machination〕という言葉があるとおり。」

もっとも予言的な発明品はパワー〔力、動力、権力〕を増大させる発明品であった。一七八三年にジェイムズ・ワットは彼の蒸気機関の出力測定単位として「馬力」という言葉を作った（馬が相変わらず力の指標であったことは意義深い）。そして、彼の協力者マシュー・ボウルトンは、「私はね、世界中が欲しがるものを売ってるんですよ。パワー〔動力、権力〕を」とボズウェルに自慢した。「ロンドン、マンチェスター、バーミンガムの人々は皆蒸気機関車に夢中である」とボウルトンは一七八一年に断言した。一七八八年にはサイミントンの蒸気船が史上初の実用蒸気船として登場した。エラスムス・ダーウィンは予言した。

無敵の蒸気よ！やがてお前の腕が遠くまで
平底荷船をゆるりと牽引し　車を疾駆させ
大きく広げた両翼に戦車を乗せて羽ばたき
空気の広野を翔ぶ　そんな日がくるだろう
——意気揚々たる戦士たちは身を乗りだし
大空を行きながら得意気にハンカチを振り
群衆は頭上の戦士団に茫然自失し不安がり
そして地上の軍隊は雲蔭で身をすくませる

家庭用新案道具も何十となく実用化、あるいは少なくとも意識化されるようになった。摩擦マッチ、雨傘、現代的歯ブラシ（ウィリアム・アディスの意匠）、煙を出さない煙突つきストーブ、特許台所用レンジ、アラームが鳴ると自動的にロウソクに灯をつける目覚まし時計、ベルを鳴らす引き綱、補助給仕用テーブル、換気装置、アルガン灯（フランスの発明品）、ぜんまい仕掛け揺り籠、ペアーズ洗顔石鹼、安息香チンキ、ミスター・シュウェップの清涼飲料――こうしたものが家庭に入り込んでいった。のちに政治革命論者になったトム・ペインは無煙ロウソクや鉄の吊り橋を実験した。万年筆、望遠鏡式伸縮自在燭台、ローラースケート、特許運動器具などの原型が現れた。コンドームがイングランドに初めて登場した。重く、危険な、頭上の、ロンドン街路標識が除幕披露された。一七七〇年代から家屋の番地づけがはじまり、ロンドンの通りでは一八〇五年からそれが義務化された。一七七八年にはジョウゼフ・ブラマが優れた浮き玉栓水槽トイレを発明して特許を取り、一七九七年までに市場で六千を捌いた。マートンのネルソン邸では、五つの寝室のそれぞれが続き部屋の化粧室に水洗トイレを備え、他に洗面台と洗面器、鉛製蛇口つき水槽、そして召使いに湯を入れさせる浴槽をも備えていた。

裕福な人々は家屋敷を最新の異国風物品で飾った――ペットの猿、鸚鵡、金魚、フクシア〔植物〕、アカシア〔植物〕、パイナップル、フォークランド諸島産ヴェロニカ〔植物〕、日本の椿、そして、東洋の翡翠製装身具。大英帝国の拡張に伴って衣服の流行や建築様式が大変実験的なものになった。外国人たちは、鰯や薫製ニシンからスティルトンチーズ〔英国産の味の濃厚な黴入り白色チーズ〕まで、以前のイングランドでは知られていなかった珍味を味わった。あらゆる即席食品の父たるサンドイッチが登場した。「お茶の時間にでる切片のバターつきパンは芥子の葉のように薄い」と牧師モリッツは彼のもっともイギリスびいきの口調で作り笑いして言った。「しかし、切片のバターつきパンを火の前で焙る比類ない方法がある。

一枚ずつとってそれをフォークで火にかざすと、やがてバターが積み重ねた切片の全体に染み込んでいく。これをトーストと呼ぶ」。

一七五一年、イングランドは——やっとのことで——グレゴリオ暦を採用した。旧ロンドン・ブリッジは一七六〇年に取り壊された。街路照明と下水設備が改善された。川に架かる世界初の鉄橋が一七七六年コウルブルックデイルに建設された。最初の全国医師登録簿が一七七四年に作られた。英国陸地測量部が一七九一年に創設された。英語が、行政用語として、徐々にラテン語に取って代わるようになった。この世紀の初期からロンドンには独自の地元一ペニー郵便制度があった。そして、他の都市がのちに同様の制度を採用していった。ラフ・アレンは、国の隅々にまで郵便物が届くことを保証するための、全国郵便配達制度計画の先駆者となった。のちにはジョン・パーマーが、一層の安全と時間厳守を確保するため、駅馬郵便配達人を廃して郵便馬車を採用した。変化は、手短かに言えば、至る所に見られたのである。

このように漸増する発明と改良は——合理的、技術的、科学的、工業的——進歩を求める集団願望を生み、一般の想像力はその虜になった。人間が自然を征服する、と広く吹聴された。陶器職人ジョウサイア・ウェッジウッドは科学的方法に自信を抱いた。「実験に勝るものはない。」その友人であるジョウゼフ・プリーストリーは科学の実利面を強調した。「知識が、ベーコン卿の言うように、力である以上、人間のさまざまな力が実際に増大されることになるだろう。自然が、その資源も法則も含めて、もっと我々の意のままになるだろう。」技術協会（一七五四年創設）など諸団体が改良促進を図った。上流階級から資金援助を受けるこの任意協会は発明家に、発明品を特許にしないという条件で、報償金を与えた。賞金は主に農業、自由学芸、手工芸の改良に対して与えられた。一七七〇年代には早くも変容する重工業の将来性に注目が集まるようになっていた。農業改良協会が続々誕生した——その数は一八〇〇年までにおよそ五十に達し、機具の改良、健全な経営、模範的労働者に報償金を提供した。独自の機関誌を発行するところもあった。巡回講演者たちが科学知識を涵養する気持を広めた。

この世紀の三分の二が過ぎたころから、それまでにあったロンドンの王立学士院の外に、新たに地方に科学協会が生まれ、例えば非公式のバーミンガムのルナ・ソサエティーやマンチェスター文芸哲学協会（一七八一年創設）など、地方における知識や文化の公開討論の場となり、科学への関心を喚起し、製業者の向上に資した。こうした地方協会の（全員男性）会員たち――ルナ・ソサエティーにはガラス製造業者ジェイムズ・キアーや医師ウィリアム・ウィザリングがいた――は素人の科学愛好心に留まらず、全員が人道主義の精神を旗印に製造業、農業、医業における実用的改良に携わり、この精神を推進するには資本主義的産業を普及するに如くはないと考えた。王立学士院は活気に欠けるところがあったが、国のあちらこちらで数千人の熱心な余暇研究者たちが観察、蒐集、実験に励んでいた。一七九八年、マルサスは

この数年間に自然科学で生まれた偉大な発見や思いがけぬ発見の数々、印刷技術の伸展による一般知識の漸進的普及、学識のあるなしにかかわらず社会全般に広まる熱心かつ束縛なき探究心

を賛えることができた。

前世代の人々は過去に目をやることに慣らされていた――牧歌的素朴さに理想を、あるいは使徒教会の真理に権威と優先権を、あるいは英国憲法の不文律の規定を、捜し求めることに。十八世紀の人々は現在に――そして次にはその先の未来に――はるかに多くの視線を集中した。楽観的に、進歩を信じ、人間は完全になりうると信じ、そして、幼児の世話から穀物の輪作に至るまで、時には新しいもの至上主義で、

熱心に新しい方法を試すのであった。あの気むずかしいギボンでさえ誇りを捨てて「世界は各時代時代に人類の本当の富と幸福と知識とおそらくは美徳を増してきたのであり今も増しているという満足な結論にやむをえず同意」したのである。

もちろん、新しいものにすぐ飛びつく風潮は信用できないと考える頑固な保主主義者たちは、変化を批判した。ドクター・ジョンソンは、タイバーンでの公開処刑が一七八三年に廃止されたことで、「今は改革と狂奔の時代だ」と息巻いた。「世界中なんでもかんでも新しい方法でなされなければならない。タイバーンそのものも改革の猛威に晒されている。」（この地での公開絞首刑が取り止めにならざるをえなかったのは、絞首台が新興高級住宅地メイフェアに隣接していたからであり、下層民が蝟集するとそこの格式が下がるからであった。）しかし、もちろん、伝統的習慣が効力を保持し続けて変化をまったく寄せつけないものが、多分にあった。習慣や習俗、魔術的儀式や異教的儀式、は根絶されることがなかった。宿命、悪霊、呪文、前兆を信じる気持にも、特に田舎の人々の生活では、道理に叶う面があった。上流文化がいかに詭弁を弄しても、日に焼け皺を刻んだ農夫がなるほどと納得するには未だ到っていなかったからである（ウェスリーが説く地獄の責め苦のほうが説得力があった）。自殺した者は、相変わらず、心臓に杭を打たれて四つ辻に埋められた。ブランデル家の人々は、ランカシャー州のジェントリー階級であったが、依然として、満月の晩に髪を切っていた。赤ん坊の大網膜〔新生児の頭部を覆っている羊膜の一部〕は、幸運のお守りに使われ、高値で売れた。

社会統計や政治的算術が進歩し、議会や収入や人口に関する情報を表にあらわすようになりはしたが、だからといって何でも軽々しく信じてよいことにはならなかった。一七七一年に某新聞はウスター州で七十五歳の雄の鵞鳥が発見されたと報じたくらいである。とにかく、一人よがりの「現代性」は屢々にして皮相なものにすぎなかった。一七五〇年と一七五五年に小さな地震がよったとき大都会ロンドンは恐慌に陥った。数千もの人々が首都から逃げ出し、神の怒りを鎮（しず）めるため一時的に悪習悪癖を捨てた。ジョージ二世は国民に断食を呼びかけ、地震は歓楽に耽けるロンドンに対する天罰であることを証明した主教シャーロックの『会衆に与える書』が十万部売れた。

医学の飛躍的発展がない中で、迷信的な漢方薬の知識——糞茶、蟹の目玉、毒蛇の肉、梟（ふくろう）の煮込み、歯痛特効薬としての魣（かます）の目玉——が生き残っていた。「瘧（おこり）を癒すには、自分自身の尿を冷めないうちに飲むとよい」とジェイムズ・ブリンドリーは手帳に書きつけた。「胸焼けがひどいので朝食に蝸牛（かたつむり）茶を飲んだ」とジョン・ビング閣下は記録した。牧師ウッドフォードは、目に麦粒腫〔ものもらい〕ができたとき、

> 目蓋を黒猫の尾で擦ると、完治とまではいかないにしても、効き目があり、家に黒猫がいるので食事の少し前に試してみると、食事の直後には目蓋の腫れが大分ひいたような気がする

という話を聞いた。（このときの猫は、魔女の妖術の名残りの連想で、黒猫でなければならなかった。）

そして、もちろん、古いものが新しいものに押しのけられなければならないという理由は何もなかった。伝統的助産婦は鉗子（かんす）を武器に備えた新種の男性産科医の挑戦を受けた。しかし、はたしてその手の「助産夫」が本当に分娩をより安全にしたかといえば、それは疑問の余地がある。汚れた鉗子には感染媒体となる細菌が宿り易く、それゆえ有害無益なのは確実である。いずれにしても「新しい」ものすべてが新しかったわけではない。内科医たちは心臓疾患の治療にジギタリス〔植物〕の干し葉〔強心剤用〕を「発見」したが、それは、キツネノテブクロの形で、古くからの民間治療薬なのであった。医者たちは鱈（たら）肝油を使

いはじめたが、それはランカシャー州の漁師たちがリューマチと闘うために昔から使っていたものであった。民間療法はたいてい効き目があった。動物の糞は今も効果的な湿布剤である。伝統的な文化と新しい文化が、大衆文化と上流文化が、向かい合ったとき、客観的に見て両者の間にはほとんど選ぶところがないのがしばしばであった。一七五一年にユリウス暦に代わってグレゴリオ暦が採用されたとき、十一日「損する」ことはそれだけ彼らの賃金が減ることにつながると危惧して、その受け入れを拒む人たちがいた。暦の切り替え後、『ソールズベリー・ジャーナル』は次のように報じた。

昨日は旧暦のクリスマス日であったため、我が同郷人は概して頑迷にそれを墨守し、そのため(下級判事たちの通達によれば)市の立つ日なのであったが市は閑古鳥が鳴き、業者はこの機に便乗してバターの値を一〔重量〕ポンド九ないし十ペンスに値上げする始末であった。

下層階級の人々は、個人的悩みの解消に助言が必要になると、相変わらず「女占い師」を尋ねるか、あるいは、星占いや予言や格言風忠告の載っているオールマナック〔暦書〕を繙く(ひもとく)のであった。『オールド・ムーアズ・オールマナック』は年に十万部を超える売行きであった。上流階級の人々はといえば、彼らは内密の悩みを解消する答を求めて雑誌(例えば、一六八九年創刊の、ジョン・ダントンの『アシニーアン・マーキュリー』)の「身の上相談欄」に手紙を書きはじめていた。同様に、裕福な人々は、病気になると、しばしば医者の往診を仰ぎはしたが、また民間療法なりいかがわしい治療薬なりを試しもしたのであった。サー・ロバート・ウォルポールは腹痛薬として石鹸をポンド〔重さ〕単位で食した。「ダフィーの賢者の石」(胆汁分泌過多用)とか「ドクター・ジェイムズの粉末剤」(発熱用)といった特許万能薬は、すべての階級の人々に売れた。

　最上流の人々は、自分たちが一層合理的で自由で人間的な価値観を開拓するのだ、と考えるのを好んだ。民間伝承を不合理で残酷で野卑であると決めつけ、諺に生きる伝統的な知恵を蔑み、古典作品から教訓的な言葉を引用するほうを好んだ。フランスのブルボン王朝の君主たちとは異なり、ハノーヴァー朝の君主たちはもはや「瘰癧（るいれき）患者に触れる儀式」を行いはしなかった〔瘰癧は国王が触ると治ると盲信されていた〕(大衆はその報復に処刑された罪人の体を、その魔術的力を当てこんで、摑むということをはじめた)。知識人たちは、一般大衆が文字どおりの地獄や永劫の罰、悪魔、守護天使、お化け、幽霊などの存在を信じているのを、笑った。世間の風潮に敏感な親は子とり鬼が攫（さら）いに来るぞと言って子どもたちを脅かすのを止めた――大変人気のあった児童作家マライア・エッジワースは、「頭には有益な知識を詰めこめばよいものを、どうして空想の幽霊などで一杯にする必要がありましょうか」と問うた。お伽話は虚偽であり下劣でもある、という理由で多くの優秀な児童作家たちはお伽話に異議を唱えたが、セアラ・トリマーもその一人であった。彼女は眉をひそめて、「半世紀前に流行したジャック・ホーナー、シンデレラ、フォーチュネイタス、その他の物語は途方もない戯事（たわごと）だらけです」と言い、そういう「有害な」屑と闘うためには博物誌などしっかりした事実に基づいた作品と置き換えなければならない、と示唆した。お伽話というものは、結局のところ、(科学が誤りを立証した) 魔法を内容とし、狼や継母（ままはは）に対する偏見を子どもたちに抱かせるものであり、ディック・ホイッティントンなどの物語は立身出世について彼らに危険な考えをもたせるものなのであった。

　上品な人々は、自分たちの理性的行動と大衆の狂気じみた激情を対比し、文明化の過程とは「粗野」から「洗練」への、本能的偏見から理性への、進歩であるという見方をした。本当の嗜好、礼儀、品行とは、単なる本能ないし好みの問題ではなく、合理的判断の問題であり、科学的判断の問題でさえある、と彼らは強調した。育ちのよい人々は田舎者を、珍妙な話し方をし不合理な伝承的風習を信じているといって、見下した。ヘンリー・ボーンが習俗について、「国内的慣行もあれば、おそらく全世界的慣行もあるのだろうが、目下のところそれが見られるのはほとんどと言ってよいほど粗野な大衆の中だけである」とつくづく思ったとおりである。最上流の人々は伝承的習慣を衰退させることに手を貸した(もっとも、後世のために慮(おもんばか)って、不穏当な箇所を幾分削除したうえで、それらを記録に残したのではあるが)。ストランド街のメイポール〔五月柱〕が切り倒されたのは一七一七年であった。

なかんずく、上流社会の人々は遂に魔術の実在を信じることを止めたのであり、それが聖書本位主義者たちの憤りをかうことになった(ジョン・ウェスリーにとっては、「魔術を放棄することは事実上聖書を放棄すること」なのであった)。十七世紀末から、啓蒙運動の指導者たちは、いわゆる魔女というものは一人ぼっちの孤独な妄想に捉われた老女にすぎない、と論じていた。「年老いた女が耄碌しはじめ教区の重荷になってくると、彼女は一般に魔女に転化され、国中を途方もない空想やありもしない病気や恐ろしい夢で満たすことになるのである。そのうちに、本人の知らぬまま諸悪を引き起こす原因となるこの哀れな人物は、自分自身に驚愕しはじめるのであり、時には、老年の混濁した意識の中で自分の想像力が生みだした霊との秘密の交渉や親交を、告白したりすることになるのである。これが、もっとも深い同情を寄せるべき相手に対する思いやりを断つことになり、病気と耄碌で人間の本性を損なわれた哀れな老衰者に対する憎悪の念を人々に吹き込むことになる。」とジョウゼフ・アディソンは『スペクテイター』で論じた、下級判事たちは、魔術を申し立てる人々の主張を認めるのを、好まなくなった。一六八〇年代以降になると魔女狩りは一切なくなり、一七三七年には魔女法が破棄された。それでも、十八世紀を通じて、恐慌をきたす村人たちは自分たちの手で処罰を行い続け、魔女被疑者に対し残忍な私刑を行い、そして時には死に到らしめることもありはしたが。そうしたときでさえ、ジェントルマンたちは無力な者の後見人として仲裁に入ることができた。「二、三日前に」と『パブリック・アドヴァタイザー』は一七六一年に報じた、

セアラ・ジェリコウトなるこの町〔ウィルトン〕の女性が普通魔女に加えられる懲罰を危うく免れるという事件があったが、彼女はある農夫の奉公人と獣脂石鹸製造業者の石鹸に魔法をかけ、そのため石鹸が製造作業中にだめになったとの嫌疑をかけられたもので、非情かつ軽率な大衆が寄ってたかったところを、慈悲深いジェントルマン数人が都合よく仲裁に入り、また監視にあたった下級判事の分別もあって、群衆による暴力が頂点に達する前にこの無法行為が喰い止められる仕儀となったものである。

「スピリット〔精霊。また蒸留酒〕は合法だが、幽霊は非合法、特にロイヤル・ジンは合法的スピリットなり」とブレイクは憤慨して地口をたたいた。ところで、民間の迷信や秘伝や霊界に対する最上流社会の人々の猛攻撃は、どの程度まで進んだのであろう。それは宗教を世俗化し無神論に到らしめる結果を伴うものであったと見るべきなのであろうか。たしかに、多くの「理性的」キリスト教徒たちは、もはや、自分たちが神の指し示す一連の道標（みちしるべ）に従って人生の日々を送っているのだとは見なくなっていた。「特別のプロヴィデンス〔神意〕」という教義はイングランドではまったく廃（すた）れてしまった」とジョン・ウェスリーは一七六一年に悲嘆して言った（多くの人々にとっては「プロヴィデント〔将来に備えて倹約する〕」とい

うほうがしっくりきた)。「宗教の影響力はいよいよ人々の心に及ばなくなりつつある」とダーラムの主教ジョウゼフ・バトラーは一七三六年に悲しんだ。「自らを不信心者と呼ぶ人の数は増え、その数とともに熱気が増していく。我らが時代の嘆かわしい特徴は、宗教への侮蔑を公言して憚らない人たちが少数ながら居るうえに、大多数の人々が宗教に無関心になりつつある点にある。」宗教には昔日の面影はなかったのである。ジョン・ウェスリーは、事実、この時代をもっとも冒瀆的な時代と見なしていた。

不信心が我らの普遍的、我らの恒常的、我らの特異的、性格である……神についての全き無知はほとんど国民全般に及ぶ——身分の上下を問わず、靴の修繕屋、鋳掛け屋、貸し馬車屋、男女奉公人、兵士、あらゆる階層の商人、法律家、医者、ジェントルマン、貴族、が造物主についてイスラム教徒その他の異教徒と同じくらいに無知である。

そして、一七八八年にはバーミンガムの人々について、「大部分の人々は宗教的事柄についてほとんど一顧だにせず、教会に通う者は皆無とは言わぬまでも滅多にいない……かろうじて存する宗教といえば……非国教徒たちの間に見いだされるものだけである」ということが言われていた。

たしかに多くの領域で世俗的見方がキリスト教的見方に取って代わりつつあった。十七世紀には、自殺者は依然として神の掟を故意に犯した大罪人として宗教的に有罪宣告を下されていた。啓蒙運動の思想家たちは、対照的に、彼らは精神が動揺している間に行動に走った病人である、という見方をした。(確率論的考え方を伴った)保険業の興隆は暗黙の裡に神意信仰の正当性に疑問を投げかけることになった。そのうちに、人気のある暦書に載る宗教的予言は減っていき、愛国的予言が増えていった。かつてはキリスト教が独占していた分野に、世俗の習慣や古典様式の慣行がじわじわと入り込んできた。多くのキリスト教徒たちは相変わらず墓が〔罪と罰からの〕救いに至る入口であると見ていたが、そうでない人々は新しい方法で死に立ち向かった。例えば、『ジェントルマンズ・マガジン』は一七三三年にホイットルシーのミスター・ジョン・アンダーウッドの葬式をこう記録した。

埋葬に際し、祈りの言葉が終わると、〔ラテン語で〕全面的ニ死ンデシマウワケデハナイ一七三三と碑文を刻んだ白大理石の小片を中に安置した柩の上にアーチがかけられた。次に、柩に従って墓まで参列した六人のジェントルマンが『ホラティウス』第二巻第二十頌歌の最後の詩節を歌った。弔鐘もなく、招かれたのはかの六人のジェントルマンだけで、一人の血縁者も遺体につき従うことがない。柩は緑色に塗られ、中に横たわる遺体は生前の着衣をすべて着けたままであった。頭の下にはサナドンの『ホラティウス』、足元にはベントリー編のミルトンが置かれ、右手にはギリシア語版新約聖書……葬式が終わると一同は彼の家に引き返し、そこで彼の妹から冷めた夕食のもてなしを受けた。後片づけが済むとジェントルマンたちは『ホラティウス』第一巻第三十一頌歌を歌い、陽気に杯を傾け、八時頃家路についた。彼は妹に六千ポンド近くを遺贈したが、但し条件として次の遺言を守るよう命じた。すなわち、かのジェントルマンたち一人一人に十ギニーずつ与えること、喪服での参列は遠慮願うこと。遺言は次のように締め括られている――以上が済んだら彼らに陽気に一杯やってもらいジョン・アンダーウッドのことはもう忘れてもらいたい。

墓石や葬儀用銘板には昔は無気味な頭骸骨や納骨堂が彫刻されていたものだが、やがて慰めとなる花瓶や月桂樹の葉が彫刻されるようになった。だが、これで無神論ということにはまったくならない。ジョージ王朝の多くの人々が望んだのは、基本的には世俗的でありながらそこに宗教の安らぎを付け足した生活であった。聖職尊重は確実に流行らなくなっていた。聖職者の〔通常の裁判所ではなく宗教裁判所の審判を受ける〕特権は縮小され、聖職議会は閉会され、教会裁判所は形骸化し、信仰の超絶的要素や神秘的要素は軽視された。そして、これは国教会の聖職者団が望むところでさえあった。なぜなら、聖職者の多くは聖職者らしくなろうとする積りなどさらさらなく、地方社会に溶け込んでジェントリー階級と親しく酒を汲み交わす腹でいたからである。「イングランドの聖職者は、そして、それ以上に特にロンドンに住んでいる聖職者はそうだという気がするのだが、大変に自由で世俗的で型破りな生活をしている点で著しく目立ち、嘆かわしいことである」と牧師モリッツは述べた。ルイス・シモンドはそうした聖職者たちを「自由で屈託がない」と表現した。この一団の典型と言えないこともないのがヘンリー・ベイト師であった。イーリ大聖堂の名誉参事会員であるグレイハウンド犬の育種家であり、ジャーナリストであり、劇作家であり、屈強な拳闘家であり、芸術批評家であり、グレイハウンド犬の育種家であった。『モーニング・ポスト』編集中の決闘によって彼は「闘う牧師」の異名をとり、七十歳代にしてケンブリッジ州リトルポート村で義勇兵の一隊を率いて暴徒の群と対峙した。ジョン・ウェスリーは会う聖職者の多くが俗っぽいのに驚いた。一七四三年、彼は自分の説教のうちの一つについて次のように書いた。

私の話し中に、一人のジェントルマンが泥酔状態でよろよろ立ち上がり、聞くに耐えない下品な言葉を乱発したあと、数人の人々の上に乗りかかろうとひどく骨折っていた。その人が近隣の聖職者であると聞いて私は驚いた。しかも、これがまた熱心な国教会支持者というではないか。可哀想なのは国教会だ、もしこのような擁護者でも必要としているというのであれば。

このちょうど二週間前に彼は次のように書いていたのである。

私たちが行った居酒屋で、私は一人の気立てのよい男が炉辺に座って飲んでいるのを見かけ、その男と話しをはじめたのだが、てっきりその教区の牧師だとばかり思っていた。別れるまで私は実に率直に話をした。そして、彼はそれを好意的に受けとめ、私が再びこの店に来たら是非また会いたいと乞うのであった。

もちろん、宗教が低迷の様相を呈するのは社会が真に文明化したからである、と擁護する人々は数多くいた。熱狂するということは俗悪低劣なことであり、煽動されて燃え上がることであり、「狂信」じみたところがあるだろう、と（ドクター・ジョンソンは「狂信」を「神の恩寵を受けているとか神と心を通わせているとと思いこむ根拠のない自信」と定義した）。理性に満ちた信仰だけが知的また科学的尊敬を得られるのであり、自由な探究と科学的方法論を包摂することによって、その正しさを試し証明しうるのである、と。

「哲学的」宗教を是認し、全般的に隠健な態度をとることを支持することが、教養ある有産階級が「野卑な一般大衆」に対して自分たちの生活様式を正当化する、一つの方法であった。最上流の人々は、自分たちが合理的だと考えることを、しばしば権力を用いて援護した。「不合理」で「伝統的」なものを暴露することは時にそれを禁止し追放することにつながることがあった。かくして、暦上のさまざまな祝祭が、異教徒の慣習ないしローマカトリック教の制度が無用の長物となったまま残っている過去の遺物であるという表向きの理由で、廃止された。そして、こうした合理化策の背後には、社会を再整備したいという願望があった。魔女の訴追を止めさせることはいかにも思いやりあふれることであったが、しかし、この措置も、密猟密漁者、公有地無断居住者、浮浪者、兼職労働者の「魔女狩り」強化と並べると、影の薄いものに思えてくる。「合理性」の勝利は、また、行動上の基本原則を権力者に有利に書き換えることを意味するものでもあった。広く流布した理性の概念が、彼らの考える理性の概念だったからである。

伝統的に習慣によって支配されるなり、偶然にまかされるなり、神聖視されるなりしていた多くの事柄が、徐々に、理性の支配下に置かれるようになっていった。経済がさらに複雑になり投資が高まると、それに対応して、生活をさらに規則的かつ予測可能なものにする必要が生じてきた。重量と寸法が地域間でいくぶん標準化され、兵隊は制服を着用するようになった。値札が商店の中に現れた――率先して導入したのは公正価格を倫理観とするクエーカー教徒であった。駅馬車時刻表が導入され郵政公社が作られた結果、国中で一日の時間が標準化されることになった。一七八〇年代以降になると、ケアリーの廉価版道路地図が出版されて、道を見つけるのが楽になった。一七七三年の法令に従って、里程標と道路標識が増設された。さまざまな自己教習本が出て人々に物事の正しいやり方を教えた。例えば、『田舎の主婦の家庭手引書すなわち田舎生活の家事の管理および節約に関する事柄万般への有益なる指導。ハーフォード、バックス、その他イングランド諸地域のジェントルマン、ヨーマン、農夫、妻たちの現在の慣習に即し、家政管理の中でどれだけ大きな節約がなされうるかを示す』（一七五〇年）など。

暦、日記、元帳、会計帳簿などの売り上げの伸びは、人々が金銭の出納を含めて生活を見つめ記録しようと願っていたことを示す。新聞に載る政治情報や市場情報は商人階層が不安定に対処し先行きの計画を立てる助けになった。いくつか辞書が出版された影響で単語の綴りが統一される方向に向かった――だが、何が標準筆記英語になったかといえば、それは、発音ではなく、最上流の人々の綴り字法であった。例えば、誰もが「風景」を「landskip〔ランドスキプ〕」と言い、伝統的にそう綴っていたのだが、その綴りが

――初めは筆記、次に話し言葉で――「landscape〔ランドスケイプ〕」に屈したのである。だが、この世紀半ばになってさえ、ヘンリー・ピュアフォイのようなジェントルマンが相変わらず、「periwig〔鬘〕」を、一通の手紙の中で、三通り異なる方法で綴るということがありえた（しかも、そのどれもが今の私たちから見て間違っているのである）。

環境の変動を抑止し、未来を予言し、投資を保護しようとする新しい試みがなされる中で、勝手放題の生活が統制されることになった。起業家は工場規則を労働者に押しつけた。ウェッジウッドは「人間を間違うことのない機械」に作り変えたいと望んだ。仕事への対応が時間への対応に道を譲る傾向となり、工場就業開始時間が導入されてベルが鳴らされタイムレコーダーで出勤時刻を記録するようになった（ウェッジウッドの友人ジョン・ホワイトハーストはそのための特製計時器を立案した）。正確に時間を刻むことが一層重要になった――「誰もが時計を所持している」とミッソンは一七一九年に述べた――なぜなら、ドクター・ジョンソンが述懐したように、「商業国では時間が貴重になる」からであった。サー・ジョン・バーナードはありふれた忠告を与えた。「なによりも、時間を大切にすることを学び、一瞬たりとも疎かにせずそれが人生最後のときだと思うことです。時間の中に私たちが所有し、享受し、所望することがすべて含まれているのです。そして、時間を失うということはその一切を失うことになるのです。」有閑階級の人々でさえ例外ではなかった。「君に何よりも知っておいて欲しいことで、世の人々が余り知らないことがある、それは」とチェスターフィールド卿は息子に忠告した、

時間の本当の使い方と価値だ……私が昔知り合ったジェントルマンで、時間の管理に誠に長けた人がいたが、この人は自然の招請〔排泄〕により必要に迫られた小屋〔便所〕でやむをえず過ごすあの僅かな時間をも無駄

にすることなく、その時間を利用して少しずつ古代ローマの詩人を読み、遂に全詩人を読破してしまった。彼は、例えば、ホラティウスの粗悪版を買い、その本の二ページ分を破りとってはあの必要に迫られた場所に持参し、まずその二ページを読み、次にそれをクロアシーナ〔野外便所の女神〕への犠牲として下へ派遣したのである。あれは「時間を稼いだ」とも言うべき見事な時間の使い方であった。そして、私は君に彼の例に倣うことを薦める……あのやり方で読めばいかなる本といえども君の頭の中にしっかり残ること請け合いだろう。

生活を合理的に再編成し整理するもっとも系統的な方法は、ジェレミー・ベンサムの功利主義哲学であった。それは、あらゆる活動を、費用と便益、苦痛と快楽に分解し、それを計算により数量化した上で、鋳造し直す方法である。ベンサムは彼の汎社会悪万能解決策たるパノプティコン〔円形刑務所〕、すなわち全方位監視施設、を「ならず者を磨潰(すりつぶ)して正直者と化す碾臼(ひきうす)」と評した。

支配を拡大したいという欲求は生活のさまざまな分野で満たされた。造園は小規模ながら優美な形での自然支配を例証するものであった。土地所有者は自然を改造して創意工夫の一角を設け、そこを「絵画的美」に、絵のように美しく、することができた。公園が整備され、湿地の排水が行われるなど、都会の文化的施設や公共施設が改善された。ロンドンでは、テムズ川に堤防が築かれ、フリート街の溝に蓋(ふた)がつけられ（一七四七年）、下水道が改善された。

舗道の下には上部をアーチ状にした巨大な地下下水渠があって他の都市では地上で不快な臭いを発する汚水がこれを通って流し去られ、少し浅い所には木製の導管が埋設されていてそこから各家庭に潤沢な水が、鉛管を通って台所なり地下倉なりへと、週三回十五分につき僅か三ペンスの費用で供給される……聡明な外国人はほとんどロンドンに特有なこの名物たる実用装置に必ず注目する。ウェストミンスター橋が一七五〇年に、続いてブラックフライヤーズ橋が一七五六年に、築かれた。

人間は自己の運命を意のままに操ることができ、操るべきであり、操らなければならない、というプロメテウス神話を多くの人々は喜んで受け入れた。天然痘の予防接種とその直後のワクチン接種は成功したが、そして、大洋横断航海では食餌と衛生がいかに壊血病その他の病気を食い止めえるかをクックが示しはしたが、広く認められているように、医学において目を見張る発展はほとんどなかった。だが、医者たちは、病気は医学が征服しうる敵である、という自信を深めていった。医師エラスムス・ダーウィンは「痘症あるいは熱病に戦いを挑む」のを大いに好んだ。そのうえ、医学はさらに多くの公共的役割を引き受けた。伝統的に、医者は患者を個別に診療し、病人の枕元での役割に専念していた。しかし、今、サー・ジョン・プリングルなど次第に多くの医者が社会医学や予防医学——軍隊の保健衛生、あるいは産業共同体における衛生状態の改善——に目を向けるようになった。病気の流行と環境との関係が調査され、公衆衛生改善のための準備および法律制定賛成論が主張された。

病気は、この漸進的世俗化の影響を受け、受難とか試練とか神罰といった見方をされることが少なくなり、死も、宿命とか天罰と見なされることが少なくなった。医者は、次第に、患者の苦痛を和らげるだけでなく、病気そのものを治したいと望むようになった。エラスムス・ダーウィンは「老衰を予防する方法」について思いをめぐらし、ジェイムズ・グレイアムは、いかさま医であり大衆普及家でもあったが、「この世で少なくとも百年間は身体および精神の健康と活力を享受し、本人の名誉と容姿の美しさを保ちかつ高める、換言すれば、健康と名誉と幸福とともに生きる、そういう技法を余すところなく」明らかにすると約束した。

数々の「愛護協会」が設立され、人工呼吸法の教育と溺死の減少に努めた（溺死は運河の時代には非常に重大な問題であった）。病気の対処にまつわる新たな楽天主義が生まれた結果、病院設立の大波が押し寄せることになった。ホスピタル〔病院〕というところは、伝統的に、「ホスピス」、すなわち貧乏な人々のための「ホスピタリティー〔心をこめてもてなすこと〕」の場、であった。それが今は病める貧乏人のための世話と治療の中心地となったのである（金持ちは家で看護を受けた）。ロンドンには、遺贈や個人的慈善によって、新たに五つの大病院ができた。ウェストミンスター病院（一七二〇年）、ガイ病院（一七二四年）、セント・ジョージ病院（一七三三年）、ロンドン病院（一七四〇年）、そして、ミドルセックス病院（一七四五年）である。地方でも病院の設立が続出した。ロンドン以外で最初のものは一七二九年のエディンバラ・ロイヤル病院であり、そのあとにブリストル（一七三五年）、ウィンチェスター（一七三六年）、ヨーク（一七四〇年）、エクセター（一七四一年）、バース（一七四二年）、ノーサンプトン（一七四三年）、その他が数多く続いた。専門病院も、捨てられた赤ん坊のための捨て子養育院、産科病院、性病患者のための「留置」病院などが作られた。数々の新しい診療所は外来患者のために病気を診断し薬を与えた。一八〇〇年までに、ロンドンの諸診療所は、合わせて、年に五万人を治療するようになっていた。こういう診療所は、病院と同じように、慈善行為に支えられ、貧乏人の患者と金持ちの寄付者で成り立っていた。

病院や診療所は、大衆のために有益な医療を施したのはもちろんであるが、しかし、同時に、その支配者たる医者たちの利益にもなるところがあった。見習いの内科医や外科医は大量の患者を練習台にすることができたのである。それでも貧乏人は元来ありがたいと思うものであったし、入院中は、〔雇い主など〕目上の者にとって医療負担が少なくなったものだった（彼らの実に多くの者が住み込みの奉公人であった時代には肝要なことであった)。そこでは、また、彼らは教会宗規や説教を嫌でも聴かされるいわば獄中の聴衆であった——エクセター病院の自己宣伝文句は、「貧困労働者の厚生と福祉のためばかりでなく宗教心と道徳心にとってもこの上なく重要」な所、というものであった。ウィンチェスター病院の創設者アリュレド・クラーク師は、「病人に説諭し悪人を改心させる」ことが自己の使命である、と考えていた。ロンドン病院では、礼拝式に出席し恢復感謝の祈りを捧げた患者だけに退院許可証を与えていた。病院とは、このように、慈善を思慮深く施す所なのであった。

病院は病人の治癒を旨としながらはたしてどれだけのことを成し遂げたのであろうか。これは大いに議論されてきた問題である。ほとんどの病院は、慢性病患者や感染力の強い伝染病患者を拒むという、誠に良識的な方針を押し通した——こうした病人には有効な手の施しようがまったくなかったのである。病院が目覚ましい治療を施すということもなかった。消毒剤や麻酔剤が未だ発見されず、手術をすれば患者が断末魔の苦しみを味わう時代には特に、内部手術など問題外であったのだから、致し方のないことであった。外科手術は簡単なもの、迅速なもの、あるいは絶望的なもの、例えば手足の切断、膀胱結石の切除、接骨、その他有用ながら滅多に救命とまでは到らなかった諸々の応急処置、に限られていた。それでも、病院は「死への入口」、という古い見方は大方誇張であろう。

精神異常者に対する療法の変化は、隆盛しつつある楽天主義を——そして、その皮肉な成り行きを——測る、恰好のバロメーターになる。十八世紀以前には、狂気は、通常、精神の錯乱(場合によっては、悪魔憑き)と見られるか、あるいは、一種の獣性退行と見られていた。狂人を収容する施設はほとんどなく、唯一の例外はロンドンのベツレム病院(ベドラム)であったが、そこでは鎖に繋がれ放置されている入院患者に対し頻繁に虐待が行われ、また、瀉血や催吐剤といった旧弊な治療法が長い間主要な処置法であり続けた。ベツレムは、一七七〇年代まで、見学者に公開され、そして、患者はまじまじと見つめる訪問客たちの視線に晒されていた。

これが様変わりしはじめた。啓蒙された医者たちは、悪魔憑きという考え方を捨て、狂気は病気であると強調した――初めは身体の病気と信じられ、のちになると進歩派が心の病気であると論じた。それゆえに、狂人は獣でもなければ悪魔に憑かれたのでもなく、病人であるのだから治療すれば治癒するのだというこことになった。ただし、適正な環境が必要であろう――できるなら、人里からも不安からも遠く離れた田園的環境にある保護施設に収容するがよい、ということに。いくつか個人経営の精神病院が、入院費用を払う余裕のある人々のために、設立された（次第に、貧乏な狂人をそこに送り込むため金を払う教区もでてきた）。この世紀の終わり近くになると、伝統的に頼みとしてきた治療法である鎮静剤の大量投与、機械的拘束、肉体的懲罰が影をひそめ、心理学的処置の新しい考え方がいくつか現れてきた。「親切」が、新しい「モラルセラピー〔精神療法〕」にとって魔法の言葉になった。この療法は、患者に道理を説き、患者を穏やかに扱い、患者に手本を示す、という療法であった。十九世紀初め、ルイス・シモンドは、高名なヨーク収容所を訪れ、人道的親切がそこの基調であることを知った。

ヨークの近くに精神異常者を収容する施設があり、そこは、見るところ、運営が行き届き、ほとんどひたすら道理と親切で成り立っている。この施設を作ったのはクエーカー教徒であった。ほとんどの患者は自由に動き回り、音も立てず、混乱も起こさず、慎み深く落ち着いた振舞いによって、自分がどの宗門に属しているかをすっかり忘れてしまっているわけではないことを示している。

仮にそうであるとしても、新しい保護施設によって誘発された楽観主義は、それ自身の問題の種を播くことになった。保護施設の中には、厄介な身内縁者を閉じ込めておくための留置場として悪用されるものもあった。妻ないし子を狂人として監禁することは、財産を手に入れるための第一歩となりえた。一度監禁されてしまうと、患者には法的保護も救済される道もほとんど残されていなかった。精神病院を利用することが増えたということは、それまで家の回りや共同体の中に置かれていた社会不適応者や精神障害者に対する一般の寛容度が低下したことを、おそらく示すのであろう。

同じようなことは多くの生活面について言えた。理性と支配は、秩序と保護をもたらしはしたが、それだけでなく、それ以上に、社会慣行に従わない者に対する差別、慣行に従う行動の社会工学、慣行順応の当然視、をもたらした。上流社会では、幼児に一層の注意が向けられるようになった結果、おそらく、親の側に過保護不安が生じたであろう。育児の関心はもっぱら排泄の躾、冷水浴による根性の鍛練、心理的条件づけ、に集中した。保護のあまり子どもの性衝動を抑圧することにもなった。道徳家たちは、青春期の自慰行為は有害である、と説きはじめ、『オナニー――忌まわしき自瀆の罪』などの本が、自慰をすると身体的かつ心理的損傷を生じ狂気に到ることさえある、と「証明」してみせた。ジェイムズ・グレイアムは、自慰が原因で生ずる疾患を、次のように予言した。

身体および精神の無力症――不妊症――癲癇――記憶喪失――失明、失聴――目、口、顔の歪曲――弱く耳障りなきしり声――病的な浅青黒い顔色――脚力の衰弱によるよろめき――白痴的言動――憂鬱感――無数の体調不全――極度の惨状――死ぬことさえありえる。

それゆえに医者たちは医学療法、理学療法、精神療法によってその予防と根絶に着手したのであった。組織、機構、監督を通じて改革を達成するという信念はあらゆる所に食い込みつつあった。ほとんど教師がいない慈善学校で数編隊の子どもたちを教えるということは、工場訓練のと同類の、兵站（へいたん）学的諸問題を生じた。アンドリュー・ベルとジョウゼフ・ランカスターは、それに対処するため、工場方式の教育方法を綿密に立案した。それは、学校教育制度で「道徳界の蒸気機関」と呼ばれることになるものであった。分業によって、複数の学級委員が一人の教師から受けた指示を生徒全体に申し送りする方式である。「このようにして知的機関は」とベルは一七九七年に書いた、

> 学校という機械全体を動かすのである。このような……原理に基づいてあらゆる教室、工場、貧民収容施設、救貧院、獄舎、救貧法の執行、また、いかなる規模のものであろうとあらゆる公共機関も、私的機関でさえも、運営されるべきである。

変化の風がもっとも骨身にこたえたのは、法律違反者であった。伝統的に重罪犯は、共同体の激怒を静めるため、処刑されるか、遠隔地へ追放されるか、笞打ち刑に処された。監獄は、債務者用を別にすれば、主に通過点であり、被告人が裁判を待つ場所であった。長期間の懲役刑判決が下されることはきわめて稀であった。一七七〇年代初めでさえ、ロンドン中央刑事裁判所での裁判官による判決のうちで懲役刑となったのは二、三パーセントにすぎず、その場合でも服役は短期間であった。牢獄の内部は、ジョン・ハワードが訪問して明らかにしたように、間仕切りのない、無秩序と泥酔と腐敗と病気の巣窟であった。しかし、この世紀も最後の三分の一になると、改革者たちは――功利主義者などの非宗教関係者もクエー

カー教徒などの宗教関係者も――本質的に肉体的な懲罰に疑問を投げかけ、それでは残酷でありかつ望ましい効果がないと考えた。かくして、焼き印が一七七九年に廃止された。新しい刑罰学では、復讐よりも矯正が優位を占めることになった。改革者たちは、牢獄を中心とした犯罪の予防と（新たな強調点である）更生を目的とする、精密な管理と監督による数々の代替懲罰案を開発した。無法な自主運営監獄はその独自の粗暴な下位文化とともに廃れようとしていた。新しい懲治監は、公共的監視の下で、上から組織された専門家による明快な指揮系統をもつ、「総合施設」になるであろうと期待された。裁判所は、伝統的に、監獄を空にする努力をしてきたものだが、今や満杯にする方針に変わったのである。その目的のために建てられた監獄では、囚人は、鍛練と重労働の管理体制に付されることになるだろう。初めて、独房に一人閉じ込められ、そこで改悛し、有益な人生の過ごし方を学ぶことになるであろう、と。

そうなる計画であった。一七八〇年代から、そういう監獄が現にいくつか建設された（ほとんどは従来のままであったが）。グロスター州には四万ポンドの費用をかけた新しい監獄が一七九二年にできた（すぐに、そして必然的に、「グロスターのバスチーユ」と呼ばれた）。ファニー・バーニーは感銘を受けた。

この監獄はその本来の目的――監禁と懲罰――に合うように見事に建設されている。各罪人は個別房に入ることになる。各房は清潔で、小ぎれいで、小さく、窓からは広大な田園が見渡せ、（それ以上に思索するに相応しく）広大な空が見渡せる。通風、清潔、健康に配慮が行き届き、しかし、それ以外の贅沢は何もない。人里離れた場所で、偶然による外部との交渉も一切なく、内部で囚人同士が交流することも絶対不可能なため、必ずや、囚人は、さらなる犯罪への誘惑に駆られることも過去に犯した罪の大胆さに興奮することもなく、孤独に耐えきれなくなって、改悛に安らぎを見いだす外ないばかりか、それがほとんど不可避になるであろうと思われる。

改革を求める衝動は、衛生の改善と健康のための運動と恫喝の断固たる取締まりをよしとする信念とともに、人道的なものであった。だが、「人道主義」は螺子を——それも計画的に——締めつけることになった。グロスター州の慈善家サー・ジョージ・オネシフォラス・ポールは「私は断じて、心のやさしさというものを履き違えて法の正当なる恐怖を緩めようとする連中に与するものではない。監獄は安らぎの場であるべきだと考えるなどもってのほかである……監獄は正真正銘の恐怖の場たるべきである」と力説した。今、重罪人は、服役期間が長くなり、心理的拷問にかけられることになった。この新監獄は新種の刑罰計画の先駆であった。長期にわたる施設内管理、新たな鍛練や教練や足踏み車などの工業技術的拷問の常用——そのために特別設計された建物。ジェレミー・ベンサムが立案した拘留施設パノプティコンは、中央全方位監視によって、監督効率を最大限にするものであった。それは簡素そのものであった。

道徳の改善——健康の保持——勤勉の奨励——指示の徹底——公共負担の軽減——いわば盤石の経済性基盤——救貧法の縺れた糸が一刀両断にされるのではなく丁寧に解きほぐされる——すべては建築の単純な考え方ひとつ。

かくして、囚人は、放置される危険がなくなった代わりに、見張られる苦痛を味わうことになったのである。

先陣を切った新しい収容施設は、しかしながら、さまざまな期待に応えなかった。資金が充足したことは一度もなく、収容人員は超過する有様だった。監獄での労働は、貧民収容施設での苦役と同様、決して引き合うことがなかったし、献身がジョージ王朝の看守たちの拠り所になることもなかった。そして、囚人の更生にも失敗した。こうした問題を解消するために考えだされた打開策は、監獄の増設であった。そして、その結果、施設収容の悪循環を加速することになった。時はまさに、新しい富、新しい自由、新しい権力と並んで、労働が機械の時間に支配されようとし、社会不適応者〔貧困者、狂人、病人、犯罪人〕が区別され「専門家」による管理の下で従順を叩き込まれようとする、そういう時代の黎明期であった。十八世紀が見たのは、しかしながら、そのはじまりだけであった。中央政府はほとんど何もしなかった。新しい病院や監獄を率先して建設したのは地方であり個人であった。ベンサムのパノプティコンは企画立案されただけで、実現しなかった。だが、はじまった動きはもはや止まらなかった。現代的な人々、合理的な人々、人道主義的な人々は顔をくもらせることになった。啓蒙の時代をくぐり抜けた人々は自分の手足を縛る枷を鍛造してしまったのである。

ジョージ王朝の社会では、権力は、〔公的権力ではなく〕私的で粗雑な様相を呈していた。その結果、最終的に総崩れの状態となった。権威を支えていたものは、猟場管理人のもつブランダバス銃〔筒先がラッパ状に広がっている〕から絞首台に至るまで、物理的恐怖であった。だが、こうした手段では暴動や犯罪を必ずしも抑止できたわけでなく、せいぜい散発的にぶざまな怒りの報復的懲罰を加えるのが関の山であった。社会生活上の規律が厳しかった地方の村落では、救貧法が強力に作用して安定を保つ役に立った。しかし、中央政府は、他の諸国では使われていた過酷な支配道具——検閲、異端審問、裁判所の拷問、中央集権的官僚主義、行政裁判、修道会が管理する教育、秘密警察——をほとんど有していなかった。そこで、公共秩序を保つため、イングランドの支配階級は惰性とか伝統的な社会的拘束力――生活必需品の不足、父子主義的統制、世論、従属関係、他所者（よそもの）や外国人に対する敵愾心、等々――に重く頼らざるをえなかった。

こうした昔ながらの抑圧手段はもはや無用の長物になりはじめているのではないか、という不安を人々は募らせ、口にした。この世紀前半に労働力が不足し実質賃金が上昇したことが発端となって、雇用者たちは労働者が反抗的であるとか職場の規律が壊滅したと絶えず愚痴をこぼすようになった。成長産業では、通商が拡大したことで労使団体交渉権が生まれつつあった。「我々がストをうてば、使用者側はどうしようもなくなる」と一七六五年に中央刑事裁判所である証人は豪語した。会社側は、こうした不穏な脅迫に直面したため、厳しい訓練を受けた従業員を育成することに目を向けはじめた。

権力筋は、永遠に、大衆の反抗という亡霊につきまとわれるものである。この危険が、今、特に鋭く実感された。それは、国教会が大衆を畏怖させる力をもたず、そして、（後世とは異なり）中央政府が地方の警察力を直接統轄することがほとんどできなかったからである。この空隙を埋めるため、有志たちが率先して大衆をなだめすかして黙らせる仕事に乗り出した。こうした計画を企てるにあたって特に顕著な働きをしたのは都市の財界人であった。ウェストミンスター〔政府〕はほとんど何もしなかった。議会は新しい絞首刑法令を成立させたが、これは、逆効果とは言わぬまでも、無効果であった。イングランド国教会も団結行動がとれなかった（総会が閉会になっていた）。ともあれ、最大の弱点は無秩序に陥る危険が一番あった所、各地の新興都市や新たに産業化した地域、であった。大貴族はといえば、彼らはいくぶんか無頓着にしている余裕があった。農村労働者は依存状態から脱け出せないまま地域に縛られていたからである。彼らは、また、農耕社会の盤石の安定性に抜け目のない信頼を寄せてもいた。それは、馬に鞭をあてて野良で働くことや不動の忍耐心をよしとする信念であった。貴族は、いずれにしろ、統制された官僚主義的社会になるのをまったく望んでいなかった。彼らは優勢な地位を大切に守り、私的権力を手離しはしなかった。大貴族は、政治家として、時々の騒動に便乗することを学んだ。彼ら自身が院外の政治、社会運動をしばしば煽動したのである。

社会の浄化を熱心に願っていた人たちというのは、どちらかといえば、裕福で不安で独断的な中産階級の有力資本家たちであった。例えば、この世紀の初め近くでいえば、ロンドンの織物商でクエーカー教徒であったジョン・ベラーズであるとか、ロンドンの書籍商トマス・ガイ（彼は聖書の印刷を独占して得た収益の中から二十二万ポンドを投じて病院を創設した）、あるいは、世紀の終わりなら、ハルの名門貿易商の後裔ウィリアム・ウィルバーフォースであるとか、グロスターの印刷業者で新聞社の社主で日曜学校の先駆者であったロバート・レイクスがいた。こういう資本家たちにしてみれば、あらゆることが危機に瀕していたのである。彼らの目的とするところは、心正しく責任感に富み成功した市民として、大衆の上に立つ個人的優位を確立することであり、そして、同時に、神を含めて、社会的上位者に自分の価値を印象づけることであった。とりわけ、この世紀最後の二十年ほどになると、繁栄する資本家たちは声を一つに揃えようと、もっとまとまった同類意識をもとうと、懸命の努力をした。声高に意見を主張する中産階級の実業人たちは、国会では直接の政治的権力を持たないため、貴族的政治機構に異議を申し立てる道は選ばず、それよりも、それに対応する独自の道徳的権威を固め、目下の者を畏縮させ目上の者を感心させる道を選んだのである。例えば雑誌『世界』は道徳的優位権を主張するこの人たちについて次のように考えた。

ある種の悪徳を、卑俗な大衆は「戯れ」と呼び、粋筋の人々は「情事」と呼ぶが、中流階級の人々は、そして、ジェントリー階級のうちでも教会に通い続ける人々は、依然としてそれらに姦淫や姦通という汚名の烙印を捺す。

先頭に立って道徳の拳を振り上げる人々の中で突出していたのが非国教徒で、彼らは大衆を訓練し向上させようとする運動の中で異彩を放つ存在であった。彼らは、自分たちを排除して国家の正当な地位に就けようとしない不道徳で異教徒的な高位高官を侮蔑し、彼らに勝る自分たちの敬虔さをひけらかしたのである。改革者や慈善家の中では、ハナ・モアやエリザベス・フライといった女性たちが人目を引いた。管理者能力を有する女性を知的専門職から締め出していた社会にあって、慈善活動は彼女たちにとって才能を発揮するに相応しい吐け口となった。

中産階級の資本家たちは、お屋敷住まいのお偉方よりも、都市犯罪、泥酔、エールハウスでの喧嘩騒ぎ、売春と日常的に遭遇する機会がはるかに多かった。雇用者としての彼らは、欠勤者、無能力者、会社の備品をくすねる従業員などによって、利潤を脅かされていた。そして、やむなき地方税納税者としての彼らは、貧民救済と地元の無給公務奉仕の主力とを荷っていた。貧民の行儀作法改善計画の中に、義務と利益が収斂したのであり、そこには、個人的利己心に訴える魅力が見え隠れしていたのであった。「もし君が同情にほだされないというのなら」とウィリアム・シャープは一七五五年に説諭した、

得られる利益のことを考えて納得したまえ。なぜなら、この哀れな男の大家族をなおざりにし、彼らが自分たちなりの考えで懸命に惨めなやりくりをした挙句悲しい結末を迎えても、放っておいてみればだね、やがて社

会の厄介者になり、仕事もせず風紀を乱す行動をとりその影響で君の家族を堕落させることになり、君の住む街に悪と暴力をはびこらせ、君の安らぎと安全の妨げになるだろう。同じ人々を庇護してやり、正しい物事を教えてみれば、どういうことになると思うかね。彼ら自身が多方面で君の役に立つようになるばかりか、彼らを手本にして勤勉が、節酒が、治安が、よい行儀作法が、社会に根づくことになるだろう。君の町には正直で働き者で巧みな職人が蓄えられ、彼らが共同体のもっとも有用な成員たちの一郭を占めることになるだろう。富が増すだろう。

シャープの言うとおりであった。

高潔な風紀改革者たちの誠意を疑う理由などなにもない（もっとも、こうした雇用者―慈善家たちの本質を見抜いて、「彼らは人間を欠乏に追い込んでおいてから仰々しく麗々しく与える」と言ったブレイクに賛同してもよいのかも知れないが）。ジョナス・ハンウェイやジョン・ハワードなどの人々はこうした改良の仕事に生涯と財産を捧げたのであり、そして、貧民の道徳的監視は身分ある誠実な人々にとってもっとも重要な義務であった。「神は人間をさまざまな階級に分配し」と主教バトラーは記した、

そして、形の上で、貧乏人を金持ちによる監督と保護の下に置いた。それゆえ金持ちは自然の理ならびに神の啓示する指名により貧乏人の世話をする任を負う。

リヴァプールの医者で非国教徒のジェイムズ・カリーは同調し、「貧困労働者は」と説いた、

我らの恒常的注意を必要としている。彼らを啓発し、彼らの諸悪を抑制し、彼らの労働を援助し、彼らの活動を激励し、彼らの生活を安楽にしてやる――これらは高い地位に立つ啓蒙された人間のもっとも高貴な務めである。

多くの人々が道徳改革論に心を動かされたのは、身の回りで社会が贅沢に慣れ、金に狂奔し、自己本位で、他人に構わず、膿みただれているのに嫌気がさしたからであった。エリザベス・ガーニー（後のフライ）は、くだけた（「陽気な」）クエーカー教徒の家庭に育ったが、若くして理想主義と清教徒主義に転じ、呑気な家族を捨て、魂の穢れを浄めるべく慈善活動に励んだ。とりわけ、キリスト教人道主義者たちは、貧乏人が聖書に無知なまま信仰をもたず無為に日々を過ごすままにされているのを知って、呆然とした。

道徳改革者たちは生活の改善を望みはしたが、それは飽くまで自分たちの青写真にのっとり自分たちの条件に合わせてのことであった。無差別的慈善行為や無思慮な博愛には断固反対だったからである。彼らが求めたのは、社会構造の変革ではなく、それよりは、援助に値する人々の個人的困窮を軽減してやることであり、あまねく悪徳を克服することであった。貧乏人を、自分たちと同等にしてやることでも裕福にしてやることでもなく、実直に、そして、とりわけ、信心深くすることであった。「慈善による賄いを受ける子どもたちは、もっと特異な服を着せて卑下させるべきであります」と改革派の作家セアラ・トリマーはいつもながらの気取った調子で書いた。

ほとんどの慈善家は政治的急進主義の不倶戴天の敵であった。そして、一七九〇年代に生きていた者たちはフランス革命の精神を憎むことになった。「誰もが遺憾に思わざるをえないでありましょう」と青鞜派のハナ・モアは述べた、息子たちばかりでなく、娘たちまでもが、現代の風潮となっている、あの独立を尊び支配を蔑視する精神にいくぶんなりともかぶれてしまったのを見れば。人間〔男〕の権利が議論されてまいりました。さんざん議論されて、私たちはもういささかうんざりしています。これに対抗して女性の権利が……議論されてまいりました。このままいきますと次なる深刻な議論は――若者の権利――子どもの権利――乳児の権利――となりましょう！

道徳家たちが慈善活動に期待していたのは、どちらかといえば、それが草の根からの反抗の動きに対する予防薬、あるいは解毒剤、になりはしないかということであった。クエーカー教徒ジョン・ベラーズが気配り細かく示唆したように、「貧乏人の世話を焼くことは金持ちのインタレスト〔重要な関心事、利害に関与すること、利益〕」なのであった。

貧乏人の道徳意識を向上させる運動は任意団体をとおして組織された。それは、個々人が金を寄付し、それにより運営分担権を与えられる、任意団体であった。十八世紀にさしかかる前後には、各地の風紀改善協会（もっとも早いものは一六九〇年代の創立）などの団体に「株式組織宗教」ともいうべきものが生まれた。構成員は著名な商人や、慈善活動を専業にする人たちで、尊厳あらたかな高位聖職者に率いられていたのである。これらはプロテスタント系ではあるが、複数の宗派に股がる運動であった。無宗教と戦い貧乏人を教練することのほうが、教義の細かい差異に綿密な注意を向けることよりも、切迫した問題なのであった。こうした運動は、根深い清教徒的衝動を社会的表現や法律的表現に向け、多くの点で、下降線を辿っていた教会裁判所に取って代わり、不道徳犯罪を世俗の裁判所に訴え出たのである。その不道徳犯罪の最たるものは、不敬発言、泥酔、賭博、安息日の乱用、瀆神、エールハウスの無許可営業、猥褻書画、売春、同性愛であった。彼らは、猥褻を油断なく監視し、この世紀の初めの三分の一で数千件――年に約千四百件――を摘発した。しかし、やがてその勢いは衰え、衰えていく過程で一般の嘲笑と憎悪を背負い込むことになりはしたが。

後に彼らの活動を引き継いだのが罪悪布告協会（一七八七年）であり、そのあとには、裕福な実業家や少数の貴族を後援者にもつ悪徳抑圧協会（一八〇二年）が続いた。後者は、ややもすれば悪徳協会という不運な名で知られることになったが、シドニー・スミス師はそれを「金持ちの悪徳ならぬ貧乏人の娯楽を抑制することに専心する、巨額の寄付金によって維持された、密告者団体」と呼んだ。思いやりに欠けるが不正確とは言えぬ要約である。なにしろ、スミスがその会員たちの道徳観――というよりは、視野狭窄遮眼帯――について適切に書いたように、

年収一万ポンドの人間は、好きなだけキツネを苦しめても、キツネを苦しめる目的で猟犬の群をけしかけても、一向に構わぬ一方で、貧しい労働者は、犬と熊の間で交わされる勇気の展覧を見るのに六ペンス払っただけで、下級判事の前に引っ立てられる。

からであった。スミスは、実に、悪徳協会では名付け間違いだと思った。「年収が五百ポンドを超えない人々の悪徳を抑圧する協会」と呼ぶほうがはるかにましである、と。

この種の悪徳協会や個人的訴追の数々は、さまざまな方面で大衆文化の抑圧を狙うものであった。大衆に人気のあるスポーツ、教会でふるまわれるエール、定期市――一般大衆のお祭り騒ぎ的慰み――が攻撃の的になったのは、このような享楽的楽しみが金を浪費するとともに怠惰につながるからであった。一方、

大酒を飲んだりすることや民衆の祝祭行事は雄鶏を殺すなどの蛮行に到る、と高潔な改革者たちは判断した。とりわけ、これらは仕事の流れを途絶し、反抗を促し、服従することの正当性に疑いをはさむもとになった。「万に一つ、大衆酒場の経営者たちに」（と一七六四年に問う者がいた）、

怠惰と飲酒を助長することにより儲けを得んがため、競馬や徒競走やロバ競走といった下らない気晴らしないしこれらに類した大衆娯楽を発起するなり宣伝さえすることが許されたりすれば、そのような措置を私は本質的に非合法であると考えざるをえない——村の住人が一人残らず収穫作業から引っ張り出され、棒術試合やらクリケットの試合やらするのを、何度見ることになるであろう。

特にこの世紀最後の三分の一になると、大衆に人気の娯楽は、囲い込み運動の波に押されて、いよいよ抑圧されることになった。共有地の廃止により、祭やスポーツの会場となる場所そのものを取り上げられてしまったからである。雄鶏投げ競技が一七四五年ウスターで、一七五〇年ビュードリーとキダーミンスターで、一七七〇年代末にはリヴァプールで、禁止された。一七四〇年代にはウィリアム・グリムショー師がハワースでのサッカーと競馬を止めさせた。一七七八年にはペブマーチの「牧師、教区委員たち、そして主だった住人たち」がミッドサマー・フェアを禁止し、治安官を差し向けて浮かれ騒ぎを妨げた。ダンモウ・フリッチの無害な祭典——村で一番幸福な結婚をした夫婦を見つけ出す競争——でさえ抑圧された。一七七二年には賞品を請求した者がその地の荘園領主に撥ねつけられ、その後この習慣を復活しようとする試みはずっと阻止された。

ロンドンでは、（メイフェアは高級住宅地になりつつあったが）メイ・フェア〔五月祭〕はすでに一七〇

九年に廃止されていた。そして、一八〇三年までに、悪徳協会はいかなる祭典といえども抑圧するよう勧奨していた。一七八〇年には、ロンドンの下級判事たちがタヴァーンの外の九柱戯場を閉鎖した。リチャード・ウォーナー師は、一八〇一年に過去を顧みて、どうやら全体的に成功を収めたことを喜んで報告した。

十六世紀、十七世紀の我らが先祖たちが、大道芸人の悪戯け、手品師や軽業師や道化師の妙技、旅回りの無言道化芝居役者喜劇役者の冗談、危険なクインティン〔馬上から槍で的を突く競技〕遊びに十分満足し、時には気晴らしに、野外劇や仮装行列、あるいは上品な暇潰しに、牛いじめ、闘鶏、投鶏、競豚、ボウリング、サッカーに興じ、クリケットの完封試合をにたにた笑いながら眺め、やたら熱いミルク煮込み小麦粥の飲み込みを愉しんでいた……

というのは相当不名誉なことであった、と。しかしながら、事態は好転しつつあった。「国民が徐々に洗練された作法を身につけるにつれて、上品というものの考え方も相応に広がり、大衆の娯楽がいつの間にか今見られる風流華麗の域に近づいた。舞踏会が、観劇が、トランプ遊びが、その昔暇な時間に充てられていた粗野な運動競技とか下品な官能的娯楽の地位を奪ったのである」と彼はやや満悦の態で報告した。

慈善家たちは、禁令を提案したが、餌も提供した。彼らは労働者に訓話やら論説やらを惜しみなく与え、キリスト教知識普及協会（一六九九年）や貧困者への宗教小冊子配布協会（一七八二年）などの慈善団体はキリスト教の真理に関する小冊子を大量に注いだ。前者はマールバラの軍隊に『ソルジャーズ・モニター〔兵隊監視者〕』を五千部配布した。各地の風紀改善協会は賃貸し馬車の御者たちに『不敬発言に対する親切な警告』を配布した。おそらく、乗客の耳を穢さぬようにとの配慮であったろう。訓話や訓戒では足りないところを補ったのが、教訓的狂詩や希望の火を灯す物語であった。執筆したのは空想的社会改良家たちであり、ハナ・モアの廉価版『珠玉訓話集』シリーズはその例である。忍耐強く控え目で人に言われたことを素直に行う労働者家庭には、やがて、現世および来世の報償がもたらされるであろう──例えばこれが彼らの説く教訓であった。辛棒強くない人々には『罪深きサリーの物語』があった。酒を飲み人生を呪う手に負えない人々がいかにして悪の仲間入りをするかという、悲しい物語である。このような小冊子は、この世紀を通じて小やみなく霧雨状に降り続いていたが、フランス革命直後の数年間には豪雨となって氾濫することになった。

学校は、一般大衆の子弟を教化する一手段として、教会を補足した。慈善学校や日曜学校が何十となく設立された。その中には、恵み深い女性たちが教員になるところもあった。「ウィンザーでは、上流の婦人たちが日曜日を割いてもっとも貧しい子どもたちを教えている」とロバート・レイクスは書いた。しかし、さほど偉くはない人々──鍛治屋や小売商人──も教師役をした。マンチェスター各地の日曜学校は一七八八年の生徒数が五千人であった。一七九七年までに、日曜学校の数は全国で千八十六校となり、六万九千人の生徒を抱えていた。生徒の中には成人もいた。そこで教えたものは、読み方(書き方教育の頻度は落ちた。「読み方は人々の道徳向上に役立つが、書き方は必要ない」とジョナス・ハンウェイはその昔に書いた)、聖書、敬虔の念、教練、初歩的手工技術であった。教理問答が主要な活動であった。ミセス・セアラ・トリマーは授業での朗読用に教訓的対話を書いた。例えば、

教師「職人たちがしばしばなに気なくやってしまう一種の不正直があります。それは仕事中の時間や彼らが

携わる職業ないし製造業のものである資材を浪費することです。これと同質の罪を家事奉公人の多くが犯しています。この人たちは、あらゆる機会を利用して怠けたり、なんのためらいもなく食糧を浪費したり許しもなく他人に与えてしまったり……」

質問「職人が、使う資材や道具を浪費したり壊したりするのは、正直なことですか」

答え「いいえ」

質問「こういう物は誰の物ですか」

答え「彼らの親方のものです」

質問「親方が近くにいないときは誰が見ていますか」

答え「神様です」

日曜学校というのは、月曜から土曜まで働く子どもたちが休みの日に教育を受けることを確実にした点で、利口な発明であった。「この賢明な方策によって」とチェスターの主教ポーティアスはほくそえんだ、

あのもっとも望ましい結合が、慈善学校では実にしばしば求められながら導入が実に難しいと一般に思われてきたあの肉体労働と精神教育の結合が、遂に達成された。これは、各地の日曜学校が頑張り通すとともに現世および来世の関心事を相互に干渉も妨害もせぬよう顧慮したことによるものである。

さらによいことに、学費が安かった。「二十人の子どもたちを教える費用が全部で、本代、礼金、その他一切の経費を含めて、年五ポンドに達しないだろう。些細な額であり、集金に苦労することもないから、

いささかの困難も生じえない」とこの主教は安心させるように付け加えた。

貧しい子どもたちのためにカレッジ・オブ・インダストリー〔実業学校〕を、という夢にはいかなる挫折にも曇ることのない光輝があった。それを最初に発起したクエーカー教徒ジョン・ベラーズは、十七世紀末に、その本義を詳細に説明した。「私の目的とするところは三つ。まず、金持ちに利益を（これが他の二つの活力源になる）。次に、貧乏人に豊富な、窮乏することのない、生活の資を。第三に、若者に、高尚な心を培う(つちか)に足る、十分な教育を。」ベラーズが強調したように、実業学校に投資するほうが、慈善寄金をするだけより、大きな利益を生む見込みがあった。貧困者用施設を民営化するほうが公営の救貧法より効率的である、と彼は確信していたのである。

しかしながら、厄介な階層を助けるために、あるいは金で片をつけるために、学校と並んで、他にも多くの団体が設立された。モードリン・ホスピタルのような保護施設が、改悛した売春婦を救済するために、創設された。貧窮少年教育船員養成海洋協会は、街の浮浪児を受け入れて船員に育て上げた。少年の一人ひとりに『易しく読めるキリスト教の知識』が与えられた。捨て子養育院（一七四一年開設）は捨て子（ほとんどが私生児）の生命を救うことを目的とした。全国ヘルニアバンド協会と貧困ヘルニア患者協会は、重労働により体形が損なわれた男たちの就業継続を助けた。一七八八年に発足した慈善協会は犯罪少年少女の矯正にあたった。一七八〇年代からの急激なインフレーションの結果生まれた貧困者生活改善安楽増進協会（一七九〇年）は、貧困者にスープを飲むよう教え、彼らの現在の食餌がいかに不経済であるかを、また、支出を軽減しながらもっと栄養ある食事を摂ることができることを、示す調理法を出版した。地方で食糧飢饉や天災が生じると、普通は、救援募金とスープの炊き出しが行われた。

貧窮が悪化するにつれて、新たな慈善団体が創設された。ロンドンでは、一七七一年から一七八〇年までに十団体、一七八一年から一七九〇年までに十八団体、そして、一七九一年から一八〇〇年までに三十団体が発足した。主要な目標がいつも二つあった。一つは、下層階級の人々を信心深く、そして慇懃にしたいという願望。彼らは困窮に慣れねばならなかった。「欠乏は全知にして慈悲深い神の摂理によって容認されてまいりました、それは、あらゆる階級の人々を結びつけ、自分たちがどれだけ直接金持ちに依存しているかを貧乏人に示し、また、金持ちと貧乏人の相方に全員が神ご自身に依存していることを示すためであります」といつもながら極端に楽天的なハナ・モアは尊大に述べた。

そして、もう一つ、貧困労働者たちの中に勤勉、倹約、節酒、自助に専念する小市民的倫理を助成する目的があった。あの倦むことなき慈善家ジョナス・ハンウェイは次のような言葉で貧困者に訴えかけた。

あなた方はこの世で卑しい身分に生まれはしましたが、望みを高く持ち、青雲の志を抱くことです――しかし、勤勉にならなければとても正直にはなれません――そして、善良な人間になりたければ、勤勉で信心深い上に、良い性格ないしは幸福な気質でなければなりません。こうすれば、幸福を得られるでしょう。

慈善家たちのうわべの活動は、救貧法と法廷を後援して、下層階級の人々の生活を改善するために、このように増大した。だが、平民の生活を上から侵害したこの行為の影響をどう評価するかは、容易ではない。訓戒を垂れたり周囲をかぎ回ったりする者たちは猫の鳴きまねで野次られたり、ぶしつけな質問に悩まされたり、石を投げられたりしたし、施し物はうさんくさく思われたし、護民官を自任する人々、例えばジャーナリストのウィリアム・コベット、は疑いの目で見ていた――「ここで教えられているものは、初歩の奴隷根性と貧困状態と屈従だけである」とコベットは村の学校に判定を下した。いっそ奴隷にして所有してしまったほうが世界中の宣伝団体を集めたものよりずっと本当のためになるだろう、と彼は断じた。「ベーコンの切り身一切れはメソディストの訓話と宗教小冊子五万に相当する。」

だが、子どもたちは慈善学校や日曜学校に集まった。これは、制服や食事がしばしば無料で配られたからだろうか。それとも、道徳をふりかざした脅迫のせいだろうか。これは、現にあったことであるが、一七八六年、日曜学校創設のための一組の布令に、こう述べてあった。「自分の子どもたちを日曜学校に通わせることを頑強に拒否する……親は、将来カリー・リヴェル教区に配分されるであろういかなる義捐金品をも受けるに相応しくない者と見なす。」そして、こういう学校が蓋を開けてみたらパンドーラの箱〔悪と災いが詰った箱〕であった、ということも少なくとも可能性としてありえる。慈善学校がもしなかったら、ペインは何十万という読者をどこに求めればよかったであろうか。聖書を読むことさえ両刃の剣であった。トマス・ラキューアが述べたように、「労働者階級の政見は、概略、宗教と聖書にどっぷりつかった人々の作り物だった」からである。

それにしても、この世紀が終わるまで、階級制度と資本主義を排撃する大がかりな統一行動は一切なかったのであり、産業革命の工場と大英帝国軍の連隊には要員が配置についていたのである。下層階級の人々は、上からさんざん浴びせかけられた価値観を、吸収したのであろうか。中産階級化したのであろうか。判断の難しいところである。勤勉な貧乏人は前より従順になりつつある、と当時の観察者の多くが信じていたのは確実である。「前世紀には」とマシュー・ボウルトンは書いた、

バーミンガムは、どこの工場でも、熟練した鍛冶工と鑢(やすり)工がいるのと同じくらいに彼らの趣味が悪いことでも並外れていた。彼らの気晴らしといえば、牛いじめ、闘鶏、拳闘試合、そして、大酒を呑んでくだを巻くこ

とだった。ところが、今や、それが様変わりした。人々は上品に洗練され、彼らの作る製品の出来栄えが大いに良くなった。

しかし、ボウルトンがこの変化のよってきたる原因と考えたものは、二ペンスの小冊子ではなく、仕事のほうであった。

おそらく、下層階級のうちでも筋金入りの者たちは篩(ふるい)にかけられ取り除かれつつあったのだろう。たしかに、上から差し招く価値観に長所を見てとることのできる有能な、理路整然と意見を述べられる、野心的な職工たちがいた――フランシス・プレイスを例に挙げれば一目瞭然であろう。プレイスは、十八世紀末期のロンドンで一緒に育った仲間であるビール臭い野蛮なろくでなしたちを――家族に威張りちらし金と健康を浪費した男たちを――拒絶した。自助努力することを、酒を控えることを、教育を身につけることを、出世することを、唱道した。自分自身が、仕立屋の見習い裁断師から身を起こし、出世して、首都で最大手の仕立屋の一人となり、三十二人の職人を配下に、年三千ポンドを稼いだ。「私は一分たりとも無駄にせず」とサミュエル・スマイルズの先駆者たるこの男はきっぱり言った、

いかなる場合にも気をそらすことなくこつこつと仕事に励み、一シリングたりとも使わず、一度たりとも、いかなる客であろうとも、もてなしたりしなかった。唯一、私が買ったのは、本、それもたいした数ではない。私が選んで就いた仕事に堅実に励み、本を読むのは毎晩二、三時間、一日の仕事を終えたあとのことだった。

プレイスは急進主義者で、無神論者で、産児制限の実践者で、トム・ペインの信奉者であった。だが、「若

き日のロンドンの中位の、そして上位のうちでも大部分の、熟練工、職人、年季奉公明け職人」たちの不道徳、下品、猥褻、泥酔、下劣、堕落、の淵から自力で向上することができるのだと信じてもいた。

私は、他の大勢の男たちのようには、タヴァーンへ行くことができない。今の地位を築いたのはひとえに努力を積み重ねてきたからだ。どの道将来の出世の妨げになりえそうなこと、あるいは、どの道私に応分の不名誉をもたらすと推定されること、ないしは、我が身の振舞いをじっと顧るとき他人に不正を働いたとかどんなときも卑しい行動をしたと自分を咎めざるをえなくなりそうなこと、そうしたこと一切を私はしなかった。

指導的人物たちにさまざまな機会を提供することのほうが、おそらく、大衆を変えようとするあらゆる試みよりも、安定に寄与するところ大であったろう。

そのうえ、宣伝団体による盛んな条件付け〔飴と笞による調教〕も大衆に効果を及ぼした。たしかに、村には無神論者や「共和制支持」の煽動家がいた。だが、人々の頭には愛国心と外国嫌いとが刻み込まれていたのであり、大群衆になるとそれこそ教会万歳、国王万歳と歓呼したものであった――それは、彼らが借金をしている高慢な非国教徒の商人たちに対して憂さを晴らす一つの方法でありえた。あらゆる立場の労働者がいた。中には、まったく自分の提示する条件どおりに生きる者もいた。例えば、フレデリック・イーデンはサリー州の二人の農場労働者、ジェイムズ・ストラドウィックとその妻アン、に賛辞を呈した。

彼は一つの農場で六十年以上も働いた。賃金は、夏冬とおして、常に一日一シリングだった。彼がそれ以上要求したことは一度もなかった。それ以下の申し出を受けたこともなかった。ストラドウィックは死ぬ七週間前まで働き続けた。そして、一七八七年、八十歳のとき、安らかに息を引きとった。恥じるところなき人生であった。なぜなら、死の当日まで、一ファージングたりとも教区の援助を受けはしなかったからである。その妻は、彼より七年ほど長生きした。年をとり、病気もあって、腰が曲がり、働くことはほとんどできず、ジェントルマンの庭で草刈りをするくらいであったが、彼女もまた教区からの救済を求めることも受けることも潔しとしなかった。人生最後の六、七年は、私にこの話をしてくれた人から年二十シリング受けていた。この話は、彼が彼女自身の口から聞いて書き留めたものである。

廉潔で徳ある女性であったが、近所ではあまり好かれてはいなかった。裕福な人々は彼女が傲慢であると思い、教区の貧乏な人々は、彼女の生き方が自分たちの生き方を非難するようなものであると見て、また、そう見ざるをえなかったため、彼女の些細な欠点をことごとく大袈裟にあげつらうのであった。

しかしながら、この鑑（かがみ）ともいうべき人でさえ、結局、目上の人々にしてみれば期待外れとなった。イーデンはこう報じた。

彼女に対する一層重大な非難は、すなわち、高齢に達し、ほとんど仕事ができなくなったため、とうとう教区の厄介になるかも知れない（彼女の考えるところでは、人間のあらゆる不幸のうちでも最たるもの）と深刻に心配しはじめたことであり、そして、この気遣いのため、発作的に気を滅入らせて苛立った折々、一度ならず、耐えきれなくなって、怒りにまかせ（そして、おそらくは、こらえ性なく）、全能の神が、彼女をかくも長い間この世に留まらせている以上、実は彼女のことを忘れてしまったのだろう、と口走ったことであった。

ここに見る二人の働く人々は、たしかに、いかなる急進主義者ないし反抗者の類型にもなじむことを頑迷に拒否する者たちである。

慈善は、それを受ける人々にどのような影響を与えたにしろ、それを後援する人々の役には十分たった。商人と製造業者は、特に、自身の社会的地位と行動にしばしば落ち着かない気分を味わっていた。上流階級の下に位置し無産階級の上に立つ彼らは、自尊心を獲得する必要があった。公務から一番直接に除外されていたのは非国教徒であったが、その他多くの善良な資本家たちも、一八三二年まで、投票する資格を与えられないでいた。実業界で自己の資本を守り投資し名門の家系を確立しようと努めながら生きていくにも、不安が生じ、慎重が求められた。小売商人や卸業者は世間から尊敬される必要があった。彼らは自己の人徳を、「信用」を、頼りとした。野心的資本家たちは慈善を援助することで道徳的使命を果たした。それは、自分たちが優位にあることを証明するための行為であった——その心性は、ハナ・モアがメンディプの炭鉱地域の村々に下した結論の、もったいぶった表現によく表わされている。「彼らは、自分たちに人間らしいところがかけらもないので、私たちを頼りにせざるをえないのです。」いずれにしても、主教ホーンが指摘したように、慈善活動は「最高の贅沢」なのであった。

しかし、道徳的まじめさは、なにも商業階級に限られていたわけではない。多くの有産階級族はスチュアート朝の「革命の世紀」から戦闘疲労状態で立ち上がった。以前は、政治的過激主義——スチュアート朝の専制政治から国王殺害まで——が宗教的偏狭——第五王国派〔清教徒革命後の清教徒急進派〕からローマカトリック教徒派反逆者まで——に反映されていた。一人の国王が処刑され、別の国王は退位させられた。風紀は、国事に熱望し熱中したクロムウェル派の聖徒や少将たちから、チャールズ二世の宮廷（そこでは愛人を持たないことが昇進の妨げになると噂された）の放埒者たちへと、大きく揺れた。どちらも、国の屋台骨を自任する「声なき多数派」の資産家たちには、容易には腹に据えかねるものであった。政党と政党、派閥と派閥、が相も変わらず抗争を続け、各地の名門一族が内部対立を生じていたため、このように内部分裂し喧嘩腰で独善的であり続ければ、市民社会が共食いを起こす危険が差し迫っていた。そのうえ、有産階級の生活様式には、もっと豊かになれる、投機の機会を摑める、優雅な暮らしができる、という新たな展望に心そそられた（そこに、手を広げ過ぎて倒産するという悪夢が交わった）結果、精神的圧力がいよいよ重くのしかかっていた。新興資産家たちは、それまでは自分本位で世間体も構わずにいたのだが、世間に受け入れられる必要が生じた。めまぐるしい変化、数々の誘惑、不安に取り巻かれた資産家市民たちは、心の拠り所を斉家（せいか）に求めた。節度、礼節、適応化が求められた。「はしゃぎ回り、取っ組み合い、互いの頭に向けて物を投げ合うなどは、庶民には似合いの遊びだが、ジェントルマンの品位に悖（もと）るものである」とチェスターフィールド卿は息子に業を煮やして忠告した。遊蕩は、楽しんでもよいが、ただし、鷹揚に、上品に、優雅に、という条件づきであった。有産階級の実に多くの人々が、実際に、鬱陶しい無作法者、偏屈者、法螺吹、飲んだくれであり、その息子たちが不品行者であったとすれば、『スペクテイター』の上品にという呼びかけは、気取り屋のひけらかしではなく、個人的にも社会的にも順応するうえできわめて重要なものであり、有産階級への尊敬を確保するためにも世間の安全を守って自分たちが愉しむためにも最善の方便なのであった。節度、抑制、上品は、社会の爆発を目のあたりにしたくなければ、必要欠くべからざるものなのであった。

　サセックス州の食料雑貨商人トマス・ターナーは、酒宴のあとになると、すっかりボズウェル流自責の念にかられるのであった。「あァ、こういう罪なことを、それも日曜日だというのに、してしまったと思うと、恐ろしさに胸が張り裂けそうだ。」強い酒は飲まないにこしたことはない、と思う人たちがいた。

「私は水しか飲まないが、それでも、いつも元気だ」とエラスムス・ダーウィンは吹聴した。全面的禁酒運動といったものは一切なかったが、少数ながら断固たる絶対禁酒主義者がいることはいた。例えば、監獄改革者ジョン・ハワード――彼は、また、菜食主義者でもあり、じみな服を着て、品行に厳格であった。青鞜派などの排他的小集団は友人たちを離乳ならぬ離酒させるため宵には紅茶を飲むよう勧めた。そして、ウィリアム・クーパーは自作の詩でこの「杯を重ねても、元気にはなれるが酔いはしない」飲物に賛辞を呈した。青鞜派の面々は、また、トランプ遊び（「あの野蛮な遊び、ホイスト」）をやめさせようと努め、その代わりに会話を奨励した。

（貴族階級はさほどでもなかったが）裕福な階層の中には、ジェイン・オースティンの時代が近づくにつれて、実に形式張る人々が出はじめた。ジョウゼフ・ファリントンが注目したように、一七七〇年ころから、

この国の人々の風俗と習慣にある変化が起こりはじめようとしていた。大衆の趣味がよくなりつつあった。個人の付き合いでごく普通に見られた下卑た馴合いが影をひそめ、敬意をこめた丁重慇懃な話しぶりが徐々に社交界に新風改革を巻き起こしていった。会話の中で習慣的に神の名を乱用してやたらに誓いを立てる冒瀆的言葉が耳を穢すこともなくなり、食卓では痛飲暴飲がもはや見られず人々は酒を慎んで分別よく歓談するのであった。

多くの人々にとって、礼節を守るということは「下品」からはるか遠くへ退却することであった。アディソンとスティールは、彼ら自身が時代の俗悪さを慨嘆した口だが、しかし――もしジェイン・オース

ティンの『ノーサンガー寺院』が指標となるなら――彼らの著作でさえ一世紀後には読者を赤面させたのである。祖父の代の日常口語表現が、猥褻なものになった。「ピス〔piss 小便。間投詞で、ちくしょう〕」は一七〇〇年代ころから卑語であったし、いわゆる四文字語は、がさつなドクター・ジョンソンもこれを『英語辞典』から外した。「スティンク〔stink 悪臭を放って我慢できないほどひどい〕」とか「シック〔sick 胸がむかついて吐きけがする〕」といった言葉が上品な人々には耳障りになりはじめた。シェリダン作『恋仇』（一七七五年）の登場人物ボブ・エイカーズは、今や「風流な悪態」をつかなければならない時代である、と解説した。「こんちくしょうめ〔damn〕の全盛期は過ぎたのさ。」リー・ハントは、一七八四年生まれだが、悪態にはとにかく怖気をふるうように、と母親に教え込まれた昔を思い起こした。礼儀も注目を浴びた。食卓用のナプキンや清潔な敷布が多用されるようになった。高価なリネンに代えて安価な綿布が使われるようになったせいでもある。手摑みで食べたり唾を吐いたりすることは無作法であると非難された。

自制に伴って、社交性、すなわち人と打ち解けて付き合う能力、そのため政党や宗教や家系の違いを一般の付き合いでは不問に付して話題にしない能力、に一層の価値が置かれた。会話の技術と茶席の嗜が磨き上げられた。よい作法とは、スウィフトの定義では、「会話の相手をくつろがせる技術」のことであった。社交ができるように子どもを育てることが、躾の主眼点になった（そして、啓蒙運動の教育理論家は、心は本来蠟の塊のようなものであるから、鍛え方次第で社会の要求に合うような形に作り上げうる、と信じていた）。ロックとその信奉者たちは、教育は単なる学習にとどまらず実生活に適合されるべきである、と力説し、そして、チェスターフィールド卿は、息子に宛てた教えの中で、愛想よくすることがきわめて大切である、と説いた。「人との付き合いで自分が愉しむ唯一の方法は人を愉しませることである。」礼儀の正しさと躾のよさが人生の門戸を開くであろう。「私が立派な行儀作法の要領と言う意味は、人を愉しませる要領、あるいは、会話する相手の幸せに最大限の気配りをする要領、のことである」とフィールディングは書いた。個人の力が依然ものをいうほどに親密でありながらも次第に没個性化しつつあるほどに流動的でもあった世の中では、礼儀を正し人当たりのよい物腰をとって初めて受け入れてもらえたのである。社交にやかましい世の中では、精妙に礼儀を使い分けることが入会と昇進を確保するのに役立った。人生とは、演技の上手な役者が輝く舞台であった。礼儀指南書が、踊りの教師が、朗読法の教師が、こぞって役所(やくどころ)を教えた。内面の自己を晒け出しすぎることは禁物であった。

政治が、宗教が、その他諸々の物質的利害が、人々を分け隔てた。その人々を、文化が再結合するかも知れない、と期待された。そこで首都ロンドンは美意識の涵養に専心した。「〔ギリシア神話の〕美の女神たちを、一も二もなく美の女神たちを、いつも忘れぬように」とチェスターフィールドは息子に力説した。オリンポス文化の清らかな息吹が、平民と野暮な地方地主と単なる金持ちたちの上に聳(そび)える最上流階級を、活気づけたものであった（だが、美意識は富に洗礼を施すこともできた）。芸術を見分ける真正の審美眼は、けばけばしい派手好みではならず、慎み深く控え目で善良さと調和するものでなければならない、と人々は力説しはじめた。例えば、アディソンとスティールは、王制復興期の文化を穢(けが)し冷笑的なものにした「機智と美徳との長き離婚」に終止符を打とうと努めた。「私は懸命の努力を払って、機智をもって道徳を活性化し、また、道徳をもって機智を和らげ、それにより、もしできるなら、両方向で、読者諸賢の一日の思索が無駄に終わりはしないようにしたいと思う」とアディソンは書いた。

洗練〔上品〕というものは人の本来の気質に磨きをかけて光沢を出すものであろう、なぜなら、ちょうど文明人というものが自然人に磨きをかけたものであるのと同じように、芸術が、結局は、自然を洗練したものだからである〔当時の考え方〕。『スペクテイター』の自己宣伝文句は、「私たちの間に上品な書き物を好む趣味を確立する」目的のため「人間生活を磨き洗練することに努める仕事」であった。「ポリッシュ・オア・ペリッシュ〔Polish or perish. 磨きをかけよ、しからずんば滅びよ〕」が時代の合言葉となり、流行の先端を切ろうと欲する上流人士を、人を感心させようと狙う見栄坊の地方地主を、ジェントルマンの仲間入りしたがる成金の農場経営者や小売商人を、魅きつけた。それは、とりわけ、盛況な文化商売（カルチャー・ビジネス）に携る人全員の大合唱するところとなった。マンチェスター文芸哲学協会の事務局長トマス・ヘンリーは、同市の製造業者たちに同協会への入会を勧めるため、「美文学を、そして自然および芸術のなせるわざを、趣味とすることはジェントルマンと成るに必要不可欠な要件である」と論じ、学問はジェントルマンに「見るものすべてに対する一種の所有権」を与える、というアディソンの見解を引用した。

これと同列で、チェスターフィールド卿は、性的嗜好を洗練するように、と息子に力説した。上品な性交には真の利点がある、〔下品な性交より〕官能的であり、また、健康を損ねる危険が少ない、と。彼は息子に、性衝動を満足させる相手には街娼よりもパリの上品な婦人を選ぶように、と勧めた。そのほうが勉強にもなって一挙両得、というのである。

> アランジュマン、というのは平易な英語でいえば情事ということだが、これが今パリでは上流社会の婦人にとって家と同じように不可欠な要素である……。それゆえ、いい若い者が、売春婦を相手にするほど身を落とすとか、売春婦のほうを好むという実に風変わりな趣味の持ち主であるとか、〔優雅でないはずがない上流社交界にあって〕健康にも教育にも地位にも恵まれた婦人との交際に脅威となるようなことがあれば、なんとも無器用な無骨者と言わざるをえない。

風習や嗜好と並んで、品行にも注意を払う必要があった。ジョージ王朝の随筆家、家庭教師、親たちは徳を涵養する必要性についてくどいほど書き、話した。それは、まさしく、旧来頼みの綱とした道徳――キリスト教の戒律や伝統の絶対的権威――の、その綱が切られてしまったからである。ジョージ王朝の上流社会では、美徳は独特の響きを二つ帯びるようになった。一つは、自己や他者に対する、幸福を生む行動に通じる、思いやりの気持ち。娯楽と皮肉を旨とする裕福な階級の世俗的雰囲気の中では、苦しみに耐えて自己否定するよう申しつける伝統的な道徳律は的はずれであった。人々は、よいことをしたいだけでなく、もっともなこともしたがったのである。大執事ペイリーは実利主義を剝きだしにした数少ない人々の一人だが、彼は「役に立つものは何であれ正しい」を試金石としていたし、もう一人ジェレミー・ベンサムにとっては、善か悪かを試す唯一の方法は、最大多数の最大幸福、なのであった。しかし、美徳と幸福の結婚をめぐる同じような感情は、もう少し穏やかな形で、社会の隅々に反響を及ぼしていた。

もう一つは、心の文化に、感性に、個人的道徳判断に、次第に重点が置かれるようになったことである。教会が戒律を下すことがもはやなくなり権威が弱められた、この比較的自由な環境の中で、道徳を祀る神殿は自己の内面に移動した。良心という贅沢を享受しうるほど豊かな人々にとっては、特に女性たちにとっては、善というものが、もっと繊細で優美な感情を培い発揮することを含む、さらに内省的な、感覚的でさえある、事柄になった。「快楽を味わう際の細かな心遣いは、身分ある人々が悪徳から足を洗うときに踏み出す第一歩である」とスティールは書いた。目立たない存在であった社交的美徳――友情、慎み、誠実、陽気――が舞台中央に踊り出た。苦しむ人々や不運な人々に対する思いやりが感受性の鋭さを示す指標となり、時にはそれが崩壊して感傷過多、鬱病、そして、おそらく神経性食欲不振症*になることもあった。例えば、ノッティンガム州の裕福な未亡人アビゲイル・ゴーザーンは、父親の死に際し、自分の外面的哀悼と内面的悲嘆についての考えを日記に記した。

悲しみの黒い礼服が哀れみの情をことごとく脱ぎ捨てた心を実にしばしば隠すというのはそのとおりであるけれど、本当に思いやりのある細かに気のつく心の人はフリだけの苦悩を当てにしたりはしない。黒ずんだ色合いの服が辛い薄れはしない哀悼の念を増幅したり緩和したりするものではない。衷心から嘆く人は、堅く心を閉ざしなにも感じなくなった人なら経験しえないはずの密かな贅沢を実は楽しみながら一方でこれ見よがしに陳腐な悲しみの表情を浮かべている人を見ると、愛想をつかして目をそむけるものだ。

＊「我々心気症患者は、憂鬱に苦悩するとき、我々の苦しみは我々の優位の証しである、と考えて我が身を慰めるがよろしかろう」とボズウェルは書いた。

十八世紀後半には、もっと個人的で家庭的な美徳が、特に中流の人々の間で、支持された。これは、誠実で倹約で家庭的なジョージ三世を手本に拍車がかかったもので、彼は、妃シャーロットが鰯を油で揚げている間その火のそばでトーストを焼く、と評判になった。社交界を拒絶し、平隠と静寂と居心地よい隠遁を好む前ロマン派的趣味を養う人たちもいた。「私、よく思うのですが、一番幸せな人って、世の中のことはまったく知らないで、炉辺の、闘争も陰謀もない小さな帝国に座って、私たちが今人類の黄金時代にいる、と思ってる人じゃないかしら」と青鞜派の花形ミセス・モンタギューは思いに耽って言った。ハナ・モアも同意見だった。「ロンドンについていえば、そこから逸れられたら嬉しいだろうと思う。古(いにしえ)からの小さなパーティーなんて開くものではない。何もかもが偉大で巨大で最新で壮大で、そして退屈」と彼女は一七九〇年に書いた。非国教徒の道徳家ミセス・バーボールドが書いた作品の表題が、この間の消息をよく物語っている。それは、『夕べは家庭で』であった。

特にこの世紀の終わりころ、道徳的再武装の必要性が強く叫ばれた集団が、いくつかあった。独力で立身を遂げた人たちや金持ちたちの階層が膨脹途上にあったのだが、この人たちは自分たちが成功したことで生じる新たな誘惑とその自己矛盾に折り合いをつける一つの方法を、美徳の自覚的追求の中に求めたのである。新しい富は、善によって聖別される必要があった。銀行家や取引業者は、金融界の揺るぎなき安寧が彼らの名声と信用にかかっていることを、よく承知していた。「善良」であることは若い女性たちには一層重要な意義を帯びるものであった。こと結婚に関しては自分で相手を選ぶ権利があると多くの女性が主張していた時代に、申し分のない評判を得ていることは、結婚を促す家族の圧力を撥ね返す余地と力をいくぶんとも確保するのに役立ったのである。その他の女性にとっては、内省と、清純な心に寄せるこまやかな気遣いが、威張り散らす親ないし夫の下で外面的支配力をもたずに生きていく生活に対処する助けとなった。身も心も宗教に打ち込んでいる家庭では、こうした効果は強められた。女性は道徳の守護神となったのである。

ある種の知的専門職や事業に携わる人々の間で、また、世間の癇に障ることを言う疎外された周縁の知識人たちの間で、道徳は特に熱心に意識された。周囲を見回せば腐敗やら物質主義やら、疎外感を抱く対象にこと欠きはしなかったのである。感傷小説の中ではもとより、実生活でも、上品な女性たちや風雅な紳士たちが心痛む苦悶を味わい、思いを遂げられなかった恋に、子どもの死に、物言わぬ動物に対する残酷な仕打ちに、泪ぐむのであった。誠実と実直が、人間の本質と無欠性を表す記章となった。海外での布教活動と国内での清純運動が開始された。人によっては、安息日を守るかどうかが試金石になった。

ジョージ三世は日曜日の宮廷晩餐会を廃止した。そして、安息日遵守協会が一七七五年に創設された。

こうした人々は、また、公的生活から「下劣」(すなわち、性)を追放することを願った。心遣い〔無性化〕が、特に女性を守るために、重要な事柄になった。ジョン・ベネットが一七八九年に書いたように、「心遣いは大変一般的で広範囲にわたる素養である。それは女性にかかわるあらゆることに及ぶ。会話、本、絵、態度、動作、発音の仕方、万事が心遣いによって慎みよく抑制されねばならない」のであった。

純情な女性に赤面する思いをさせまいとすれば、至る所に淫乱猥褻を見てとる人たちには、際限のないことであった。例えば、コッドピース・ロウ〔Codpiece Row 地名。股袋通りの意〕(ロンドンのブリーチーズ・ヤード〔Breeches Yard 地名。半ズボンの中庭の意〕の隣にあった)はコッピス・ロウ〔Coppice Row〕に改名されなければならなかった。もはやビッチ〔bitch 雌犬。俗語で淫らな女の意〕をビッチとは言わず、「マザー・マスティフ〔母親のマスティフ犬〕」と呼ぶ人たちもいた。女性はもはや「子どもを孕んでいる〔big with child〕」のではなく、「妊娠している〔pregnant〕」のであった。「ハラ〔belly〕」が「おなか〔stomach〕」になり、「スモック〔smock〕」や「シフト〔shift〕」が「シュミーズ〔chemise〕」になった(だが、詩語には昔から同様の婉曲語句がたくさんあった)。レノルズは、好みの変化に応ずるため、彫像にゆったりとした上着を纏わせた。裸での水浴に反対する抗議の声が――未だ効果をほとんど及ぼさなかったが――起きた。トマス・ボウドラーの猥褻部分削除版シェイクスピア戯曲集が初めて出版されたのは一八〇二年であった(『ヘンリー四世』からドール・テアシートが姿を消した)。

数ある肉体表現のうちで、性の強調はもっとも邪悪で、罪深く、悪辣なものであった。ボウドレリズム〔猥褻箇所の削除〕、グランディイズム〔世間体を気にする上品ぶり〕、上品ぶった言葉遣い、抑圧、気遣い、羞恥心などを総動員してエロス〔愛の神。官能的愛の象徴〕に服を着せた〔情欲を隠した〕のである。官能は品位の反意語となるに到った。その連想で、清らかさが枢要な美徳になった。それは、ウェスリーにとっては敬神に次ぐものであった。だが、ハナ・モアはそれを、少なくとも貧乏人に対しては、もっと高い席次につけた。「例祭日に私たちと行列して教会に行く必要があるため何かまともな服を着たいと思う正直な気持ちが起こり、そのため、今では、日曜日の教会は大変清らかに見えるご婦人方で満席となります。」全般的に見て、「ヴィクトリアニズム〔ヴィクトリア女王時代の風潮〕」がヴィクトリア女王の祖父母の時代にすでにその長い影を落としていたのである。「十九世紀の初めまでに、美徳という軍隊は幅広い無敵の前線を行進していた」とG・M・ヤングは書いた。

自己検閲をとおして自尊心を探究するこの大攻勢は、主に金持ち階層に起きたものだが、その前衛に立ったのがとりわけキリスト教的な、イングランド国教会内部の福音主義運動であった。福音主義の復活には多数の源泉があった——例えば、ケンブリッジのチャールズ・シミオン、あるいは改宗した奴隷貿易商ジョン・ニュートン——しかし、それをとりわけ活気づけたのはロンドンの金権政治の精鋭たち、俗にクラパム派閥と呼ばれた人々、であり、その先頭に立ったのが商人や銀行家、例えば、ウィリアム・ウィルバーフォース、ザカリー・マコーリー、ジョン・ソーントンとその息子たち、であった。この「聖徒たち」は、広教会派の信仰を否認し、理性を否定して信仰を求め、寛容を退けて筋肉活動をとおした改革運動の闘争による罪の克服を求めた。まじめになるよう呼びかける使命感は、ウィルバーフォースが「贅沢な金持ちたちの間に興り、今や人々の全身にその有害な影響を及ぼし破滅的害毒を広げるに到った、現代の遍在的腐敗不道徳」と呼んだものを、拒否した。一八〇〇年の『福音主義運動マガジン』に印刷された「精神圧計」(次頁)は、罪と救済を縦列に表して、社会から悪魔を追放する切迫度を示した。

この指標から見てとれるように、ジョージ王朝の世紀のほとんどすべての文化的発展が、ヴォクソール

70	栄光。肉体からの解放。
60	キリストのもとへ旅立つ願望。苦難をしのぶ忍耐。試練の中の栄光。
50	人々の魂によせる献身的な愛。神を猛追。キリストの受難による脱俗。
40	神の愛，心に注がれる。主の食卓への頻繁なる接近。祈りと経験のための集い。
30	神の民に見いだす喜び。イエスに向けるまなざし。
20	神の家〔教会〕と神の言葉〔聖書〕への愛。日々の聖書熟読と祈り。無益な交遊関係の解消。
10	福音の光。祈りと瞑想のための隠棲。魂への懸念。警鐘。
0	無関心。安息日の晩だけの家族礼拝。個人的祈りの頻繁なる省略。家族的信仰の全面的衰退。
10	軽率な会話。高価な流行服の購入や不道徳な流行物の採用。
20	贅沢な娯楽。世俗的朋友との思うままの交際。
30	劇場，ヴォクソール遊園，ラネラ遊園，等々。頻繁なる快楽の宴。神の家の放棄。ブドウ酒，蒸留酒，等々の大量消費。
40	小説，等々，の愛好。懐疑的態度。個人的祈りへの全面的無関心。理神論者との交際重視。
50	主日（日曜日）に快楽の宴を開催。仮装舞踏会。泥酔。姦淫。神聖冒瀆。卑猥な歌。
60	不信心。宗教を揶揄。徹底的愚弄。
70	死。堕地獄。

精神圧計（『福音主義運動マガジン』1800年刊から）

遊園から小説に至るまで、軽蔑の的であり、救済の域に達しないものであった。「小説は、一般に忌まわしい習慣と破滅の媒介物である。愚かにもこれに傾倒するということは、悪影響により精神が堕落したことの否定し難い証拠であり、真摯な学問研究とか喜びに満ちた宗教の実践と享受にはまったく不向きなことである」と一七九三年の『福音主義運動マガジン』は激しく非難した。

ウィルバーフォースの目的は実践的で改革的な宗教を振興することであった。「神は私の前に私の目的として風紀の改善を設定した。」この「聖徒たち」は、偉い人々を再キリスト教徒化し、指導者の職務に相応しい人間にする仕事に取り組んだ。家庭から着手し、十九世紀のあるべき家庭像を設定した彼らは、立法化を実現することに関心を抱くよりは、自発的に行動するほうを好んだ。例えば、ヨークシャー州の福音派の一家グレイ家の人々は、数々の紡績学校、日曜学校、友愛協会、慈善学校を設立したことで傑出していた。彼らは貧乏人向けの安価な特別食を作成し、奴隷貿易反対運動を支援したのである。

独力で金持ちになった人々をやっかみの不満が取り巻く緊迫した世の中で、福音主義運動は、多くの長老とその家族が必要としたもの――実業が要請する需要を安定化するとともに活性化し、不安定を極小化し、尊敬を勝ち得るための、厳格で冷酷なほどに明確な個人的信条――を提供した。各人が、信用のおける、勤勉な、謹厳な、喜びを先延ばしすることに慣れた、性格作りを目的に、自分および家族に対し父子主義的責任を負った。福音主義運動は、メソディズムが職人に対してしたように、ピールなどの成金製造業者に世間から尊敬される地位を与え、そして、ハードウィック伯爵などの貴族の道徳的権威を復活させた。リスペクタビリティー〔品格〕――一七八五年に初めて使われた言葉――が流星の如き出世を遂げようとしていた。

＊

ジョージ王朝の時代は、生活保護を受けることなく安楽に暮らす人々に、新しい生活様式を探究する機会を、十分に与えた。教会と国家の低姿勢、持続する国内の平和と安全、全般的に弛緩した道徳的雰囲気、経済的機会、未来についての楽天主義――こうしたもの一切が世俗性、個人主義、多元論に拍車をかけた。しかしながら、この自由は、また、個性に重荷を負わせ返すことにもなった。成功するか失敗するかは、複雑な行動規範と社交儀礼の処理および操作における巧妙さにかかっていた。自己管理と見栄えが大いに助長されるようになった。個人主義のどよめきに狼狽する中で、多くの奮闘努力する人々は、彼らの――そして他人の――生活を導き、照らし、鼓舞する、より明確な宗教と道徳の理想を、暗闇を照らす燈台の灯を探すように、求めた。複雑化した経済の中で、そして、社会的騒擾が生じたところで、いくつかの集団が、そして時には政府が、改革ないしは支配強化を、執拗に求めはじめようとしていた。こうなったのは、産業化したから、ということではなかった。実際、産業化が早熟であったところでは、改革運動はさほど切迫していなかったのである。しかし、資本主義は相当の物質的富を各方面の多数の人々に生んでいたのであり、彼らは、以前よりも洗練された生活様式に耽溺したため、次第に大衆による脅威を感じるようになった。有産者たちは、守るもの――失うもの――を余計に有し、秩序に、資本と自力向上を脅かすことのない世の中を作る方途を見つけることに、一層大きく関与していた。そのうえ、世俗的見地、啓蒙運動の合理主義と実利主義、人間の教育可能性を信じる理想論、改良、魔術的な新科学技術――すべてが、統制された変化は必要であり可能であり望ましい、とするプロメテウス的神話を、煽っていた。野心と権力と支配は、ジョージ王朝の人々が孵（かえ）した彼らの申し子なのであった。

8　産業社会に向かって

十八世紀最後の四半世紀に、経済活動と人口が著しく急激な伸びを示した。「一七八二年以降」とT・S・アシュトンは書いた、

入手可能な統計資料のほとんどすべてが、工業生産高の急激な上昇傾向を示している。石炭の船荷量と銅の採鉱量の増加分の半分以上、広幅織り布地の増大量の四分の三以上、捺染布地の増大量の五分の四、そして、綿製品の輸出量の十分の九、がこの世紀最後の十八年間に集中した。

実質国民生産高は、一七四九年から一七八〇年の間は年間約一パーセントの成長率であったが、一七八〇年から一八〇〇年の間には約一・八パーセントの率で伸びていた。一七八〇年から、銑鉄生産高は八年毎に倍増した。一六六〇年から一七六〇年までに発行された発明に対する特許は二百十件であったが、一七六〇年から一七八九年の間に新たに獲得された特許は九百七十六件にのぼった。経済活動の拡大と人口の増加は両々相俟って進行した。なぜなら、労働節約的機械の導入にもかかわらず、発達過程の製造業はさらに多くの人手を必要としたからであり、その一方で（とりわけ食糧の）生産増がなければ、人口増のため、十九世紀のアイルランドで生じたのと同様の、生存の危機が生じたであろうからである。両者がおお

むね歩調を合わせ、どちらも減速することがなかったため、その結果、私たちが産業革命と呼ぶあの膨大な変貌が生じ、産業社会が誕生することになった。数百年間、農業に基づく家内工業経済の中で、食糧供給と家族規模と雇用機会が危うい均衡を保って続いてきた末に、一つの分水界を越えたのであった。

歴史家の中には、「産業革命」などの呼び名の価値を疑問視する人たちもいた。しかし、革命的だったのは当初の大変革ではなくその結果の膨大さのほうであったことを私たちが心に留めておくなら、そして、私たちがそれを工場所有者によって設計された「計画」としてではなく体制全般にわたる数百万の個々の活動の累積結果として見る限りにおいて、「産業革命」という考え方は価値があるように思える。この世紀の終わるころには、こうした活動の多くは活気ある未来への賭けを包含していた。起業家たちは、新たな市場を当てこんで、危険を承知で工場設備に一層多額の投資をしていた。穀物の価格と利益が目の眩む高さに達したため、農場主たちは丘の斜面にも鋤を入れた。運河への熱狂がはじまった。産業化地域では、人々は状況に適応し、結婚を早め家族数を増やした（アーサー・ヤングの勧告、「進め、若者たちよ、子どもを作れ、今は子どもの価値が昔より増したのだ」、に一致した）。危険を冒した賭けのすべてが成功裡に終わったわけではなかった。多くの運河はごく僅かな利益しか生まず、激しい競争のため倒産する綿糸紡績業者たちもいた。しかし、拡大への賭けは屢々にして儲けを生み――景気循環の谷間、多数の破産、インフレーション、高まる社会不安、貧困にもかかわらず――はずみをつける因（もと）になった。明敏な人々や運のよい人々は大儲けした。ある大紡織工場では百パーセント以上の利益をあげることができた。アークライト家やピール家といった産業革命の巨頭的起業家たちは、コウルブルックデイルのダービー家など二世代前の慎重な産業家たちが夢想だにしなかったほど、豊かになった。そのうえ、その結果がいかに破壊的であれ、その報酬の分配がいかに不平等であれ、産業化は、はるかに多くの国民労働力集団を現に養っていけることを意味したのである。

イングランドは産業革命発祥の地であった。このことは――イングランドがいやしくもそのような革命を遂行し、しかもそれをやり遂げた最初の国であったという事実は――どこまでその社会の特質によるものなのであろうか。当然ながら、急速な産業化の原因がただ一つだけということはなかった。それは、産業化に向かう多数の要素の適切な化学反応に依ったのであり、その中には社会的特質との結びつきが間接的でしかないものもあった。天然資源が便利な所にあり採取が容易であることが、必須の条件であった。石炭と鉄鉱石は、南ヨークシャーやブラック・カントリーにおけるごとく、屢々にしてごく隣接していた。コーンウォルの銅と錫は迅速に船積みされ南ウェールズに運ばれて、そこの石炭で製錬することができた。ペナイン〔山脈〕とピーク〔連峰地方〕の豊富な水流は繊維産業に洗浄水と水力を供給した。戦争の年月（一七九三―一八一五年）を通じて、また、ナポレオンによる封鎖の間でさえ、英国海軍は島国イングランドが絶対的支配をすり抜けて海外から必須の原材料を、とりわけ重要度を増しつつあった原綿を、輸入するのを可能にした。

増大する外国市場向け輸出販路も、また、不可欠であった。輸出は、一七八〇年には年間平均約九百万ポンドであったものが、この世紀の終わりまでに二千二百万ポンドに跳ね上がった。鉄鋼の出荷は、一七六五―七四年に一万六千七百七十トンであったが、一七九五―一八〇四年には三万七百十七トンへとほとんど倍増した。同じ期間に、毛織物の輸出は四百三十五万六千ポンドから六百三十二万三千ポンドに増え、綿織物の輸出は二十三万六千ポンドから五百三十七万千ポンドに増えた。ナポレオンによる大陸封鎖期間、危機に晒されたイングランド経済を、植民地に製品を売りラテンアメリカなどの地域に市場を作り出した製造業者たちの才能が、浮揚させたのである。無際限の輸出がどこまで産業の拡大を促進したかについては、未だ論争の余地がある。ただ、最急成長産業であった綿織物の生産高の約三分の二が海外に出荷されたことは、確実である。

	1779年	1784年	1799年	1812年
原　綿	2s.	2s.	3s. 4d.	1s. 6d.
資本および労働	14s.	8s. 11d.	4s. 2d.	1s.
合　計	16s.	10s. 11d.	7s. 6d.	2s. 6d.

(s＝シリング，d＝ペンス)

こうした優位の多くは「自然的」、「偶然的」、あるいは「外在的」なものであった。だが、それらを「利益に役立てる」才能が、社会経済的基盤の順調な整備によって、高められた。例えば、新しい航行可能水路および運河網が、鉱石などの嵩ばる天然資源の運送を大変容易かつ安価にしたのであり、このことは、時代と関係のない多くの「自然的」利点を利用しえるようになったのが、なぜ十八世紀末であってそれ以前ではなかったかの、説明になる。

主として工業技術の飛躍的前進のお蔭で十八世紀末に生産高の大幅な伸びが達成された産業もあった。綿織物では、アークライトの水力紡績機（一七六九年）やクロンプトンの精紡機などの発明が、工員一人当たりの生産性を劇的に高め、それに比例して単位費用を削減した。綿糸紡績では、新型機械の導入によって原価要素が上の表のように推移した。

この費用低下は、主に、工業技術が作業工程を迅速化したことによるものであった。重量百ポンドの綿を処理するのに要する作業延べ時間は、インド人手紡ぎ工の場合五万時間であったが、クロンプトン精紡機（一七八〇年）では二千時間、百紡錘精紡機（一七九〇年）では千時間、動力操作精紡機（一七九五年）では三百時間となり、そして、一八二五年までにロバーツの自動精紡機はこれをたかだか百三十五時間に短縮したのである。

金属産業では、コークスによる鋳鉄熔解法が広範に採用されたことで、木炭の不足進行と価格上昇によって生み出された狭窄症状に終止符が打たれた。ヘンリー・コートの反射炉と「パドリング〔銑鉄を反射炉の中で錬鉄に変える工程〕」による鉄精錬法によって、錬鉄の大量使用が夢ではなくなった。とりわけ、この世紀の終わりまでに、回転式蒸気機関が工場――ロンドンでは製粉工場、ランカシャー州とダービー州とノッティンガム州では紡績工場――の操業用動力源として、ちょうど魅力的なものになりはじめるところであった。蒸気動力のお蔭で、紡績工場は（かつては人里離れた奥地の川谷に局限されていたのが）マンチェスターなど都市中心部へ移転できるようになった。工業技術の変化は、生産性を飛躍的に向上させることによって、製品価格を低下させ、それにより市場を増殖した。

イングランドが科学技術の応用で先陣をきったのは、一番多く科学発明家を擁していたからというわけではなかった。先進紡織機と運河技術はずっと早くイタリアで利用されていたし、軍艦の設計といった分野ではフランスが相変わらず傑出していた。たしかに、フランスにはイングランドより多くの科学教育を受けた専門技術者がいた。イングランドは、どちらかといえば、発明の種を産業に応用する面で優位に立ったのである。大陸では、産業の作業工程および水準に対する官僚統制が、ギルド〔同業組合〕の影響力と結びついて、おそらく、改良を志向する活力を抑圧したのだろう。フランス、オーストリア、ロシアでは国家による産業保護政策がとられていたため、科学者や技術者は製造業を敬遠し教育、行政、軍役に向かった。イングランドでは、科学や技術に対する国家の支援が欠如していたが、皮肉にも、まさにその欠如によって、例えばバーミンガムのルナ・ソサエティー〔月の会〕会員間に見られるような、科学的才能と技術的才能と起業家的才能の間の緊密な実務的協力が助長されることになった。産業に対する法的規制が衰微したため、工業技術の変化を阻む外部的障害物は一切なくなった。特許法は、おそらく、ジェイムズ・ワットなどの発明家たちが設計の改良に多大な精力を注ぐ、促進剤となったであろう――もっとも、ワットの場合が示唆するように、それは後に彼らの発明が広く急速に普及するのを阻害することになったかも知れないのだが。

イングランドの産業が急激に高まった理由を説明するために、工業技術による解説と並んで、詳細な経済的解説が時に提示されてきた。例えば、かつて、産業化が急成長を遂げるのは資本形成ないし投資水準が一定の臨界を超えるときである、という論議があった。あるいは、綿織物の幾何級数的成長が「先導部門」として作用し、乗数効果によって他の経済分野を引き上げたのである、という主張があった。しかしながら、これらの見解は、それを支持する根拠が薄弱なのである。製造業への資本投資は非常に有意な高まりを、しなかった。高まる必要がなかったからである。なぜなら、工場設備が一般に小規模なままであり、必需固定資本が膨大ではなかったからである。起業家たちは信用、借入金、提携関係、ある種の術策で困難を切り抜けた。個々の資本家が大勢「枯渇」することはしたが、イングランドの産業が全体として資本の「干魃」に「干上がる」ことはなかった。必要な金は個人で集めることができたのであり、産業用の株式取引は必要なかったのである。総計は、いずれにしろ、巨額ではなかった。一八一五年までに、二千万ポンドが運河に費やされたが、政府諸機関がナポレオン戦争に募った資金はその五十倍に達したのである。また、綿織物がその他の経済活動を活気づけた、というのも正しくない。一八〇〇年にその産業は未だ主として木製機械と水力を使っていた。鉄工業であれば、その生産物が工場機械設備となり、それがさらなる基幹産業に機械を装備し、という具合いに巨大な連鎖反応を生むことになるのだが、綿織物産業の生産物ではそういうことにはならなかったのである。

産業化にとって決定的に重要だったのは、イングランド社会の性格であった。社会の個々の特色が急速な経済発展を推進しながら、全体的趨勢が産業化への潜在能力を生み出したのである。その中でも、特に影響力の大きいものが一つあった。人口の増大である。鍛練次第で柔軟な労働力になりえる人口の増大がなければ、急速な産業化の勢いは、やがて、衰えたであろう。なぜなら、顕著なところでは綿紡績など、いくつかの作業工程で導入された目ざましい労働節約的機械でさえ、他の分野、例えば機織り、での工員増という必要を生み出したからである。靴下編み、金属業、輸送、建築、そして、あらゆる加工産業、流通産業、サーヴィス業が、より多くの人手を必要とした。新たな雇用機会が、急増する人口を支えた。一七五〇年の五百七十万から一八〇〇年の八百六十万、そして一八二〇年の千百五十万へと増えた人口を。産業地帯への移住が加速した。その多く、例えばペナイン山脈やレイク・ディストリクトから低地のランカシャーへの移動、は遅々たるものであったが、アイルランド人やスコットランド人は綿織物産業都市へ群れをなしてやってきた。こうした臨時雇いの多くは熟練職人であり、しかも子どもたちを一緒に連れてきたため、彼らは難なく全体の労働力に吸収されていった。

広く認められているように、産業の技術改革は時に労働者の強力な抵抗に遭った。一七九二年三月、マンチェスターでグリムショーの工場が襲撃された。カートライトの力織機を初めて使った工場である。開業してわずか二年後に、この工場は手織り機の織工たちによって焼き払われた。そして、それが破壊されたことで、この地域では、その後数年にわたり、力織機による機織りは見合わされることになった。そういうこともありはしたが、機械化に体を張って抵抗したその抵抗の規模は、全体の変貌の規模と比較すれば、微々たるものであった。同業組合の力が依然として強かった古くからの工芸地域を別にすれば、技術刷新は、一時的中断はあっても、中断が持続することなく、進行した。これは、一部には、イングランドの労働者が、すでに、賃金労働に完全に慣れてしまっていたからであった。多くの者が、幼児期から、産業に副次的に雇用される環境の中で育てられていた。そして、副次的雇用は容易に正雇用に転換されえた。女と子どもは、ずっと昔から、家内工業の中で梳毛と紡ぎの仕事をしてきていた。それが、工場地帯に移住してくると、すぐに新紡織工場に吸収されていった（スコットランド高地から追い立てられてきた、工場規則に反抗する工員たちとは大違いだ、と言われている）。

そのうえ、イングランドの職人は、例えば車大工技術のような、急速な技術変化に適応でき、それを促進することさえできた。融通のきく熟練技能という、誇り高い折り紙つきの伝統を継承していたからである――この事実に、アベ・ル・ブランなどの、外国人観察者たちは感服していた。「イングランド人は大建設工事に卓越しているだけではない」と彼は述懐した、

ここでは、ごくありふれた仕事に従事する人々でさえ技術の粋を共にしているように思える……あらゆる種類の仕事に見られる手堅さ手際のよさにかけては、イングランドの一番小さな町でもフランスの最大の都市に勝るとも劣らないのである。私が当地の地方各所で見たところでは、普通の働き手たちが指物師の仕事の部品を嵌め込む仕事をしているのだが、その正確適切さたるや、パリの名人級の親方指物師でも舌を巻こうほどである。

イングランドの職人は、特有の、最高の賞賛に値する優秀な腕を有し、熟練した仕事においては決して完璧にやり遂げないことがない。引き受けた仕事には最善を尽くす。フランスの職人には及びもつかない立派な仕事ぶりである。

いささか大袈裟な気味もあるとはいえ、これがある程度的を射た見方であることは、他にも同様の思いを

述べた人々が大勢いたことで、察せられる。産業化によって、機械番単純労働に取り残される人々（大部分は女と子ども）が増えていきはしたが、他の一連の職種では、反射炉の鉄製錬、機械部品の取り付け、陶器の絵付け、ブラック・カントリー金属産業の多くの部門など、高技能高賃金の職が増えた。

この急増する人口を養う農業の生産能力がきわめて重要であったことは、もちろんである。農業は、一部には単位生産力を向上させることで、また、一部には引き続き共有地と荒廃地を囲い込むことにより（主に南部のなだらかな丘陵地帯に鋤を入れ、また、牧草地を耕地に転換することも、含めて）、急増する人口を養った。穀物生産高は、一七七〇年の千七百三十五万三千クォーターから、一八〇〇年の二千百十万二千クォーターに、伸びた。需要の増大、凶作、悪性インフレ、戦時中の特殊事情などが重なって、一七九〇年代には、穀物とパンの価格が天井知らずの暴騰をした。一斤（千六百グラム）のパンが、伝統的に約七ペンスであったのが、一七九六年までに一シリング二ペンスに達していた。新たに自由放任主義に転じた政府当局は価格安定策をほとんどとらなかった。まさに急騰する価格と急増する利益こそが、生産高を伸ばし続ける農場主たちに報いる道だったからである（相対的に貧しくなった消費者が、全面的にパンに依存していたため、農民の利益となる急激な変化の勘定を払った）。

イングランドには、産業の需要に応えるべく膨脹する従順な労働力があるとともに、製造業者たちの事業計画を支えるほどに成熟した社会経済基盤があった。信用、手形の仲買、銀行業務などの制度は、一定割合の成長を許容したし、道路、河川、海上連絡路、運送業などは、流通を迅速化した。卸、仲買、小売の連鎖網は、需要と供給を連結した。有料道路や運河は、本来は地元の利益（例えば、農業生産物を市場に運ぶため）に資するよう建設されることが多かったのだが、商品を長距離移送する産業経営者によって接収されることもありえた。同様に、多くの地域では、銀行業務機関は、本来、主に、貯蓄を国債に投資する地主の用に供するため創設されたものであるが、その施設が、後に、自己の信用と手形買い取り業務を利用する起業家によって接収されることもありえた。製造業者たちは、大土地所有者が長期にわたり資本家として振舞い余剰の富を利益を生む方面に運用していた事実の、受益者であった。有力貴族たちは、自らが産業化から巨大な利益を得る最上流層を形成していたのである。上流社会も政府も産業化を真剣になって妨害することがなかった。イングランドの産業革命は、国会から経済的援助の風を送ってもらう必要もなく、自力で邁進した。だが、忘れてはならないのは、高い関税障壁が国内産業に長い間息つく暇を与えていたことである。流動資本と利潤の両方が直接課税を免れていた。資本は自由に運用されえたのである。

中流階級が膨脹し、豊かさがそこに広く分配されたことによって、健全な需要が生み出され、商品の生産量が増大していった。多くの人々が見たように、イングランドには、他のどこよりも、多くの、暮らし向きの楽な親方職人、小市民、農場主、そして投資収入で暮らす未婚女性や未亡人、が見いだされた。消費需要を活発にするこの人々の機能は、拡大を支えるうえで決定的に重要であった。「イングランド人は」とジョウサイア・タッカーは記した、

> オランダを別にすれば、ヨーロッパのどこの国に見られるよりも、家の中により便利な設備を有し、清潔で品のよい家具の数をさらに増やそうとし、絨緞、衝立(ついたて)、窓のカーテン、室内用呼びりん、磨かれた真鍮製錠前、炉格子などなど――外国の同じ身分の人々の間ではほとんど知られていない物――の種類を豊富にしようとする。

彼は、家庭需要に関する論点を、次のようにまとめた。「グレート・ブリテン島の人々は相互に顧客となり製造業者になっていると考えてよろしかろう。」これまでに示唆されてきたことだが、「平均的家族」は一六八八年には十ポンド、一七五〇年には二十五ポンド、一八一一年には四十ポンド相当の英国産品を一年間に買っていたのである。

消費需要は、例えば、陶磁器が白目製器物に取って代わるにつれて、製陶都市興隆の刺激剤になった。同様に、十八世紀末の鉄および金属工業の発展は、その多くが（後世とは異なり）重資本財——工場設備、都市公益事業、船舶、導管、桁、橋梁、軌道、発動機、等々——に依存したものではなかった。機械類は、水車や蒸気機関でさえ、相変わらず主として木材で作られていた。それよりも、需要があったのは農機具、馬具、そして大急増した家庭用金物類——錠前、鍋、フライパン、炉格子、暖炉、自家用馬車、家庭用備品、装飾品——のほうであった。

こうした、利益になる農業、効果的流通網、拡大する消費市場などの、全国的な経済的「適性」要素がなければ、産業化が加速することはありえなかっただろう。だが、この世紀の終わりまでに、重工業と工場の雇用が集中し群れをなしていたのは、ごく少数の地域だけであった。きわめて地方化した新製造業は、その分散に極端な斑があった。首都は、そして地方の定期市の立つ権利を有する町はほとんどが、本質的に影響を受けることなく、国中のほとんどの所では、ヴィクトリア朝になって鉄道が到来するまで、風景に産業化の疵跡がつくことはなかった。ウィリアム・コベットのような田舎に住む人間が、摂政時代に、働く人々の代弁者に不都合なくなりえたのは、新産業主義の地獄を訪れる前のことであった。

初期の産業化は、地理的に特定されていただけでなく、その工場所在地は遠い、伝統的に「前人未踏の奥地」と呼ばれていた場所でもあった。半島地帯コーンウォルに異常なほど高度な産業労働力があったのは、そこが錫、銅、鉛の抽出と陶土採掘の最重要地だったからである。採炭と金属製錬は南ウェールズの狭谷地帯、エブ・ヴェイル、およびマーサー・ティドヴィル周辺（ダウライス製鉄所の所在地）、に急発展した。ブリキ工場はポンタプールで、銅工場はニースで、発展した。キャロン製鉄所の巨大な化学・製鉄工場はフォース峡湾の沿岸に急伸した。鉛工場は、ウォーフデイル、ハイ・ティーズデイル、アルストン・ムーアなどペナイン山脈高地の辺鄙な新開地に群集した。パリス「銅山」はアングルシーに繁栄をもたらした――「銅王」トマス・ウィリアムズはその地で最高千五百人までの労働者を雇っていた。採炭場は、レイク・ディストリクトの北、イングランドの遠隔周縁の地カンブリアにまで広がった。これらは、すべて、原料――原鉱、石炭、水――の地勢によって決まったものであった。それは、産業化の決定的に重要な第一段階が、一次抽出の最大限化にあったからである。起業家たちは、ある程度までは、工場を――どちらかといえば奴隷農園と同じように――労働規制がなく競争相手がもっとも少ない地に建設した。この突然の、高度に地方化した斑のある発展ぶりに、驚いたのは外国からの訪問者たちであった。彼らは、猛煙を吐き出す産業工場群のたたずまいを、森林風景の奥地に野営する大軍事基地かと思ったのである（ほとんどの者は、工場群を、景観を損ねる汚点というよりも、荘厳なものとして見た）。産業化初期の特徴は、デヴォン州、グロスター州、あるいはロンドンなど、数世紀にわたり規制商取引と作業場産業が根を下ろしていた地域の着実な発展というよりは、それまで相対的に未開発であった地域、とりわけランカシャー州、南ウェールズ、そしてクライドサイドの、超速な変貌であった。

富の獲得競争は、誰にも参加が許されてはいたが、産業化競争には起業家というとびきり足の速い選手たちがいた。彼らは、新たに集結した未だ不安定な生産拠点を有機的に組織化するよう挑戦を受けた、珍しい集団であった。そのほとんどは、本質的に、小企業から出発して自力で叩きあげた人々であった。割合に多くの者——例えば、ピール家、ウェッジウッド家、そしてジョン・ケイ（二十一人の兄弟姉妹がいた）——がヨーマン階層の出身であるか、零細職人の出であった。アークライトは、床屋で鬘（かつら）仕上げ師であったが、鬘が流行遅れになったとき明敏にも廃業した人だった。ウィリアム・ラドクリフは、製造業者階級入りした自己の出世物語をこう記した。

私が未だ十代であったころ世に現れた数々の技術改良を利用し、結婚したとき〔一七八五年、二十四歳〕までに、僅かな貯えと、木綿靴から服地まで、あらゆる作業工程の実務的知識、例えば、手梳毛や機械梳毛、手回し紡績やジェニー紡績、糸巻き、整経、寸法取り、編み物織り、手織りと飛び杼織り、を身につけて、自分で事業をはじめる準備を整えた。そして、一七八九年までに、十分に地歩を固め、一介の親方製造業者として、紡ぎ工や織り工多数を雇っていた。

彼は、一八〇一年までに、千人を超える織工を指揮していた。

成功した製鉄業者たちは、一般に、小規模工作所を発展させて成り上がった人たちであった。アーロン・ウォーカーのそもそもは釘製造人、ニューカースルのウィリアム・ホークスとスタフォード州のジョン・パーカーは共に鍛冶屋だった。ソーンクリフのジョージ・ニュートンは鋤作り職人、ベンジャミン・ハンツマンは時計作りから鉄鋼業界入りした。サミュエル・ガーベットは真鍮細工師。ジョン・ロウバックの父はシェフィールドの小間物職人、ウィリアム・レノルズはブリストルの鉄取引業者の息子であった。カレッジやストロングなどの大醸造業者は宿屋の主人から出発した。産業化は、主として零細企業の親方の技術と零細な親方の資本を元に、はじめられたのである。

このように、どんぐりから身を起こして樫の巨木になった彼らは、英国産業では未曾有の規模で資本、工場、労働力を動かすようになり、いかなる地主貴族にも引けをとらぬ強大な地方権力を揮った。労働組織、労務規律、経営、商品化計画、を目ざましく刷新した（彼らの操業規模は、市場を先取りして拡大するため、絶えず刷新を必要とした）。彼らは、今日の韓国や台湾と同じように、単位費用を低めて薄利多売方式で新市場に基本財を売り込む目算を立てたのである。

起業家たちは、もちろん、産業革命を、独力で、神のように無から、創造したわけではない。だが、彼らは一つの新世界を作ったのであり、一人ひとりがしばしば刷新の決定的役割を果たした。シティーの豪商たちが王立取引所の習熟した業務の中で大金を賭けて権謀術数を巡らしていた一方で、起業家たちは未踏の地をこつこつ耕し、資本家、金融業者、技術家出身管理職、労務管理者、技術者、商人、販売員を一人でこなして抜きんでようと努力していた。起業家たちがこれほど早い時期にこれほど傑出していたのは、イングランドだけであった。大陸では、野心的な中産階級紳士たちは、相変わらず、官職を求めるか、知的職業に就くか、あるいは不労所得生活者の身分になりたいと思っていた。

マクス・ヴェーバーは、その昔、こうした起業家たちはカルヴィン主義の坩堝から出現したのであり、勤勉と倹約と節酒の生活で神に対する身の明かしを立て、利益を浪費せず再投資することを成功の秘訣としていた、と示唆した。たしかに、ジョン・ウィルキンソンやクエーカー教徒のダービー家など多くの非国教徒の起業家たちがいた（もっとも、厳密な意味でのカルヴィン主義者はほとんどいなかったが）。しかし、他の多くの者たち、例えばピール家やアークライト家、は国教徒であったし、中にはロバート・オーウェンのように正統のキリスト教とはまったく無縁の者たちもいたのである。非国教徒たちは、たしかに、起業家として傑出した存在ではあったが、それは、信条によってではなく、（ユダヤ人社会と同じように）緊密な「辺境」集団を形成し、上流の浪費社会に加わらないでいたからなのである――クエーカー教徒たちは、特に、地主階級の上流社交界から隔絶していた。彼らは、自分たちが立入りできる残された世界、実業の世界、を成功をもって威厳づけようとしたのであった。

急速な産業化の初期数年間は、過去との明確な断絶を印すものである、と見るべきではない。発展は、加速度的ではあったが、慣れ親しんだ経済的枠組みの中で急速化したのである。生産量は、昔からの工程によって作られる物財の生産量でさえ、飛躍的に伸びた。そのような業種の商品生産高は、一七八五年から一八〇〇年の間に、次のように増大した。

弱いビール	三十パーセント
強いビール	三十三パーセント
獣脂蠟燭	三十三パーセント
石鹼	四十一パーセント
タバコ	五十八パーセント
蒸留酒	七十三パーセント
紅茶	九十七パーセント

そのうえ、産業革命初期に大企業となったのは、地主やシティーや金融資本に基づいて設立され、地位の安定した豪商たちの監視下にある、巨大連合体ではなく、持続成長の好機を最大限に活用した小企業なのであった。そして、小さな工場はほとんど二束三文ではじめることができた。作業場は安値で入手できた。

「帆布製造その他リネンおよび綿織物業開業者向き」とプレスコットの広告は宣伝した、

亜麻梳き職人八ないし十人用作業場、麻、亜麻等貯蔵室二、作業場一室帆布織り機八機付き、同糊づけ機六機用一室、同整経、麻糸数え等用一室、工作機械既設、大集荷室、良質水豊富、適当規模小農場隣接、現行一括賃貸料年間僅か十六ポンド。

蒸気機関でさえ、一機二百ポンド位で購入できた。中古の機械は簡単に買えた。一七九二年、中古の「最高級四十紡錘ジェニー紡績機」なら六ポンドで買えた。大きな荒梳きないし梳毛機なら五十ポンドの値であった。小さな工場の値段が二千ポンドにすぎなかった。一七四一年にエイブラハム・ウォーカーはシェフィールド鋳鉄工場を六百ポンドで建設した――一八〇一年までにその事業は二十三万五千ポンドの価値になっていた。一七九三年、ジェデディア・ストラットのベルパー工場は、当時の巨大工場の一つであるが、建物が妥当なところで五千ポンド、機械設備五千ポンド、資材五千ポンドの値であった。ウィリアム・マーシャルの最初のリーズ亜麻紡績工場もほぼ同額であった（対照的に、豪邸を建てるとなると十万ポンドもかかることがありえた）。

資金は、個人が工面した（銀行家は、「短期」貸し付けのほうを好み、産業に工場建設用長期貸し付けすることに熱心ではなかった）。そして、誕生初期の会社では資金が共同経営者間で共同分担出資されるのが典型であった。例えば、この世紀の初め、エイブラハム・ダービーは他の三人と共同で、各自が資材、技術、資金を持ち寄って、チェシャー州にヴェイル・ロイヤル・ファーネス社を設立した。毎週月曜日、工場で生産された銑鉄が、共同経営合意書の定める割合で、四人の間で分配された。一七五九年に建設された南ウェールズのダウライス製鉄所は、四千ポンドの資金を八人が共同出資したものであった。時には、資金分担のため、下請けや又貸しなど迷路のように入り組んだ協約を工夫しなければならないこともあった。ロバート・オーウェンは、最初の工場を設立したとき、金融逼迫のため、そのほとんどすべてを下請け協約に出すことを余儀なくされた。

そのうえ、事業を起こすに必要な資金のほとんどが、固定資本ではなく、流通資本であったため、大部分が、主に信用によって流通される（つまり、事実上他人が支払う）、「実体のない」ものであったろう。固定資本と運転資本の比率は概して一対四のあたりであった。一八〇〇年までに綿織物産業に投入された固定資本は二百万ポンドにすぎなかった（バース再建費用とほぼ同額である）。要するに、産業革命の初期には、節度ある人間が、もっと言えば初心者が、さほどの資本をもつ必要もなく将来大きく発展する可能性のある事業をはじめることが、比較的容易だったのである。父親が仕事小屋で満足していたその子どもが今は一工場の王となることもありえた。

事業を確立することは、ほとんどの場合繁栄の基となった機械設備が依然として安価で簡素で伝統的なものであったため、比較的簡単なことであった。この世紀を通じて、蒸気動力が製造業で用いられることは例外的なことであった。巨大な蒸気機関は、機械の運転用ではなく、鉱山の排水用に使われていた。繊維産業においてさえ、水力から蒸気力への切り換えは遅々たるものであった。水車が、日照りや凍結に弱いとはいえ、安上がりで、長持ちし、非常に効率的だったからである。蒸気力が（ノッティンガム州ポプルウィックで）初めて綿織物工場に取り付けられたのは一七八五年になってのことであった。ワットの蒸気機関は、一八〇〇年までに、四百九十しか作られなかった（入念な仕事ぶりのボウルトンとワットが組み立てる数は年間十二ほどだった）。そして、馬は、ロンドンとミドルセックス州だけで、イングランドとウェールズの全蒸気「馬力」を依然として凌いでいた。蒸気の主な利点は、水力に欠けていた地理的可動性にあった。この可動性ゆえに、重工業は、やがて、都市内部に戻ってくることになったのである。

事業を起こすのは楽であった。だが、それを安定させるのは楽ではなかった。激烈な競争、工業技術の変貌、市場の開拓、金融恐慌が相俟って、破産する者が続出した。その中には、ランカシャー州の紡績業者ホロックスとかマコヌルといった大物さえいた。純血貴族は慢性の借金状態を大手を振って切り抜けていたが、その一方で、製造業の巨頭たちが資金不足に陥ったときは、事態はまことに深刻であった。彼らには、抵当に入れる土地がなかったのである。マシュー・ボウルトンでさえ不況時を乗り切るために年中友人に金をせびっていた。そして、返済する段になると渋るのであった（おそらく、それが彼の成功の秘訣だったのだろう）。

産業化には、生産関連の革命を伴うことがありえた。数百人の男、女、子どもを雇用する密集した仕事場は、主に造船所に特徴的な斑点状の職場ではなくなり、総体的雇用を特徴とするようになった。すべての大工場が、単一の伝導ベルトないしシャフトで動力を供給される同一型機械をぎっしり詰め込んだ、多層工場というわけではなかった。中には、多種多様な工程に携わる別個の職場を非常に有機的に連鎖した工場もあった。バーミンガムにはマシュー・ボウルトンのソーホー鉄工場があったが、そこでは複数の作業場が連動するように組織され、各部署が一連の金属加工の各部分――鋳造、組み立て、刻印、研磨、等々――を順次受け持つようになっていた。ボウルトンは、各作業場の空間的配置を流れ作業風にし、移動と時間浪費と搬送を極小化した。彼は、分業を極大化し、アダム・スミスが「労働生産力の最大の改善と、どこであれそれが向けられるなり適用されるなりする際に伴う技術、器用、判断の大部分こそが、分業の効果であったように思える」と断言したことを、実践の中で確認したのである。

しかし、未来の真の先駆者は、集中動力工場であった。イングランド初の近代的工場はトマス・ロウムが一七一九年ダービーに設立した絹織物工場（この六層建て工場は三百人の従業員を収容し、機械設備は中央水車で運転されていた）であったが、工場が利益を生んだ部門は綿紡績であった。ケイの飛び杼（一七三三年）とハーグリーヴズのジェニー紡績機（一七六七年）は安価かつ小型だったので、家内工業で使うのに適していた。しかし、アークライトが水力紡績機を開発（一七六九年）すると、効率的な紡績機は、受注業者が個人で所有するには高価すぎ、家の中に据えるには大きすぎ、そして、次第に機械的動力源に取り付けることが必要になってきた。そのうえ、アークライトは、彼の特許権を回避する行為を予防するため先手を打って、この紡績機の使用条件を千単位紡錘数にする、と要求した。こうした工業技術上の発明を収容する新工場は、その目的に即した特注の建物になった。産業経営者たちは、耐火鋳鉄製紡績機、蒸気暖房、そして、後には、ガス照明を試みて、資本効率のよい二十四時間体制の交代作業を促進した。

数世紀にわたって、問屋制や下請け制の家内工業は、資本家には、適切な産業組織形態として、まことに理に叶ったものであった。そうした手段によって、彼らは中央工場への、あるいは道具にさえも、大量投資を回避していた。労働者の一時解雇は即時断行できたし、職場の保全、労働訓練、資材の集荷と配送などは、労働者が解決すべき問題であった。それは、柔軟な、雇用者の責任を最小限にする、制度であった。それが今や、人工的動力と労働節約的工業技術が綿織物などの分野での生産高の飛躍的向上を約束することになり、全労働力を一工場に集中することが将来への展望を切り拓く有効な策になってきた。製造業者にとっては、塀で遮られた工場の屋根の下のほうが、秘密の先進機械設備を産業スパイから守るのに都合がよかった。最も高度の工業技術を採用する起業家たちは、産業スパイに狙われているという心配にいつも悩まされていたのである（それにもかかわらず、彼らは、また、人目を引くことの販売力を高く評

価も し、訪問者たちには工場の公開部門を喜んで開示するのであった)。ボウルトンは工場の構内を別個の作業場に分割したが、その狙いの一つは、職工たちを自分の持ち場以外立ち入り禁止とすることで、労働者間の情報漏洩を予防することにあった。雇用者たちは、企業秘密を漏らす労働者に対しては容赦しないと脅迫していた。工場内のほうが、いずれにしろ、工員たちの週間労働時間を、ぜんまい仕掛けのように、毎時、毎仕事日、毎週、最大限に確保することが容易であった。そのうえ、工場内のほうが、雇用者には、資材ちょろまかしの減少が容易であった。

何小隊分もの工員を雇っている工場では新しい労働関係を必要とした。まず第一に、所有者は労働力を作り出す必要があった。工員たちは新聞広告で口説かれた——例えば、ストラットとアークライトが『ダービー・マーキュリー』に載せた広告はこういう文面だった。

> 綿織物工場、クロムフォード、一七七一年十二月十日
> 緊急募集。熟練時計作り職人、あるいは、歯車と伝導軸の十分な理解ある者、二名。また、鍛造および鑢(やすり)がけのできる鍛冶工、一名。同様に、車輪作り、輻(や)細工仕上げ、等々に慣れた木材旋盤工、二名。工場住み込み織工によい仕事あり。右記工場には女性、子ども、その他の仕事口あり。高給。

成人たちが安定した職とより高い賃金を得られる見込みにつられて工場入りした。しかし、製造業者たちは、一八一六年までには、教区当局の手から貧困児童を徒弟として引き受けるという契約で、子どもの労働力を徴用するようになっていた。「ごく普通に行われている習慣であるが」とサミュエル・ロミリーは記した、

ロンドン内の大きな人口を抱える教区では、多人数の子どもを一括して、二百マイルも離れたランカシャー州やヨークシャー州の紡績工場の所有経営者に引き渡すのである。その子どもたちは、一度に数台の荷馬車に積まれて送られ、恰かも西インド諸島に船送されてしまうかのように両親は永遠に失ってしまう思いにとらわれるのである。

ロミリーの述べたことは、実証されたことであった。一七八六年から一八〇五年の間に、ノッティンガム州のカクニー工場は年少労働者を次のように確保したのである。

ノッティンガム州と、ダービー州およびヨークシャー州隣接地域の、二十四教区から	六十三人
ロンドンと、ミドルセックス州およびエセックス州隣接地域の、二十六教区から	四百九十八人
他の四教区から	四十四人
右諸教区からの合計	六百五人
三つの慈善団体から	九十八人
親、親戚、個人から	七十七人
総計	七百八十人

子どもと女性の労働者は、男よりも扱い易いうえに戦闘的組織化が弱く、賃金も低いので、新しい主人た

ちの歓迎するところとなった。一七九三年、ロバート・オーウェンの全労働力のほとんど五分の一は九歳以下の子どもたちであった。

この新しい労働力は、飼い馴らし訓練する必要があった。外部受注業者は、時間ではなく出来高で支払われる仕事の進め方をするため、お喋りし、酒を飲み、戯れながら仕事をすることに慣れていた。対照的に、機械の速度で仕事が進行する新工場では、時間厳守と規則正しさと正確さが要求された。アンブロウズ・クロウリーは、すでに、この世紀初めに、労働規律への抵抗という問題に直面していた。「中には」と彼は不満を述べた、

他人より短い時間で十分な仕事をする腕があると考えて、一種の、だらける権利があると厚かましくも主張する者どもがいる。あるいは、仕事をしないでもただそこにいるだけで十分だと考える愚かな者どもがいる……。かと思えば、自分の卑劣な行為を得意がり他人の勤勉さを非難するずうずうしい者どもがいる。

これは風土病的問題であった。靴下製造販売業者アイザック・クックソンが一八〇六年に言ったように、

どうも男たちは規則正しい時間とか規則正しい習慣……を極度に嫌うようだ。男たちが常に不満をかこっているのは、昔のように気儘に仕事に来たり帰ったりできないからであり、就業時間後になっても他の工員たちの底意地の悪い目に晒されているためこの組織全体にすっかり嫌気がさしてしまうからであった。

これは、起業家たちが残業を課そうとしていたからでもあった。クロウリーは、

怠けたり卑劣なことをする者を探知し正しく勤勉に働く者に報いる目的で、監視者による時間明細報告制を実施して規律を正すことが適当であると考え、五時から八時そして七時から十時の十五時間制とし、そこから朝食、昼食、等々に充てる一時間を差し引くことを、ここに定め宣言する。これにより十三時間半はきっちり働いてもらうことになり……

と規定した。この勤務時間は「居酒屋、呑み屋、コーヒー・ハウス、朝食、昼食、遊び、睡眠、煙草、歌、新聞読み、口論、喧嘩、紛争、その他私の事業とは無縁のこと一切、だらけ仕事をすべて差し引いたあとで」算出されるものでなければならない、とクロウリーは主張した。綿織物の工員たちは、通常、一日十三ないし十四時間勤務を強制されていた。成人たちはこの規律に反撥した。多くの者が辞めるか、あるいは解雇された（門の前には代わりとなる求職者が長い列を作っていた）。マンチェスターのマコヌル・アンド・ケネディー社では年間の労働力交替率が百パーセントであった。

被雇用者は伝統的祝祭日を待ち望んでいた。「うちの従業員どもは後で悪魔のところに行くと分かっていても献堂記念祭に行きたがる」とジョウサイア・ウェッジウッドは一七七二年に息巻いた。「あの手この手で脅してもみたし、できるものなら思いきり笞で張り倒してやりたいところだ」。この「休み優先」傾向を彼は部分的にしかうまく処理できなかった。四年後に彼は、「うちの従業員どもは今週四日間も休業しおった。バースレムの祝祭のせいだ。威したり賺したり、長期のクリスマス休暇を約束したりもしてみたが、そんなことをしても無駄であることは分かっている。たといこの世が終わりになろうとも祝祭日は守られなければならないからだ」と嘆いた。彼は、こうした時代への逆行を終わりにし、職人たちをぜんまい仕掛けのように働かせたかったのである。サウジーは、一八〇六年に、「商業においては、戦争における以上に、人間も動物も単なる機械と見なされ、平気で犠牲にされる」と述べた。
労働規律を導入するために、さまざまな試みがなされた。監督が強化された――ボウルトンにとって、工員は「毎日、そしてほとんど毎時間――我々の監視と直接管理の下に」あるべきものであった。多くの起業家はごく幼い子どもたちを訓練するための学校を設立した。ウェッジウッドは長期契約で労働者を縛ろうとした。悪事を働く者――遅刻する者、職場を離れる者、居眠りする者、お喋りする者、たるんでいる者――には厳しい罰金が課された。製鉄業者ウィリアム・レノルズは「ウィリアム・レノルズ社工場内規律保持規則」を作った。ウェッジウッドの就業規則書の定めるところでは、

監督者に対し殴るなどの暴力を揮う者、馘（くび）。就業時間内で工場内にエールまたは蒸留酒を持ち込む者、罰金二ポンド――。

そして――ニンジン〔褒美〕はと言えば――模範的工員には報償が与えられた。特別手当、特別服、昇進が。ウェッジウッド、ジョン・クリスチャン・カーウェン、その他の雇用者たちは、従業員を会社に永続的に関与させるため、強制的分担出資による疾病手当および年金の制度を作成した。マシュー・ボウルトンが設立したソーホー組合では、工員が、週二分の一ペンスから四ペンスの間の出資金を出し、病気になったとき稼ぎの八十パーセントを限度に補償金を受け取る仕組みになっていた。当時の人々は、労務規律と人事管理に注意を払えばそれなりの見返りがある、と信じていた。ある人はソーホーについてこう言った、

この工場の規則は、たしかに、もっとも賞賛に値する健康的効果を生み出してきており、そして、清潔と健康的空気に大いに注意が払われている外にも、いつも、そして特にバーミンガムで大暴動があった期間は、規律と行儀の良さの点でこの工場は際立っていた。

起業家たちは、その操業規模の大きさゆえに、圧倒的巨人かつ圧制者でなければならなかった。一七九三年までに、レノルズの製鉄所は十三万八千ポンドの価値があると評価されていた。一七七〇年にボウルトンはソーホーで約七百人の工員を抱えていた。そして、一七九五年までにピールは一万五千人の労働者を雇っていた。彼らの照準はいよいよ高まった。「今すぐ世間をあっと言わせてやろう、なにしろ、君もご存知のように、私はぐずぐずするのが嫌いなものでね」とウェッジウッドは共同経営者トマス・ベントリーに宛てて書いた。「世界の花瓶作り総大将」になった彼は五十万ポンドの資産を残して死んだ。鋳鉄製造業者ジョン・ウィルキンソンは、適当な自己追悼手段として、鉄製棺桶に入れて埋葬するよう命じた(死体泥棒防止の配慮でもあった)。

産業を揺籃から育てて大規模なものにしようとする企ては過酷なものであり、そこに要する労苦はヘラクレスの偉業並みのものであった。ある者たちは——ウェッジウッドのように——科学的経営がその特効薬であると考えた。資金流入額の理解の向上、時間動作効率の促進、会計業務の厳密化が。リーズの亜麻紡績業者ジョン・マーシャルは、厳格な規律の強制執行という、重箱の隅をつつくようなことを正しいことと信じていた。

マーシャルの工場では、各工員が各自の持ち場で仕事に励み……各自の前に指示が印刷されているのが著しい特色で格段の注意がその指示に払われ……それは非常に厳格な指示であり、もし部屋の監督が就業時間内に工場内で誰かに話しかけているのが見つかると、その監督は即刻解雇される――各部屋には二人以上の監督が雇われており、もし誰かが持ち場から一ヤードでも離れているところを見つかると、その人は解雇される。監督は自分の手で道具に触ったり小歯車を動かしたりすることを許されておらず、違反すれば解雇となる――支配人、監督、機械工、給油係、延展工、紡績工、巻き取り係、各々に各自の義務が指示されていて、もしそれに違反すれば、その職に不向きとされて即時解雇されるのである。

販売政策も、また、きわめて重要であった。ウェッジウッドは、忠実な共同経営者である商人ベントリーに助けられて、鋭敏にも俗物根性心理を見込み、高級品市場向けの商標名と商品展示室の草分けとなった。マシュー・ボウルトンにとっては、もっとも広い市場を獲得することがもっとも重要なことであった。

あなた方は呼び売り商人とか行商人とか小さい、小さい、小さな商店の代役となる人々のことを軽蔑したように言うけれど、彼らのほうが、国中の貴族全員よりも、一つの大工場を支える力になるであろうと思っていることを、私たちは認めなければならない。貴族だけを客にするよりも大衆を客にするほうがはるかに大事である、と私たちは考えている。

各人が独自の力を有していた。リチャード・アークライトが起業家として成功したのは、物事を強引に押し通すやり方によるものであった。工業技術の刷新に寄せる関心こそ薄れはしたが、彼の便宜主義はいつまでも健在であった。さらに他の人々は、ストラット家のように、技術上の妙案であればどんなに些細なものにも遅れをとってはならないと、宗教のように信じていた。大起業家たちは、見渡す限りの世界の君主として、一つ一つの些細な工程に至るまで、自分の帝国の隅々に目を光らせていた。ウェッジウッドは、工場内を大股に歩き回り、「不合格品」を自分の木製義足で叩き壊すのであった。所有者が気を揉まなければ、外に誰も頓着する者はいなかったろう。重役会などなかったし、信頼しうる中間管理職となれば宝石のように稀少だったからである。所有者は、どちらかといえば国王に似たところがあって、跡取りが家族会社を継いでくれるように祈ったものであった（もっとも、息子は屢々にして身を入れることなく道楽者になるのが落ちであった）。

起業家たちは、新産業世界の辺境を往く、前人未踏の地の植民者であった。彼らの工場は、ダービー州、ランカシャー州、ヨークシャー州の地方の急流河川一帯にまたがっていた。アークライトは辺鄙なクロムフォード、ベルパー、ミルフォード、バークエイカー、ホリウェルなど、古い都市や同業組合から遠く離れた地に工場を建てた。それゆえ、それらの工場では、工場内で労働者を教練する必要があっただけでなく、共同体の環境全体をゼロから作る必要があった。そこで、長屋式の小住宅、下宿屋、商店、道路、橋、堰（せき）、礼拝堂、下水溝、学校、を急造した。ストラットやアークライトのところで働く若者たちは、「悪さをさせないでおく」ため、土曜日の午後四時間と日曜日は学校に通わなければならなかった。従業員の忠誠心を餌で釣るため、あのぶっきらぼうなアークライトがクロムフォードに居酒屋を建て、一方では、あの謹厳なストラット家が家庭菜園用の土地を特別に用意するのであった。ジョン・フェアリーは、「故サー・リチャード・アークライト、現ミスター・リチャード・アークライト、ストラット家の殿方たち、ミスター・サミュエル・オールドノウ、その他の綿紡績業者や綿織物製造業者たちが建てた……夥しい数の小ぎれいで快適な小住宅」を賞賛した。

彼らは、教区の援助制度が未発達なところで、共済組合や健康保険制度を確立した（彼らはその前に職業病や労務災害を作り出していたのである）。父子主義者である大貴族たちの猿まねをして、経営者たちは運動会や宴会を開催し、職場の忠誠心や伝統を作り出した（今日の日本の産業界で行われているように、工場の前途を祝す歌が歌われていた）。マシュー・ボウルトンは、息子が成年に達したとき、七百人の工員のために大宴会を催した。工場の合奏団や合唱団がその後、間もなく、作られた。このように、産業界の指導者たちは否応なしに新しい環境作りをしなければならなかったのである。おそらく、植民地の総督を別にすれば、彼らには比類なく広い範囲で物事の将来像を意のままに操ることができたのであり、中には輝かしい新社会像を描く者もいたのである。そのもっとも顕著な具体化がニュー・ラナーク・ミルズであり、この工場でロバート・オーウェンは父子主義によって協業的理想社会を樹立しようと試みることになるのであった。

オーウェンは、彼自身が新世界の製造業者たちの縮図であった。ウェールズの馬具製造販売人の息子であった彼は、十歳のとき四十シリングを懐にして徒歩でロンドンに上京し、その後、年二十五ポンドで雑貨小間物商の店員として働いた。十八歳のとき、兄から百ポンド借りて、マンチェスターで事業を起こし、ミュール精紡機の製造に乗り出した。初年度の利益は三百ポンドだった。二十八歳のとき、結婚により、スコットランドの裕福な紡績業者であるデイル家の一員となり、遂には義父の全工場を六万ポンドで買い上げた。金持ちになると、彼は金儲けから社会主義的理想郷の建設に目を転じた。自分の労働者たちのための環境作りをしてみて、人間は全面的に環境に左右される生き物だと信じるようになったからである。それゆえ、社会の改良とは社会工学の問題なのであった。産業化は、協業と共産主義の社会経済の中で、貧困を克服し、労働の呪縛を断つことになるであろう、と。

産業の中には――例えば、鉄など――この世紀の終わりころ急成長したものがある。鉄は、それまで、イングランドの金属業のうちで主要なものではなかった（真鍮、錫、銅のほうが重要だったのであり、鉄はスウェーデンから大量に輸入されていたのである）。しかし、コークスによる熔解という新工業技術、銑鉄を錬鉄に変える反射炉工程（これで有害な硫黄が除去された）、圧延切断機、が導入されると障害がなくなった。一七七五年以降は木炭炉は一つも作られなかった。生産量は、一七四〇年の一万七千三百五十トンから、一七九〇年の六万八千三百トン、そして、一七九六年の十二万五千十九トンへと、急伸した。鉄は、機械部品や道具や螺子（ねじ）の素材として、木材に取って代わりはじめていた。建築では（ウェスリーの礼拝堂を含めて）、鉄の柱や梁（はり）や桁（けた）が試されつつあった。耐火に優れていたからである。ジョン・ウィルキンソンは、大砲や蒸気機関の円筒に使える、精密穿孔技術を開発した。最初の鉄橋が、一七七九年にセヴァーン川に架けられ、最初の鉄製の船が一七八七年に建造された。鉄は、木材より耐久性に優れているため、磨滅損耗の激しい分野で好んで用いられた（例えば、歯車に、坑道作業現場の軌条に、そして、炭車が運河や埠頭に向かって走る線路に）。一七九三年からは、戦争のため金属業界はうなぎのぼりの発展をした。一七七〇年には、木炭炉は小型で、しかも、薪炭が入手し易いという理由で（例えば、サセックス州ウィールド地方など）地方の森林地帯に立地していたのが、この世紀の終わりまでに、熔鉱炉は複雑かつ高価になり、その多くが噴射空気を供給する蒸気機関を必要としていた。鉄生産量の九十パーセント近くが、そのころまでには、石炭埋蔵地帯に集中し、「この国の事業と産業のすべてが急速に炭坑のあるところに集結しつつある」というアーサー・ヤングの観察を裏付けることになった。

同じことが綿織物産業にも起きた。世紀半ばまで、綿製品は、どちらかといえば、重要なものではなかった（一七六〇年の総売り上げ高は、おそらく、六十万ポンド位であったろう）。原綿価格が羊毛価格より高かったことでも分かるように、決して安いものではなかったのである。品質となれば、インドのキャラコやモスリンのほうが勝れていた。イングランドの「綿織物」は、ほとんどが、リンネル〔亜麻〕との混紡であったし、織り目の細かい布地が必要とされるときには、リンネルのほうが、高価ではあったが、好まれていた。

イングランドの綿織物生産高が上向きはじめたのは一七六〇年代からであり、主に、ヨーロッパ大陸と植民地の市場に入り込み、それを拡大していった結果であった。精製綿の輸入は、一七五〇年に二百八十万〔重量〕ポンドであったが、一七八〇年には千四百八十万ポンド、一八〇〇年には五千九百五十万ポンドへと、跳ね上がった。ポールの梳毛機とケイの飛び杼が梳毛と織りの速度を劇的に増したため、一七六〇年代までには、一人の織工が使う糸を供給するのに多数の紡績工が必要とされるようになっていた（アーサー・ヤングは、一七八〇年になって、「彼らの推定によれば織工一人につき紡績工二十人および二、三人の人手」と主張した）。紡ぎの糸づまりはハーグリーヴズのジェニー紡績機（一七六七年開発、一七七〇年特許）によって解消された。これは当初約十六紡錘ではじまったのだが、この世紀の終わりまでに百紡錘までこなすようになった。糸づまりは、また、アークライトの水力紡績機（一七六九年）によっても解消された。こちらは織地の縦糸にも横糸にも使える丈夫な糸を生み出し、イングランドの純綿織地を開発することになった。アークライトのもつ特許が一七八五年に無効にされるや、巨大工場蒸気紡績が広く導入される道が拓けた。十九世紀初めまでに、一人の紡績工が七十年前の二百人分の生産性をもつようになっていた。工場主ウィリアム・ラドクリフの言葉を借りて言えば、「綿、綿、綿が、雇用にとって、ほとんど普遍的な原料となってきた」のであった。

一七八〇年から一八〇〇年の間に、原綿の輸入量は八倍に伸びた。手工芸織りは、それまでは大方が冬場の頼みの綱となる副業であったが、それが今や儲けになる、そして速習できる、専業仕事となった。アダム・スミスの『諸国民の富』（一七七六年）ではかろうじて言及される程度にしか格付けされていなかったこの産業が、十九世紀初めまでに英国の国民所得のおよそ七、八パーセントを占め、約十万人の紡績工を雇うようになっていたのである。一七七〇年の二十の紡績工場が、一七九〇年までに百五十に増えていた。一七八八年までにランカシャー州南部だけで四十の綿紡績工場が存在しており、約二十五万人の織工がこの国の至るところの小屋や作業場で紡績にいそしんでいた。需要には限りがないように思えた。なによりも、価格が絶えず暴落したからであった。

他にもこの世紀末期の急速な発展に加わった産業は数々あったが、とりわけ重要性を帯びたのは化学製品であった。発展によって富が増殖した結果、多幸症が生じた。「最近三十年間の大ブリテン島における製造業の発展を」とパトリック・コフーンは十九世紀になった直後に書いた、

注意深く観察してみれば驚嘆の念を禁じえない。その急速さたるや、特にフランス革命戦争の開始以降は、ほとんど信じ難いほどである。蒸気機関の改良、とりわけ、紡毛および紡綿の偉大なる工場部門に対し精巧な機械によって与えられ、資本と技術によって活性化された、諸設備は、あらゆる予測を超えるものであり、そして、これらの機械が絹、亜麻、メリヤス、その他の多様な部門に応用されるにつれ、増大する生産量は、人間の労働に助けられて、膨大なものとなり、我が国と他の諸国との労働の価値に雲泥の差をつけることになる――他の諸国がこれと同じ設備を享受しようとすれば、同様に巨大な資本と技術と経験をもたなければならないわけだが、それは、英国の製造業者がこれまでに体得してきたものながら、かの必須条件（資本と技術）をもたない諸外国には移転しえないもので、この必須条件を諸外国はおそらく今後とも長年にわたりもたないで

あろうし、ほとんどの国ではそれを享受しえるとは望みえないのである。

それはそれとして、もっと広く、社会に及ぼした影響のほうは、どうだったのであろうか。産業化は長期にわたる強力な作用を及ぼしたが、それを当時の人々はよく承知していた。兵舎のような背中合わせの裏長屋から成る煤けたコークスの町、煤塵、煤煙、硫黄煙、息苦しい化学廃棄物、水晶宮での万国博覧会、工場内事故や職業病の恐怖、コレラ、鉄道の勝利、安い綿織物、安い本、安い旅行、マルクスの階級闘争観、疎外された無産労働者階級に立ち向かう革命的資本家階級、流入する富と流出する廃液の世界。経済が産業化するにつれて、資本家も労働者も個々に、彼ら自身の運命を支配する力が衰えつつあることを、そして、彼らが市場要因と景気循環の操り人形になりつつあることを、感じていた。超一流の実業家でさえ破産するかも知れなかった。しかし、産業化によって、一八〇〇年までに、何が変わってしまったのだろうか。

ロマン主義者たちは、すでに、無情な物質主義と都市環境の荒廃を、児童労働の恥辱を、金儲けの暴虐を、「稼ぐほどに遣うほどに我々の力が萎縮していく」自動装置を、攻撃していた。だが、営利主義と労働疎外についてのこうした批判は、十八世紀を通じて表明されていたし、もっと言えば、聖書の時代から言われてきたことであった。同様に、経済活動の多くの部門が——多くの製造業さえもが——新工業技術の影響をほとんど受けていなかったことを、そして、急速な変化のすべてが製造機構の変貌によるものであったわけでは決してなかったことを、強調しておかなければならない。「ロンドンは、私の確信するところ、未曾有の混雑ぶりである」とホレース・ウォルポールは一七九一年に述べた。「ピカデリーで、暴徒の群れかと思い〔何事かと訊くため〕二回も馬車を止めようとするところであったが、なんのことはない、若い男女がブラブラ、トボトボ、歩いているだけのことであった」。ロンドンは膨脹したが、それは、産業革命の名で知られているもののせいではなかったのである。

この世紀の終わりまで、産業化は、恐怖をよぶというよりは感銘を与えるといったほうがよい、様相を呈していた（もっとも、ジョン・ビングは、それが「自然の成り行きと美を破壊した」と思っていはしたが）。夜空に炎を吐き出す加熱炉や煙突には、独自の崇高な威厳が、ダービーのジョウゼフ・ライトなどの画家たちが選んで描き出した特質が、息を詰まらせる住人よりも旅行者に魅力と映る特質が、あった。鉄橋や（平底荷船が空中を航行してゆく）運河高架橋は、新しい世界の驚異であった。産業都市は活況を呈し、活気に溢れていた。生産労働は、ほほえましい光景であった。ランカシャー州、ブラック・カントリー、ヨークシャー州南部の鉱滓（こうし）、廃棄工場、化学汚染といった、月下に荒涼とした風景を晒す最悪の事態は、大方が遠い将来のことであった。最も悲惨な貧民窟は、工場が密集する新産業中心地にではなく、人口の過密な、伝統的家内工業の村、港、そしてブリストルなど古い都市、にあった。しかしながら、十九世紀になる以前には、衛生〔下水〕設備が人口の増加に追いつかなくなったため、マンチェスター*、ベリー、ボウルトン、アシュトンその他のランカシャー州工業地域では、多数の死者を出す熱病が何度も襲い、また、結核や佝僂（くる）病が悪化した。

＊ マンチェスターは、一七七三年に二万七千であった人口が一七八〇年に三万九千、一八〇一年に七万五千と増えていった、この人口増に対処し損ねたのである。

産業化は、一八〇〇年までは、庶民のために何をしたのだろうか。労働者階層の人々の生活水準を一律に向上させる、ということにならなかったのは、たしかである。産業化を進める業種は、もちろん、魅力的賃金を提供する必要があった。一七〇〇年、低開発期のランカシャー州における賃金率は、南部農村地帯の賃金率を下回っていた（日当が、南部では約一シリング二ペンスであったのに対し、八ペンスから一シリングの間であった）のだが、産業化が進むにつれて上回るようになった。しかし、織物産業で女性と児童の労働が男性労働に取って代わったことが、家計所得に大きな打撃を与えた（女性の給料は男性の給料の約三分の二であった）。そして、インフレがはじまると、特に一七九〇年代には、賃金の上昇でさえ、食料品価格の急激な上昇に歩調を合わせることはできなかった。逼迫する需要が、一七八三年、一七九二―三年、一七九五―六年、一七九九―一八〇〇年の危機的凶作によって募り、パンの価格を驚異的な価格に押し上げた。小麦一クォーターの価格は、一七六〇年に四十八シリング、一七七〇年に三十六シリング、一七八〇年に五十四シリングであったのが、一七九〇年に七十五シリングになり、一八〇〇年には記録的な百十三シリングになった。生計費は、一七七〇年から一七九五年の間にほとんど二倍になり、そこから一八〇〇年までに再び同じ程度上昇した。

しかしながら、業種によっては豊かな収穫をあげたところもあった。天井知らずの布地需要があったため、そして、紡ぎ糸の生産高が膨大に増伸したため、手織り機の織り工は、その数を急増させ、一八二〇年代から動力織りの風をまともに受けて破局的終焉を迎えるまでの豪勢な我が世の春を謳歌していた。ランカシャー州あるいはダービー州の手織り職人は、世紀の変わり目には、週三ポンドの収入を得ることができた（農業労働者は、大方が、十シリングに届かなかった）。この世紀の終わりまでは、下請け職人が、工業技術によって時代遅れになるという一般的危機に、直面することはなかったのである。ウェスト・ライディングの梳毛織物のように入れ替わりの大きい業界でさえ、長い間、まったく伝統的な、熟練職人による小規模生産に基づいていた。しかしながら、地域によっては、（例えば、デヴォン州の梳毛織物のように）主要産業が競争によって打撃を受けたところもあった。

産業化は、生活環境に、すでに革命をもたらしていたのであろうか。一般化には危険が伴うし、そして、もちろん、大部分の労働力はほとんど影響を受けていなかった。（例えば、釘製造職人の数は、一七七〇年から一八一〇年の間に三倍になったが、彼らは皆、家庭内か作業場での職人であった。）産業化が、多くの業種で、個人の独立を侵食していたことは、たしかである。機械化によって、生産工程に関しての職人たちの交渉力は減少することになり、健康を損ねる危険が新たに生じた。蒸気揚水機の導入で、炭坑はさらに深く掘れるようになりはしたが、その結果、爆発も増えることになった（一八一五年から導入されたデイヴィー「安全」灯が危険をさらに増殖した。それが、「安全でない」ため廃棄されていた坑道の再開を助長したからである）。工場内の湿った空気は、結核の驚異的増大を招く因となった。刃物製造業における乾燥研磨、塗料製造、陶器製造における鉛入り釉薬（うわぐすり）の使用、で命を落とす者がしばしばでた。ジョウサイア・ウェッジウッドは、鉛入り釉薬は――消費者にとっても職人にとっても――危険であると知らされたときでさえ、頑として使用を止めなかった。織物工場では、機械に防護設備がなかったため、疲労困憊している子どもが切れた糸を拾い集めるべくそこに潜り込んでは手足をもがれるという事故が、日常茶飯に発生した。工場労働は極端に長時間で、週六日、一日十二ないし十三時間を超えることもしばしばあった。工場内は息苦しく、機械番は他に行き場のない、死ぬほど退屈な仕事であった（比較的楽で、年中あぶれることのない、かなり安全な仕事でもあったが）。

とりわけ、工場は、職人の職人による仕事管理を徹底的に減少させた――ロバート・オーウェンが率直に述べたように、この体制下で「生活を維持していくためには暴君か奴隷かにならざるをえない」のであった。熟練職人や下請け職人に典型的な、家族志向の、職住接近経済では、（平底荷船の乗組員であれ作業場の家族であれ）集団が、その中では一層広範な拘束が必要だったことは明瞭であるにしても、それ自身の仕事習慣を統制するのが慣例であった。この選択の自由が、規律の厳格な工場の中では、大幅に削減されたのである。そこでは、話すことさえ抑圧された。だが、家庭生活は、工場の町にまつわる広域移住と新形態の仕事に、素速く適応した。多くの移住者たちは、すでに友人や親戚のいる地域に引越していった。母親が外へ仕事に出ている間の子どもたちの世話は、祖父母や叔（伯）母がした（もっとも、ほとんどの女子工員は未婚であったが）。そして、病人や失業者の面倒は、隣近所の強い支援組織がみた。移住者たちは、新しい産業共同体の中で、古いよしみを復活するか、あるいは、エールハウスや友愛協会や行列行進や組合活動や礼拝堂で、新しい結びつきを作っていった。工場そのものが忠誠の的となった。対照的に、時には労働者が結束して新しい機械の設置に抵抗することもあった。ランカシャー州バークエイカーの、アークライトの梳毛工場が一七七六年に襲撃されたときには、

非常に猛り狂った暴徒の群れが、まるで戦争のように武器をもって、近隣に集合し、建物の扉を打ち壊すと、工場内の作業場に入り、ほとんどの機械を破壊し、そのあとで建物全体に火を放ち、中にある物一切もろとも焼尽させたのであった。

しかしながら、新しい生産様態への反応は、所によって異なっていた。一七八七年に、レスター州で、アークライトの回転原理を梳毛紡績に応用する試みがなされると、その結果、暴動が起き、市長が死に、機械が叩き壊されるということがあったが、しかし、同じ応用がノッティンガム州では受け入れられたのである。コヴェントリーでは、リボン織りの機械化に対する抵抗が成功したため、この産業は競争力を失

い、衰退していった。

産業化は、個々の労働者にとっては、複雑な損益勘定を伴うものであった。しかしながら、産業化が全体としてしていたことは、仕事量の増殖なのであった（省力的機械の発達を考えに入れると皮肉なことに思える）。伝統的製造業では職人の受け取る賃金が増えはしなかったかも知れないし、多くの職種では昔は――そして、ずっと――低賃金長時間労働であった。しかし、昔の職人は、融通のきく仕事時間、付加給付、祭日や祝日や周年祭の休み、に慣れていた。ところが、産業化が生じたところでは、毎週の週六日労働という鉄の檻が、結果としてもたらされた。祝日や余暇がなくなり、工員たちの笑いの消えた顔からは疲労が滲み出た。ゴドウィンが指摘したように、機械化は、機械を人間の下僕とし人間を解放して新たな便宜を享受できるようにするはずであったのが、現実には、かつてないほどに、人間を仕事の奴隷――機械の奴隷――に変えてしまったのである。

産業化が進む地域では自然の相貌と社会の相貌が以前より豊かに小ぎれいに洗練されたものになっていく、と多くの人々が主張した。「一つの地方に広く隅なく製造業が行き渡ると、その土地の住民に新しい性格が生まれる」とロバート・オーウェンは考えた。一七八一年にストウクを訪れたジョン・ウェスリーは、製陶業の興隆による受益効果について、こう評言した。

およそ二十年間のうちに、各地から住人が絶えることなく移入してきて、この地方は表情をすっかり変えた――荒地が、文字通り、実り豊かな沃土になった。家が、村が、町が、雨後の筍のように誕生した。そして、それ以上に向上したのが人々である。

ジョウサイア・ウェッジウッドは、同様に、会社の若い従業員たちに、産業がもたらした利益を考えてみるよう促した。

ご両親に訊いてみたまえ、私たちが住んでいるこの土地を初めて見たとき、どんな様子だったかと。そうすれば、今よりはるかに貧乏の特徴を住民たちが帯びていた、と皆さんおっしゃるだろう。彼らの家は惨めな小屋であったし、土地は十分に耕されることがないため人間や家畜の食料となるものをほとんど生まず、こうした不都合が、道路がほとんど通行不能という状態とも相俟って、私たちの住む土地を世間から隔絶していたうえに、私たち自身にとってもあまり住み心地のよくないものにしていた、と言えるかも知れないのだ。この土地は昔はそういう土地だった。私はよく知っている。その昔の状況と、同じ土地の現状とを比較してみたまえ。今では職人たちは以前の二倍近い賃金を稼ぎ、家は大部分が新しい快適なもので、畑や道路やその他一切の環境がもっとも喜ばしく急速な改善の特徴を明らかに帯びているだろう……産業が、この幸せな変化を生む親となったのだよ。

しかしながら、これに対し、上質の生活をもたらすために犠牲が払われた面もあったのである。「貧乏人は不快な暗くじめじめした狭苦しい住居に群れ、病気の繁殖源になっている」とジョン・エイキンは一七九五年に化膿化する工場町マンチェスターを評して言った。

この町の所々では、地下室は湿気が多すぎるため居住には不向きである……貧乏人はしばしば地下窓のガラスが粉々に粋けたままの状態で耐えている。これは一見取るに足らぬ状況のようであるが、しかし、そこに住む者たちにはもっとも深刻な結果をもたらすのである。熱病は、もっともありふれた結果の一つであり、また、私がしばしば見聞するところでは、肺結核患者の原因を辿るとここに行きつくことが多い。慢性のリューマチ病も、患者はこれでいかなる種類の仕事もできなくなってしまうのだが、元をただせば同じ原因で生じることがしばしばある……私がしばしば観察してきたところでは、熱病の流行はほとんどがこうした状況の中で堆肥の悪臭に晒されている家の中で生じるのである。

工員たちが田舎の生活を懐しがったことは、そして、次の世紀を通じてもその気持をもち続けていたことは、決して驚くにはあたらない。だが、無産労働者階級を工場町の中に追い込むのに、居住法を新たに作る必要はなかった。労働者は、新しい経済の創造に加担したのである。総じて見れば、ハモンド家のいう「ミダス王の呪い」は二面性を有していた。今、安い綿の服は昔の服より洗濯が楽で衛生的であった――しかし、煤煙の空気がその服を汚す度合いは昔より速まった（そして、肺は洗濯するわけにいかなかった）。工場で働く労働者は、高い賃金を得たが、田舎に住めば得られたはずの落ち穂拾い的なちょっとした臨時収入や愉しみを得られはしなかった。なかんずく、産業界の指導者たちが造りだしつつあった新しい世界に対し、誰も全体的責任を取らなかったのである。起業家たちは、自分の管轄内では王であったが、集団として一つのまとまった意見や社会像をもちはせず、しかも、彼らの間で競争は熾烈をきわめていた。全英商工会議所（一七八五年）が短命で消滅したあとは、全体としての彼らの声を代弁する院外圧力団体は一つも存在しなかった。

すでに十八世紀の終わりまでに、産業化は経済の新たな変動にその影響力を及ぼしていた（もっとも、

	1700年	1800年
農　業	40	33
工　業	20	24
サーヴィス業	35	44
(数字は国民総生産に占める％)		
全人口に占める都市人口率	約22	約30

その変動は実にゆっくりとしたものではあったが）。国民総生産の分布は都市へ、そして製造業部門へ、移動した。しかしながら、経済的変化は、この世紀の間に、社会的地勢を比類のないほど変貌させていた。一七〇〇年には、人口と富と産業の主要中心地はブリストル、ロンドン、ノリッジを頂点とする南部三角地帯に集まっていた。その三角形が、一八〇〇年までに、北西に回転しブリストル、ハル、プレストンを三頂点とするようになっていた。現代イングランドの大都市圏の多く——バーミンガム、マンチェスター、ブラッドフォード、ハダーズフィールド、プレストン、等々——は一七〇〇年には不規則に広がる村々にすぎなかったのだが、一八〇〇年までに大都市に成長していた。その変化は主に産業の発展によるものであった。典型的な工場の町はこの世紀が終わる以前に急伸しつつあった。一八〇一年までに、ウィガンは一万九百八十九、ベリーは七千七十二、オールダムは一万二千二十四、ブラックバーンは一万千九百八十、ボウルトンは一万二千五百四十九、プレストンは一万千八百八十七、ストックポートは一万四千八百五十、の人口を擁していた。これらの数字は一七〇〇年の（ロンドン、ノリッジ、ブリストルを除く）どの都市の人口にもほぼ匹敵するものであった。一七〇〇年には人口稀薄であったイングランドの諸地域が、急速に、人口稠密な産業地帯になりつつあったのであり、ヨークシャー州のウェスト・ライディング地方とランカシャー州は特にそうであった。一七〇〇年には、ノーフォーク州、サマセット州、ランカシャー州はどこも似たような人口を有していた（それぞれ二十四万二千人、二十一万四千人、二十三万八千人）。最初の二州は一八〇〇年までに着

実な伸びを示した（各々約二十八万二千人）。対照的に、ランカシャー州は六十九万四千人へと飛躍的な伸び方をした。

この新しい産業地勢の運命は一八〇〇年になっても未だ行く末が定まらなかった。ランカシャー州、チェシャー州、ダービー州、そしてウェスト・ライディング地方の、新興急成長工場町は、地方に散在する鉱業や鋳造の中心地ともども、依然として既成社会の周縁に位置していた――中心には、議会をもつ自治都市、大貴族の屋敷、巡回裁判開催都市、大聖堂所在地、パブリックスクールなどの、あの歴史の古い国が――そして、なかんずく、首都が――あったのである。新興都市は、ほとんどどこも市政機関をもっていなかった。教会も、病院も、その他の都市設備も、欠いていた。地元のジェントリー階級が少ないということは、現役の治安判事がその場にほとんどいないということであり、それが、一七九〇年代からの過激な騒乱に適切な対応を欠いた決定的な要因となった。こうした「ゴールドラッシュの町」がいかにして結局は伝統的な国――その政治的利害と代議制、その社会的地位昇降装置、その権力と威信の源泉、その地方共同体生態環境――と折り合いをつけていくのかは、未だ、まったく成り行きまかせの状態であった。それに、いずれにしろ、人口の三分の二は依然として田園地方に住んでいたのであり、他のいずれの雇用形態におけるよりも農業に従事する人のほうが多かったのであり、増加を続ける人口の一部

1平方マイル単位の推定人口

	1700年	1750年	1801年
ランカシャー州	127	179	253
ヨークシャー州			
ウェスト・ライディング	91	122	212
ウスター州	141	139	189
チェシャー州	92	105	174
スタフォード州	111	133	210
ウォリック州	112	152	236

を家事奉公が吸収していたのである。だが、国民総生産のうちで工業と商業に帰しうる割合は着実に増加していた。英国は、実際に、世界の工場になりつつあったのである。

9　結びに

本書は十八世紀のイングランド社会の三つの主要側面を強調してきた。一つは、その社会階級制の基礎的耐久力および弾力である。この社会を統轄する少数独裁の有産階級は、微塵も揺るがぬ自信をもち、時勢に順応し、これといった致命的欠陥を見せなかった。この世紀の初めに支配権を固め、一度も――少なくとも一七九〇年代までは――その正当性を真剣に疑問視されたことがなく、もちろん危険に晒されたこともなかった。権力――資本、経済的影響力、官職、地元での威光、国家や教会や軍隊に勢力をふるう聖官役職任命推挙権の操作――を掌握する貴族の力は強まっていった。国王と貴族は同調を進め、スチュアート朝時代には随時国家転覆の脅威となっていた役人間の止まるところを知らぬ党派対立は影を潜め、洗練された儀式的内部抗争になった。イングランドの支配階級は結束を固めたのである。

国家の安定を――各地でその地方特有の地域紛争があったにもかかわらず――維持しえたのは、経済が十全に機能して、金持ちに利益をもたらし、ほとんど誰一人として餓死させずに済み、突然の生存の危機を予防し、個人生活が将来向上するという展望を与えたからであった。小教区単位の救貧法は深刻な困苦を和らげる働きをした。飢餓や恐慌が全国的政治問題になったことはなく、住宅地に乞食や盗賊が横行することもなかった。決定的に重要なのは、イングランドが戦争と征服と植民地化に無類の成功を収めたことである。楽天的愛国心と利益が、イギリスのギニー金貨の表となり裏となった。さらに、政府への資金供給を借り入れによって行うのが慣例となっていったため、帝国建設のための税負担に国民があえぐこともなく、国債による資金調達で、増加傾向にあった国債投資家たちの忠誠心を確保することもできた。社会の多層の人々がつつましいながらも以前より裕福になり、少数独裁者たちを引き摺り降ろすことのできる者たちが突然に、あるいは慢性的に、分裂するということもなかった。（スチュアート朝の世紀の改革運動の聖徒たる非国教徒たちは、内部抗争に明け暮れ、内省的になった。）家庭と作業場、倹約をよしとする道徳、啓示によらない信仰、宗教的禁忌などの伝統的規律は、無味乾燥な世界の周期的反復の生成と再生の定期的再現を導き続けていた。産業が急速に変化してさえ、あるいは、農村に根づいた生活様式が囲い込みによって唐突に崩壊しても、農民の反乱とか大きな社会不安が発生することもなかった。労働者は、賃金の絆の中で、着実に、さらに完全に吸収されていった。

イングランドは、その社会政治的安定の点で、（少なくとも表面的には）ほとんどの同時代ヨーロッパ諸国の典型であった。フランス革命の激動以前は、十八世紀の旧体制社会は、宗教改革や反宗教改革や大インフレーションや三十年戦争やいわゆる「全般的危機」に揺れた十六世紀や十七世紀におけるよりも、安定しているように思えた。大陸では、小作農の物納、農奴の労働、領主による強制取立て、領主の特権など、すべてが播種期および収穫期と歩調を合わせたものであった。だが、いざ激動を迎えてみると、イングランドの階級制は比類なく強靭であった。フランスでは旧秩序を支えた骨格が、結局は、脆くも砕けたし、オランダもイタリアもドイツの公国の多くもがフランスの侵略と体制「合理化」要求に屈した。対照的に、イングランドの政体は、フランス革命の余波とヨーロッパ大陸での諸戦争の大変動に脅かされはしたが、権力と特権の壁が理性と自由の高らかな吹奏の前に崩壊するであろうとペイン派の急進主義者たちが予言したにもかかわらず、持ちこたえたのである。それだけでなく、イングランドの産業化が、封鎖と戦争の枷にもかかわらず、快走の前進を遂げたのであった。

私が強調してきたことの二つめは、社会階級制は不平等な、特権（そのうちの幾分かは世襲的なもの）を滲ませるものではあったが、決して固定したものでもなく脆弱なものでもなかった、ということである。そこには、挑戦に対する継続的な適応性と、個人の上昇、下降、平行、移動があった。他の諸国におけるより以上に、金が、階級の境界を通り抜けるときの通行手形となった。イングランドの社会は、過去の法律、紋章官会議、貴族階級の儀礼慣習、あるいは絶対主義宮廷の無言の虚飾などに束縛されて、動きのとれない、膨脹した、時代遅れの形態に凍結されてしまうことが、なかった。人間を所有財と分けて考えることはできなかったのであり、資本は根を張って芽を伸ばすところは伸ばすことが許されたのであり、新興資産家は爪の手入れをして品格を獲得することができたのであった。個人の利得は、見えざる手の魔術によって、公共の利益につながる、と当然のように思われていた。貧困の淵に沈む心配のない者たちには、物財もサーヴィスも好機もが増殖した。大衆消費者層——商人（あきんど）の国の国民——は広がり、繁栄にあずかっていることを実感していた。平和と安寧が保たれたため、懲罰的権威主義と宗教的恐怖を少しは弛緩することが、あるいは、それらをフランス人恐怖症などの実体のない脅威に置き替えることが、許された。ジョージ王朝のイングランドは、同時代の大部分の諸外国と比べれば、また、それ自身の直近の過去と比べれば、押しつけがましいところのない、緊迫感の緩んだ社会であり、普通の人々が中央政府の役人や聖職者に踏みつけにされることが比較的少ない社会であった。繁栄と自由と自信と知識と幸福が共に腕を組んで行進していることを、多くの人々が喜んだ。『アニュアル・レヴュー』は、一八〇〇年に、去りゆく世紀を回顧して、こう述懐した、

> 十八世紀の社会ないし人間本性のありようを全般的に回想なり追想なりしてみるとき、もっとも頻繁に思い出され、一番重要な思い出として心に残るものは、次の三点である。人間の交流が我々の知るいかなる前時代よりも広範化したこと、知識の進歩が急速化したこと、そして、学問の諸発見がそれ迄以上に実用的用途に応用されたこと……。今のこの時代を人間性の時代と呼んでもよいだろう。

この編集者にとっては、もっと言えば後のマルクスにとっても、この変貌の秘訣は市場の動力にあった。

> この幸福な変化はどこに由来するのであろう。道徳に関する論説や講話の漸進的効果ではなく、修辞学教授に教えられた文章構成法の技術によって整えられた説教の漸進的効果でさえなく、人と人の、心と心の、航海や商業や芸術や科学の、漸進的交流の結果に外ならない。

しかし、その代価はどれほどであったのか。というのは、金が国際共通語であり誰でもが金額次第で買収しえた市場社会では、社会的結束も、公共道徳も、正義も、権威も、尊敬も、同情も、貪欲と嫉妬の大渦巻の中に沈んでしまうであろう、と多くの人々が危惧していたからである。この、マンデヴィルが描いた『蜂の寓話』的世界では、公共の安寧が個人の野望によって侵蝕され、政治家が行政上の不正利得に魅了され買収されている——と道徳家たちは心配していた。自作農は郷里の家庭の団欒(だんらん)を棄ててロンドンの歓楽街に向かいつつあり、奉公人はすでに主人を選ぶようになっていた。適正価格ではなく、利益が、取引を支配した。国教会は、自らを養うのに手一杯で、信者にまで手が回らなかった。騒擾と暴力犯罪、悪漢と窃盗、が跳梁跋扈(ちょうりょうばっこ)していた。いきりたつ伝道者や感傷的小説家は、金持ちに、あなた方は向こう見ずな貪欲と義務の怠慢によって自らの墓穴を掘っているのだ、と警告した。

貴族とジェントルマンは故郷を棄てたも同然であり、今そこに住んでいる一級の大人物といえば居酒屋の主人、徴税吏、広大な屋敷の執事などと考えられ、彼らが弁護士とともにこの地方を取りしきっている……貧乏人は食べる物もないため盗みを働かざるをえず……市政機関は賄賂でどうにでもなる。商業と製造業は働きすぎ、どの町にもそこいら中に銀行があれば破産もある。法律は、理解を超えるほど増殖して、施行できない……そして、次第に首都を養っていかなければならなくなると、体力が徐々に衰弱し、そうなればやがて困窮が、飢餓が、暴動が、発生するだろう。暴動が発生すれば、近衛兵では、あるいは軍隊を総動員しても、鎮圧できない。議会でさえ平定できはしない。それは、議員たちが、(今や一般化した) 不安を見て見ぬふりをしているからであり、それというのも彼らは常に権力闘争に明け暮れ、国の平和や内面の幸福に無頓着だからである。

このようにジョン・ビング閣下が予言したのはまさにフランス革命の前夜であったのだが、しかし、彼が言及している国はイングランドであった。時の支配階級が、菓子を食べても失くさないでおこうという、虫のいいことを願っていた、というビングの見方に最近の歴史家たちは同意してきた。「産業革命期におけるイングランドの農耕社会の核心には根本的矛盾が横たわっていた」とボブズバウムとルデは論じた。

支配者たちはイングランドの農耕社会が資本主義で伝統主義で階級制であるよう望んだ。換言すれば、彼らは自由経済の普遍的自由市場 (それは必然的に物財の市場であるとともに土地と人間の市場でもあった) に支配されることを望みはしたが、それは飽くまで貴族と郷士と農場主に都合のよい範囲でのことにすぎなかったのである。彼らは、階級間の相互対立を必然的に伴う経済を擁護しておきながら、それによって「秩序ある階級制」の社会が崩壊することは望んでいなかった。

多くの人々が、イングランドの社会は腐敗しており鼠の大群のように断崖に向かって突進している、と警告を発した。そして、そうこうするうちに、ロンドンの勅許を受けた街並みには下からの、抑圧された者たちの泣き叫ぶ声が、ブレイクのいう「弱き者の標章、悲嘆の標章」が、湧き上がってきた。

しかしながら、支配階級は、馬車馬〔労働者〕が後ろ足で棒立ちになる〔反抗する〕ことなく資本主義の笞を打ち鳴らし続ける方策を見つけなければならないことを認識して、自分たちが統轄する流動的である程度まで分極化しつつある社会の中で、秩序を維持していくうえでの諸問題に注意を怠らないでいた。それゆえ、私は本書の三つめの主要な焦点を、この貪欲で落ち着きのない社会の中で意見の一致を確保しようとした彼らのさまざまな試みに当ててくることになった。暴力に訴えて成功しえたのは局所的な、特殊な、散発的な場合だけであった。水兵は日常的に笞で打たれていたが、しかし、（子どもは別にして）成人労働者は奴隷ではないのだから農地ないし工場に引っ立てていくわけにはいかなかった。個人や党派の利害をめぐる反目、排他主義、行政部の言いなりにはならないジェントリー階層があったということは、軍事力が一般的に即事投入可能状態にはなかったことを、また政治的に解決策として受け入れられるものではなかったことを、意味していた。この世紀の終わりに向かうころ、独房監禁態勢用に設計された監獄などの懲戒施設によって社会規律を復活させようという諸計画が議題にのせられていた。例えば、一七七六年から一八〇〇年の間に、新興都市リヴァプールでは新しい精神病院、懲治監、監獄が建造された。これらは国家が、その後、悪の矯正、査察、統制に向かう不吉な前触れとなったが、しかし、十九世紀になるまで試作品であり続けた。ジョージ王朝の戦いは、どちらかといえば、主に精神に向けられたものであった。威勢と説得――恫喝、大言壮語、気前のよさ、請け合い、見せびらかし、ひけらかし、玄関の扉を閉めず少し開けておくこと――によって黙従と支持を勝ち取ることを望みとした。権力の座にある者や新聞とか教会の説教壇でその代弁をする者たちは、大衆の目の前に、野心、自尊心、新しい娯楽、洗練された価値観、流行の生活様式などをちらつかせた。こうした到達目標のいくつかは、例えば教育やメソディズムや新非国教派は、内なる光や自己向上や天国に行ける見込みの喜びとともに、精神的なものであった。たとい貧困労働者にはほとんどその余裕がなくても、イエスが救ってくれるであろう。他にも、勤労と節制による出世と繁栄、その結果としての物質的幸福と上流社会にあずかる可能性の増大、など世俗的な期待もあった。（コベットが冷笑的に命名した「聖書、宗教小冊子、福音書店、巡回桶側弁護士、国民学校」をとおしての）自己向上を目指す、その遠い先には対立する人々が共有しえるイングリッシュ・ドリーム〔イングランド人の夢〕を創造する目的があった。

社会は、二つの陣営に分極化していがみ合ったわけではない。スチュアート朝時代の、宗教的真理をめぐる、血で血を洗う戦争は徐々に静まって小冊子論争になった。もっとも、それはそれで罵倒の応酬であり続けはしたが。国教徒と非国教徒は共存を確立したのである。商取引が信仰の壁を乗り越える様子を目のあたりにしたのは、ヴォルテールだけではなかった。政界の猟官制度や、年間王室費および公務員給与の議会承認制度に助長されて、なりふり構わず出世を目論む者たちは王権や内閣に同調した。膨脹過程にある、繁栄を謳歌する中流階級の株式仲買人、船荷主、卸売商人、石炭運搬業者、貿易業者――そして、その他大勢の小売商人、小製造業者、上級熟練職人のすべて――はどっしりと社会の中層を形成し、階級の単純な二分化を阻止していた。いずれにしても、社会の大部分は依然として小さな顔見知りの共同体の中に納まっていたのである。一八〇〇年の時点で住民数二万人以上の都市に住む者は、五人に一人にも満たなかった。

この世紀の最後の三分の一には、地震が警告となって、社会不安が募った。リチャード・プライスやジョウゼフ・プリーストリーなどの激烈な唱道者にけしかけられたプロテスタント派の非国教徒たちは、筋肉を収縮させ、審査法や地方自治体法といった欠陥市民法に反対する運動を再開した（「我々が非国教徒であり続ける限り、我々が市民の自由に敵対するなどということは、およそありえない」とプリーストリーは宣言した）。新大陸の東部十三州に対し戦争をしかけた政府の「暴政」と、その戦争に負けた政府の無能は、反対派にとって、特に貿易関係業者間に、政府攻撃の恰好の標的となり、経費の効率化と削減を求める運動を強化させることになった。アメリカ独立戦争は、一つの分水界となり、国制問題に関する政治的国民の国論を二分する深刻な対立を生み、シティーの商人や貿易業者を刺激して国王の敵に味方させることになったのである。

代表権を要求するアメリカ人の声は国内の投票権をもたない納税者の共鳴するところとなり、そして、行政府と宮廷が画策して憲法の切り崩しにかかっているという危惧が再燃した。一七六〇年代からは、政治的不満が屋外に——燃え上がり消えかかりしながらも——遼原の炎のごとく広がっていった。権利章典支持者協会（一七六九年）などの団体が、「国制の回復」を求めて、権力の砦を攻撃しはじめた。ジョン・ウィルクスは、反内閣の英雄かつ殉教者として、人目を引いた。クリストファー・ワイヴィルのヨークシャー協会（一七七九年）や憲法情報協会（一七八〇年）は、議席を再配分して実質のある州の意見に相応の重みを回復するよう、要求した。アイルランドのカトリック教徒を救済しろと求める運動が盛り上がった。膨脹する中流階級の人々は、特権や腐敗や貴族の傲慢に対し、いつにない痛烈な批判を表明した。

こうしたことが重なった結果、育ちの良い人々は内省に向かうことになった。一七七〇年代から勢いをつけはじめた国教会内部の福音主義運動は、贅沢な暮らしをする人々の心から不品行不節制を除去しようと努めた。自由主義者たちは三十九カ条の信仰箇条の受け入れによる国教会入りに異議を申し立て、ケンブリッジのジョン・ジェッブなど少数の気高い心の持ち主たちは、大学改革を提唱した。ジェレミー・ベンサムは、法曹界の積年の腐敗を一掃し行政機構を徹頭徹尾再編成するという、生涯をかけた独力の功利主義的仕事に乗り出した。大執事ウィリアム・ペイリーなど体制側の人物たちでさえ、富と権力の分配が最大多数の幸福をもたらしているかどうか、敢えて疑問視した。一七八〇年代には、国会自体の内部でも、シェルバーン卿や小ピットは改革に着手する用意を整えていた（もっとも、その目的は実は急進派を分断することであったのだが）。過激派や非国教派のジャーナリストたちは口角泡を飛ばして腐敗、帝国主義、専制的権力を糾弾し、ミセス・インチボールドやロバート・ベイジなど新進の説教癖ある小説家たちは、上流階級を道徳的に堕落させる因になっている傲慢、特権、横柄などの癌を剔出する外科手術を処方した。ジョージ・ゴードン卿は、改革された真の信仰が破滅するのを怖れて、プロテスタント協会を設立し、ウィリアム・ブレイクは最後の審判を預言しはじめた。ブレイクその他の者たちにとっては、周囲一帯に山積する難問の数々が、ジョージ王朝の人々が建てた悪魔の家の化けの皮を剝ぐものなのであった。独善的自己満足者たちが敬虔を口にし慈善の半ペニーを惜しみつつ施す一方で神の無辜（むこ）の民に生命、愛、喜び、希望を与えることは拒んでいるそのさ中に、飢えが忍び寄っていた。

腐敗に対する非難が高まるにつれて、社会構造や行政組織の歪みがいよいよ明らかになった。押し寄せる産業と人口の波に、地方政府はもはや手の施しようがなくなり、国会の議席配分は次第に奇怪な、実情に合わないものとなっていった。コーンウォルには二十一の選挙区があったが、ランカシャー州には六しかなかった。選挙民はかろうじて二十五万人いたが、総人口に占める選挙権を与えられた者の割合（約三パーセント）は内乱前からずっと縮小して、昔より低下していた。地方は、首都に対抗する自治世界の観を呈し、独自の問題を抱え、旧世界の只中に突如勃興した第二国家のようであった。「上流社交界は」とR・E・スコフィールドは書いたことがある、

地位と慣習によって確立されて、相変わらず土地と肩書に気を揉み、代表制の歪んだ議会での論争に、ロンドンのコーヒー・ハウスでの文学芸術の討論に、ホワイト亭での飲酒と賭博に、相変わらず時間を潰していればよかったかも知れないが、しかし、彼らの知る世界は影であった。もう一つ別の社会が、地位が下品でも何でも成功によって決定される社会が、別の世界を、自分の気に入る世界を、創造しつつあった。

さらにさまざまな社会的亀裂が実際に広がりつつあった。上流階級は、次第に好みが難しくなり、汚なく不快で時として危険な大衆の世界から距離を置きつつあり、村や共同体の活動から身を引きつつあり、下層の文化の活力を弱めつつあった。

それでも、フランス革命がはじまるまでは、こうした兆候はやがてくる紛争の予兆にすぎなかった。ウィルクス派の運動は、舞台の上の雷鳴稲妻の類いの大掛かりな見世物であり、ジョン・ウィルクス自身の栄光を盛り上げる派手な演技なのであった。個人の法的権利を擁護することに夢中で社会の変化には無関心であったこの運動が残した遺産は、曖昧なものとなった。ウィルクスは——やがて自らを「死火山」と称することになるのだが——のちに市参事会員となり、市長となり、ゴードン暴動に際してはシティーの権威筋の味方につき、ドクター・ジョンソンの友となり、フランス革命の敵となった。一七八〇年の

ゴードン暴動で、口先だけの自由主義者たちは態度を豹変させ、大衆を煽動する旗降り役を処罰すべきだと言いだした。アメリカとの戦争が惨敗に終わり、ワイヴィルの議会改革運動は一七八四年までに積極的行動をとらない運動に縮小していた。田舎では、囲い込みも仲裁裁定があって館の焼き打ちという事態にはならず、産業革命の最初の大工場が建設されても申し合わせた抵抗は生じなかった。

揺籃期にあることが至福の状態であるかどうかはともあれ、一七九〇年代はたしかに新しい夜明けであった。自由平等友愛という警鐘は、英仏海峡の此岸にいて普段は島国根性でいる急進主義者や自由主義者に、新鮮な勇気を与えた。非の打ちどころのない黙示録的未来像が、ホーン・トゥク、ゴドウィン（「政府の真の安楽死」を切望していた）、ブレイクなど謹厳な議会改革論者たちの目前に浮かんだ。

イズリントンからマリルボンにかけて
さらにプリムローズ・ヒルやセント・ジョンズ・ウッドにかけて
一帯の原野には黄金の列柱が立ち並び
そしてそこにエルサレムの列柱が立ち並んだ。

そのエルサレムからほど近いウェストミンスターでは、フランスでの出来事が、少なくとも一七九二年のルイ十六世処刑までは、急進主義者の貴族たちやホイッグ党の指導者たちの共感をよんでいた。急進派の職人たちは、集会に集まった人々に向かって熱弁をふるい、改革協会を設立し、特にトム・ペインの『人間の権利』（一七九一年）が出たあとには、自由権の木を植樹したいと望んだ。「フランス人よ、君たちは既に自由だ、しかし、イングランド人もそうなるべく今準備にかかっている」とロンドン通信協会は一七九二年に宣言した。一七九三年以降になると、革命政府下のフランスを相手の戦争が――苛税、インフレーション、強制徴募隊、貿易途絶、反戦抗議、(一七九七年の)海軍の反乱、反作用的に襲った現体制支持者いじめなどと相俟って――イングランドの社会の中に前代未聞の反目対立を生んだ。この世紀のストライキ〔同盟罷業〕の約三分の一は、この十年間に発生した。

一七九〇年代をとおして、政府、行政官、現体制支持者たちは、騒然とする社会不安をくい止めることになんとか成功はしたが、それは、かろうじての成功という場合がしばしばであった。政治的社会的大混乱がこの国に忍び寄ってきていると怖れていたのは、強硬論者や被害妄想の郷士連だけではなかった。共和制支持の囁きが次第に声高になり、そして、内乱以来初めて、過激派の平民が独自の独立政治綱領を編成しつつあった。各地の通信協会が、今、町から町へと政治運動を連結し、独自の影の内閣たる代表者会議を計画していた。その報復に、ピットは、いわゆる「蒼白の恐怖」期に、憲法で保証された自由を一時停止し――例えば人身保護法の一時停止(一七九四年、一七九八年)――、反逆煽動(禁止)法(一七九五年)、不法宣誓法(一七九七年)、通信協会法(一七九九年)を通過させ、政治集会を禁止し、密偵密告者の一団を徴募した。ロンドン通信協会の事務局長であったトマス・ハーディーなど急進派の指導者たちは屋敷を襲われ、逮捕され、裁判にかけられた。行政府は、新聞を買い占め、国中に軍隊を派遣し、そのための特別な兵舎を建造した。

一七九〇年代に内戦の気配が生じ流血革命にさえなりかねないと思われたのは、突然のことであり、その衝撃は大きかった。そういう事態になりえたのは、明らかに、長期にわたり歪(ひずみ)を増大させてきたためであった。地方政府連鎖網の中で弱体な連結環であった北部や中部の都市に不満分子で識字能力のある職人が集中したことなどは、その例である。しかし、内戦の気配が突然引き起こされたのは、そうした展開によってではなかった。それは、どちらかと言えば、外部から火を放たれた、突然の大火であった。「人間の権利」に見られる急進主義、共和制を祈念しての乾杯、貴族や聖職者について含むところのある呟きなどが数珠つなぎとなり――それが一団となって、清教徒革命の破綻以降主として地下に伏流してきた自由擁護派の憤激を噴出させることになったのは、言うまでもない。だが、もし外国での革命という前例と成功と燎原の火のごとき広がりがなかったら、それらが爆発的に表出することは考えられなかったであろう。十八世紀のイングランドで繰り返された平民の反抗はほとんどが、結局は、地方での、散発的な、伝統的なものであり、慣習とコモン・ロー〔不文律法大系〕と憲法の正当性を立証する枠組みの中での共同体の理想に依拠するものなのであった。働く者の叫びは、伝統的に、目上の者がその本分を果たすようにという要求であった。トム・ペイン――アメリカ革命の、ひいてはフランス革命の、老練な論客――が述べたのは、まったく別の意見であった。「この時代は後世になって理性の時代と呼ばれるに値するだろう、そして、未来の人々の目には新世界の誕生と映るであろう」と彼は公言したのである。

だが、観念形態こそ新しかったが、ペイン一派の理論は先立つ時代に築かれた基礎を利用しえたものであった。働く人々は、すでに、独自の縮小版共和制的な友愛協会や組合の運営に慣れていた。ロンドンのロビン・フッド・クラブなど、各地の討論クラブは、熱弁をふるって擬似政治的非難を応酬する練習の場となっていた。メソディストや俗受けする国教反対論者がふるう熱弁は、ややもすれば、宗教から政治に話題が切り変わり易かった。印刷機、勇敢な出版業者、識字率、読書習慣が広まったことで過激な小冊子やトム・ペインの理念を貪り読むことが著しく容易になった（何十万部という売れ行きであった）。新聞が地方を首都の政治基調に合わせる働きをしていた。

政治的急進主義は経済的騒動とともに地方に広まった。両者は、究極的に個別の独自性を失うことは決してなかったが、しばしば相互に補強し合っていた。穀物暴動は一七九〇年代半ばに価格が急騰したことで悪化した。失業が悪化し、金持ちと貧乏人の間の敵対が一層危険な状態になった。「怠慢と絶望から」とジョン・ビングは論じた、

民主主義が、無政府状態が、発生する……この国の貧民たちは援助を受けることなく犬小屋を見て羨み、この町の飢える者たちは絶望の目で鮮やかに陳列された料理を見おろす――私に言わせれば、「デンマークの国では何かが間違っている」。

そのうえ、少なくとも当初は、フランス革命の衝撃が体制側を分裂させるはずであった。この革命はホイッグ党員や（支持した主教は一人だけであったが）非国教徒の間で拍手喝采を浴びたのである。「世界史上最大の事件だ」とチャールズ・ジェイムズ・フォックスはバスチーユ陥落の報に接して叫んだ。ミッドランドの医者エラスムス・ダーウィンはそれを「世界の自由の夜明け」だと考えた。イングランド国教会改革の有志セオフィラス・リンゼーは「フランスにおける革命は我らが時代に示された神の摂理のなせる驚異の業であり、我々はそれが成功し継続し至る所の暴政にすみやかに止めを刺す手段となるものと信ずる」と断言した。ほとんどの非国教徒はもとより、国内の改革を熱望する各層の知的専門職や商人も、そして、とりわけ知識人が、それを支持した。物静かな中産階級の人々でさえしばらくは気もそぞろに歩き回り、互いに「市民」と呼びかけ合った。ジョウゼフ・プリーストリーはこの雰囲気を捉え人々にこの機に乗じるよう促した。

絶好の風が吹いているこの機に、若人は心を広く開き、そよ吹く風を捉え、光輝ある熱情を共に味わうがよい、繁栄を極める科学、芸術、製造業、商業……、野蛮な時代に生み出されて残る（ある人々の中に不合理な不遜を生み、他の人々の中に卑屈な隷従を生む）無用な差別一切の廃止、公益の名の下に求められる諸税やあらゆる種類の負担のすべてからの全面的解放、などを大いなる主題とする熱情を。要するに、政府を可能な限り有益に、できるだけ金がかからず重荷にならないものに、するための熱情を味わうがよい。

ところが、いざその段になってみると、自由権や生得権や新秩序についての話は、話ばかりで、物事の新秩序を実際に生み出しはしなかった。一七九〇年代は諸改革協会、猛吹雪のごとき小冊子群、荒れ狂う政治運動を生んだ。革命への情熱とロマン派の理想は一世代の詩人、芸術家、思想家たちの心と頭に疵跡を残した。行政官は多くが恐怖に戦（おのの）いた。しかし、階級制への大規模な攻撃は、自然発生的なものも、組織的なものも、イングランドでは一つも起こらなかったのである（もっとも、スコットランドとアイルランドはこれに当てはまらず、一八〇二年から一八二〇年の間のイングランドの急進主義も数々の反乱、暗殺、謀叛を起こした点で、さらに当てはまらないのではあるが）。誰一人として豪壮な邸宅や大聖堂を急襲したり、ホワイトホール〔中央官庁街〕やセント・ジェイムズ宮殿あるいはニューゲイト監獄を焼打ちしたり、しなかった。誰一人として断頭台で処刑されることがなかった。暴力はほとんどが、強制徴募隊の活動のように、予期せぬところで引火して突然燃え上がったものであった。政治運動はほとんどが現実的諸問題に焦点を当てたものであった。

平和と大きなパンをよこせ

大衆が徒党を組んで特権階級に反抗する様子を、また、大衆が正義の女神を味方につけるかも知れない可能性を、誰もが固唾をのんで見守っていたことは、たしかである。しかし、無産労働者階級の集団意識は未だ生まれておらず（大衆運動はほとんどが職人によるものであった）、そして、イングランドのジャコバン主義〔過激急進主義〕の観念形態は個人主義的性格を残していた。そうではあっても、一七九〇年代をイングランドにおける労働者階級形成過程の中での決定的に重要な時期であったと見るE・P・トンプソンの見方は正しい。なぜなら、それまでは不正に対する怒りがうわべを装う服従と従属の背後に隠されていたからである。それが今は、下層階級が、歯に衣着せず不満を述べる強情な報復勢力として、他に依存せずとも強い力をもって、政治の舞台に踊り出てきはじめようとしていたのである。彼らは、次の世紀の初めの二、三十年に、各方面で本当の脅威となるのであった。さらに、彼らを宥めてもう一度、十九世紀半ばまでに、茫然自失の静止状態に追い戻すには、二世代にわたり産業主義という学校で挫折と抑圧と規律を味わわせ、体制内で政治的野心を漸進的に遂げることが彼らのためになることを明確にすることが必要であった。

だが、政府が、打ちのめされながらも持ちこたえたことは、否定できない。ルイス・シモンドは、新世紀がはじまった数年のうちに、驚嘆と賞賛をまじえて、述べることになった。

この国の政府が絶えず晒されている攻撃に長く耐ええた政府はヨーロッパには一つもない。この地で出版されるものは、世界のいずこの国の国民の心をも燃え上がらせるであろうが、この地では、人々の心が無感覚なのか理性的なのかそれとも習慣になっているのか、一向に感銘を与える様子がない。

旧体制側は、体面を捨てて弾圧するという手段を使ってでも、とにかく戦い抜いた。憲法の精華たる市民の自由権――例えば人身保護や結社の自由――は「言論抑圧法」によって一時停止された。何百人もの逮捕者がでた。煽動した者たちの公開裁判が開催された（もっとも、イングランドでは、スコットランドとは異なり、ほとんどの者が無罪放免となりはしたが）。数々の騒擾は、全国的不平と地域的不平が相互に補強し合う場となったが、いつになく暴力をもって鎮圧された。一七九三年のブリストル有料橋暴動では抗議側に十一人の死者がでた。一七九一年のバーミンガム暴動では、「国教会と国王」支持派の暴徒たちが、行政官に督励されて、非国教徒やユニテリアン派や過激派たちの家財を破壊した。「余は欣快にたえない」とジョージ三世はヘンリー・ダンダスに宛てて書いた。「プリーストリーめが、その一味とともに植えつけた教義が因で、被害者になるとはのう」。この政治的国民の国がかろうじて難破を免れたのは、ひとえに、感情を剝きだしにして、大いにもてはやされた隠健とか、憲法で保証された自由権とか、余分な積み荷をかなぐり捨てたればこそであった。

少数独裁政治が持ちこたえたのは、反対勢力に分裂が生じたせいでもあった。ホイッグ党員は、ルイ十六世の処刑と恐怖政治を目のあたりにして、間もなく革命賛成派と革命反対派に割れ、そして、一度分裂すると、もはや政府に対し真剣に政治上の異議申し立てをすることを止めてしまった。革命の旗手であったペインやトマス・スペンスたちは、革命は軍事力によってではなく自発的合理的啓蒙によって起こるだろう、と楽観的に信じていた。過激派の知識人たちは演説で文筆で決起を促したが、すべては空騒ぎに終わった。ほとんど誰も人を殺す度胸をもたず、皆が下からの暴徒の過激主義を怖れたからであった。ウィリアム・フレンド（急進主義のゆえにケンブリッジ大学のフェローの身分を剝奪された）など多くの人々が自由権を要求する運動を展開したが、しかし、それを直接政治上の獲得目標ないし流血反乱の形では見ていなかった。フレンドは、（ハズリットの痛烈な寸描によれば「非国教徒聖職者に接ぎ木された形而上学者」であった）無政府主義哲学者ウィリアム・ゴドウィンその他大勢と同じように、主として個性の涵養を願っていたのであり、理性と自由の十分な活動を望んでいたのである。道徳的に高潔であることのほうが民主主義よりも大事なのであった。いずれにしても、ノリッジやシェフィールドの繁栄する手工芸家急進主義者たちがみすぼらしい無産労働者たちと見解を同じくすることはなかったのであり、シティーの反乱職人たちがカートライト少佐やジョン・セルウォールなどの雄弁な民衆煽動家に賛同することはなかったのである。この手の煽動家について、アーノルド・ハーヴィーが次のように書いたことがある。

国会改革論者たちは上昇の波に乗り、自信満々で、快活であった。千年王国の空想に慰めを探し求める必要のない人たちだった。対照的に、ランカシャー州やミッドランド北部では、さほど学のない労働者たちが交戦期間の経済危機により一層深刻な打撃を受けたため、宗教的熱狂と生半可な共同謀議が相当確固たるものになったように思える。

しかし、体制が持ちこたえた理由は他にもあった。国を守れ、という訴えが反対勢力を分裂させたのである。侵略の脅威に晒されている下では、愛国心のほうがペインよりも大衆の支持を得たのである。ギルレイなど諷刺画家たちは「フランス病〔性病〕」と国内急進主義を同様にからかった。戦争は、国民を一体化する究極の鎹として作用し、アメリカ独立戦争の敗北で手痛い傷を負った支配階級に立ち直りのきっかけを与えた。交戦期間は実業家、農場主、投機家、そして不労所得収入生活者にとっても、有利な期間となり、また、軍隊内で名誉ある地位に就こうと望む、将校職に飢えた、長男以外の男子にも恰好の機会となった。

そのうえ、有産階級が結束を固めることになった。それまでにも、地方の地主階級とシティーの金融業者は結構仲良くやっていたし、父子主義の行政官が穀物暴動に手を焼く仲買人たちの背後で必ずしも腕を拱いていたわけではなかった。成金の製造業者はしばしば土地所有者に軽蔑されていた(両者は労働力確保で競合し、その相場をつり上げていたのである)。ゴードン暴動やアメリカ植民地喪失によって、商業階級は、自分たちの必須の利益を守る議会の適性能力に寄せる自信を、失いはじめていた。しかし、一七九〇年代には、有産階級は立場の違いを不問に付し、財産と法律と憲法を守るというきわめて重要な問題に熱心に取り組むことになった。在郷軍、義勇農騎兵団、志願兵たちが君主に忠誠を示す乾杯には地主の息子も商人の息子も共に加わり、小作人が「馬上の雇用主」と入り混った。歴史家によっては、E・P・トンプソンのように、戦争という幸運な偶発事ないしは目論見がなかったら、貴族の統治権は近々のうちに真っ向から中産階級の挑戦による攻撃を受けていただろう、と示唆してきた者もいる。しかしながら、それはあまりにも破局的な見方に偏っている。有産階級は、いつも、自分の利害関係には敏かった。ピール家、ボウルトン家、アークライト家、ストラット家といった大製造業者たちは、すでに、地所を買い占めることによって、旧体制に信任投票していたのである。マシュー・ボウルトンは、かの有名なグレート・テューの地所を購入し、リチャード・アークライトは一七八七年にナイト爵に叙されダービー州の州奉行に任ぜられると、一七八九年にはクロムフォードの荘園領主になった。小売業者や株主はといえば、彼らは現体制支持派集団や私有財産防衛協会を形成した。中流階級の人々の議会改革運動は十年ないし二十年ほど減速することになり、その間に閣僚や行政官は平民の無政府主義という化物を追い払った。社会が結束するにつれ、急進主義の毒牙は抜き取られていった。非国教派の科学者ジョウゼフ・プリーストリーなら「イングランドの階級制は……空気ポンプを見ても発電機を見ても震えあがるに足る理由がある」と大まじめで警告するのもよいだろう。だが、彼は間違っていた。科学も（ロマン主義や宗教と同じように）反動の役に立ちえたからである。一七九九年に創立された王立研究所へ集まったのは上流階級であった。そこの鬼才ともいうべき実験主義者で、コーンウォルの貧しい若者から出世したハンフリー・デイヴィーは、きらびやかな聴衆に向かって断言した。「社会が私有財産と不平等の上に成り立つのは必然であり正当であった」ことを科学が立証する、と。

実際、有産階級の人々の多くが光明を見いだし、かつて信条とした自由主義と啓蒙運動を撤回し、一七九〇年代には一六五〇年代以降のどの十年間にも勝る多くの変節漢が続出した。以前はロマン主義的理想家であったワーズワース、サウジー、コールリッジなどが、恐怖政治を見て度を失い、トーリー党に転向した。ルイ十六世の処刑とフランスの対英開戦宣言が契機となって保守反動が流行となり、サミュエル・ロミリーが、処刑と開戦宣言の結果「上流階級の間では……あらゆる種類の改革が恐怖の的」になった、と信じるようになった。自由主義的感傷、人道主義、人間の本性についての楽観論、弱者や持たざる者や抑圧されし者の願望によせる共感、一切が冷徹な現実主義に膝を屈したのである。家長ぶった態度は後退し、宗教では原罪が復活した。「人間は変節する生き物である」とウィルバーフォースは断言した。「根本的な誤りは、「子どものことを……この世に堕落した本性と邪悪な習性を持ち込む生き物としてではなく、無垢なものとして考えることであります」とハナ・モアは、啓蒙運動で盛んに言われたことを葬り去って、共鳴した。啓蒙運動の「新規巻き直し策」が生んだその他の特効薬、例えば必然的進歩というものを信じる気持ち、は火にくべられて焼き捨てられた。

下層階級に向かって、合意による政治ではなく、階級制と従属による政治を再主張することが、緊急の課題となった。バークは彼らを「豚の群れ」と呼んで相手にせず、ロンドンの主教には「最下層の人々の間に広まっている……極度の邪悪不道徳」がほとんど信じられないものであった。貧乏人は自分たちの幸運を分かっていないのだろうか。大執事ペイリーは、「つましく暮らすそのことが喜びなのである」と教えて、貧乏の幸運を証明した。主教ホースリーは詭弁を弄して説明した。「貧乏は……不幸だと思うから不幸になるだけのものであって、慎ましい人は決してこぼしたりしません」と。逆に「貧乏という不幸」は「公衆の幸福」でもある、と彼は主張した。いずれにしろ、貧乏人には物の道理を教える必要があったのである。二ペンスの珠玉訓話集という小冊子（「バーク入門書」）が洪水のように溢れ、一七九五年だけで三十万部が発行された。ハナ・モアは「半斤のパンでもないよりはまし」という副題をつけた小冊子を働く人々向けに書き、なしで済まして喜んでいる人の英雄的物語を語った。

そして私にはお金もないし、土地もないが
両肩の上の頭と二本の丈夫な手がある。
だから一日中働いて、日曜日になったら
教会へ行き、一週間の欠乏に耐える方法を学ぼう。
良家の人々が私たちに必需品を与え
寄付し——そして自分たちのプディングやパイを譲ってくれるだろう。

不平がましい下層階級への侮辱はいよいよ辛辣になった。変節自由主義者である主教ワトソンは、田舎の賃労働者のことを「頑迷で、愚鈍で、無学」と呼び、都市の職人のことを「放蕩者の礼儀知らず」と呼んだ。一七九五年、『タイムズ』は、貧困者へのスープ無料接待といった調子で、口先だけで誠意のない(そして、なぜか犬に反感をもった)忠告を貧乏人に与えた。

平和と潤沢への道

貧乏人の掟

一　自分の仕事を堅守し、できるだけ主人を変えないこと。

二　ジン酒場やエールハウスには通わず、稼ぎはすべて食べ物、着物、自分のため、家族のために使い、少し家賃と不意の出費のために蓄えること。

三　悪い友だちと付き合わないこと。

四　犬を飼わないこと。犬は子どもや隣近所の物を盗むためなり。

五　妻子を連れて教会に通うことを習慣にすること。さすれば神の祝福あり。

六　目上の者には慇懃に。さすれば彼らは親切にしてくれよう。

七　煮出しスープ、牛乳ポタージュ、ライスプディング等の作り方を学ぶこと。一ポンドの肉でも煮出しスープにすれば二ポンドの肉を煮たり焼いたりするより長持ちする。

八　静かにし、安らかにし、盗まず、悪態をつかないこと。さもないと豊かにはなれない。

上流階級には、それなりに尽くすべき本分があった。

金持ちの掟

一　肉汁スープと副菜を廃止すること。

二　小麦が高価なときは〔洗濯用の〕澱粉糊を買わないこと。

三　無用の犬をすべて抹殺すること。

四　犬その他の動物に小片といえどもパンや肉を与えないこと。

五　脱脂牛乳はすべて丁寧に保存しておき、全部を貧乏人に与えるか、あるいは安価で売ってやること。

六　煮出しスープ、ライスプディング等を貧乏人のために作ってやり、その作り方を教えてやること。

七　自身が教会に通い、また、召使いたちが定期的に通うよう気を配ること。

八　自身の家庭管理を調べ、貧しい隣人たちを訪問すること。

九　仕事を堅守し定期的に教会に通う貧乏人を取り立ててやり、怠けたり暴れたり無用の犬を飼ったりする貧乏人には何も与えないこと。

十　量（はか）り売り肉や肉汁用牛肉を買わないこと。もし金持ちが極上肉だけを買うようにすれば、貧乏人がそれ以外の肉を安く買えるだろう。

金持ちはかくして気を遣い極上の切り身肉だけ買って貧乏人が健康でいられるように差配してやったものであった。にこやかだった長閑（のどか）の翁（おきな）は、すでに、無表情になっていたのである。コベットはこの記事が出た直後にこの新しい風潮を記した。

貧乏人が金持ちの喉をかき切るのを予防する目的で何百万もの「道徳的かつ宗教的訓話集」が発行されるなどという事態を耳にするようになったのは、つい昨今のことである。昔は週に一度ないし二週間に一度牧師の説教があれば一村の宗教と道徳にはこと足りたものであった。今ではどこの村にも一人二人忙しない人物がいて賃労働者およびその家族の魂のためになる「訓話集」をもって跳ね回っている。この「訓話集」なるものの骨子は、要するに、惨めな暮らしの中にあっても安んじろ、と説き聞かせるものである！　飢えても騒ぎ立てるな、と人々に教えるものである！　これは一体いかなる事態なのであろうか。言うまでもなく、金持ちの側に、貧乏人が公正な扱いを受けていないという、そして、貧乏人を宥めすかすことによって身の安全を確保したいと願っているという、意識が働いている証左なのである。

ジョージ王朝の上流階級の人々は身の安全を保った。下層階級を締めつけることによって、身の安全を保ったのである。その結果、下層階級の人々は、多くが貧困となり、あるいは追い詰められて陸軍ないし海軍入りすることになった。流刑に処されたり、投獄されたりする者たちもいた。最上流階級は、融和し親切にするという主義ないし態度を棚上げにする代償を払って、保身した。啓蒙運動が夢みた理想、隠れた手が本当にあり、それが、人間が努力せずとも、「自己愛と社会愛」を連結し、自から経済的利害の一致を生み出す、という理想は、新しい世紀になって、マルサスやリカードが、根深い階級間対立、人口爆発、飢餓賃金の鉄則、過剰生産の危機など陰鬱な見通しを打ち出すとともに、色褪せていった。多くの人々にとって、合理的進歩にまつわる楽観主義は今や画餅に帰したのであった。なぜなら、社会は個々人なり政府なりの力では統制できない諸々の勢力――国際的景気循環、国内競争、インフレーション、人口の圧力、大陸戦争――に支配されているように思えたからである。しかしながら、こうした諸勢力のうちのあるもの――政治経済学の法則――は私有財産の神聖視を必要とした。それは、疑問視されることなく際限のない是認を受けていた唯一の自由が、資本の自由だったからである。一八〇六年に庶民院のある委員会が提示したように、

相続、ないし取得した資本を、自己の裁量によって、支障妨害なく、費消する各人の権利は、他人の権利ないし財産を侵害しない限り、我が国の自由かつ幸福な国制が長きに亘り各英国人をして生得の権利と見なすよう習慣づけてきた特権の一つである。

同じ運命が、ジョージ王朝の人々の鷹揚な道徳を待ち受けていた。この鷹揚な道徳は、上流階級の名士連が相変わらずひけらかしていたものではあったが、今や、不安定ながらも立派な社会的地位についた階級の饒舌とはいえぬ代弁者たちにとっては、恥ずかしい、腹の立つ、道徳に思えるようになった。もっと厳しい家庭の躾、父親の権威、男女の礼儀、すべてが緊急に必要となった。「贅沢、堕落、姦淫、賭博、高慢、虚栄、怠惰、浪費、無節制、が一般にはびこりすぎてはいまいか」とトマス・ボウドラーは激昂して力説した。「誰もが、最近になって、自分の行いを正す必要を感じた」とレイディー・フランシス・シェリーは述懐した。

こうした動向をすべて裏づけるのが、大規模な宗教の復活であった。「教会は、どこも、通ってくる人の数が多く、時には混雑さえするほどである」と『アニュアル・レヴュー』はフランス革命勃発直後に考察した。

下層階級の人々には、イングランドの至る所で、教会に通じる道が自家用四輪馬車で埋まるのを見るのは、驚異であった。この新奇な様相に、素朴な田舎の人々は一体何事が起きたのかと慌てて訊くありさまであった。福音主義に改宗する者が大勢いた。グラフトン公爵のような昔の道楽者たちの間にさえ、いた。「いのちの宗教」は、崩壊しつつある社会的関係に精神的意味づけをしたものであった。宗教の政治的託宣は失われてはいなかった。「宗教と道徳の衰退にこそ」とウィルバーフォースは書いた、

我が国の窮状の主たる原因は直接間接ともに帰せられなければならない……我が国の安寧を求めてやまぬ私の一途な望みの綱は、陸海軍の軍事力よりも、支配層の叡智よりも、国民の忠誠心よりも、この退廃した時代にも尚キリストの福音を愛しそれに従う多数の人々がいるという確信であり、その人々が神に取りなしを求める祈りが今も広く捧げられておりその人々のために天が今も恩寵の眼差しで我らを見詰めているという謙虚な信頼である。

アーサー・ヤングは大旨同意見であった。「真(まこと)のキリスト教徒なら、平等主義水平派になったりフランスの政治ないし哲学に耳を傾けたりすることはあるまい」と彼は主張した。コベットは、福音主義を信仰するということは「貧乏人が金持ちの喉をかき切るのを防ぎ、飢えても騒ぎ立てない」ということである、と答えた。ルーシー・エイキンが述べたように、「キリスト教の教えは強引な解釈によって全体制権力への卑屈な従属という奉仕に変えられてしまった」。「理性」の光は眩しすぎたのであった。キャニングは『アンチ＝ジャコバン・レヴュー』に調子よい響きの詩を寄せた。

理性、哲学、「やってられない」
平和と友愛、しっちゃかめっちゃか
しっちゃかめっちゃか、「やってられない」。

「我々は偏見を捨てるどころか後生大事に育んでいる」とバークは自慢した。「自由、平等、人間の権利から、善なる主が私たちを解放してくれる」とハナ・モアは安堵の息をついた。

そのとおりになった。イングランドの社会は、十九世紀に入って一七〇〇年のときよりも途方もなく豊かになり、毎日新たな富を生み出していった。「我が国の製造業および商業における最近数年間の急速かつ驚異的な拡大は」と一八〇六年の議会報告は誇らかに述べた、

その拡大が国家歳入および国力に及ぼす効果とともに、周知の事実であり、その増大の直接原因を考察すると き、主たる帰因先は、自由にして啓蒙された国民の中に広く漲る企業精神および産業精神であり、莫大なる資本を用いる彼らが才覚の運用に任せ拘束制限をしなかった点に求められる。

だが、ジョン・バーネットが記したことがあるように、その富は「過去数世紀にわたるそれよりも拡大した貧困を基盤にして築かれつつある」ものなのであった。しかしながら、貧乏人を踏みつけにして立つ者たちにとっては多大な利益を上げるに都合のよい横一列の競争であった。頂点に立つベドフォード家、ブリッジウォーター家、デヴォンシャー家、ノーサンバーランド家は、どこも一八〇〇年までに年五万ポンド以上の純益を上げるようになっていた。

この富の増大と、それが加速するであろうという見通しは、一種のマスターキー（難局を打開する鍵）、社会の扉を開くイデオロギー上の呪文、になっていた。上から見れば、何事もこの凱旋行進の邪魔をするべきではない、という見方になった。下から見れば、利益と信用が貧乏人の顔を踏みつけにしている、という見方になった。「イングランドは、ありとあらゆる機構の中でもっとも抑圧的な商業機構の下で、長い間呻吟していたのであり、そして、その機構が生む抑圧は静かな、沈黙の、息もつけなくする抑圧、何よりも不愉快な抑圧でもある」とコベットは不満を述べた。イギリスに戦勝をもたらしイギリスが帝国となる運命の証となったものは、イギリスの金融であった。そして、その根底にある政治の観念形態は（のちにマルクスが認識することになるように）政治経済学になろうとしていた。あの「父子主義者」バークでさえ、貧困は自然の法則のしからしむるところである以上その貧困を緩和するいかなる策も政治が講じることはできない、と考えた。「商業の法則は、自然の法則であり、それゆえに、神の法則なのである」と彼は論じた。政治から排除されていた（多くの資本家を含む）各方面の人々は、自分が地元で影響力をもつのは富のお蔭であると考えて自らを慰めることが、いつか将来国という舞台で代役を務めるための準備に励むことが、できたのである。

政治的経済的便宜主義によって、支配階級は荒海を無傷で乗り切って十九世紀入りし、その他の有産階級も彼らとともに沈没を免れた。不動産収入と貴族の（小作料、家賃、等の）賃貸収入総額は特に急速に跳ね上がりつつあり（賃貸料は交戦期間中に二倍になった）、そして、貴族は、かつてなく裕福になったばかりでなく、権力の運転席に安全に座っていられるようにもなった。一八〇〇年、二十六人いる主教のうち六人もが貴族の息子であった。そして、一七三四年には貴族の息子である庶民院議員は七十五人であったのに対し、一八一二年までにその数は百四十三人になっていた（貴族階級そのものが拡張していたことは、広く認められているところである）。一七九〇年代には、約九十人の庶民院議員が推挙で事実上貴族に復帰し、さらに百二十人が彼らの威光で貴族に推挙された。ピットの戦時内閣は全構成員が貴族および貴族の息子であった。摂政時代には、皮肉にも、ジョージ三世自身の息子たちに率いられた大貴族たちが贅沢と悪徳を以前に増して赤裸々に、徹底的に、追い求める様子を間もなく見ることになった。クルークシャンクの諷刺画「愛の宮廷」の主役は、ヨーク公爵（「私の自慢は人生の大部分を姦淫の罪を犯して過ごしてきたことである」と豪語）とクラレンス公爵（「私は一人の女優と二十五年にわたり不倫の関係を続け相当数の非嫡出子をもうけた」）であった。クロックフォード賭博クラブ、ハリエット・ウィルソン〔高級娼婦の名〕、ブライトンの壮麗なパビリオン、ボー・ブラメルが流行させた男のおしゃれ、の時代が今まさに幕を開けようとしていた。そして、ピカデリーから坂を下った一帯では、他にも多くの者たちが流行に遅れまいとめかしこんでいた。「人々は各階層ともに以前よりもいい服を着、いい物を食べ、身ぎれいで、いい教育を受け、ずっと倹約で、ずっと幸福である」と十九世紀初めに断じたのは急進派の仕立服屋フランシス・プレイスであった。

昔なら居酒屋、女郎屋、遊園の茶店、九柱戯場、どんちゃん騒ぎ、その他諸々の低俗下劣な気晴らしに金が費やされたであろうが、今はそれが安らぎと衣食住の便に使われるか、あるいは何か有益な用途のために貯金されている。

あの妖怪――とコベットが呼んだ、体制権力と聖官役職推挙権と従属関係と富と策謀と腐敗の、異形の神経中枢部――は生き残っていた。参政権を有する者の割合は一七〇〇年時より小さくなり、そして、その人たちでさえ、選挙戦ともなれば大貴族たちが相変わらず機先を制することができたため、以前ほど頻繁には参政権を行使しうる機会をもたなくなっていた。貴族による統治は批判を浴び、政府の官職と閑職と不正利得は、急進主義に誘発された冷や汗状態の中で、いくらか減量されはした。しかし、特権は依然として健在であり繁茂していた。ウィリアム・ゴドウィンは、その著書『政治的正義』（一七九三年）の中で、ゲルマン神話にいう「神々の黄昏」、すなわち国王と貴族と聖職者と税金と政府の終焉、を要求した。だが、彼の無政府主義は、彼が終わりにしたいと求めるもの一切がかつてないほど安全に防備を固めている、その城砦に殻竿で立ち向かうようなものであった。中央政府は、一七〇〇年の歳出が三百二十万ポンドであったが、一八〇〇年には五千百万ポンドを操作し、その借入金額は千四百二十万ポンドから四億五千六百十万ポンドに増えていた（だが、借入金がその強みになっていた）。注目に値するのは、圧力を受けていながら、どうしてこれほど僅かな改革しか必要とされなかったのか、ということである。十九世紀がはじまるまでは、新しい規模の人口と富と力に対処するための、政府を近代化する大々的変革案は一つも議会を通過しなかった。未だに中央警察がなく、地方政府は近代化されず、才能ある人間を任用する新しい科挙制的官僚政治が生まれてこなかった。陸海軍の大将や提督は強大な統率権を保持していた（英国陸軍士官学校は十九世紀に創設されたものである）。フランス式の集団接見はイングランドにはなかった。有産者は何よりも「自主独立」を重んじた。一八一一年になっても、ジョン・ウィリアム・ウォードは次のように書くことができた。

パリには立派な警察があるが、市民はそのために随分高い税金を払っている。私なら、家宅捜索を受けたり密偵に見張られたりその他フーシェ〔フランス革命後のパリの警察長官〕が考え出した諸々の制度に支配されるくらいなら、三年ないし四年ごとにラドクリフ街道で半ダースほどの人間が喉をかき切られるほうがましだと思う。

デレク・ジャレットが、「イングランド人は世界一裕福な国民になることによって自国内に昔風のおおらかな地元管理方式ではもはや解決しえない諸問題を作り出した」――それゆえ「無頓着の時代が監督の時代に道を譲った」と言うのは、もちろん、そのとおりである。しかし、それは長い長い目で見ればのことで、短期的に見れば、イングランド人は、まさしく世界一裕福な国民になることによって、前代から受け継いだ伝統的方式の老朽化に立ち会うことを回避できたのである。深く根づいたさまざまな不平等、自助、高邁な志、労働規律、二ペンスの訓話小冊子、葡萄弾の発砲、これらが有産階級を最後まで助けとおしたのであった。ジョージ王朝の人々は途方もない諸問題を生み出し、それを自分たちでは解決することなく、後世に委ねたのである。

そして、地主階級は、それを取り巻く金権政治家や公債投資家や訓話小冊子筆者や説教師やお仕着せを着た従僕一同を具して、分裂もせず依然としてあの妖怪を掌握していた。イングランドは十九世紀の入口にヨーロッパ資本主義社会の先頭に立って――矛盾なく――成功者の姿を見せたが、それは暴力的変革の圧力に対してはもっとも強く抵抗する社会の姿でもあった。それは、いつに変わらぬ姿であった。

訳者あとがき

本書はRoy Porter, *English Society in the Eighteenth Century* (Pelican Books, 1982. Revised edition, London : Penguin Books, 1990) の全訳である。

著者ロイ・ポーター氏については拙訳『狂気の社会史』(法政大学出版局、一九九三) の「訳者のあとがき」で紹介したので、そちらを参照して頂きたい (なお、そこでは本書のタイトルを『十八世紀イギリスの社会』と予告したが、本文の内容に即して『イングランド18世紀の社会』に変更したことをお断りしておく)。ここでは、重複を避けるため、ポーター氏の近況を記すことにする。

三年前の一九九二年夏ロンドンに彼を訪ねたとき、ポーター氏はウェルカム医学史研究所でリーダーの職に就いていたが、昨一九九四年四月に訪れたときにはプロフェッサー (教授) に昇格していた。また、同年七月にはブリティッシュ・アカデミー (大英学士院) の会員 (FBA = Fellow of British Academy) に推挙された。ポーター氏四十七歳であった。彼がイギリスでいかに高く評価されているかの証左になる。

ウェルカム医学史研究所 (The Wellcome Institute for the History of Medicine 住所は183 Euston Road, London NW1 2BE) では公開シンポジウムほか多彩な研究活動が盛んに行われているが、その一つに通年のリサーチ・セミナーがある。一九九四―一九九五年度のテーマは「医学と文学 (Medicine & the Muses)」であった。その第一回セミナーでポーター氏が"The Body Politic : Medicine and political cartoons"と題して医学と政治諷刺画との関係について発表したときは、通常二十人内外の聴衆が八十人ほどになり、セミナー室と隣の談話室の間仕切を外さなければならなくなる盛況であった。彼は発表原稿も持参せず、スライドの説明を折り込みながら、ユーモアを混じえて六十分間滔々と喋り、聴衆からの矢継ぎ早の質問にも明快に要領よく答えていた。

ウェルカム医学史研究所はロンドン大学と緊密な提携関係にあり、研究所の所員はロンドン大学の教員を兼務している。ポーター氏も同大学の教授を兼任しており、医学部の学生に医学史などを講じていることは『狂気の社会史』で触れたとおりである。だが、授業は医学部向けだけではなかった。私は、某日、歴史専攻の学生向けの授業に出席させてもらった。その日は十九世紀の精神病院の運営に関する講義であったが、彼は講義ノートを持参せず、配布資料六枚に時折触れながら、ユーモアを混じえて九十分間滔々と喋った。そして学生の質問にも明快に要領よく答えていた。

研究所の食堂、パーティー会場、セミナーの前後、授業のあと、ポーター氏はいつも人垣に囲まれていた。深く広い学識、豊富な話題、明朗な人柄に人々は魅了されるようである。

そして、ポーター氏は多忙な人である。BBCテレビの科学番組、歴史番組、討論番組によく出演する。BBCラジオではレイディオ4の深夜番組「ナイト・ウェイヴズ」で週一回ゲストとの討論を、企画・人選・司会を担当して放送している。この番組を聴くと、ポーター氏が情報の集中発信基地であるかのように思えてくる。昨年は別の番組を依頼されて毎週ブリストルまで通うことにもなった。一体いつ眠っているのだろう、と研究所のメンバーたちは不思議がっている。

これだけ多忙でありながら、研究・執筆活動が相変わらず旺盛であるのには、ただただ驚くしかない。一

九九四年の秋から冬にかけて

Roy Porter, *London : A Social History* (London : Hamish Hamilton, 1994)

という四百三十一ページの社会史の大著と、

Roy Porter and Jeremy Black (eds), *The Basil Blackwell Dictionary of World Eighteenth Century History* (Oxford : Basil Blackwell, 1994)

という共編著の分厚い歴史辞典を出版したばかりだというのに、一九九五年には八月までに既に六冊の(共)編著を出しているのである。

ポーター氏はケンブリッジ大学で碩学の歴史家J・H・プラムの愛弟子であった。そのプラムが監修するペンギン・ブックスの社会史シリーズの一巻となる本書を彼は依頼されて執筆した。内容は、「監修の辞」の末尾にあるとおり、「綜合」的イングランド社会史であり、十八世紀の政治、経済、社会、文化の多岐にわたる。個々の分野の専門家にはその分野の扱いが不充分に思えるであろうし不満が残るだろう。著者自身にしても、例えば精神病院や精神病患者の治療などについて、もっと詳しく書きたいという思いは強いであろう。しかし、この分量で一世紀にわたる社会の全体像を過不足なく浮かび上がらせるために一番重要になるのは、おそらくバランスではないだろうか。もしそうであれば、その配慮は十分に行き届いていると思う。

原文の英語は修辞に富む。ユーモアも折り込まれている。そして、エネルギッシュである。読んでいると、まるでポーター氏の研究発表や授業での滔々たる喋りを聴いているかのような思いにとらわれる。翻訳に際しては、その修辞とユーモアとエネルギーをできるだけ再現するように努めた。難渋したのは人名と地名の表記であった。『BBC発音辞典(*BBC Pronouncing Dictionary of British Names*)』を主に、三省堂の

『固有名詞英語発音辞典』を副に、参照して確認した。そこで、例えばメソディズムの指導者 Wesley はウェズリーではなくウェスリーに、レスター伯爵 Coke はコウクではなくクークになった。また、二重母音を生かすため例えば地名の Colchester は地図などにあるコルチェスターではなくコウルチェスターとした。しかし、慣例に従った例もあり、首尾一貫しない結果となった。読者のご海容を乞う。

また、歴史用語や法律用語などについてはここに記しきれないほど数々の辞典、著書、訳書を参照させて頂いた。とりわけ長谷川啓之（編）『英和経済用語辞典』（富士書房）は非常に有用であった。その他、日本大学商学部の同僚諸氏や社会人聴講生に多々ご教示頂いた。厚く御礼申し上げる。

私は一九九四年度日本大学海外派遣研究員として四月から翌年一月までイギリスで研究に従事する機会を得て、ウェルカム医学史研究所に在籍した。快く迎えてくれた所長のW・F・バイナム氏と、親切に面倒をみてくれた秘書のサリー・ブラッグ氏、親しく接してくれた所員の方々、そして、東京大学大学院生で同研究所のメンバーとして研究に精進していた鈴木晃仁氏とロンドン大学で博士論文に取り組んでいた鈴木実佳氏、にもいろいろ教えていただいた。感謝にたえない。「謝辞」にあるように、「本書はケンブリッジ大学チャーチル・カレッジの平穏な環境の中で書きはじめられ、その後はウェルカム医学史研究所が与えてくれる調査研究時間と便宜に浴して書きつがれた」というポーター氏に倣って言えば、「本訳書は日本大学商学部の平穏な環境の中で書きはじめられ、その後は日本大学が与えてくれる調査研究時間の合い間にウェルカム医学史研究所が与えてくれる便宜に浴して書きつがれた」ことになる。そして、なによりの幸せは、同じ研究所の中に原著者が居たことである。ポーター氏は私の愚かな質問にいつも快く答えてくれた。彼の協力がなければ、よく分からないまま誤訳してしまったであろうと思われる箇所が幾つもある。

末尾ながら、本書を翻訳する機会を与えて下さった法政大学出版局の稲義人編集長と編集部の藤田信行氏に厚く御礼申し上げる。

一九九五年八月

目 羅 公 和

索　引

目　次

人　名

〔ア行〕

〔カ行〕

〔サ行〕

〔タ行〕

〔ナ行〕

〔ハ行〕

〔マ行〕

〔ヤ行〕

〔ラ行〕

〔ワ行〕

地名・国名

〔ア行〕

〔ナ行〕

〔ハ行〕

〔マ行〕

〔ヤ行〕

政　治

経　済

社　会

文　化

その他

〔サ行〕

〔タ行〕

〔ナ行〕

〔ハ行〕

〔マ行〕

〔ヤ行〕

〔ラ行〕

参考書目

次に挙げる書名は，本書を執筆するに当たり私にもっとも大きな影響を与えた著作，また，読者が本書に引き続き読みを進める際に推薦しうる著作，を示すものである．ここでは，ほとんどすべて図書に限定する（その発行地は，表示のない場合はロンドンである）．定期刊行物掲載論文の目録および一層広範な参考文献は，下に記す図書の多くの参考文献一覧表に見いだしうる．この時代に関する標準的文献目録は，大変古いものではあるが，S. Pargellis and D. J. Medley, *Bibliography of British History : The Eighteenth Century 1714-1789*（Oxford, 1951）である．社会経済史における新しい著作は毎年 *Economic History Review* に多数掲載され，書評は *Social History* などの機関誌に掲載されている．有益な参考図書および資料集は数々あるが，特に，*English Historical Documents* series, ed. David C. Douglas の中の2巻，VIII (1660-1714)，ed. Andrew Browning (1953) と IX (1714-1783)，ed. D. B. Horn and Mary Ransome (1957)，そして E. N. Williams, *The Eighteenth Century Constitution 1688-1815* (Cambridge, 1960) と C. Cook and J. Stevenson, *British Historical Facts 1760-1830* (1980) を挙げておく．

総論

この時代を全体的に年代順に通覧したもので特に優れているのは J. H. Plumb, *England in the Eighteenth Century* (1950)，J. Carswell, *From Revolution to Revolution : England 1688-1776* (1973)，D. Jarrett, *Britain 1688-1815* (1965)，D. Marshall, *Eighteenth Century England* (1962)，J. B. Owen, *The Eighteenth Century 1714-1815* (1974)，R. B. Jones, *A Political, Social, and Economic History of Britain, 1760-1914 : The Challenge of Greatness* (1987)，I. R. Christie, *Wars and Revolutions : England 1760-1815* (1982) そして P. Langford, *A Polite and Commercial People : England 1727-1783* (Oxford, 1989) である．最後のものは中流階級の興隆と中流階級の文化に関する箇所が特に優れている．あとは，M. Reed, *The Georgian Triumph (1700-1830)* (1983) が変化を強調．J. Kenyon, *Stuart England* (1978) はスチュアート朝の背景を再点検したものとして重要である．

主題を社会に絞った解説書としては，Christopher Hill, *Reformation to Industrial Revolution* (1969)，D. Jarrett, *England in the Age of Hogarth* (1974)，W. Speck, *Stability and Strife, England 1714-1760* (1977)，E. N. Williams, *Life in Georgian England* (1962)，G. M. Trevelyan, *English*

Social History (rep. 1977), P. Earle, *The World of Defoe* (1976),そして M. D. George, *England in Transition* (1931, 1953, 1978) がある．J. H. Plumb の *Sir Robert Walpole,* Vol. 1 (1956) の初めの数章は18世紀初期の社会への簡潔かつ洞察力に富む概論となっている．最上かつ最新の社会概論は，K. Wrightson, *English Society, 1580-1680* (New Brunswick, N. J., 1982), J. A. Sharpe, *Early Modern England : A Social History, 1550-1760* (1987), M. Falkus, *Britain Transformed : An Economic and Social History, 1700-1914* (Ormskirk, 1987)，そして Trevor May, *An Economic and Social History of Britain 1760-1970* (1987)．文化および文学の広範な全体像を見るには A. R. Humphreys, *The Augustan World* (1955), B. Willey, *The Eighteenth Century Background* (1950), A. S. Turberville (ed.), *Johnson's England* (2 vols., Oxford, 1933), J. L. Clifford (ed.), *Man Versus Society in Eighteenth Century Britain* (Cambridge, 1968), P. Rogers, *The Augustan Vision* (1974) がよい．

選集その他

同時代の資料からの抜粋を集めた有益な書物の中では M. D. George, *England in Johnson's Day* (1928) と同氏の *Hogarth to Cruikshank : Social Change in Graphic Satire (1967)*, J. Hampden, *An Eighteenth Century Journal. Being a Record of the Years 1774-1776* (1940), A. Briggs, *How They Lived, 1700-1815* (Oxford, 1969), A. F. Scott, *Every One a Witness : The Georgian Age* (1970) および同氏の *The Early Hanoverian Age 1714-1760* (1980), E. R. Pike, *Human Documents of Adam Smith's Time* (1974) と *Human Documents of the Industrial Revolution* (1966)，そして C. Morsley (ed.), *News from the English Countryside 1750-1850* (1979) が代表的なものである．

同時代の外国人によるイングランドに関する著作

外国人による観察を検討してきたものには M. Letts, *As a Foreigner Saw Us* (1935) と F. M. Wilson, *Strange Island : Britain Through Foreign Eyes* (1955) がある．本書で頻繁に言及した著者，著書のうち主なものは J. von Archenholtz, *A Picture of England* (Dublin, 1971), Casanova, *Memoirs* (8 vols., 1940), P. Kalm, *Account of a Visit to England,* trs. J. Lucas (New York, 1892), M. L. Mare and W. H. Quarrell, *Lichtenberg's Visits to England* (Oxford, 1938), H. Misson, *Memoirs* (1719), C. P. Moritz, *Journeys of a German through England in 1782,* ed. R. Nettel (1965), F. de La

Rochefoucauld, *A Frenchman in England, 1784,* trs. S. C. Roberts (Cambridge, 1933), L. Simond, *An American in Regency England,* ed. C. Hibbert (1968), C. de Saussure, *A Foreign View of England in the Reigns of George I and George II,* trs. and ed. Mme van Muyden (1902), F. M. Voltaire, *Letters Concerning the English Nation* (1733), Pastor Wendeborn, *A View of England* (2 vols., Dublin, 1791) である.

同時代のイングランド人による著作

イングランドの社会生活の気風を一番よく捉えているのは同時代の手紙，日記，小説である．私がもっとも頼りにしてきたもののうち主なものはT. Bewick, *A Memoir,* ed. E. Blunden (1961), J. Boswell, *Life of Dr Johnson,* ed. G. B. Hill (6 vols., Oxford, 1934), *The Yale Edition of the Private Papers of James Boswell,* ed. F. A. Pottle and others (1950-), F. Burney, *Diary and Letters,* ed. C. Barrett (1905), J. Byng, *The Torrington Diaries,* ed. C. B. Andrews (4 vols., 1934-8), W. Cobbett, *Rural Rides* (1912), *The Autobiography of William Cobbett,* ed. W. Reitzel (1933), *The Essential Writings of Erasmus Darwin,* ed. D. King Hele (1968), D. Defoe, *Tour through the Whole Island of Great Britain,* ed. G. D. H. Cole (1962), *Selected Writings of Daniel Defoe,* ed. J. Boulton (Cambridge, 1975), E. Gibbon, *Autobiography,* ed. M. M. Reese (1970), W. Hickey, *Memoirs,* ed. A. Spencer (4 vols., 1948), F. Macky, *A Journey through England* (1714), *Priestley's Writings,* ed. J. Passmore (1965), *The Purefoy Letters,* ed. G. Eland (2 vols., 1931), R. Southey, *Letters from England,* ed. J. Simmons (1951), J. Tucker, *A Collection of his Economic and Political Writings,* ed. R. L. Schuyler (New York, 1931), T. Turner, *The Diary of Thomas Turner 1754-65,* ed. D. Vaisey (1984), H. Walpole, *The Yale Edition of Horace Walpole's Correspondence,* ed. W. S. Lewis (39 vols., New Haven, Conn., 1937-83), J. Wesley, *Journal* (4 vols., 1904), James Woodforde, *The Diary of a Country Parson 1758-1802,* ed. J. Beresford (5 vols., Oxford, 1924-31) である．また，*The Diary of Abigail Gawthern of Nottingham 1751-1810,* ed. A. Henstock (Nottingham, 1980) も参照するとよい．*Spectator*や*Gentleman's Magazine*などの刊行物はかけがえのない洞察を示している．Roger Lonsdale (ed.), *The New Oxford Book of Eighteenth Century English Verse* (Oxford, 1984) は社会的関心事，文化的関心事を詩をとおして新たな目で見直すことのできる本であり，Michael Duffy (ed.), *The English Satirical Print, 1600-1832* (7 vols., Cambridge, 1986) は社会を映す鏡としての諷刺漫画を集めている．

1　光と闇

家庭における女性の位置と変わりゆく立場を論じた最近のものはL. Stone, *The Family, Sex and Marriage in England 1500-1800* (1977), R. Trumbach, *The Rise of the Egalitarian Family* (New York, 1978), S. Amussen, *An Ordered Society : Class and Gender in Early Modern England* (Oxford, 1988), Mary Prior (ed.), *Women in English Society, 1500-1800* (1985) である．Jane Rendall, *The Origins of Modern Feminism : Women in Britain, France and the United States, 1780-1860* (1985) とK. M. Rogers, *Feminism in Eighteenth-Century England* (Chicago, 1982) は女性の意識を知るうえで有益である．青鞜派についてはM. A. Hopkins, *Hannah More and Her Circle* (New York, 1947) を見るとよい．C. Tomalinの *The Life and Death of Mary Wollstonecraft* (1974) は啓発的伝記となっている．女性の仕事についてはAlice Clark, *Working Life of Women in the Seventeenth Century* (1968), I. Pinchbeck, *Women Workers and the Industrial Revolution* (1969), Lindsey Charles and Lorna Duffin (eds.), *Women and Work in Pre-Industrial England* (1985), E. Richards, 'Women in the British Economy since about 1700 : An Interpretation', *History,* 59 (1974), 337-57, Bridget Hill, *Women, Work and Sexual Politics in Eighteenth-Century England* (Oxford, 1989) を見るとよい．B. Kanner (ed.), *The Women of England* (1980) には優れた参考文献一覧表が載っている．出産と女性の病気に関してはJudith S. Lewis, *In the Family Way : Childbearing in the British Aristocracy 1760-1860* (New Brunswick, N. J., 1986) とE. Shorter, *A History of Women's Bodies* (1983) を見るとよい．妻の譲渡に関してはS. P. Menafee, *Wives for Sale* (Oxford, 1981) を，女性の抑圧に関してはAnna Clark, *Women's Silence, Men's Violence : Sexual Assault in England, 1770-1845* (1987) を，見るとよい．本文で論じた女性の一人一人については *Letters from Lady Mary Wortley Montagu,* ed. R. Brimley Johnson (1906), The Duchess of Northumberland, *Diaries of a Duchess,* ed. J. Grieg (1926), D. Monaghan (ed.), *Jane Austen in a Social Context* (1981) を参照．

マイノリティー・グループ〔少数集団〕を論じたものの中ではDavid Dabydeen, *Hogarth's Blacks : Images of Blacks in Eighteenth Century English Art* (1985) が大変生彩を放っており，I. Scoutland (ed.), *Huguenots in Britain and their French Background, 1550-1800* (Basingstoke, 1987) は大変情報に富み有益である．

イングランドの1700年時の社会経済を十分に論じているのはH. C. Darby (ed.), *A New Historical Geography of England* (1973), W. G. Hoskins, *The Making of the English Landscape* (1970), L. A. Clarkson, *The Pre-Indus-*

trial Economy in England 1500-1750 (1971), D. C. Coleman, *The Economy of England 1450-1750* (1977), C. Clay, *Economic Expansion and Social Change in England, 1500-1700* (2 vols., Cambridge, 1984), B. A. Holderness, *Pre-Industrial England : Economy and Society 1500-1750* (1976) である．社会経済と文化との関係については R. Williams, *The Country and the City* (1973) を見るとよい．地方の生活を探究したものには E. Hughes, *North Country Life in the Eighteenth Century* (2 vols., Oxford, 1952-65), E. Moir, *The Discovery of England* (1964), D. Read, *The English Provinces c. 1760-1960* (1964), W. G. Hoskins, *Provincial England* (1963) がある．地方都市を論じているのは C. W. Chalklin, *The Provincial Towns of Georgian England 1740-1820* (1974), P. L. Corfield, *The Impact of English Towns 1700-1800* (Oxford, 1982), M. Daunton, 'Towns and Economic Growth in Eighteenth Century England', in P. Abrams and E. A. Wrigley (eds.), *Towns in Societies* (Cambridge, 1978), J. Walvin, *English Urban Life, 1776-1851* (1984), P. Borsay, *The English Urban Renaissance : Culture and Society in the Provincial Town 1660-1770* (Oxford, 1989)．ロンドンについては M. D. George, *London Life in the Eighteenth Century* (1925) と J. Lindsay, *The Monster City : Defoe's London 1688-1730* (*1978*) を見るとよい．John K. Walton, *Lancashire : A Social History, 1558-1939* (Manchester, 1987) は一級の地域研究である．スコットランドについては H. G. Graham, *A Social Life of Scotland in the Eighteenth Century* (Edinburgh, 1901) と J. Rendall, *The Origins of the Scottish Enlightenment 1707-1776* (1976) を，アイルランドについては C. Maxwell, *Dublin under the Georges* (1956) を，ウェールズについては D. Moore (ed.), *Wales in the Eighteenth Century* (Swansea, 1976) と P. Jenkins, *The Making of a Ruling Class : The Glamorgan Gentry, 1640-1790* (Cambridge, 1983) を，見るとよい．帝国主義的発展については概論として A. Calder, *Revolutionary Empire* (1981) を参照．イングランドの人口の統計的研究で今もっとも信頼のおけるものは E. A. Wrigley and R. Schofield, *The Population History of England 1541-1871 : A Reconstruction* (1981) であり，本書で扱った人口数はすべてこの本から引いたものである．P. Mathias, *The Transformation of England* (1979) は Gregory King や Joseph Massie その他同時代人が社会構成をどう評価していたかを検討している．

Keith Thomas, *Man and the Natural World : A History of Modern Sensibility* (New York, 1983) はこの時代における人間とその環境を魅力的に描いた本である．

J. C. D. Clark, *English Society, 1688-1832 : Ideology, Social Structure and Political Practice During the Ancien Regime* (Cambridge, 1985) および同氏

の *Revolution and Rebellion : State and Society in England in the Seventeenth and Eighteenth Centuries* (Cambridge, 1986) は，変化と，変化を惹起する諸要因を最小限化して，ジョージ王朝の社会史を読み直し修正している．彼の解釈に対する評価は Jeremy Black, '"England's Ancien Regime" ?', *History Today* 38 (1988), 43-51, J. Innes, 'Jonathan Clark, Social History, and England's Ancien Regime', *Past and Present* 115 (1987), 165-200, Roy Porter, 'English Society in the Eighteenth Century Revisited', in Jeremy Black (ed.), *British Politics and Society from Walpole to Pitt* (1990) でなされている．

2 社会秩序

社会構成とその解釈についての重要な議論は D. Marshall, *English People in the Eighteenth Century* (1956), H. Perkin, *The Origins of Modern English Society* (1969), そしてE. P. Thompson, 'Patrician Society, Plebeian Culture', *Journal of Social History* (Summer 1974), 382-405および同氏の'Eighteenth Century English Society : Class Struggle Without Class?', *Social History* (1978), 133-65 に見いだせる．Thompson の研究論文は，R. S. Neale, *Class in English History 1680-1850* (Oxford, 1981) が詳細に書評している．最近の議論については Peter H. Lindert, 'English Occupations, 1670-1811', *Journal of Economic History,* xl (1980), 701-7 と Peter H. Lindert and Jeffrey G. Williamson, 'Revising England's Social Tables, 1688-1812', *Explorations in Economic History,* xix (1982), 385-408 ; xx (1983), 94-109 を見るとよい．

地主の世界を扱って最上のものは J. V. Beckett, *The Aristocracy in England, 1660-1914* (Oxford, 1986), M. L. Bush, *The English Aristocracy : A Comparative Synthesis* (Manchester, 1984), John Cannon, *Aristocratic Century : The Peerage of Eighteenth-Century England* (Cambridge, 1984), Lawrence Stone and Jeanne C. Fawtier Stone, *An Open Elite? England 1540-1880* (Oxford, 1984) である．G. E. Mingay, *English Landed Society in the Eighteenth Century* (1963) と同氏の *The Gentry* (1976), A. Goodwin (ed.), *The European Nobility in the Eighteenth Century* (1953) に収められている H. Habakkuk の論文，そして M. Girouard, *Life in the English Country House* (1979) は今でも貴重である．R. Bayne-Powell, *English Country Life in the Eighteenth Century* (1937) と E. W. Bovill, *English Country Life 1780-1830* (1962) も参照するとよい．

中流階級について大変興味深いものは W. Prest (ed.), *The Professions in Early Modern England* (Beckenham, 1987), M. J. Reader, *Professional Men*

(1966), R. B. Westerfield, *Middlemen in English Business 1600-1760* (1915), T. S. Willan, *An Eighteenth Century Shopkeeper : Abraham Dent of Kirkby-Stephen* (Manchester, 1970), R. G. Wilson, *Gentlemen Merchants : The Merchant Community in Leeds 1700-1830* (Manchester, 1971) である．Geoffrey Holms, *Augustan England : Professions, State and Society 1680-1730* (1982) と Peter Earle, *The Making of the English Middle Class : Business, Society and Family Life in London, 1660-1730* (1989) は，18世紀初期が知的専門職階級の進出に枢要な時期であった，と論じた．*The Autobiography of Francis Place,* ed. M. Thale (Cambridge, 1972), *The Life of William Hutton,* ed. L. Jewitt (1869), J. Lackington, *Memoirs* (13th edn, 1810) は，この世紀末期に自力で立身を遂げた人々についての，恰好の読み物である．ジョージ王朝末期の中産階級についてはLeonore Davidoff and Catherine Hall, *Family Fortunes : Men and Women of the English Middle Class, 1780-1850* (1987) に解説されている．

下層階級についてはW. Hasbach, *A History of the English Agricultural Labourer* (1908), J. L. and B. Hammond, *The Town Labourer, 1760-1832* (1917), *The Village Labourer 1760-1832* (1919), *The Skilled Labourer 1760-1832* (1919)，そしてJ. J. Hecht, *The Domestic Servant Class in Eighteenth Century England* (1956) を見るとよい．仕事および労働者についてはJ. Rule, *The Experience of Labour in Eighteenth Century Industry* (1980), C. R. Dobson, *Masters and Journeymen* (1980), R. W. Malcolmson, *Life and Labour in England, 1760-1780* (1981) を見るとよい．貧困者についてはD. Marshall, *The English Poor in the Eighteenth Century* (1926) と J. R. Poynter, *Society and Pauperism* (1969) を見るとよい．また，下記（第5章）のSnellとKussmaulの著作も参照するとよい．

Richard Goughの*History of Myddle*は，この時代初期のある村落共同体の構成を素描した傑作である．1700年に書かれたものだが，今は*D. Hey*編 (1981) のものがある．また，P. Horn, *A Georgian Parson and his Village : The Story of David Davies (1742-1819)* (Abingdon, 1981) も見るとよい．

3 権力と政治と法律

イングランドの社会における公的暴力の役割を論じたものとしてはG. Rudéの*The Crowd in History* (1964), *Paris and London in the Eighteenth Century* (1952), *Wilkes and Liberty* (1962) の3冊と，J. Brewer and J. Styles (eds.), *An Ungovernable People* (1980), E. P. Thompson, 'The Moral Economy of the English Crowd in the Eighteenth Century', *Past and Present,* 50 (1971)，そしてJ. Stevenson, *Popular Disturbances in England,*

1700-1870（1979）がある．詳細な研究ならJ. Castro, *The Gordon Riots*（1926）を見るとよい．P. Slack（ed.）, *Rebellion, Popular Protest and Social Change in Early Modern England*（Cambridge, 1984）は貴重な論文集である．

権力，政治，国家，少数独裁政治の統率力についてはJ. H. Plumbの*The Growth of Political Stability in England*（1967）と*Sir Robert Walpole*, 2 vols. to date（1956-60）, W. A. Speck, *Tory and Whig 1701-1715*（1970）, G. S. Holmesの*British Politics in the Age of Anne*（1967）と*Britain after the Glorious Revolution 1689-1714*（1969）, L. Namierの*The Structure of Politics at the Accession of George III*（rev. edn, 1957）と*England in the Age of the American Revolution*（1930）, B. Kemp, *King and Commons 1660-1832*（1959）そしてR. Pares, *George III and the Politicians*（1954）を見るとよい．そして，憲法の信念と政治論争についてはJ. Brewer, *Party Ideology and Popular Politics at the Accession of George III*（1976）がよい．これらの著作についてはJ. Cannon（ed.）, *The Whig Ascendancy*（1981）に解説がある．政府への資金供給に関してはP. G. M. Dickson, *The Financial Revolution in England 1688-1756*（1967）, J. Brewer, *The Sinews of Power*（1989）, Peter Mathias, 'Taxation and Industrialization in Britain, 1700-1870', in *The Transformation of England*（1979）を見るとよい．君主制についてはJ. H. Plumb, *The First Four Georges*（1956）, J. M. Beattie, *The English Court in the Reign of George I*（1967）, R. Hatton, *George I*（1979）を見ること．

地方政治に関するもっとも精緻な研究は今なおS. and B. Webbの*English Local Government from the Revolution to the Municipal Corporation Act*（2 vols., 1906-8）と*English Poor Law History*（1927-9）である．両書を補うものとしてはJ. D. Marshall, *The Old Poor Law 1795-1834*（1968）, M. E. Rose, *The English Poor Law 1780-1930*（Newton Abbot, 1971）, G. Taylor, *The Problem of Poverty, 1660-1834*（1969）, U. Henriques, *Before the Welfare State*（1979）, B. Keith Lucas, *The Unreformed Local Government System*（1980）などがある．ロンドンの局地的政治についてはG. Rudé, *Hanoverian London*（1971）を参照．F. M. Eden, *The State of the Poor*（1974）は同時代の調査として瞠目に値する．

刑法を抜本的に論じたものは今もなおL. Radzinowicz, *A History of English Criminal Law*（1948-　）である．社会を背景に法律を論じたものとしてはBrewerとStylesの共著，S. and B. Webbの共著（両書とも上記），がある外にE. P. Thompson, *Whigs and Hunters*（1975）, D. Hay and others（eds.）, *Albion's Fatal Tree*（1975）, J. S. Cockburn（ed.）, *Crime in England 1550-1800*（1977）がある．J. A. Sharpe, *Crime in Early Modern England*

1550-1750（1984）は最新の優れた調査である．A. Macfarlane, *The Justice and the Mare's Ale*（Oxford, 1981）は1680年にウェストモーランドで起きたある犯罪の事例史．J. Innes and J. Styles, 'The Crime Wave: Recent Writing on Crime and Criminal Justice in Eighteenth Century England', *Journal of British Studies,* 25（1986）, 380-435とJohn Styles, 'The Criminal Past: Crime in Eighteenth-Century England', *History Today,* xxxviii（1988）, 36-42は犯罪を社会との関係で解釈する場合の諸問題を検討している．

4　日々の生活

人口と家庭生活を論じた主なものはE. A. Wrigley, *Population and History*（1969）, E. A. Wrigley（ed.）, *An Introduction to English Historical Demography*（1966）, P. Laslett, *The World We Have Lost*（rev. edn, 1971）——今これには補足研究としてP. Laslett, *The World We Have Lost, Further Explored,* 3rd edn（1983）がある．同氏の*Family Life and Illicit Love in Earlier Generations*（1978）と，P. Laslett, K. Oosterveen and R. M. Smith, *Bastardy and its Comparative History*（1980）, そして，家族史をめぐる相対立する諸解釈を見事に検討しているM. Anderson, *Approaches to the History of the Western Family 1500-1914*（1980）も参照するとよい．J. Gillis, *For Better, For Worse: British Marriages, 1600 to the Present*（Oxford, 1985）は平民の結婚について十分論じ，Alan Macfarlane, *Marriage and Love in England: Modes of Reproduction, 1300-1840*（Oxford, 1986）は婚姻と経済的事情の相互関係を精力的に論じている——D. Levineの*Family Formation in an Age of Nascent Capitalism*（1977）と*Reproducing Families: The Political Economy of English Population History*（Cambridge, 1984）はそれをマルクス主義の観点から論じている．離婚についてはRoderick Phillips, *Putting Asunder: A History of Divorce in Western Society*（Cambridge, 1989）を見るとよい．大胆な概観をしているのはE. Shorter, *The Making of the Modern Family*（1976）と上記StoneとTrumbackの共著である．Henry Dunkley編（1893）の*Bamford's Passages in the Life of a Radical*と*Samuel Bamford, Early Days*は下層階級の家庭生活について興味深い書である．Ralph Houlbrooke, *English Family Life, 1576-1716: An Anthology from Diaries*（Oxford, 1989）は優れた選集である．暦とその習慣についてはDavid Cressy, *Bonfires and Bells*（1989）を参照．

教育に関する広範な研究ではRosemary O'Day, *Education and Society, 1500-1800: The Social Foundations of Education in Early Modern England*（1982）がもっともよい．J. Lawson and H. Silver, *A Social History of Education in England*（1973）も十分読む価値がある．大学について

は L. Stone (ed.), *The University in Society* (2 vols., Princeton, N. J., 1975), John Gascoigne, *Cambridge in the Age of Enlightenment : Science, Religion and Politics from the Restoration to the French Revolution* (Cambridge, 1989), L. S. Sutherland and L. G. Mitchell (eds.), *The History of the University of Oxford, Vol. 5 : The Eighteenth Century* (Oxford, 1986), W. R. Ward, *Georgian Oxford* (Oxford, 1958) を，中等学校については R. S. Tompson, *Classics or Charity? The Dilemma of the Eighteenth Century Grammar Schools* (Manchester, 1971) と W. A. L. Vincent, *The Grammar Schools 1660-1714* (1969) を見るとよい．非国教徒の教育については，H. McLachlan, *English Education under the Test Acts : The History of Non-conformist Academies 1662-1820* (Manchester, 1931) を参照．大衆教育を論じたものとしては N. Hans, *New Trends in Education in the Eighteenth Century* (1951), V. E. Neuburg, *Popular Education in Eighteenth Century England* (1972), M. G. Jones, *The Charity School Movement* (Cambridge, 1938), B. Simon, *Studies in the History of Education* (1960) を見るとよい．文化の理想およびジェントルマンについては C. Strachey (ed.), *The Letters of the Earl of Chesterfield to his Son* (2 vols., 1932) が実に啓示的である．教育と子どもについては Linda Pollock の *Forgotten Children : Parent-Child Relations from 1500 to 1900* (Cambridge, 1983) と *A Lasting Relationship : Parents and Children over Three Centuries* (1987) を見るとよい．

宗教の展開に関する研究では A. D. Gilbert, *Religion and Society in Industrial England* (1978), N. Sykes, *Church and State in the Eighteenth Century* (Cambridge, 1934), S. C. Carpenter, *Eighteenth Century Church and People* (1959) を挙げておく．宗教思想の趨勢は R. N. Stromberg, *Religious Liberalism in Eighteenth Century England* (1954) と G. R. Cragg, *Reason and Authority in the Eighteenth Century* (Cambridge, 1964) に論じられている．国教会信従忌避者の宗派の歴史は M. R. Watts, *The Dissenters* (Oxford, 1978) で，彼らの社会的意義は I. Grubb, *Quakerism and Industry before 1800* (1930), R. Vann, *The Social Development of English Quakerism 1655-1750* (Cambridge, Mass., 1969), E. D. Bebb, *Nonconformity and Social and Economic Life 1660-1800* (1935), A. Raistrick, *Quakers in Science and Industry* (1950) で，扱われている．国教会信従忌避主義の過激化に関しては A. Lincoln, *Some Political and Social Ideas of English Dissent, 1763-1800* (Cambridge, 1938) を見るとよい．メソディズムに関する文献は膨大にあるが，M. Edwards, *John Wesley and the Eighteenth Century* (1955) と R. F. Wearmouth, *Methodism and the Common People of the Eighteenth Century* (1945) を見るとよい．カトリック教徒については J. Bossy, *The*

English Catholic Community (Cambridge, 1975), 少数派の非国教徒たちについてはJ. F. C. Harrison, *The Second Coming* (1979), そうした動きに対する反感についてはR. Knox, *Enthusiasm* (1950) を参照.

5　稼ぐことと遣うこと

富と経済成長と人口の関係に関する解釈で主流となっているのはC. H. Wilson, *England's Apprenticeship 1603-1763* (Cambridge, 1965), Peter Mathias, *The Transformation of England* (New York, 1979), T. S. Ashtonの*Economic Fluctuations in England 1700-1800* (Oxford, 1959) と*An Economic History of England : The Eighteenth Century* (1961), P. Deane and W. A. Cole, *British Economic Growth 1688-1959* (1967), J. D. Chambers, *Population, Economy and Society in Pre-Industrial England* (1972) である. 農業についてはE. L. Jones and G. E. Mingay (eds.), *Land, Labour and Population in the Industrial Revolution* (1967), E. Kerridge, *The Agricultural Revolution* (1967), E. L. Jones, *Agriculture and the Industrial Revolution* (Oxford, 1974), E. L. Jones (ed.), *Agriculture and Economic Growth in England 1600-1815* (1967), P. Horn, *The Rural World 1780-1850* (1980), J. D. Chambers and G. E. Mingay, *The Agricultural Revolution 1750-1880* (1966) を見るとよい. 囲い込みについてはM. Turnerの*English Parliamentary Enclosure* (1980) と*Enclosures in Britain, 1750-1830* (1984),そしてJ. M. Yelling, *Common Field and Enclosure in England 1450-1850* (1977) を参照. 地方研究ならW. G. Hoskins, *The Midland Peasant* (1957) がよい. Ann Kussmaul, *Servants in Husbandry in Early Modern England* (Cambridge, 1981), R. Malcolmson, *Life and Labour in England, 1700-1780* (1981), Keith Snell, *Annals of the Labouring Poor : Social Change in Agrarian England, 1660-1900* (Cambridge, 1985) は, どれも, 囲い込み時代の農業労働について豊富な知識を与えてくれる. 人口と栄養と富の相互関係力学についてはJohn Walter and Roger Schofield (eds.), *Famine, Disease and the Social Order in Early Modern Society* (Cambridge, 1989) を参照.

輸送路についてはE. C. R. Hadfield, *British Canals* (1966), W. Albert, *The Turnpike Road System of England 1663-1840* (1972), E. Pawson, *Transport and the Economy : The Turnpike Roads of Britain* (1977), D. Hey, *Packmen, Carriers and Packhorse Roads* (Leicester, 1980) を見るとよい. 金融についてはP. G. M. Dickson, *The Financial Revolution in England 1688-1756* (1967) とL. S. Pressnell, *Country Banking in the Industrial Revolution* (Oxford, 1956) を参照すること. 多様な個々の産業の歴史につい

てはP. Mathias, *The Brewing Industry in England 1700-1830* (Cambridge, 1959), M. W. Flinn, *Men of Iron : The Crowleys in the Early Iron Industry* (Edinburgh, 1962), T. S. Ashton, *Iron and Steel in the Industrial Revolution* (Manchester, 1924), W. H. B. Court, *The Rise of the Midland Industries 1600-1838* (Oxford, 1938), H. Heaton, *The Yorkshire Woollen Worsted Industries* (Oxford, 1920), A. P. Wadsworth and J. de L. Mann, *The Cotton Trade and Industrial Lancashire 1600-1780* (Manchester, 1965) を挙げておく. C. MacLeod, *Inventing the Industrial Revolution* (Cambridge, 1988) は特許専売権に関する優れた書である. 流通の重要性を力説しているのはE. Pawson, *The Early Industrial Revolution* (1979), また J. D. Chambers, *The Vale of Trent 1660-1800* (Economic History Review Supplement no. 3, 1957) は今なお見事な地域研究である. 国富の査定についてはS. Pollard and D. Crossley, *The Wealth of Britain* (1968) がよい. Leslie Clarkson, *Proto-industrialization : The First Phase of Industrialization* (1985) は, 産業革命前に何が起きたかをいかに正確に解釈するか, という問題を提起している. Roderick Floud and Donald McCloskey (eds.), *The Economic History of Britain since 1700* (2 vols., 1981) は, 18世紀の経済の数量化でこれまでのところもっとも詳細なものである.

6　持つことと愉しむこと

ジョージ王朝の普通の人々が現実に何を所有していたかは今Lorna Weatherill, *Consumer Behaviour and Material Culture, 1660-1760* (1988) に見事に調べ上げられている. 基本的な生活様式と生活水準については, ある程度の示唆を J. C. Burnett, *The History of the Cost of Living* (1969), J. Drummond and A. Wilbraham, *The Englishman's Food* (1957), D. Davis, *A History of Shopping* (1966), A. Adburgham, *Shops and Shopping, 1800-1914* (1964), Hoh-cheung and L. Mui, *Shops and Shopkeeping in Eighteenth-Century England* (1987), C. W. Chalklin, *The Provincial Towns of Georgian England 1740-1820* (1974), J. H, Plumb, *Georgian Delights* (1980) から得ることができる. 衣服についてはA. Buck, *Dress in Eighteenth Century England* (1979) を参照.「コンシューマリズム」の興隆についてはN. McKendrick, John Brewer and J. H. Plumb, *The Birth of a Consumer Society : The Commercialization of Eighteenth-Century England* (1982), N, McKendrick, 'Home Demand and Economic Growth : A New View of the Role of Women and Children in the Industrial Revolution', in N. McKendrick (ed.), *Historical Perspectives : Studies in English Thought and Society* (1974), E. L. Jones, 'The Fashion Manipulators : Consumer Tastes and British Indus-

tries, 1660-1800', in L. P. Cain and P. J. Uselding (eds.), *Business Enterprise and Economic Change* (Kent State, Ohio, 1973) が大いに論じている．

商業文化の普及と，その世間一般の慣用語法との関係についてはJ. H. Plumb, *The Commercialization of Leisure in Eighteenth Century England* (Reading, 1973), Peter Clark, *The English Alehouse: A Social History, 1200-1830* (1983), R. Malcolmson, *Popular Recreations in English Society 1700-1850* (Cambridge, 1975), R. Elbourne, *Music and Tradition in Early Industrial Lancashire 1780-1840* (Woodbridge, Suffolk, 1980), H. Cunningham, *Leisure in the Industrial Revolution* (1980), R. Paulson, *Popular and Polite Art in the Age of Hogarth and Fielding* (1979) を，また，さらに広範にはPeter Burke, *Popular Culture in Early Modern Europe* (1978) を，見るとよい．地方についてはJ. Money, *Experience and Identity: Birmingham and the West Midlands 1760-1800* (Manchester, 1977), G. Jackson, *Hull in the Eighteenth Century (1972), A. Barbeau, Life and Letters at Bath in the XVIII Century* (1904), R. S. Neale, *Bath: A Social History 1680-1850* (1981) を見るとよい．印刷物について調べたものにはG. A. Cranfield, *The Development of the Provincial Newspaper 1700-1760* (Oxford, 1962) とJeremy Black, *The English Press in the Eighteenth Century* (1986) がある一方で，読むほうについてはIsabel Rivers (ed.), *Books and Their Readers in Eighteenth Century England* (Leicester, 1982) が調査している．ロンドンについてはW. Boulton, *The Amusements of Old London* (1900) とR. D. Altick, *The Shows of London* (1978) が知識の宝庫である．芸術，文化，スポーツ個々の形態についてはI. Watt, *The Rise of the Novel* (1957), A. Nicoll, *A History of Eighteenth Century Drama 1700-1750* (Cambridge, 1925), *1750-1800* (Cambridge, 1927), J. Ashton, *The History of Gambling in England* (1898), R. Longrigg, *The English Squire and his Sport* (1977), A. Ellis, *The Penny Universities: A History of the Coffee Houses* (1956), Margaret Spufford, *Small Books and Pleasant Histories* (Athens, Ga, 1981), J. A. R. Pimlott, *The Englishman's Holiday* (1947), E. D. Mackerness, *A Social History of English Music* (Toronto, 1964) を見るとよい．

芸術家と芸人の位置についてはJohn Barrell, *English Literature in History, 1730-80: An Equal, Wide Survey* (1983), W. A. Speck, *Society and Literature, 1700-1760* (Dublin, 1983), A. S. Collins, *Authorship in the Days of Johnson* (1927), J. Saunders, *The Profession of English Letters* (Toronto, 1964), P. Rogers, *Grub Street* (1972), M. Foss, *The Age of Patronage: The Arts in Society 1660-1750* (1972), D. Jarrett, *The Ingenious Mr Hogarth* (1976), Ian Pears, *The Discovery of Painting: The Growth of*

Interest in the Arts in England 1680-1768 (New Haven, 1988) を見るとよい. M. McKeon, *The Origins of the English Novel 1600-1740* (Baltimore, Md., 1987), Jane Spencer, *The Rise of the Woman Novelist, From Aphra Behn to Jane Austen* (Oxford, 1986), Dale Spender, *Mothers of the Novel : 100 Good Women Novelists Before Jane Austen* (1986) は, どれも小説興隆の意義を検分している. 芸術様式の変化についてはT. Fawcett, *The Rise of English Provincial Art* (Oxford, 1974), F. D. Klingender, *Art and the Industrial Revolution* (1947), K. Clark, *The Gothic Revival* (1928), B. Sprague Allen, *Tides of British Taste 1619-1800* (Cambridge, Mass., 1937), Sir J. Summerson, *Georgian London* (1945), N. Pevsner, *The Englishness of English Art* (1956) を見るとよい. 読書についてはJohn Feather,*The Provincial Book Trade in Eighteenth-Century England* (Cambridge, 1985) を参照. 芸術と社会との間の緊張関係を吟味したものにはJ. Barrell, *The Dark Side of the Landscape* (Cambridge, 1980) とJ. Bronowski, *William Blake and the Age of Revolution* (1972) がある. W. Blake, *Complete Writings*, ed. G. Keynes (1972) も参照するとよい.

7　日常経験の変化

18世紀イングランド社会の基本にあった, そして発達しつつあったと言ってよい, 個人主義を, まったく異なる方法で明らかにしてきたのはD.Jarrett, *England in the Age of Hogarth* (1974), A. Macfarlane, *The Origins of English Individualism* (1978), L. Stone, *The Family, Sex and Marriage in England 1500-1800* (1977) であった. そうした見解の啓蒙運動的次元を強調しているのはRoy Porter, 'The English Enlightenment', in Roy Porter and M. Teich (eds.), *The Enlightenment in National Context* (Cambridge, 1981) である. イングランドにおける啓蒙運動に関しての他の見方についてはE. Halévy, *The Growth of Political Radicalism* (1928), J. Redwood, *Reason, Ridicule and Religion* (1976), L. Stephen, *A History of English Thought in the Eighteenth Century* (1876) を見るとよい. 自由の政治的側面を扱っているものならG. Rudé, *Wilkes and Liberty* (1962) がある. 慈善の発展についてはD. Owen, *English Philanthropy 1660-1960* (Cambridge, Mass., 1965), B. Rodgers, *Cloak of Charity : Studies in Eighteenth Century Philanthropy* (1949), F. J. Klingberg, *The Anti-Slavery Movement in England* (New Haven, Conn., 1926) を見るとよい. J. H. Hutchins, *Jonas Hanway, 1712-86* (1940) も参照すること. 子どもに対する態度の変化についてはJ. H. Plumb, 'The New World of the Children in Eighteenth Century England', *Past and Present,* 67 (1975) とI. Pinchbeck and M. Hewitt, *Children and*

English Society (2 vols., 1969-73) を見るとよい．異性に対する態度を調べたものにはP. G. Boucé (ed.), *Sexuality in Eighteenth Century Britain* (Manchester, 1982). G. S. Rousseau and Roy Porter (eds.), *Sexual Underworlds of the Enlightenment* (Manchester, 1987), Terry Castle, *Masquerade and Civilization : The Carnivalesque in Eighteenth-Century English Culture and Fiction* (Cambridge, 1986), Peter Wagner, *Eros Revised : Erotica of the Enlightenment in England and America* (1988) がある．

変化，近代化，合理化，世俗化の多様な側面はK. Thomas, *Religion and the Decline of Magic* (1971), A. Briggs, *The Age of Improvement* (1959), J. Roach, *Social Reform in England 1780-1880* (1978), B. Capp, *Astrology and the Popular Press : English Almanacs 1500-1800* (1797), Patrick Curry (ed.), *Astrology, Science and Society : Historical Essays* (Woodbridge, Suffolk, 1987), Michael MacDonald, 'The Secularization of Suicide in England, 1660-1800', *Past and Present,* 111 (1986) で扱われている．科学と科学技術を論じたものにはR. E. Schofield, *The Lunar Society of Birmingham* (Oxford, 1963), A. E. Musson and E. Robinson, *Science and Technology in the Industrial Revolution* (Manchester, 1969), G. S. Rousseau, 'Science', in P. Rogers (ed.), *The Context of English Literature : The Eighteenth Century* (1978) がある．D. King-Hele, *Doctor of Revolution : The Life and Genius of Erasmus Darwin* (1977) とM. MacNeil, *Under the Banner of Science* (Manchester, 1987) は指導的科学者であり医者であった人物の対照的伝記である．「合理的」変化の個々の分野はM. Ignatieff, *A Just Measure of Pain* (1978), Margaret Delacy, *Prison Reform in Lancashire, 1700-1850* (Manchester, 1986), R. Evans, *The Fabrication of Virtue : English Prison Architecture 1750-1840* (Cambridge, 1982) に分析されている．A. Scull, *Museums of Madness* (1979), W. Ll. Parry-Jones, *The Trade in Lunacy* (1972), Roy Porter, *Mind Forg'd Manacles : A History of Madness from the Restoration to the Regency* (1987) は精神病の治療を扱っている．J. Woodward, *To Do the Sick No Harm* (1974), G. Williams, *The Age of Agony : The Art of Healing c. 1700-1800* (1975), Roy Porter, *Health for Sale : Quackery in England 1600-1850* (Manchester, 1989), Dorothy Porter and Roy Porter, *Patient's Progress : The Dialectics of Doctoring in 18th Century England* (Cambridge, 1989), Roy Porter and Dorothy Porter, *In Sickness and In Health : The British Experience 1650-1850* (1988), Irvine Loudon, *Medical Care and the General Practitioner 1750-1850* (Oxford, 1986), L. Granshaw and Roy Porter (eds.), *Hospitals in History* (1989) は，どれも健康と医療を精査したものである．死についてはC. Gittings, *Death, Burial and the Individual in Early Modern England*

(1984) を見るとよい.

大衆文化をより効果的に規制し，貴族文化を洗練し，品行の方正を導入しようとする，18世紀後半のさまざまな運動を取り扱ったものにはJ. M. Golby and A. W. Purdue, *The Civilization of the Crowd : Popular Culture in England, 1750-1900* (1984), R. W. Malcolmson, *Popular Recreations in English Society 1700-1850* (Cambridge, 1973), E. J. Bristow, *Vice, and Vigilance : Purity Movements in Britain since 1700* (Dublin, 1977), T. C. Curtis and W. A. Speck, 'The Societies for the Reformation of Manners : A Case Study in the Theory and Practice of Moral Reform', *Literature and History,* 3 (1979), 45-64, T. Laqueur, *Religion and Respectability : Sunday Schools and Working Class Culture 1780-1850* (1976), Stanley Nash, 'Prostitution and Charity : The Magdalen Hospital, A Case Study', *Journal of Social History,* 17 (1984), 617-28 がある．福音主義についてはF. K. Brown, *Fathers of the Victorians : The Age of Wilberforce* (Cambridge, 1961), G. Rattray Taylor, *The Angel Makers : A Study of the Psychological Origins of Historical Change* (1973), M. J. Quinlan, *Victorian Prelude* (New York, 1941), M. Jaeger, *Before Victoria* (1956), P. Fryer, *Mrs Grundy* (1963) を見るとよい．R. Brimley Johnson, *The Letters of Hannah More* (1925) と O. Warner, *William Wilberforce and His Times* (1962) は個人への深い洞察を示している．Leonore Davidoff and Catherine Hall, *Family Fortunes : Men and Women of the English Middle Class 1780-1850* (London, 1987) には「道徳教化」運動に関しての主要な議論があり，またN. Elias, *The Civilizing Process* (Oxford, 1983) は文化への衝動を理解するために今も不可欠な書である.

8　産業社会に向かって

産業革命初期の概説としてはP. Deane, *The First Industrial Revolution* (Cambridge, 1965), E. Hobsbawm, *Industry and Empire* (1968), P. Mathias の *The First Industrial Nation* (1969) と論文集 *The Transformation of England* (1979), T. S. Ashton, *The Industrial Revolution 1760-1830* (1948), D. Landes, *The Unbound Prometheus* (Cambridge, 1969), P. Mantoux, *The Industrial Revolution : The Eighteenth Century* (1928), D. Marshall, *Industrial England 1776-1851* (1973) を挙げておく．その史実を検討しているものにはDavid Cannadine, 'The Present and the Past in the English Industrial Revolution, 1880-1980', *Past and Present,* 103 (1984), 131-72, R. M. Hartwell, *The Industrial Revolution and Economic Growth* (1971), M. W. Flinn, *The Origins of the Industrial Revolution* (1966) があ

る．Maxine Berg, *The Age of Manufactures, 1700-1820* (1985) の，工場に注意を集中すると，それよりは小規模ながらも一層特徴的な経済機構から目をそらす間違いを冒すことになる，という主張には説得力がある．地域研究として重要なものは W. Rowe, *Cornwall in the Age of the Industrial Revolution* (Liverpool, 1953) であり，個々の労働者集団の研究は多数あるが D. Bythell, *The Handloom Weavers* (Cambridge, 1969) と M. Thomis, *The Town Labourer and the Industrial Revolution* (1974) を挙げておく．生活水準および生活の質に及ぼした産業化の影響に関する議論については E. Gilboy, *Wages in Eighteenth Century England* (1934), M. Thomis, *Responses to Industrialization* (Newton Abbot, 1976), A. J. Taylor (ed.), *The Standard of Living in Britain in the Industrial Revolution* (1975), R. Glen, *Urban Workers in the Early Industrial Revolution* (London, 1984) を見るとよい．起業家精神に関する研究については Eric Robinson, 'Eighteenth Century Commerce and Fashion: Matthew Boulton's Marketing Techniques', *Economic History Review,* 16 (1963-4), R. S. Fitton and A. P. Wadsworth, *The Strutts and the Arkwrights* (Manchester, 1958), H. W. E. Dickinson, *Matthew Boulton* (Cambridge, 1937), W. G. Rimmer, *Marshalls of Leeds* (Cambridge, 1960), E. Roll, *An Early Experiment in Industrial Organization: A History of the Firm of Boulton and Watt, 1755-1805* (2nd edn, 1968) を見るとよい．起業家とその社会背景については B. and H. Wedgwood, *The Wedgwood Circle 1730-1897* (1980) を参照．J. T. Ward, *The Factory System* (2 vols., Newton Abbot, 1970) も参照するとよい．

何が本質的にイギリスの産業化の「秘訣」であったかに関する最近の議論については N. F. C. Crafts の 'Industrial Revolution in England and France: Some Thoughts on the Question, "Why was England first?"', *Economic History Review,* 30 (1977) と *British Economic Growth during the Industrial Revolution* (Oxford, 1985), C. Harley, 'British Industrialization before 1841: Evidence of Slower Growth During the Industrial Revolution', *Journal of Economic History,* 42 (1982), 267-90, Julian Hoppit, 'Understanding the Industrial Revolution', *Historical Journal,* 30 (1987), Patrick O'Brien and Caglar Keyder, *Economic Growth in Britain and France, 1780-1914: Two Paths to the Twentieth Century* (1978) を見るとよい．E. A. Wrigley, *Continuity, Chance and Change: The Character of the Industrial Revolution in England* (Cambridge, 1988) は都市化が決定的に重要な役割を果たしたと力説している．E. Evans, *The Forging of the Modern State: Early Industrial Britain, 1783-1870* (1983) は産業化とその社会的および政治的背景を見事に関連づけて論じている．

9　結びに

1790年代および19世紀初期にかけての発展を研究するならC. Emsley, *British Society and the French Wars 1793-1815*（1979）とA. D. Harvey, *Britain in the Early Nineteenth Century*（1978）がよいだろう．Ian Christie, *Stress and Stability in Late Eighteenth-Century Britain : Reflections on the British Avoidance of Revolution*（Oxford, 1984）はジョージ王朝末期の社会のまぎれなき力強さを正当に強調している．急進主義のよってきたる根源についてはG. S. Veitch, *The Genesis of Parliamentary Reform*（1913）とJ. Cannon, *Parliamentary Reform 1640-1832*（Cambridge, 1973）が，急進主義そのものについてはA. Goodwin, *The Friends of Liberty*（Manchester, 1979）とIain McCalman, *Radical Underworld : Prophets, Revolutionaries and Pornographers in London 1795-1840*（Cambridge, 1988）が，論じている．前ロマン派の不満はJ. Bronowski, *William Blake and the Age of Revolution*（1972）の中で生き返った．R. Soloway, *Prelates and People 1783-1852*（1969）はジョージ王朝の世紀に次第に募った宗教への拒否反応の見取り図を示し，D. Cannadine, *Lords and Landlords*（Leicester, 1980）は貴族の力と富を指摘している．この時代のイデオロギー闘争についてはS. Deane, *The French Revolution and Enlightenment in England 1789-1832*（Cambridge, Mass., 1989）の中で明らかにされている．18世紀が19世紀に残した社会構成はどのような種類のものであったか，という問題についてはR. J. Morris, *Class and Class Consciousness in the Industrial Revolution 1780-1850*（1979）, E. P. Thompson, *The Making of the English Working Class*（1963）, H. Perkin, *The Origins of Modern English Society*（1969）, E. Halévy, *A History of the English People in the Nineteenth Century :* Vol. 1 : *England in 1815*（1964）が論じている．E. Hobsbawm and G. Rudé, *Captain Swing*（1969）も参照するとよい．Linda Colleyの‘Whose Nation? Class and Nation Consciousness in England, 1750-1850’, *Past and Present,* 113（1986）, 96-117と‘The Apothesis of George III : Loyalty, Royalty and the English Nation’, *Past and Present,* cii（1984）, 94-129そしてGerald Newman, *The Rise of English Nationalism : A Cultural History, 1740-1830*（New York, 1987）では「愛国心」の興隆について貴重な論考がなされている．

統計表

表1　イングランドの人口

年	合計(単位100万)	10年単位増加率
1681	4.930	−1.06
1691	4.931	0.02
1701	5.058	2.58
1711	5.230	3.40
1721	5.350	2.29
1731	5.263	−1.63
1741	5.576	5.95
1751	5.772	3.52
1761	6.147	6.50
1771	6.448	4.90
1781	7.042	9.21
1791	7.740	9.91
1801	8.664	11.94
1811	9.886	14.10

E. A. リグリー，R. スコフィールド共著『復元イングランド人口史 1541—1871』（ロンドン．エドワード・アーノルド社刊．1981年）からの許可を得て転載．

表2　1801年の人口分布

州人口			
ヨークシャー	858,892	ダーラム	160,861
ミドルセックス	818,129	サセックス	159,311
ランカシャー	672,731	ノーサンバーランド	157,101
デヴォン	343,001	ノッティンガム	140,350
ケント	307,624	ウースター	139,333
サマセット	273,750	ノーサンプトン	131,757
ノーフォーク	273,371	レスター	130,081
サリー	269,049	カンバーランド	117,230
グロスター	250,803	ドーセット	115,319
スタフォード	239,153	オックスフォード	109,620
エセックス	226,437	バークシャー	109,215
ハンプシャー	219,656	バッキンガム	107,444
サフォーク	210,431	ハーフォード	97,577
リンカーン	208,557	ケンブリッジ	89,346
ウォリック	208,190	ヘリフォード	89,191
シュロップシャー	197,639	ベドフォード	63,393
チェシャー	191,751	モンマス	45,582
コーンウォル	188,269	ウェストモーランド	41,617
ウィルトシャー	185,107	ハンティンドン	37,568
ダービー	161,142	ラトランド	16,356

(66ページから続く)

1801年の主要地方都市

人口 50,000 人以上	
マンチェスター/ソルフォード	84,000
リヴァプール	78,000
バーミンガム	74,000
ブリストル	64,000
リーズ	53,000
20,000–50,000	
プリマス	43,000
ノリッジ	37,000
バース	32,000
ポーツマス/ポートシー	32,000
シェフィールド	31,000
ハル	30,000
ノッティンガム	29,000
ニューカースル・アポン・タイン	28,000
10,000–20,000	
エクセター	17,000
レスター	17,000
ヨーク	16,000
コヴェントリー	16,000
チェスター	15,000
ドーヴァー	15,000
グレート・ヤーマス	15,000
ストックポート	15,000
シュルーズベリー	15,000
ウルヴァーハンプトン	13,000
ボウルトン	13,000
サンダーランド	12,000
オールダム	12,000
ブラックバーン	12,000
プレストン	12,000
オックスフォード	12,000
コウルチェスター	12,000
ウースター	11,000
イプスウィッチ	11,000
ウィガン	11,000
ダービー	11,000
ハダーズフィールド	11,000
クウィック	11,000
ウォリントン	11,000
チャタム	11,000
カーライル	10,000
ダドリー	10,000
キングズ・リン	10,000
ケンブリッジ	10,000
レディング	10,000

表3　1801年の人口分布

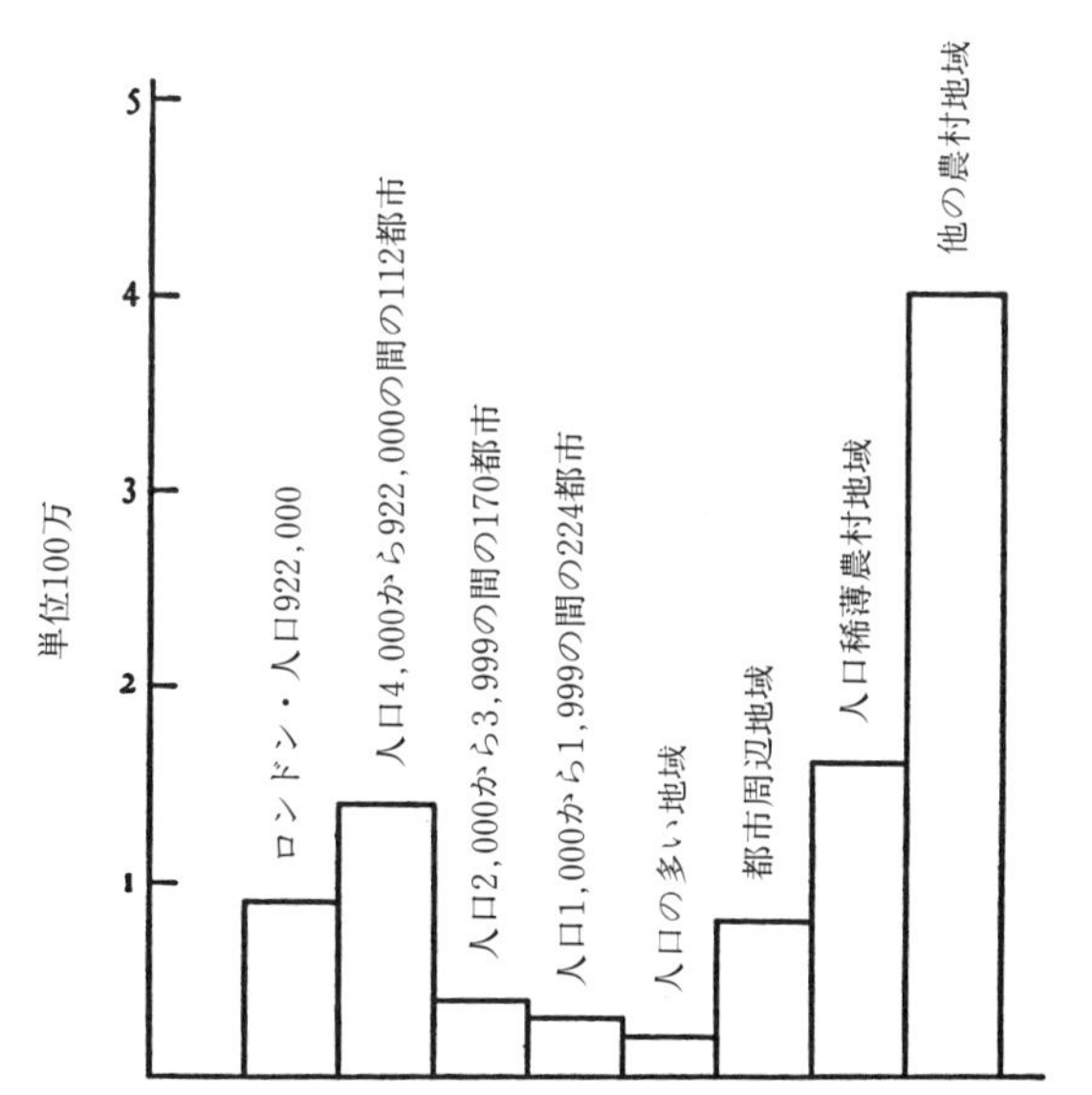

D. マーシャル著『イングランドの産業 1776—1851』(ロンドン，ラウトリッジ・アンド・キーガン・ポール社刊，1973年) からの許可を得て転載．

表 4　経済成長指数

年	原綿本輸入量(100万重量ポンド)	生糸および撚糸		原亜麻輸入量(1,000ハンドレッドウェイト)	原リンネル糸輸入量(100万重量ポンド)	販売用捺印済スコットランド産リンネル(100万ヤード)	鉄棒輸入量(1,000トン)	ロンドンの石炭輸入量(1,000ロンドン・チャルドロン)	コーンウォル銅原鉱生産量(1,000トン)	コーンウォル錫生産量(トン)	国内用錫留保量(トン)	強度ビール生産量(1,000バレル)	木材輸入量(1,000ポンド)
		輸入量(1,000重量ポンド)	本輸入量(1,000重量ポンド)										
1695–1704	1.14	525	—	34	2.1	—	16.4	327	—	1,323	232	3,446	114
1700–1709	1.15	499	—	34	2.1	—	16.0	339	—	1,426	308	3,673	114
1705–14	1.00	482	—	34	2.1	—	16.3	355	—	1,476	174	3,387	112
1710–19	1.35	557	—	42	2.8	—	17.3	389	—	1,453	194	3,483	115
1715–24	1.68	629	—	44	3.1	—	19.0	433	—	1,396	326	3,744	135
1720–29	1.55	675	—	48	2.7	—	19.7	468	—	1,482	333	3,669	146
1725–34	1.44	685	—	66	2.7	3.87	21.5	475	6.6	1,632	345	3,588	143
1730–39	1.72	645	—	80	2.7	4.53	25.5	475	7.7	1,667	278	3,606	138
1735–44	1.79	563	—	74	2.8	4.81	24.2	484	7.4	1,691	290	3,512	136
1740–49	2.06	552	—	79	3.1	5.68	22.5	480	6.3	1,744	251	3,536	140
1745–54	2.83	607	—	98	3.6	7.50	26.6	492	9.1	2,159	474	3,679	153
1750–59	2.81	670	—	113	4.2	9.04	29.3	508	13.8	2,658	937	3,777	168
1755–64	2.57	777	—	119	4.9	10.82	33.0	527	16.7	2,669	1,023	3,818	176
1760–69	3.53	906	—	127	5.2	12.42	39.7	582	19.5	2,728	913	3,775	203
1765–74	4.03	946	—	129	6.5	12.58	44.9	634	25.2	2,851	990	3,744	239
1770–79	4.80	950	—	131	8.4	12.84	44.5	653	28.8	2,751	1,089	3,957	248
1775–84	7.36	1,083	—	125	9.1	14.68	43.0	666	29.7	2,657	808	4,220	249
1780–89	15.51	1,132	—	132	9.0	17.49	44.1	709	33.3	2,958	918	4,329	275
1785–94	24.45	1,177	1,093	—	—	19.38	—	771	37.1	3,327	945	4,690	—
1790–99	28.64	1,181	1,094	242	8.7	20.89	49.9	825	46.7	3,245	822	5,278	489
1795–1804	42.92	1,128	1,041	317	8.8	21.42	43.0	875	52.9	2,881	861	5,407	558

P. ディーン，W. A. コウル共著『イギリスの経済成長 1688—1959』（ケンブリッジ大学出版局刊．1967年）からの許可を得て転載．

表5　グレゴリー・キングの「1688年…イングランド数家族の収入と支出分類表」とジョウゼフ・マッシーの「社会構成と収入の推定1759―1760」との対比

キング				マッシー	
家族数	1家族当たり人数	人数	区分	家族数	年収または年間支出
					(ポンド)
160	40	6,400	非聖職貴族院議員		
26	20	520	聖職貴族院議員		
800	16	12,800	准男爵		
600	13	7,800	ナイト爵		
3,000	10	30,000	郷士		
12,000	8	96,000	ジェントルマン		
			(マッシーは上位階級	10	20,000
			を身分によってでは	20	10,000
			なく年単位家族当た	40	8,000
			り財務回転率で区別	80	6,000
			している)	160	4,000
				320	2,000
				640	1,000
				800	800
				1,600	600
				3,200	400
				4,800	300
				6,400	200
5,000	8	40,000	高級官僚・役人		
5,000	6	30,000	その他の官僚・役人		
			文官	16,000	60
2,000	8	16,000	著名商人		
8,000	6	48,000	その他の商人		
			商人	1,000	600
			〃	2,000	400
			〃	10,000	200
			親方製造業者	2,500	200
			〃	5,000	100
			〃	10,000	70
			〃	62,500	40
10,000	7	70,000	法曹関係者	12,000	100
2,000	6	12,000	著名聖職者	2,000	100
8,000	5	40,000	その他の聖職者	9,000	50
40,000	7	280,000	自由土地保有者,富裕層		
120,000	5½	660,000	〃　　,非富裕層		
			〃	30,000	100
			〃	60,000	50
			〃	120,000	25

(70ページから続く)

キング			区分	マッシー	
家族数	1家族当たり人数	人数		家族数	年収または年間支出
150,000	5	750,000	農場主	5,000	150
			〃	10,000	100
			〃	20,000	70
			〃	120,000	40
15,000	5	75,000	自由学芸および科学従事者	18,000	60
50,000	4½	225,000	小売商人および熟練工		
			熟練工	2,500	400
			〃	5,000	200
			〃	10,000	100
			〃	20,000	70
			〃	125,000	40
60,000	4	240,000	職人および手工芸者		
			木材，鉄等製造業者		
			地方週9シリング	100,000	22.5
			ロンドン12シリング	14,000	30
			毛織物，絹織物等製造業者		
			地方7シリング6ペンス	100,000	18.75
			ロンドン10シリング6ペンス	14,000	26.25
5,000	4	20,000	海軍将校	6,000	80
4,000	4	16,000	陸軍将校	2,000	100
50,000	3	150,000	水兵		
			船員および漁師	60,000	20
364,000	3½	1,275,000	労働者および戸外奉公人		
			農夫（週6シリング）	200,000	15
			労働者，地方5シリング	200,000	12.5
			労働者，ロンドン9シリング	20,000	22.5
			居酒屋経営者，エール販売人	2,000	100
			エール販売人，小屋住み農	20,000	40
			〃	20,000	20
400,000	3¼	1,300,000	小屋住み農および貧困者		
35,000	− 2	70,000	兵卒	18,000	14
		30,000	ジプシー，泥棒，乞食等としての浮浪者		
計		5,500,520			

表6　社会構成．1801年の国勢調査回答と1803年の貧困者調査回答に基づくP. コフーンの推計

家長数		1所帯当たり人数	合計人数	1所帯当たり平均年収	各階層合計収入
				ポンド	ポンド
287	非聖職貴族院議員（王族を含む）	25	7,175	8,000	2,296,000
26	主教	15	390	4,000	104,000
540	准男爵	15	8,100	3,000	1,620,000
350	ナイト爵	10	3,500	1,500	525,000
6,000	郷士	10	60,000	1,500	9,000,000
20,000	所得に頼るジェントルマン層	8	160,000	700	14,000,000
2,000	高級公務員（国家公務および税務）	7	14,000	800	1,600,000
10,500	その他の公務員（国家公務および税務）	5	52,500	200	2,100,000
2,000	著名商人，銀行家，等	10	20,000	2,600	5,200,000
13,000	その他の海外貿易商人	7	91,000	800	10,400,000
11,000	法曹関係者（判事，法廷弁護士，事務弁護士，事務員，等）	5	55,000	350	3,850,000
1,000	著名聖職者	6	6,000	500	500,000
10,000	その他の聖職者	5	50,000	120	1,200,000
40,000	自由土地保有者富裕層	5½	220,000	200	8,000,000
120,000	その他の自由土地保有者	5	600,000	90	10,800,000
160,000	農場主	6	960,000	120	19,200,000
16,300	自由学芸および科学従事者（医者，文学者，芸術家）	5	81,500	260	4,238,000
74,500	小売商人および熟練工	5	372,500	150	11,175,000
445,726	職人，手工芸者，その他製造業や建築その他各種工場被雇用者	4½	2,005,767	55	24,514.930

(72ページから続く)

グレゴリー・キングの推計に含まれない人々

家長数		1所帯当たり人数	合計人数	1所帯当たり平均年収	合計収入
				ポンド	ポンド
1	国王，王室，等	50	50	200,000	200,000
5,000	船舶所有者，貨物船賃貸しのみ	5	25,000	500	2,500,000
25,000	毛織物，綿織物…等全部門での資本利用製造業者	6	150,000	800	20,000,000
500	主要卸売業者	6	3,000	800	400,000
300	建築，船舶修理，工芸，等での資本利用者	6	1,800	700	210,000
25,000	紳士服仕立屋，婦人用上着仕立屋，婦人帽子屋，等（軍服製造業者を含む）としての資本利用者	5	125,000	150	3,750,000
5,000	技術者，測量師，家屋建築親方業者として専門技術と資本を利用する者	5	25,000	200	1,000,000
30,000	商人，製造業者，小売商人等々に雇用される事務員および店員	5	150,000	75	6,750,000
2,500	非国教正規叙任聖職者	5	12,500	120	300,000
500	大学および主要学校で若者を教育する者	4	2,000	600	300,000
20,000	若い男女の教育に従事し通例少額資本を利用する者	6	120,000	150	3,000,000

表 7　実質生産量指数（1700年を100とする）

年	輸出産業 (18)	国内産業 (12)	商工業合計 (30)	農業 (43)	賃貸料及びサーヴィス業 (20)	政府及び国防 (7)	合計実質生産量 (100)	平均実質生産量
1700	100	100	100	100	100	100	100	100
1710	108	98	104	104	103	165	108	105
1720	125	108	118	105	103	91	108	105
1730	142	105	127	103	102	98	110	108
1740	148	105	131	104	102	148	115	113
1750	176	107	148	111	105	172	125	119
1760	222	114	179	115	113	310	147	130
1770	256	114	199	117	121	146	144	119
1780	246	123	197	126	129	400	167	129
1790	383	137	285	135	142	253	190	134
1800	544	152	387	143	157	607	251	160

P. ディーン，W. A. コウル共著『イギリスの経済成長 1688—1959』（ケンブリッジ大学出版局刊，1967年）からの許可を得て転載.

表 8　国富および国家歳出

年	国債（累積）	合計債務経費		軍事歳出		内政		教育		合計	
	100万ポンド	100万ポンド	%	100万ポンド	%	100万ポンド	%	100万ポンド	%	100万ポンド	%
1700–1709	19.1	1.3	21	4.0	66	0.7	12	—	—	6.1	100
1710–19	41.6	2.7	35	4.2	55	0.8	10	—	—	7.7	100
1720–29	52.1	2.8	47	2.1	36	1.0	17	—	—	5.9	100
1730–39	46.9	2.1	39	2.3	43	0.9	17	—	—	5.4	100
1740–49	77.8	2.4	25	6.2	65	0.9	9	—	—	9.5	100
1750–59	91.3	2.9	33	4.9	55	1.1	12	—	—	8.9	100
1760–69	130.3	4.5	33	8.1	59	1.1	8	—	—	13.7	100
1770–79	153.4	4.8	38	6.3	49	1.2	9	—	—	12.8	100
1780–89	244.3	8.4	39	11.5	53	1.4	7	—	—	21.6	100
1790–99	426.6	11.6	35	19.4	58	1.9	6	—	—	33.4	100
1800–1809	599.0	20.0	33	35.3	59	4.6	6	(0.1)	0	60.6	100

P. マサイアス著『最初の工業国』（ロンドン．メシュエン社刊．1969年）からの許可を得て転載．

表9　価　格

年	消費財	穀類を除く消費財	生産財	小麦価格（1クォーター当たりのシリング）	パン価格ロンドン（4重量ポンド1斤当たりのペンス）
1700–1704	101	101	102	29.80	4.8
1705–9	95	92	98	38.02	5.7
1710–14	112	105	100	40.21	5.7
1715–19	98	97	90	34.64	4.9
1720–24	95	94	89	30.05	4.8
1725–9	100	94	93	37.29	5.7
1730–34	89	88	91	25.68	4.5
1735–9	90	86	83	29.79	5.3
1740–44	97	91	94	26.81	4.6
1745–9	92	92	88	27.32	4.9
1750–54	92	87	85	31.25	5.1
1755–9	100	92	96	36.54	5.6
1760–64	98	93	102	32.95	4.9
1765–9	106	94	97	43.43	6.6
1770–74	112	99	97	50.20	6.8
1775–9	113	101	103	42.80	6.3
1780–84	119	108	114	47.32	6.7
1785–9	119	108	110	44.92	6.1
1790–94	126	114	114	49.57	6.6
1795–9	151	134	132	65.67	8.8
1800–1804	186	156	153	84.85	11.7

（消費財・穀類を除く消費財・生産財）指数 1701 = 100

P. マサイアス著『最初の工業国』（ロンドン，メシュエン社刊，1969年）からの許可を得て転載．

《叢書・ウニベルシタス　529》
イングランド18世紀の社会

1996年4月30日　初　版第1刷発行
2016年5月11日　新装版第1刷発行

ロイ・ポーター
目羅公和　訳

発行所　一般財団法人 法政大学出版局
〒102-0071　東京都千代田区富士見2-17-1
電話 03 (5214) 5540　振替 00160-6-95814

印刷 三和印刷　製本 誠製本

ISBN978-4-588-14034-1　　Printed in Japan

著　者

ロイ・ポーター（Roy Porter）
1946年生まれのイギリスの歴史家．ケンブリッジ大学クライストカレッジ卒業後，同大学の研究員・講師を経て，79年からロンドンのウェルカム医学史研究所（現在はロンドン大学ユニヴァーシティーカレッジ・ウェルカムトラスト医学史センター）勤務．91年からリーダー．93年から教授．94年大英学士院会員．2001年退職．同研究所名誉教授．2002年3月死去．社会史，医学史などの分野で膨大な研究業績を残した．またテレビやラジオなどメディアでも多彩な活動を展開し，知識の普及に努めた．邦訳書に『狂気の社会史』『人体を戦場にして　医療小史』『身体と政治』（以上，法政大学出版局），『健康売ります』（みすず書房）がある．

訳　者

目羅公和（めら　きみかず）
1947年生まれ．東京教育大学卒業後，同大学大学院文学研究科博士課程中退．英文学専攻．鳥取大学勤務を経て日本大学商学部教授．2013年退職．共著に『戦後イギリス文学』『現代イギリス文学と同性愛』『階級社会の変貌』（以上，金星堂），『現代の批評理論』第3巻（研究社）など．訳書にロイ・ポーター『狂気の社会史』『人体を戦場にして　医療小史』『身体と政治』（以上，法政大学出版局），『ノストラダムス百科全書』（共訳）『ノストラダムス予言全書』（共訳）『錬金術大全』『古代ローマの食卓』（以上，東洋書林），『魔法と錬金術の百科事典』（柊風舎），編著に『ちょっと考えるアメリカン・ジョーク集』（英潮社）などがある．